21世纪清华MBA精品教材

财务管理

（第5版）

杜勇　主编

鄢波　　陈建英　副主编

Financial

Management

清华大学出版社

北　京

内 容 简 介

本书以股份制公司的财务管理为主线,讲述企业投资、融资、资本和资产管理四大模块。主要内容包括现值计算、财务分析、长期投资决策、现金流量分析、收益和风险、资本成本和资本结构、企业筹资决策和运营资本管理。本书的特点是:内容新颖,理论与实践相结合,叙述深入浅出,并有较多的实例计算与分析,便于读者在掌握基本理论和方法的基础上灵活运用。本书配有在线习题和课后练习题,便于学生练习。

本书可作为普通高校管理类本科生和 MBA“财务管理”(公司理财)课程的教材,也可用作企业管理人员、金融机构及投资部门工作人员的培训教材,或作为财务、会计和金融专业学生的参考书。

图书在版编目(CIP)数据

财务管理/杜勇主编.—5 版.—北京:清华大学出版社,2019(2024.10 重印)
(21 世纪清华 MBA 精品教材)
ISBN 978-7-302-52468-7

Ⅰ.①财… Ⅱ.①杜… Ⅲ.①财务管理-研究生-教材 Ⅳ.①F275

中国版本图书馆 CIP 数据核字(2019)第 043184 号

责任编辑:刘志彬
封面设计:李伯骥
责任校对:宋玉莲
责任印制:宋 林

出版发行:清华大学出版社
    网 址:https://www.tup.com.cn,https://www.wqxuetang.com
    地 址:北京清华大学学研大厦 A 座   邮 编:100084
    社 总 机:010-83470000   邮 购:010-62786544
    投稿与读者服务:010-62776969,c-service@tup.tsinghua.edu.cn
    质量反馈:010-62772015,zhiliang@tup.tsinghua.edu.cn
印 装 者:三河市龙大印装有限公司
经 销:全国新华书店
开 本:185mm×260mm 印 张:18   字 数:451 千字
版 次:1996 年 7 月第 1 版 2019 年 6 月第 5 版 印 次:2024 年 10 月第 5 次印刷
定 价:49.00 元

产品编号:082193-01

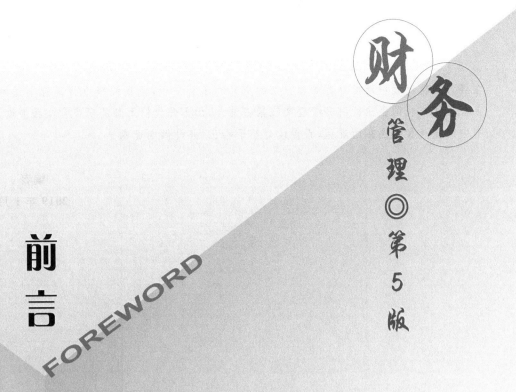

前言 FOREWORD

本次修订工作历时1年,从内容和章节上进行了较大程度的更新、调整、修改、删减、补充和完善。具体内容如下。

一、修改的内容

考虑到书稿的及时性、新颖性、合理性、专业性等特点,本次修改在第四版的基础上对原书各章节内容、习题、案例等文字内容按照《新会计准则》进行了仔细认真的修改和补充。

二、补充的内容

原书现有的内容并没有包括最近几年财务管理领域的新进展和延伸的内容,本次修改对其进行了较多的补充,包括财务管理目标、先付年金的终值和现值、递延年金、典型债券的估价模型、到期一次还本付息债券的估价模型、筹资管理概述、投资管理概述、对外投资管理、营运资产管理概述、流动负债管理、股票的期望收益率的概念和计算、短期偿债能力比率和长期偿债能力比率分析、发展能力比率分析、资产管理能力比率分析、股票分割与回购、股利分配的程序和方案、企业价值评估的程序、现金流量折现法、经济利润法和相对价值法在企业价值评估中的具体应用、企业并购的方式和目的、并购效应分析等内容。

三、增加的内容

修改后的每一章内容中均加入了引例、每章学习目的和要求、教学重点难点、习题及案例等内容。

尽管有上述的设想,并在本书编写过程中尽力去实现,但由于我国在经济转轨过程中新旧财务管理方法的交替和不断变化,使我们很难将国际上通用的财务管理学与我国企业的财务管理实践紧密结合,加上受我们本身的研究和实践深度所限,书中的疏漏和错误在所难免,希望读者给予指正,并提供宝贵意见。

编者

2019 年 1 月

目录

CONTENTS

财务管理◎第5版

第一章

绪 论

学习目的与要求

本章主要讲授财务管理的基本概念、研究对象、目标、环境等。通过本章的学习,需要掌握:

(1) 财务管理的内涵。

(2) 财务管理的基本内容和环节。

(3) 财务管理目标的主要观点及优缺点。

(4) 财务管理的环境。

教学重点与难点

财务管理的基本内容、财务管理的目标比较。

引例

互联网+对企业财务管理活动带来的挑战与应对

阿里巴巴公司(Alibaba Corporation)是马云 1999 年 7 月创立,公司注册资本 50 万元人民币,香港和杭州分别作为该公司总部所在地,后逐渐在海外设立了美国硅谷、伦敦等分支机构。阿里巴巴历经 15 年的发展,目前已控股或参股数 10 多家公司,旗下子公司有:阿里巴巴网络公司、淘宝网、支付宝、云计算、中国雅虎、口碑网、阿里软件·阿里妈妈、虾米音乐网等。其涉足的通信领域包括:移动通信应用,搜索和门户,地理导航服务和社交媒体等。其中金融业是阿里巴巴涉足的新领域,旗下的余额宝基金在 2014 年 5 月已经募集了 870 亿美元资金。京东集团创立于 2004 年,实际控股人为刘强东。根据第三方市场研究公司艾瑞资讯的数据,京东是中国最大的自营式电商企业,2014 年第三季度在中国自营式电商市场的占有率为 51.9%。京东为消费者提供预约的在线购物体验。通过内容丰富、人性化的网站和移动客户端,京东以富有竞争力的价格,提供具有丰富品类及卓越品质的商品和服务。京东是一家技术驱动的公司,从成立就开始投入巨资开发完善可靠、能够不断升级,以电商应用服务为核心的自有技术平台

(资料来源:http://wxphp.com/wxd_6s5b29t2f503ypj6btdg_3.html)

(思考:你认为互联网+对财务管理环境带来了哪些影响?)

1

第一节　财务管理的内涵

"财务"一词的英文为"finance",是指政府、企业和个人对货币这一资源的获取和管理。因此,国家财政、企业财务和个人理财均属"finance"的范畴。本书讲述的财务管理(financial management)是研究企业货币资源的获得和管理,具体地说就是研究企业对资金的筹集、计划、使用和分配,以及与以上财务活动有关的企业财务关系。

第一,企业的经营活动脱离不了资产,如非流动资产(建筑物、设备和各种设施)、流动资产(存货、现金和应收账款),而购置这些资产需要资金。企业既可从自身经营所得中提取资金用于再投资,也可以在金融市场上以一定的价格发行股票、债券或向金融机构借贷获取资金。企业的财务管理人员在筹集资金的过程中要研究和设计最优的筹资方案,使企业筹资的成本最小;所筹集的资本能发挥最大的效益,从而使企业的价值达到最大。

第二,企业资本和资产的有效运用与所投资的项目,包括实物资产、技术和人力资源的投入和产出是否经济、合理,投资收益是否高于成本,风险如何补偿等问题有关。企业的投资决策正确与否,直接影响其未来的净现金流量,亦即影响其资产的增值。因此,投资决策也是财务管理中研究的重要问题。

第三,企业的一切财务活动与其外部环境息息相关。国家的经济发展周期、政府财政政策的宽松和紧缩对企业的财务管理策略有很大的影响。与企业筹资直接有关的金融市场及利率是企业财务人员必须熟悉和重点研究的领域。财务管理在企业和资本市场之间、企业和国家宏观财税政策之间的桥梁和资金转换的作用是显而易见的。财务管理就是寻求在一定的外部环境下,使企业资金运用尽可能有效的方法,这就需要在企业的需求与收益、成本及风险之间作一衡量,作出最终能使股东财富达到最大化的决策。

总之,企业财务是指企业在生产经营过程中客观存在的资金运动及其所体现的经济利益关系。前者称为财务活动,后者称为财务关系。财务管理是企业组织财务活动、处理财务关系的一项综合性的管理工作。

第二节　财务管理的研究对象

一、财务管理学科的发展

早期财务管理学科是作为微观经济学的一个分支诞生的,它是微观经济理论的一个应用学科。从1897年美国人格林(Thomas L. Greene)的《公司理财》(*Corporate Finance*)一书起,到1920年斯通(Arthor Stone)出版《公司财务策略》(*Financial Policy of Corporation*)止,财务管理学科的研究主要集中于企业如何在外部资本市场上筹集资金。由于这一时期西方资本市场发育日趋完善,各种金融机构的出现和金融工具的使用,加上企业规模扩大的需要,促使财务管理学研究企业如何利用普通股票、债券和其他证券来筹集资金,以及金融中介,如投资银行、保险公司、商业银行和信托投资公司在企业筹资中的作用等。当时的财务管理学是对金融市场、金融机构和金融工具的描述和讨论。

20世纪30年代西方经济大萧条,企业的破产、清偿和合并成为财务管理研究的主要问题。这为企业财务状况的系统分析及对资产流动性分析打下了基础。

20世纪50年代投资项目选择和评价方法的出现使财务管理中的投资决策理论得到发展。现金流折现方法被用于资本预算分析及金融资产的定价。资本成本、股息策略和资本结构理论也开始发展。这一时期财务管理的研究从外部筹资转向了内部资产的管理,注重企业内部的管理决策。

20世纪六七十年代,统计学和运筹学优化理论等数学方法被引入财务理论研究中。这一时期形成的"资产组合理论""资本资产定价模型"和"期权定价理论"为评价企业的价值、研究证券投资的风险和收益奠定了基础,形成了近代财务管理学的主要理论构架,并使财务管理中的投资决策、筹资决策、资本结构和股息策略决策均建立在可靠的实证理论基础之上。

20世纪八九十年代,财务管理学进一步研究了不确定条件下的企业价值评估以及通货膨胀对企业价值的影响。这一阶段主要对已有的理论进行完善,并在实践验证的基础上对理论作出修正,使之更好地应用到企业的实际管理中去。

20世纪90年代后,随着行为财务的崛起,人们开始关注MM理论的最后一个没有被放松过的假设条件:资本市场的有效性。在这些前提下研究公司财务问题,就产生了行为公司财务的研究范式。行为公司财务是公司财务理念与行为财务理论相结合的产物,其实质是在行为财务的研究范式下来研究外部市场的无效性和内部管理层的非理性对公司的融资、投资、资本结构、股利政策和兼并收购的影响。

二、财务管理的内容

财务管理的内容是财务管理对象的具体化。财务管理对象是企业在生产过程中的资金活动。所以,财务管理的内容就是企业资金活动所表现出来的各个具体的方面。资金活动具体表现为筹资管理、投资管理、营运资金管理和利润分配管理四个方面。通常将这些方面称为财务管理的基本内容。

(一)筹资管理

筹资是指企业为了满足投资和用资的需要,筹集和集中所需资金的过程。企业的经营活动必须以一定的资金为前提,从这个意义上讲,筹资管理是企业财务管理的首要环节。企业从各种渠道以各种形式筹集资金是资金运动的起点。事实上,筹资以及筹资管理贯穿企业发展的始终。无论是在企业创立之时,还是在企业扩张规模之际,乃至在日常经营之中,都需要筹措资金。

企业常用的筹资途径有两种:一是权益资金。它是企业通过向投资者吸收直接投资、发行股票、企业内部留存收益等方式取得,其投资者可以是国家、企业和个人等。二是债务资金。它是企业通过向银行借款、发行债券、利用商业信用等方式取得。企业筹集资金,表现为企业资金的流入,而企业偿还借款、支付利息、支付股利以及付出各种筹资费用等,则表现为企业资金的流出。

（二）投资管理

投资是指投资主体为取得未来收益而将资金投放于某一特定对象的行为。投资管理是企业财务管理的又一重要环节,投资决策的成败对企业经营的成败具有根本性的影响。

投资按回收期的长短不同可以分为短期投资和长期投资。短期投资是指回收期在一年以内的投资,主要是指对货币资金、应收账款、存货、短期有价证券等的投资。长期投资是指投资回收期在一年以上的投资,主要是指固定资产投资、无形资产投资、对外长期投资等。投资按对象不同可以分为对内投资和对外投资。对内投资是指把资金投放于企业范围内的投资。对外投资是指把资金投放于本企业以外的其他单位的投资。

（三）营运资金管理

营运资金是指为满足企业日常经营活动所需要的资金,由流动资产和流动负债构成。营运资金管理的基本任务是短期资金的筹措和短期资金周转效率的提高。其基本目标是通过有效地进行资金的日常调度和调剂,合理地配置资金,以提高资金的使用效率,增强短期资金的流动性。

营运资金管理的主要内容是:①合理安排流动资金与流动负债的比例关系,确保企业具有较强的短期偿债能力;②加强流动资产管理,提高流动资产的周转效率,改善企业财务状况;③优化流动资产以及流动负债的内部结构,以使企业短期资金周转得以顺利进行和短期信用能力得以维持。

（四）利润分配管理

企业通过投资或资金营运活动应当取得收入。投资成果表现为取得的所有收入扣除各种成本费用后的利润,利润分配就是对投资成果的分派过程。企业的收入首先要弥补经营中的各种耗费,形成的利润必须按照规定的程序进行分配。企业利润首先要依法缴纳所得税,税后利润还要弥补以前年度的亏损,并提取公积金和公益金,剩余的利润可以分配给投资者或者留存企业。

利润分配管理主要研究企业实现的税后净利润如何进行分配,即多少用于发放给投资者,多少用于企业留存。利润分配决策的关键是如何在股东的近期利益和长远利益中进行权衡。股利发放过少,会使股东的近期利益得不到满足,而股利发放过多,又会使企业留存过少,不利于企业的长期发展。

具体来说,利润分配管理要解决的问题包括:①股东对股利分配的要求;②企业发展对保留盈余的要求;③影响股利政策的各种因素;④股利政策的选择和连续性。

以上财务管理的四个方面,不是互相割裂,而是互相依存、有机地联系在一起的。上述既互相联系又有一定区别的四个方面构成了企业财务管理的基本内容。财务管理人员必须将这四个方面加以综合分析、考虑,统筹安排,才能取得财务管理的良好效果。

三、财务管理的环节

财务管理环节是根据财务管理工作的程序及各部分间的内在关系划分的,分为财务预测、财务决策、财务预算、财务控制、财务分析和业绩评价。

1. 财务预测

财务预测是根据财务活动的历史资料，考虑现实的要求和条件，对企业未来的财务活动和财务成果作出科学的预计和测算。它既是两个管理循环的联结点，又是财务计划环节的必要前提。

2. 财务决策

财务决策是对财务方案、财务政策进行选择和决定的过程，又称为短期财务决策。财务决策的目的在于确定最为令人满意的财务方案。只有确定了效果好且切实可行的方案，财务活动才能取得好的效益，完成企业价值最大化的财务管理目标。因此，财务决策是整个财务管理的核心。

3. 财务预算

财务预算是运用科学的技术手段和数学方法，对目标进行综合平衡，制订主要计划指标，拟定增产节约措施，协调各项计划指标。它是落实企业奋斗目标和保证措施实现的必要环节。

4. 财务控制

财务控制是在生产经营活动的过程中，以计划任务和各项定额为依据，对资金的收入、支出、占用、耗费进行日常的计算和审核，以实现计划指标，提高经济效益。它是落实计划任务、保证计划实现的有效手段。

5. 财务分析

财务分析是以核算资料为主要依据，对企业财务活动的过程和结果进行调查研究，评价计划完成情况，分析影响计划执行的因素，挖掘企业潜力，提出改进措施。

6. 业绩评价

业绩评价是指运用数理统计和运筹学的方法，通过建立综合评价指标体系，对照相应的评价标准，定量分析与定性分析相结合，对企业一定经营期间的获利能力、资产质量、债务风险以及经营增长等经营业绩和努力程度的各方面进行的综合评判。

以上这些管理环节，互相配合，紧密联系，形成周而复始的财务管理循环过程，构成完整的财务管理工作体系。

四、财务管理的延伸

随着经济的发展，企业财务活动的范围和类型不断扩大，企业财务管理的内容也随之不断丰富和延伸。例如，创业的价值评估，频繁发生的并购、重组、破产事件，公司治理以及高管行为对公司财务的影响等问题，迫切需要财务管理人员开阔视野，创新方法，完善和扩充现有的财务管理理论体系。

1. 企业价值评估

企业价值评估是将一个企业作为一个有机整体，依据其拥有或占有的全部资产状况和整体获利能力，充分考虑影响企业获利能力的各种因素，结合企业所处的宏观经济环境及行业背景，对企业整体公允市场价值进行的综合性评估。价值评估可以用于帮助投资者进行投资分析，帮助企业管理者进行财务决策，战略分析等。

2. 企业并购

企业并购(mergers and acquisitions,M&A)包括兼并和收购两层含义、两种方式。国际上习惯将兼并和收购合在一起使用,统称为 M&A,在我国称为并购。即企业之间的兼并与收购行为,是企业法人在平等自愿、等价有偿的基础上,以一定的经济方式取得其他法人产权的行为,是企业进行资本运作和经营的一种主要形式。企业并购主要包括公司合并、资产收购、股权收购三种形式。

企业作为一个资本组织,必然谋求资本的最大增值。企业并购作为一种重要的投资活动,产生的动力主要来源于追求资本最大增值的动机,以及源于竞争压力等因素,但是就单个企业的并购行为而言,又会有不同动机和在现实生活中不同的具体表现形式。不同的企业根据自己的发展战略确定并购的动因。

3. 企业破产

企业破产是指企业在生产经营中由于经营管理不善,其负债达到或超过所占有的全部资产,不能清偿到期债务,资不抵债的企业行为。破产案件是指通过司法程序处理的无力偿债事件。这里所说的司法程序包括三种:和解、重整和破产清算。不能把破产案件简单地归结为清算倒闭事件。破产清算是公平清理债务的一种方法,但不是唯一方法。《中华人民共和国企业破产法》(以下简称《破产法》)鼓励当事人积极寻求以避免企业倒闭清算的方式来公平清理债务。

4. 公司治理

公司治理是指诸多利益相关者的关系,主要包括股东、董事会、经理层的关系,这些利益关系决定企业的发展方向和业绩。公司治理讨论的基本问题,就是如何使企业的管理者在利用资本供给者提供的资产发挥资产用途的同时,承担起对资本供给者的责任。利用公司治理的结构和机制,明确不同公司利益相关者的权力、责任和影响,建立委托代理人之间激励兼容的制度安排,是提高企业战略决策能力、为投资者创造价值管理的大前提。公司治理如同企业战略一样,是中国企业经营管理者普遍忽略的两个重要方面。

5. 行为财务

行为财务的核心是财务主体的价值观念,这必然对财务信息的处理流程管理产生影响,包括对人们的动机形成、生产水平、决策行为、利益分配的影响。需要指出的是,行为财务不同于财务行为。财务行为是指"财务主体在其内部动因驱动和外在环境刺激下,按照财务目标的要求,遵循一定的行为规则,利用特有的理论和方法,对经济活动中的经济信息进行生产、加工并适时传递的一种实践活动"。行为财务涉及的范围比财务行为更为宽广,行为财务还要说明通过何种途径使得财务行为或经济信息对客体产生的种种影响。在行为科学的影响下,行为财务不仅要对过去的财务行为进行适时控制,还要对未来的财务行为进行预测和决策,从而实现全过程控制。

第三节　财务管理目标

一、财务管理目标的概念

企业财务管理目标(又称企业理财目标),是财务管理的一个基本理论问题,也是评价企业理财活动是否合理有效的标准。目前,我国企业理财的目标有多种,其中以产值最大化、利润最大化、股东财富最大化或企业价值最大化等目标最具有影响力和代表性。

企业财务管理目标是企业经营目标在财务上的集中和概括,是企业一切理财活动的出发点和归宿。制定财务管理目标是现代企业财务管理成功的前提,只有有了明确合理的财务管理目标,财务管理工作才有明确的方向。因此,企业应根据自身的实际情况和市场经济体制对企业财务管理的要求,科学、合理地选择和确定财务管理目标。

财务管理是企业管理的一部分,是有关资金的获得和有效使用的管理工作。财务管理的目标,取决于企业的总体目标。

二、财务管理目标的作用

1. 导向作用

财务管理是一项组织企业财务活动,协调企业同各方面财务关系的管理活动。理财目标的作用首先就在于为各种管理者指明方向。

2. 激励作用

目标是激励企业全体成员的力量源泉,每个职工只有明确了企业的目标才能调动起工作的积极性,发挥自身的潜在能力,尽力而为,为企业创造最大的财富。

3. 凝聚作用

企业是一个组织,是一个协作系统,只有增强全体成员的凝聚力,企业才能发挥作用。企业目标明确,能充分体现全体职工的共同利益,就会极大地激发企业职工的工作热情、献身精神和创造能力,形成强大的凝聚力。

4. 考核作用

目标是企业绩效和各级部门工作业绩的考核标准。企业的目标明确了,各级领导干部才能按照职工的实际贡献大小如实地对其绩效进行评价。

三、财务管理目标应具备的基本特征

企业财务管理的目标取决于企业生存和发展的目标,两者必须是一致的。企业财务管理目标应具备以下四个特征。

(一) 财务管理目标具有层次性

财务管理目标是企业财务管理这个系统顺利运行的前提条件,同时它本身也是一个系统。各种各样的理财目标构成了一个网络,这个网络反映着各个目标之间的内在联系。财务管理目标之所以有层次性,是由企业财务管理内容和方法的多样性以及它们相互关系上的层次性决定的。如企业财务管理的内容可以划分为筹资管理、投资管理、营运资金管理、利润分配管理等几个方面,而每一个方面又可以再进行细分。

(二) 财务管理目标具有多元性

多元性是指财务管理目标不是单一的,而是适应多因素变化的综合目标群。现代财务管理是一个系统,其目标也是一个多元的有机构成体系。在这些多元目标中,有一个处于支配地位、起主导作用的目标,称为主导目标;其他一些处于被支配地位、对主导目标的实现起配合作用的目标,称为辅助目标。如企业在努力实现"企业价值最大化"这一主导目标的同时,还必须努力实现履行社会责任、加速企业成长、提高企业偿债能力等一系列辅助目标。

(三)财务管理目标具有相对稳定性

随着宏观经济体制和企业经营方式的变化,随着人们认识的发展和深化,财务管理目标也可能发生变化。但是,宏观经济体制和企业经营方式的变化是渐进的,只有发展到一定阶段后才会产生质变;人们的认识在达到一个新的高度后,也需要有一个达成共识、为人们所普遍接受的过程。因此,财务管理目标作为人们对客观规律性的一种概括,总的来说是相对稳定的。

(四)财务管理目标具有可操作性

财务管理目标是实行财务目标管理的前提,它要能够起到组织动员的作用,要能够据以制定经济指标并进行分解,实现职工的自我控制,进行科学的绩效考评,这样,财务管理目标就必须具有可操作性。具体来说,包括可以计量、可以追溯、可以控制。

四、企业财务管理目标的类型

企业财务管理目标可以分为不同的类型。

(一)利润最大化

利润最大化是指企业通过对财务活动和经营活动的管理,不断增加企业利润。企业利润也经历了会计利润和经济利润两个不同的发展阶段。利润最大化曾经被人们广泛接受,在西方微观经济学的分析中就有假定:厂商追求利润最大化。这一观点认为,利润代表企业新创造的财富,利润越多,则说明企业的财富增加越多,越接近企业的目标。

利润最大化的发展初期是在 19 世纪初,那时企业的特征是私人筹集、私人财产和独资形式,通过利润的最大化可以满足投资主体的要求。然而,现代企业的主要特征是经营权和所有权分离,企业由业主(或股东)投资,而由职业经理人来控制其经营管理。此外,债权人、消费者、员工以及政府和社会等,都是企业的利益相关者。

(二)股东财富最大化

这种观点认为,企业主要是由股东出资形成的,股东创办企业的目的是扩大财富,他们是企业的所有者,因而理所当然地,企业的发展应该追求股东财富最大化。在股份制经济条件下,股东财富由其所拥有的股票数量和股票市场价格两方面决定,在股票数量一定的前提下,当股票价格达到最高时,股东财富也达到最大,所以股东财富又可以表现为股票价格最大化。

股东财富最大化与利润最大化目标相比,其有着积极的方面。这是因为:一是利用股票市价来计量,具有可计量性,利于期末对管理者的业绩考核;二是考虑了资金的时间价值和风险因素;三是在一定程度上能够克服企业在追求利润上的短期行为,因为股票价格在某种程度上反映了企业未来现金流量的现值。

同时,也应该看到,追求股东财富最大化也存在一些缺陷:一是股东价值最大化只有在上市公司才可以有比较清晰的价值反映,对于非上市公司很难适用;二是它要求金融市场是有效的。由于股票的分散和信息的不对称,经理人员为实现自身利益的最大化,有可能以损害股东利益为代价作出逆向选择。因此,股东财富最大化目标也受到了理论界的质疑。

（三）企业价值最大化

企业价值最大化是指通过财务上的合理经营,采取最优的财务政策,充分利用资金的时间价值和风险与报酬的关系,保证将企业长期稳定发展摆在首位,强调在企业价值增长中应满足各方利益关系,不断增加企业财富,使企业总价值达到最大化。企业价值最大化具有深刻的内涵,其宗旨是把企业长期稳定发展放在首位,着重强调必须正确处理各种利益关系,最大限度地兼顾企业各利益主体的利益。企业价值,在于它能给所有者带来未来报酬,包括获得股利和出售股权换取现金。

相比股东财富最大化而言,企业价值最大化最主要的是把企业利益相关者主体进行糅合形成企业这个唯一的主体,在企业价值最大化的前提下,也必能增加利益相关者之间的投资价值。但是,企业价值最大化最主要的问题在于对企业价值的评估,由于评估的标准和方式都存在较大的主观性,股价能否做到客观和准确,直接影响到企业价值的确定。

（四）利益相关者价值最大化

这种观点认为,企业的本质是利益相关者的契约集合体,利益相关者是所有在公司真正拥有某种形式的投资并且处于风险之中的人。企业利益相关者包括股东、经营者、员工、债权人、顾客、供应商、竞争者以及国家。由于契约的不完备性,利益相关者共同拥有企业的剩余索取权和剩余控制权,进而共同拥有企业的所有权。对所有权的拥有是利益相关者参与公司治理的基础,也是利益相关者权益得到应有保护的理论依据。

在利益相关者框架下,企业是一个多边企业的结合体,它不是由单纯的股东或单一的利益相关者构成,而是由所有的利益相关者通过契约关系组成。也就是说,企业是使许多冲突目标在合约关系中实现均衡的结合点。对众多利益相关者专用性资源进行组合,其目的是为了获取单个组织生产所无法达到的合作盈余和组织租金。各产权主体在合作过程中,由于向企业提供了专用性资源并承担着企业的经营风险,因此都有权获得相对独立于其他利益相关者的自身利益。

（五）社会价值最大化

由于企业的主体是多元的,因而涉及社会方方面面的利益关系。为此,企业目标的实现,不能仅仅从企业本身来考察,还必须从企业所从属的更大社会系统来进行规范。企业要在激烈的竞争环境中生存,必须与其周围的环境取得和谐,这包括与政府的关系、与员工的关系以及与社区的关系等。企业必须承担一定的社会责任,包括解决社会就业、讲求诚信、保护消费者、支持公益事业、环境保护和搞好社区建设等。社会价值最大化就是要求企业在追求企业价值最大化的同时,实现预期利益相关者的协调发展,形成企业的社会责任和经济效益间的良性循环关系。

社会价值最大化是现代企业追求的基本目标,这一目标兼容了时间性、风险性和可持续发展等重要因素,体现了经济效益和社会效益的统一。

五、影响企业财务管理目标的因素

企业目标的确定为财务管理目标的确定奠定了基础。然而,企业作为"契约之结"是契约各方重复博弈的结果,它必须体现契约各方的利益,其中任何一方利益遭到损害,都可能导致企业解散。因此,在确定企业财务目标前必须考虑与企业相关的利益关系人。前述系统结构性原则以为,结构是物质系统各种要素内在的联系与组织方式,也就是说,结构是系统各元素的相互作用中比较稳定的方式、顺序和强弱。系统的环境依存原则认为,系统存在于一定的环境之中,系统和环境要保持物质、能量和信息的交换才能保持自己的生命。影响财务目标的利益集团主要有三个方面。

1. 企业所有者(包括政府)

所有者对企业理财目标的影响主要是通过股东大会和董事会来进行的。从理论上讲,企业重大的财务决策必须经过股东大会或董事会的表决。企业经理、财务经理的任免也由董事会决定,目的是增强企业的生存能力,保护所有者自身的权益。此外,政府作为行政机构,因其提供的公共服务,而以税收的形式强行参与企业的利润分配。企业要吸引更多的投资者,必须取得较好的经济效益。

2. 企业的债权人

债权人把资金借给企业以后,一般会采取必要的监督措施,以保证按时收回本金和利息。因此,债权人必然要求企业按借款合同规定的用途或更有效的、合法的用途使用资金,并要求企业保持良好的偿债能力。

3. 企业职工

企业职工包括一般的员工和企业经理人员,他们为企业提供智力和体力方面的劳动,必然要求取得合理的报酬。职工是企业财富的直接创造者,他们有权分享企业的收益,以恢复体力和脑力,为企业创造更多的财富。可见,职工的利益与企业的利益紧密相连。因此,在确立企业财务管理目标时,必须考虑职工的利益,而在社会主义国家,职工利益更应优先考虑。此外,影响企业财务管理目标的因素还有其他利益集团,如企业的供应单位、消费者等。

六、我国企业财务目标的选择

在我国,公有制经济居主导地位,国有企业作为全民所有制经济的一部分,其目标是使全社会财富增长。不仅要有经济利益,而且要有社会效益;在发展企业本身的同时,还要考虑对社会的稳定和发展的影响;有时甚至为了国家利益需要牺牲部分企业利益。并且,我国证券市场处于起步阶段,很难找到一个合适的标准来确定"股东权益"。把"股东权益最大化"作为财务管理目标,既不合理,也缺乏现实可能性。而把企业价值最大化作为财务管理目标则显得更为科学。

但是,用企业价值最大化作为企业财务管理的目标,如何计量便成为问题。为此,现在通行的说法有若干,其中,以"未来企业价值报酬贴现值"和"资产评估值"最具有代表性,这两种方法有其科学性,但是其概念是基于对企业价值的一种较为狭隘的理解。企业是社会的,社会是由各个不同的人构成的,企业的价值不仅表现为对企业本身增值的作用,而且表现为对社会的贡献,表现为对最广大人民的根本利益的贡献。所以,企业财务目标的制定,既要符合企业财务活动的客观规律,又要充分考虑企业财务管理的实际情况,使之具有实用性和可操作性。那么,企业价值最大化的衡量指标应该以相关者的利益为出发点。

（一）我国企业财务管理目标的定位要求

首先,财务管理目标应着眼于企业的总目标。企业以营利为目的,这是企业的重要本质属性,也就是说,企业的生产经营应以提高经济效益、确保资金的保值增值、避免在激烈的市场竞争中被淘汰为总目标。

其次,财务管理目标应协调各契约关系主体的利益。现代企业是多边契约关系的总和。股东作为所有者在企业中承担着最大的权利、义务、风险和报酬,地位当然也最高,但是债权人、职工、客户、供应商和政府也因为企业承担了相当的风险。因此,在确定企业财务管理目标时,不能忽视这些相关利益群体的利益,应协调好各契约关系主体的利益。

最后,财务管理目标应充分考虑企业的社会责任。企业对社会责任的履行状况,直接或间接地影响企业的生存与发展,企业在理财活动中必须为此作出经常性的努力。

（二）我国企业财务管理目标的定位

企业是市场的主体,自然也是理财的主体,理财目标应成为理财主体的行动目标。我国企业财务管理目标的现实选择应是股东主导下的利益相关者财富最大化。它的内涵是处于均衡状态的出资者权益与其他利益相关者权益的共同发展,从而达到企业或企业财务管理在经济目标和社会目标上保持平衡。这是企业财务管理目标的理性选择,也是适应我国国情的财务管理目标。这样的定位既充分体现了所有者的权益,又有利于保障债权人、经营者和职工等的利益。

企业所有者投入企业的资本是长期的、不能随意抽走的,所有者履行的义务最多,承担的风险最大,理应享有最多的权利和报酬。实现所有者权益价值最大化,可以充分保障所有者的权益,是对所有者权利与义务对等的一种认同。企业经营者的利益与所有者权益是息息相关的,经营者若想得到丰厚的报酬和长期的聘用,就必须致力于实现所有者权益价值最大化,以博得企业所有者的信任与支持。

企业职工的利益同样与所有者权益关联着,如果企业经营不善,所有者权益价值最大化就无法实现,职工的收入福利就会受到影响;如果实现所有者权益价值最大化,必然会使职工的收入福利首先得到改善。

从产权理论分析股东主导下的利益相关者财富最大化目标。企业权益资本是所有者的长期投资,短期的、暂时的权益资本增值最大化并不是所有者期望的。实现所有者权益价值最大化,要求权益资本增值长期最大化,需要考虑未来不同时间取得的等额投资收益因时间先后而导致的不同现值,体现预期投资的时间价值,并在考虑资金时间价值的基础上,注重企业长远利益的增加。实现所有者权益价值最大化,不仅要考虑眼前的获利能力,而且更要着眼于未来潜在的获利能力,既要规避风险,又要获取收益,实现风险与收益的均衡,从而取得竞争优势,满足企业不断生存发展的需要。企业财务管理目标的必然选择是股东主导下的利益相关者财富最大化。这个目标的关键还在于股东与其他利益相关者权益均衡点的度量。从以上的逻辑分析可以看出,出资者对其权益的让渡是以其总体效用的增加为目的的,如果分权导致了其总体效用下降,出资者必然会采取策略应对,直至关闭企业,使所有利益相关者的权益都受损。因而,股东与其他利益相关者的权益均衡点由股东的边际效用决定,其边际效用为正值,呈下降趋势,并以零为极限。这也从侧面说明了企业财务管理目标的选择,应是股东主导下的利益相关者权益最大化。

这一理财目标更符合我国社会主义初级阶段的国情。我国虽然多种经济成分并存,但国有经济仍占主要地位。在国有经济中,企业的行为主要受国家利益与公司社会责任的双重制约,利益相关者财富最大化符合国家利益的要求。另外,现代企业制度在我国有着独特、复杂的发展历程,我国企业更应注重职工的利益和权利,强调社会财富的积累,强调各方利益,从而实现经济实力的不断增强,符合我国经济改革与建设的基本要求,而股东财富最大化符合这些要求。

七、影响财务管理目标实现的因素分析

(一)管理决策因素

1. 投资项目

投资项目是决定企业报酬率和风险的首要因素。任何项目都有风险,区别只在于风险的大小。

而企业实施科学周密的投资计划将会大大减少项目的风险。许多年来,不少企业陷入困境,甚至破产倒闭,大都是由于投资失误所致。因此,结合企业实际,建立充分的可行性论证和严格的投资决策审批制度是十分必要的。

2. 投资报酬率

企业的盈利总额并不能反映股东财富,在风险相同的前提下,股东财富的大小要看投资报酬率。企业为达到经济增长的目的,在面临众多投资机会时,往往通过资本预算来作出长期投资决策。因此,为提高投资报酬率,企业往往采用净现值法、现值指数法、内含报酬率法等方法来进行投资项目评价,提高财务管理决策的质量,实现企业财务管理目标。

3. 资本结构

资本结构是所有者权益和负债的比例关系,如果资本结构不当,会严重影响企业的效益,增加企业的风险,甚至导致企业破产。为使企业价值最大化,企业通常采用每股收益无差别点,同时充分考虑未来增长率、商业风险等其他各种因素,来确定其最佳的资本结构,实现企业财务管理的目标。

4. 风险

任何决策都是面向未来的,都会有或多或少的风险。企业决策时,需要在报酬和风险之间作出权衡,研究风险,并设法控制风险。风险报酬率取决于投资者对风险的偏好,通常企业可采用多元投资和多元筹资等方法来控制风险和分散风险,以求最大限度地扩大企业价值。

5. 股利政策

股利政策是指公司的盈余中多少作为股利发给股东,多少保留下来以备再投资之用,以便使未来的盈余源泉得以维持。股利政策将影响企业的融资计划和资本预算,企业应

该根据其实际情况,选择实施剩余股利、低正常股利加额外股利等股利政策,来实现财务管理的目标。

(二)外部环境因素

企业外部环境是企业财务决策难以改变的外部约束条件,对企业财务管理目标的实现将产生极大的影响。

因此,企业要更多地适应这些外部环境的要求和变化。

1. 法律环境

企业的理财活动,无论是筹资、投资还是利润分配,都要与企业外部发生经济关系,而在市场经济条件下,越来越多的经济关系和经济活动受到法律的具体规范。财务人员要熟悉这些法律规范,在守法的前提下完成财务管理的职能,实现企业的财务管理目标。

2. 金融市场环境

金融市场是企业投资和筹资以及长短期资金相互转化的场所,它为企业的理财提供有意义的信息,是企业经营和投资的重要依据。企业必须充分利用和适应金融市场,使其为企业的财务管理目标服务。

3. 经济环境

经济环境主要包括经济发展、政府的经济政策、通货膨胀、利息率变动和市场竞争,它们对企业有极大的影响。企业应该根据经济发展的波动,正确地预见和按照政府经济政策的导向,考虑通货膨胀和利率波动等外部因素,在市场竞争中及时调整生产经营,提高应变能力,最大限度地发展自己,实现企业价值最大化。

一般来说,企业在本质上就是一个以赢利为目的的经营组织,该组织的生存和发展是与企业所取得的利润息息相关的。由于在市场经济条件下,投资者对所投资的企业是要追求经济效益的,而利润恰恰在一定程度上能代表该企业带给投资者的经济利益。因此,在传统条件下大多数企业是以利润最大化作为该企业的财务管理目标,选择该目标作为企业的理财目标可使企业注重加强企业管理,提高劳动效率,改进技术工艺,降低生产成本,有利于资源的流动和配置,不断提高企业的经济效益。由此可知,此目标实质上是企业传统经营理念的一种反映。但是,由于以利润最大化作为企业的财务管理目标会产生较强的短视行为,使得企业只注重眼前利益而忽视对企业的持续发展有积极影响的长期利益,因此产生了一种新的企业财务管理目标——股东价值最大化。

股东财富最大化则是指通过企业的合理运营,采用最佳的财务决策为股东创造最大的财富。众所周知,在股份公司中股东的财富是由股东拥有的该企业的股票数量和股票的市场价格来决定的,那么以股东财富最大化作为企业财务管理的目标可以充分考虑资金的时间价值和风险报酬,还可在一定程度上克服企业只追求眼前利益的短期行为,使企业更加注重长远发展,所以以此目标作为企业的经营追求在理论上更具有合理性。另外,由于该目标比较容易被量化,所以在可控性上更具有优势。但是,虽然该目标拥有以上所述的诸多优点,但是它也仍存在一定的缺陷,主要表现在:第一,由于受包括企业无法控制的诸多因素的影响,股票价格不能完全揭示企业的经营获利水平;第二,对股东财富最大化的追求,有可能同经营者和债权人等相关利益集团的利益发生抵触,造成股东与经营者和债权人的利益冲突,从而不利于企业的稳定和发展。

由于上述两种财务管理目标存在诸多缺陷，一种新的财务管理目标——企业价值最大化被逐渐运用到企业的理财之中。企业价值最大化则是指企业通过科学的经营，采用合理的财务政策，并在充分考虑资金的时间价值和风险报酬关系的基础上，不断增加企业的有形资产和无形资产的市场价值，使企业的总体价值最大化。该目标不仅充分考虑了时间和风险因素对资产价值的影响，而且强调在企业的价值增长中满足各利益相关者的诸多要求，在为股东追求利润、追求长期发展的同时，协调企业不同利益主体间的相关利益冲突。所以，该目标在理论上比前两种目标更为合理、科学。

第四节　财务管理环境

一、财务管理环境的概念

财务管理环境，或称理财环境，是指对企业财务活动和财务管理产生影响作用的企业内外各种条件的统称。环境构成了企业财务活动的客观条件。企业财务活动是在一定的环境下进行的，必然受到环境的影响。企业资金的取得和运用、收益的分配及资金的配置和利用效率会受到环境的影响，企业成本的高低、利润的多少、资本需求量的大小也会受到环境的影响，企业的兼并、破产和重整与环境的变化仍然有着千丝万缕的联系。所以，财务管理要想获得成功，必须深刻认识和认真研究自己所面临的各种环境。财务管理环境，主要包括经济环境、法律环境和金融环境等。

环境是个相对的概念，它是相对于主体而言的客体。任何事物都是在一定的环境条件下存在和发展的，是一个与其环境相互作用、相互依存的系统，作为人类重要实践活动之一的财务管理活动也不例外。在财务管理活动中，财务管理主体需要不断地对财务管理环境进行审视和评估，并根据其所处的具体财务管理环境的特点，采取与之相适应的财务管理手段和管理方法，以实现财务管理的目标。因此，企业财务管理环境就是影响企业财务主体财务机制运行的各种外部条件和外部因素的总和。不难看出，由于影响企业财务主体财务机制运行的外部条件和外部因素错综复杂，且变幻莫测，财务管理环境本身就构成了一个复杂多变的系统。

二、财务管理环境的内容与性质

（一）财务管理环境的具体内容

1. 间接财务管理环境

间接财务管理环境是指对企业的理财活动间接产生影响作用的各种条件和因素，主要包括政治环境、经济环境、法律环境、技术环境、社会环境等。

2. 直接财务管理环境

直接财务管理环境是指对企业财务管理工作直接产生影响的各种条件和因素，主要包括政府、债权人、债务人、雇员、供应商、顾客和竞争者等。

（二）财务管理环境的性质

1. 间接理财环境的性质

（1）间接性。是指间接理财环境对企业财务管理的影响是间接的。宏观性，是指间接理财环境本身是宏观的，如国家的政治体制、经济体制、经济政策及金融环境等，它们对企业财务管理的影响不仅具有间接性，还具有宏观性。

（2）时滞性。一般来讲，间接理财环境一旦改变，它对企业财务活动的影响并不是立竿见影的，往往是经过一段时间甚至一个时期之后它的作用才会逐渐显现出来。比如，我国从计划经济体制向市场经济体制转变的过程中，企业的财务管理工作才逐渐地转变，这一过程是经过不断的探索、试点、实践、推广来实现的。

（3）客观性。是指从企业的角度，间接理财环境的各个因素对企业来讲是客观的，企业必须在这一客观条件下从事本企业的财务管理活动。

（4）稳定性。是指间接理财环境各个组成要素具有相对的稳定性，它们在一定时间甚至一段历史时期内都不会发生较大的变动，从而使它们对企业的财务活动具有较为深远的影响。

2. 直接理财环境的性质

直接理财环境的性质是相对于企业的间接理财环境的性质而言的，可归纳为以下四点。

（1）直接性。指这部分理财环境对企业的影响可以不经过其他中间媒介的作用而直接显现出来，使这种影响具有直接性。比如，企业自己制定的财务管理规章制度对企业的财务活动直接产生作用。

（2）微观性。直接理财环境的各个要素对企业来讲一般都可以为自己所控，与间接理财环境相比具有微观性。不同企业的直接理财环境既有共性又有很大差距，如债权人、顾客、雇员等。

（3）实时性。企业的直接理财环境对企业一般都是可控的，一经制定或实施，会很快对企业的财务活动产生影响。比如，企业制定的内部财务管理规则等。

（4）主观能动性。如前所述，这部分条件和因素具有可控性，不像间接理财环境那样具有稳定性，企业可以灵活、机动地及时调整自身的条件，以便更好地适应现有的理财环境，为企业经营目标服务。比如，资金预算、负债比率等。

三、企业财务管理环境的构成

企业财务管理环境是指财务管理以外的，并对财务管理系统有影响作用的一切因素的总和。它包括微观理财环境和宏观理财环境。

1. 微观理财环境

微观理财环境是指企业的组织形式以及企业的生产、销售和采购方式等。

中国的经济体制改革在由政策调整转向企业制度创新的过程中，建立了适应市场经济的产权清晰、权责明确、政企分开、管理科学的现代企业制度。企业的生产经营方式也由生产经营型向资本运营型转变，在这种方式下，财务管理处于企业经营管理的中心，企业财务管理目标决定着企业经营管理的目标。在微观理财环境下，企业不仅要获得最大利润,而且要争取企业价值有所增加。

2. 宏观理财环境

宏观理财环境主要是指企业理财所面临的法律环境、金融市场环境、经济环境和社会环境等。

1) 法律环境

法律环境是指企业和外部发生经济关系时应遵守有关的法律、法规和规章制度。企业的理财活动,无论是筹资、投资还是利润分配,应当遵守有关的法律规范,如公司法、证券法、金融法、证券交易法、经济合同法、企业财务通则、企业财务制度、税法等。

2) 金融市场环境

金融市场与企业的理财活动密切相关。金融市场是企业筹资和投资的场所,金融市场上有许多资金筹集的方式,并且比较灵活。企业需要资金时,可以到金融市场选择适合自己需要的方式筹资。企业有了剩余资金,也可以灵活地选择投资方式,为其资金寻找出路。并且在金融市场上,企业可以实现长短期资金的转化。金融市场为企业理财提供有效的信息。金融市场的利率变动,反映资金的供求状况;有价证券市场的行市反映投资人对企业经营状况和盈利水平的评价。它们是企业经营和投资的重要依据。

3) 经济环境

经济环境是指企业进行财务活动的客观经济状况,如经济发展状况、通货膨胀状况、经济体制等。经济发展的速度对企业有重大影响。随着经济的快速增长,企业需要大规模地筹集资金,需要财务人员根据经济的发展状况,筹措并分配足够的资金,用以调整生产经营。经济体制是指对有限资源进行配置而制定并执行决策的各种机制。

4) 社会环境

社会舆论监督对企业价值的影响,主要体现在企业对社会的贡献方面,如满足就业、增加职工福利、保护环境、节约资源、创新意识等。这些直接影响企业的经营目标和投资方向,对企业理财目标有重大影响。

四、财务管理环境的特征

为了主动、及时、正确地了解和掌握财务管理环境,我们要理解财务管理环境的特征。

1. 系统性

企业财务环境不是由一些杂乱无章的事物构成的,而是由众多不同种类的系统构成的。企业财务管理活动所处的或所面临的环境是各种各样的、不同层次的系统。企业本身就是一个系统、人事系统、财务系统、销售系统、工程技术等按特定方式构成,各个子系统又由不同的要素按照一定的方式组成,因此企业成为一个独立的财务主体,其财务管理活动所面对的是有序的自我和运行的各类关系,如政治法律系统、经济系统、科学技术系统、教育系统、社会保障系统等。因此,进行财务活动时既要分析环境对企业的有利因素和不利因素,又要分析企业活动对财务管理环境的影响。

2. 变动性

企业财务管理环境的变化比较缓慢,不易及时被察觉和把握;而有的是突变的,很快就会影响企业的生存和发展。财务管理环境的或慢或快的变化,有时会给企业带来财务管理活动的方便,有时会带来麻烦。所以,财务人员应当及时预测环境变化的趋势和特征,采取对策,调整财务管理。

3. 复杂性

企业财务管理环境是多方面的、复杂的,既有经济、技术、文化等多方面的因素,又有政治、社会方面的因素,这些因素综合对企业财务管理发生影响,并制约企业的财务管理行为。这就要求企业对这些因素进行——分析,特别是着重分析那些对财务管理活动有着重大影响的因素,以作出科学的决策。

4. 交互性

构成财务管理环境的各种因素是相互依存、相互制约的,无论哪一个因素发生变化,都会直接或间接地引起其他因素的变化。例如,消费结构的变化会使市场需求发生变化,市场需求的变化会影响企业投资方向变化,等等。这些相互作用、相互依存的关系,都会对企业财务管理活动产生连锁反应。

5. 不确定性

环境的因素变动是企业财务人员事先难以准确预料且无法实地加以控制的,凡是企业财务人员不能控制的因素,都构成企业财务管理环境的不确定性。例如,市场产品价格变动都将影响成本和利润,使管理企业成本和利润不确定性增大。因此,企业财务管理活动所作的决策往往带有一定的风险。财务人员既要根据所掌握的信息追求最大利益,又要考虑到现实条件的约束,合理防范过大的风险,追求现实期望可得的虽不是最大但却是较稳定的利益。

财务管理环境的变迁要求企业的相关方面随之变化,在特定时期内,环境的相对稳定性又要求企业有与之相适应的组织运行系统。建立现代企业制度、改革不合理的企业治理结构、实行科学化管理就是优化内部财务管理环境的过程。内部环境优化了,财务主体就增强了适应外部环境的能力,就可主动力争改变或引导外部环境,立足自我,为我所用。

五、财务管理环境的主要内容

(一) 一般财务管理环境

这里的一般财务管理环境是指企业治理契约或公司治理结构以外的其他影响财务主体的财务机制运行的外部条件和外部因素,主要包括政治环境、法律环境、经济环境、社会文化环境、科技教育环境等。其中,影响最大的是政治环境、法律环境和经济环境。

1. 政治环境

一个国家的政治环境会对企业的财务管理决策产生至关重要的影响,和平稳定的政治环境有利于企业的中、长期财务规划和资金安排。政治环境主要包括社会安定程度、政府制定的各种经济政策的稳定性,以及政府机构的管理水平、办事效率等。

2. 法律环境

法律环境是指企业发生经济关系时所应遵守的各种法律、法规和规章制度。国家管理企业经济活动和经济关系的手段包括行政手段、经济手段和法律手段三种。随着经济体制改革的不断深化,行政手段逐渐减少,而经济手段,特别是法律手段日益增多,把越来越多的经济关系和经济活动的准则用法律的形式固定下来。与企业财务管理活动有关的法律规范主要有企业组织法规、税收法规、财务法规等,这些法规是影响财务主体的财务机制运行的重要约束条件。

3. 经济环境

经济环境是指企业在进行财务活动时所面临的宏观经济状况。主要包括以下几个方面:①经济发展状况;②政府的经济政策;③通货膨胀和通货紧缩;④金融市场;⑤产品市场;⑥经理和劳动力市场等。

(二)具体财务管理环境

具体财务管理环境是指对财务主体的财务机制运行有直接影响的那部分外部条件和外部因素。具体财务管理环境的主要内容可以用企业治理契约或公司治理结构来概括。当以所有者和经营者作为财务主体进行分析时,具体财务管理环境的构成要素主要有以下几个方面。

1. 债权人

债权人是企业资金的重要提供者,他们的利益要求决定了企业筹集和使用资金成本的高低。除此而外,债权人还对企业的筹资决策、投资决策和利润分配决策有直接影响。他们通过与企业签订具有保护性条款的契约的方式对企业所有者和经营者的财务决策施加影响,以促使企业保持较强的偿债能力和变现能力。在企业无力偿还债务时,债权人还可取得对企业的财务控制权。一般财务管理环境中金融市场环境的作用主要通过该要素得以体现。

2. 供应商和顾客

供应商包括原材料、机器设备等生产资料的提供者,顾客则是吸收本企业产出的主体。与供应商和顾客良好的关系是企业增加价值的重要源泉,其对企业降低成本、赢得竞争起着举足轻重的作用,是企业最重要的经济资源。与供应商和顾客不同类型的关系所导致的成本、利润、存货、应收账款、现金流量等有显著的差异。因此,供应商和顾客是企业营运资金管理、成本管理、利润管理及战略财务管理等需要考虑的最重要的环境因素。20世纪90年代以来,风靡全球的业务流程再造、供应链管理、客户关系管理等管理理论和方法的出现,则是企业管理主动营造良好财务管理环境的典型例证。一般来说,产品市场、通货膨胀及经济周期等一般财务管理环境的作用主要通过该因素得以体现。

3. 政府

政府对企业财务机制运行的直接影响主要体现在两个方面:一是作为社会管理者所制定的政策法规、管理制度,直接限定了企业作为财务主体开展财务活动的范围;二是作为征税者的政府运用税收手段直接参与企业的利益分配,取得税收收入。我们认为,作为征税者的政府与投资者、供应商、顾客等一样,其对企业管理的目的是足额征收企业应交的税金,满足作为征税者的政府自身的利益。从这一意义上说,作为征税者的政府也是企业的利益相关者之一,是公司治理的重要参与主体,是企业具体财务环境中一个非常重要的组成部分。政治环境、法律环境、税收环境等一般财务管理环境的作用主要通过该要素得以体现。

4. 职工

职工是企业经营的主体,他们是企业治理契约或公司治理结构的重要组成部分。对于所有者、经营者来说,他们相互之间及各自与职工在财权和利益分配等方面进行博弈,始终是财务管理的重要内容,对职工的财务激励和约束也始终是财务管理的难题之一。除此之外,企业职工的素质和精神风貌也直接影响着企业财务管理的目标,而且对企业财务目标的实现程度有着直接的影响。因此,在财务决策时必须认真考虑企业职工这一环境因素。教育、科技、文化、经理和劳动力市场等一般财务管理环境的作用主要通过该要素体现出来。

财务管理活动总是依存于特定的财务管理环境。但是,不论是一般财务管理环境,还是具体财务管理环境,都不是一成不变的。恰恰相反,不断发生变化是它们的基本特点。因此,每一个财务主体都必须随时关注其具体财务管理环境的变化,并注意一般财务管理环境可能发生的变化及其所产生的潜在影响,以便尽快适应财务管理环境的变化。只有这样,才能做到在变幻莫测的财务管理环境中得心应手、运营自如。当然,财务管理活动对财务管理环境特别是对具体财务管理环境也有一定的反作用。科学的财务管理应当使财务管理环境不断改善,从而更有利于财务主体的财务目标的实现。

六、我国财务管理环境的评价与展望

明确企业所处的财务管理环境,并对其作出正确的评价,才能为企业的财务管理目标进行正确的定位。从计划经济体制向市场经济体制过渡的过程中,必然会引起企业治理结构、金融市场、企业经营权利的变化,并因此影响财务管理目标。与计划经济相比,市场经济条件下的财务管理具有很大的不确定性,企业承担着巨大的财务风险。特别是加入WTO后,我国企业理财受到很大的冲击,财务管理环境发生巨大变化,企业财务管理目标不再仅仅局限于对资金的管理,而扩展到企业外部的各个方面,由此我们提出了企业社会价值最大化的目标。目前,我国企业财务管理环境的现状及未来的发展趋势体现在以下几个方面。

(1) 关于现代企业制度。目前,我国还存在政企不分、企业财权没有真正回归企业的现象。企业面临着各种指标和摊派,不能有效地进行自主理财。但随着现代企业制度的改革和公司治理结构的建立和完善,以董事会为核心的现代企业制度的建立,必将改善我国企业的理财环境。

(2) 关于法律环境。我国的经济法律规范必须与WTO的规则相适应,这就改变了我国企业财务管理的法律环境。企业不仅要遵守《中华人民共和国公司法》《中华人民共和国证券法》《中华人民共和国企业财务通则》等国内法律规范,而且要遵守WTO的各项规则。

(3) 关于金融市场。我国的金融市场经过30多年的发展,逐步建立和完善。随着中国加入WTO,企业所面临的金融环境更加复杂,金融工具增多,这就促使企业加强财务管理,把企业的价值拿到市场上去衡量。同时,由于金融市场的人为扭曲,又使企业不能完全依赖市场,应结合自身的特点,建立适合自身发展的目标体系。

(4) 关于经济环境。30多年来,我国经济迅速增长,企业的财务管理水平也得到了空前的发展。但是,经济增长的周期性,又对企业的财务管理造成一定的影响,给企业的理财活动带来一定的风险。

（5）关于社会环境。随着知识经济的到来和可持续发展理论的提出，企业更加重视生产力要素中最积极、最活跃的因素——人对企业价值的贡献。可持续发展理论促使企业重视经营的"外部效应"，考虑公众对企业经济效益和社会效益的评价，从而更重视企业的环保能力和科技创新能力。

（6）关于科学技术。财务管理的目标是为了实现企业价值的最大化，但要实现这一目标，必须借助一定的手段，科学技术的发展为现代理财方法的创新奠定了良好的基础。现代电子技术的广泛应用，为企业财务管理提供了良好的手段，企业越来越多地采用量化的形式来进行理财活动。先进的技术条件，为企业从各个不同的角度、采用不同的方法来衡量企业的价值提供了手段。

七、现代经济条件下的财务环境

（一）经济全球化

在经济全球化浪潮中，对财务管理有着直接影响的是金融全球化。在金融全球化的趋势下，越来越多的外资金融机构进入我国，必将使我国金融市场发生全面而深远的变化，呈现出一些新的特征，从而对企业筹资投资产生极大的影响。

第一，金融市场规模的扩大、资金供给的增加和金融工具的不断创新，为我国企业筹资、投资和规避风险提供了多种可供选择的组合方式。

第二，金融创新丰富了金融工具的品种，拓展了金融服务范围，但同时也派生出利率风险、汇率风险、表外风险等新的风险，使金融风险进一步加大，规避风险将成为企业财务管理面临的最重要的课题之一。

第三，国内外金融市场竞争的加剧，促使我国金融机构建立现代企业制度的步伐进一步加快，金融机构自律性管理将进一步加强，国家对金融市场的监管也将进一步规范，这必将使金融市场配置资源的功能得以更加有效地发挥。这样，无论什么性质的企业在金融市场中都将处于公平竞争的地位，只能凭借其良好的经济效益、看好的市场前景与持续高速的增长来获得资金。

第四，金融市场的变化，使我国企业无论在"真实资产"方面还是在"金融资产"方面都将面临许多新的投资机会。同时也应该看到，为了增强产品在国际、国内市场上的竞争能力，我国企业尤其是一些资本和技术密集型企业就应该将其投资建立在高新技术产业基础之上，但与之相伴的投资风险将会较大。另外，市场竞争日益激烈又将使报酬率趋于平均化，企业要想获得较高的投资报酬就必须努力降低投资成本和风险损失。企业投资的这些新变化，要求我们进一步提高企业投资决策的及时性、合理性和科学性。

（二）网络经济下的财务管理环境

1. 经济环境

网络经济时代，信息产业成为全球第一大产业，以信息产业为主导产业的全球经济逐渐知识密集化。

互联网的建立形成了全球单一的电子市场基础；企业的资源配置、产品的销售，都在世界范围内进行；企业之间的合作、重组也跨越了国界。企业通过互联网不仅向社会提供服务,而且可以从事网络经贸活动(即电子商务),因此纷纷在网上开设"网址",树立网络形象。互联网络的迅速延伸和扩展,使得一个全新的网络社会正在形成,使地球"缩小"变成一个"地球村"。世界经济成为一个资源共享、高速运转、多元化发展的一体化经济,经济模式改变了人们的工作(如家庭办公)与生活(如网上购物),也改变了企业的运作方式(如虚拟企业的组建)、管理方式(如网络财务的应用)。

全球经济的网络化、一体化,使全球的竞争更加激剧,同时改变了企业的竞争机制,使得在竞争中的合作变得尤为重要。

全球网络化,资本、技术、智力的全球"流动"与扩散,使企业逐渐趋向"无界"经济。一些独立的厂商、顾客、同行的竞争对手通过信息技术联成临时的网络组织,以达到共享技术、分摊费用和满足市场需求的目的,求得共同的生存与发展。技术变革要求企业变为松散、精简和更加灵活的结构。总公司重点从事设计、组装和开发市场,生产分包给外围公司,公司之间构成各种协作关系。大公司之间组成战略同盟,大公司与小公司构成几何网络企业。一种虚拟的动态联盟组织便适应时代的需求应运而生,供、产、销形成一个完整的链条,企业的财务管理功能将延伸到企业之外。

2. 技术环境

以网络技术为主的各种信息技术为企业的财务管理提供了更广阔、更先进的技术手段与方法:企业以柔性技术为基础保持技术的领先,以信息网络为依托实现资源整合,将网络与财务相结合形成网络财务,并且开发网络财务软件,实行动态的、实时的财务管理。

3. 金融环境

电子货币成了网络交易市场的主要货币流通结算工具,互联网的延伸使得全球外汇市场每天 24 小时都可以进行交易,人们可以在全球范围内将资金以"光的速度"从一个地方转移到另一个地方,并且流通费用、交易成本大大降低。电子货币形态的资金将成为企业筹资、投资、分配的主要形式之一。网上银行的建立为网络经济的正常运转提供了安全、可靠的金融保障。

4. 社会环境

网络经济时代的技术变革相应地会带来社会变革,企业组织、工作结构、社会工种的改变也将影响企业的财务管理。

(三)知识经济下的财务管理环境

知识经济对企业的影响是全方位的,从现代企业理财的微观视野看主要有以下几个方面。

1. 企业资产形态的变化

传统工业经济需要投入大量的资金和设备,有形资产在企业总资产中占绝对优势;而知识经济是以知识、智力等无形资产投入为主,无形资产在企业经营中起决定作用。

现代企业中无形资产占总资产比重的不断上升已成为一个明显的趋势。

2. 企业竞争力要素的变化

在典型的工业经济形态中,市场占有率和较大的市场份额是企业补偿投入成本、形成和增加企业利润、维持满意市场结构的决定要素。同时,由于固定资本的经营杠杆效应和企业以有形物质资产投入为主的特征,企业总是力求通过扩大产出规模来增加财务成果,从而获取相对于竞争对手的竞争优势。但是,随着经济逐渐朝知识经济方向发展,市场份额和产出绝对规模只是企业竞争力的外在表现。在内涵上,企业竞争力更主要的是源于企业对各类知识的占有和知识资本的运用程度。企业在一定时期积累的知识量越大、其知识资产的结构及其动态组合与社会对知识的要求结构越一致,企业知识资产的转化效率就越高,企业竞争力,特别是长期竞争力就越强。

3. 企业经营行为的变化

知识投入的增加,特别是网络和信息技术在知识化和企业资产形态的无形化,企业投资转向以资源的开发利用为重点的新领域,随着经验决策向以知识为基础的科学决策的转变,企业投资决策和投资管理日益知识化,对知识资产的评估和管理是知识决策的中心内容之一。由于知识成为企业的主体资产形式,企业的生产方式和组织结构日益柔性化。生产方式的柔性化表现为小型灵活的生产日益成为主流。组织结构的柔性化发展出灵活的工作时间、场所和报酬制度,企业更强调知识、信息的收集、传播和利用,并通过网络在企业内部分享、重组和创新,整个企业发展成为一个网络化的信息结构。由于知识的共享性和可转移性克服了物质资源的稀缺性和使用上的排他性,企业对知识的积累和运用与社会对知识的要求形成经常性的正向互动关系,使企业经营目标与社会整体目标日趋一致。

4. 企业产品的变化

随着知识经济的发展,企业产品发生了一系列的变化。

一是产品的知识含量提高,更新换代的速度加快。

二是产品和服务的价值主要由其所含的知识量决定,知识的重复使用使产品生产中物质消耗的制造成本在产品价格中的比重越来越小。

三是经济信息的广泛流通和网络购物的兴起,使市场信息接近于完全竞争的市场结构,顾客要求企业以最低的价格快速进行市场订货并提供多种类型、个性的产品和服务,企业传统存货管理模式的变革被提上日程。

5. 企业分配方式的变化

既然知识资源是产品的主要生产要素和产品价格的决定因素,知识和利用知识的能力参与企业利润分配并取得比其他要素更丰厚的报酬将成为必然趋势。

6. 企业范围边界的变化

与知识经济以前的经济形态相比,知识的形成、传播无地域性,使企业生产经营管理的范围迅速扩大,企业边界的概念模糊难定。一是企业活动与环境的联系更为密切,它们共处于一体化的网络之中;二是企业与企业在市场活动和产品链关系中形成物质资本与知识资本的相互流动,固定结构关系被打破;三是企业与供应商以及企业与客户的关系不再固定,在全球网络中,企业与客户形成"在选择中结盟,在结盟中选择"的新格局。

案例

财务管理目标演进——MT 企业财务管理目标选择

化名 MT 企业,成立于 1960 年,属国有单位,当初设矿时,全部职工不过 200 人,拥有固定资产 40 万元、流动资金 10 万元,矿长王宏志等一班人均享受国家处级待遇,且全部

由上级主管部门 ——某地区煤炭管理局任命。企业的主要任务是完成国家下达的煤炭生产任务,表1-1是该厂1975—1979年的生产统计情况。

表 1-1　MT 企业生产任务完成统计情况

年　份	产量/万吨			产值/万元		
	计划	实际	增减	计划	实际	增减
1975	14	16	2	560	640	80
1976	14	16.5	2.5	560	660	100
1977	15	18	3	600	720	120
1978	15	19	4	600	760	160
1979	16	20	4	640	800	160
合计	74	89.5	15.5	2 960	3 580	620

由于年年超额完成国家下达的生产任务,MT 企业多次被评为"红旗单位",矿长王宏志也多次被评为地区劳动模范。MT 企业生产的煤炭属优质煤,由国家无偿调配,企业所需的生产资料和资金每年均由某地区煤炭管理局预算下拨。曾有参观团问过王矿长:"你们的材料充足吗? 车辆够用吗?"王矿长没有直接回答,而是领着他们参观了一下仓库。参观团所见:仓库堆满了尖镐、铁锹等备用工具,足可以放心地使用三年,车库停放着五辆披满灰尘的解放牌汽车。有人用手一擦,惊叹道:呵,全是新车,你们企业真富有!

进入20世纪80年代,经济形势发生了深刻变化——计划经济时代结束,商品经济时代来临。由于国家对企业拨款实行有偿制,流动资金实行贷款制,产品取消调配制,导致MT 企业昼夜之间产生了危机感。好在王宏志矿长能够解放思想、大胆改革。首先成立了销售部,健全了会计机构,引进了一批刚刚毕业的大学毕业生,同时在社会上又招聘了一批专业人才,使企业人员素质大幅度提高,队伍壮大到400人。人员管理方面,打破"大锅饭",引入竞争机制,工效挂钩;物资管理方面,实行限额领料、定额储备、定额消耗制度;成本管理方面,推行全员负责制;生产管理方面,实行以销定产、三班工作制;销售管理方面,实行优质优价、送货上门制度,等等。按王矿长的话讲:"我们所做的一切管理工作都是为了实现自负盈亏,多创造利润,为国家多作贡献,为企业员工多发奖金,多搞福利。"表1-2为MT 企业1985—1989年的生产经营统计情况。

表 1-2　MT 企业 1985—1989 年的生产经营统计情况

年　份	1985	1986	1987	1988	1989	合计
煤炭产量/万吨	30	37	32	28	26	148
营业收入/万元	3 000	3 200	3 200	3 360	3 380	16 140
营业成本/万元	1 800	1 920	1 760	1 820	1 690	8 990
营业利润/万元	1 200	1 280	1 440	1 540	1 690	7 150

MT 企业从规模上来讲毕竟属于中小企业,20世纪90年代随着市场经济的建立,以及国家抓大放小政策的实施,MT 企业不得不走上了股份制改造之路。1994年10月,国家将MT 企业的净资产2 000万元转化为2 000万股,向社会发售,每股面值1元,售价2元,民营企业家石开购得1 000万股,其余股份被50位小股东分割。石开成为当然董事

长,经董事会选举、董事长任命,杨记担任了 MT 股份有限公司的总经理。辛苦工作几十年,卓有贡献的矿长王宏志就此哀叹地离休了。

MT 公司成立之后,决策层首先考虑的是负债融资问题,目标资本结构,自有与借入之比为 1∶1;其次要考虑的是更新设备、引进先进生产线等重大投资问题。董事会决议:利用五年左右的时间使企业的生产技术水平赶上一流,企业产品在本地区市场占有率达到 20%,在全国市场占有率达到 3%,资本(自有资金)报酬率达到 26%,股票争取上市并力争使价格突破 15 元/股。

（资料来源:《财务管理学教学案例》,吴平安等编著,北京:中国审计出版社）

问题:

（1）什么是财务管理目标?

（2）财务管理目标是否具有稳定性?

（3）如何进行财务管理目标的协调?

第 1 章-绪论-自测题

财务管理的基础

学习目的与要求

本章主要讲授资金的时间价值、风险报酬和证券估价等内容。通过本章的学习,需要掌握:

(1) 资金的时间价值的概念,现值、终值、年金等的计算。

(2) 风险报酬的概念、单项资产风险报酬的计算和证券组合资产风险报酬的计算。

(3) 债券估价和股票估价的方法。

教学重点与难点

各种终值、现值的计算,年金的计算;风险、报酬的衡量与计算。

引例

新丽传媒财务"悬疑"

新丽传媒股份有限公司成立于 2007 年 2 月 7 日,注册资本为人民币 16 500 万元,控股股东和实际控制人为曹华益。经营范围为"许可经营项目:制作、复制、发行:专题、专栏、综艺、动画片、广播剧、电视剧。一般经营项目:电影剧本的创作;影视服装道具租赁;影视器材租赁;影视文化信息咨询;企业形象策划;会展会务服务;摄影摄像服务;制作、代理、发布:影视广告;艺人经纪、货物和技术进出口"。该公司是一家集电视剧、电影、网络剧制作及全球节目发行、娱乐营销和艺人经纪为一体的专业综合性影视机构。新丽传媒虽然成立时间不长,但已经迅速发展为业内领先的精品剧制作机构,其电视剧代表作有《悬崖》《北京爱情故事》《你是我兄弟》《辣妈正传》《大丈夫》《虎妈猫爸》;并投资拍摄了电影《搜索》《失恋 33 天》《101 次求婚》《道士下山》《煎饼侠》《夏洛特烦恼》等。

新丽传媒是国内最具实力的电视剧和电影制作发行机构之一,其前身为东阳新经典影业有限公司。东阳狂欢者影视文化有限公司为其全资子公司。2011 年,公司完成股份制改造,成立新丽传媒股份有限公司。主要致力于电视剧、电影、网络剧制作及全球节目发行、娱乐营销和艺人经纪等领域,拥有一支素质精良的专业化队伍,具有丰富的影视行业经验,拥有一流的策划、管理、经营运作人才和资深制作人、编剧、导演、演员等丰富的人力资源,与中央电视台及全国各省市电视台等国内主流媒体保持良好的业务合作关系。并与日本、韩国等海外电视台拥有长期合作关系。新丽传媒自成立以来先后制作发行多部优秀电视剧、电影、网络剧等,凭借其深度的内容、完善的制作、出色的销售,获得了业界的尊敬和广泛认可。2017年2月20日,获得第十一届全国电视制片业"十佳电视剧出品单位"奖。

2013年10月28日,光线传媒发布收购资产公告,公司以自有资金人民币82 926万元投资参股新丽传媒股份有限公司,即通过以收购股权及增资的方式获取新丽传媒27.642%的股权。公司于2013年10月25日与新丽传媒股份有限公司及其股东王子文签订《股权转让协议》,公司以自有资金82 926万元受让新丽传媒股份有限公司股东王子文持有的27.642%股权。

(资料来源:https://wenku.baidu.com/view/0dbd873d0b4e767f5bcfce19.html)

(思考:现在的钱和以后的钱有哪些差异?)

第一节　资金的时间价值

一、现金流量的时间分布

企业在生产经营过程中伴随着资金的流动。无论是投资购置新资产以扩大生产能力,或增加营运资金扩大销售,企业都有大量的现金流入和流出,我们把企业在每个时点上现金流入和现金流出的差称为净现金流量。现金流量的大小及其时间分布,以及现金流量的风险大小直接影响企业的价值。本章谈到的企业财务管理的目标是股东财富最大化,亦即企业价值最大化。在投资报酬率和资金成本一定的情况下,企业价值的大小与其影响因素之间的关系可表示如下:

因　素	状态一	状态二
净现金流量的数量	大	小
现金流入发生的时间	早	晚
现金流出发生的时间	晚	早
现金流量的风险	小	大

影响结果		
企业价值	企业价值大	企业价值小
$V=S+B$		
股本+债务		

企业长期投资活动的现金流量的时间跨度大,一般为5~10年,长的达15年以上。资本的投入要求回报,借贷资本要付利息,股本要达到期望的收益率。投资者近期得到的1元钱的价值总是大于远期期望得到的1元钱。因此,现金流量的时间分布是在企业价值计算中必须认真对待的问题。

二、终值和现值

计算资金时间价值的方法与复利计算相同。我们把今天的一笔资金按复利利率计算至将来某一时刻的价值称为终值,而把将来某一时刻的资金按复利折算为今天的值称为现值。

(一)终值

如果某人现在购买了价值 500 元的债券,年利率 10%,1 年后债券的价值是多少?按复利计算,3 年后的价值是多少?

首先计算 1 年后的价值:

$$FV_1 = PV_0 + I_1 = PV_0 + r(PV_0) = PV_0(1+r)$$

式中,PV_0 表示现值;FV_1 表示 1 年后的终值;I_1 表示 1 年的利息;r 表示年利率。

由上式得出 1 年后 500 元债券的价值为

$$FV_1 = 500 + 500 \times 10\% = 500(1+10\%) = 550(元)$$

可用下图表示:

```
       0 _____ 1   横轴为时间轴,轴上时点表示年数
     500元
       └──────→ 550元
```

按复利计算,3 年以后债券的价值为

$$FV_3 = PV_0(1+r)(1+r)(1+r) = PV_0(1+r)^3$$
$$= 500(1+10\%)^3 = 665.50(元)$$

在时间轴线上表示为

```
         0    1    2    3
       500元
         └──────────→ 665.50元
```

复利计算与单利计算的不同在于复利将投资所得的利息与原来的本金加在一起再生利息,而单利只有本金生利息。故按复利计算,终值可表达为

$$FV_n = PV_0(1+r)^n \tag{2.1}$$

式中,n 表示间隔的年数,若计算利息不以年为单位,则 n 为利息周期数;FV_n 表示 n 个周期后的终值;PV_0 表示现值;r 表示利息率。

式(2.1)还可以写成如下形式:

$$FV_n = PV_0(FV_{r,n}) \tag{2.2}$$

式中,$(FV_{r,n})$ 表示 $(1+r)^n$,称为终值系数。不同利率 r 和周期 n 的终值系数已制成表格,如表 2-1 所示。若要计算上述 500 元债券在 10% 年利率下 3 年后的价值,可直接查表 2-1,如方框中所示:$(FV_{10\%,3}) = 1.331$,代入式(2.2),可得

$$FV_3 = PV_0(FV_{10\%,3}) = 500 \times 1.331 = 665.50(元)$$

可见,与式(2.1)的计算结果是一致的。

财务
管理 ◎ 第 5 版

表 2-1　终值系数表

周期(n)	利率(r)						
	7%	8%	9%	10%	11%	12%	13%
1	1.070	1.080	1.090	1.100	1.110	1.120	1.130
2	1.145	1.166	1.188	1.210	1.232	1.254	1.277
3	1.225	1.260	1.295	1.331	1.368	1.405	1.443
4	1.311	1.360	1.412	1.464	1.518	1.574	1.630
5	1.403	1.469	1.539	1.611	1.685	1.762	1.842
6	1.501	1.587	1.677	1.772	1.870	1.974	2.082
7	1.606	1.714	1.828	1.949	2.076	2.211	2.353
8	1.718	1.851	1.993	2.144	2.305	2.476	2.658
9	1.838	1.999	2.172	2.358	2.558	2.773	3.004
10	1.967	2.159	2.367	2.594	2.839	3.106	3.395

（二）现值

现值是把将来的资金按一定利率折算到现在的价值，这一折算过程称为折现。折算时所采用的利率一般称为折现率。现值计算公式如下：

$$PV_0 = \frac{FV_n}{(1+r)^n} \qquad (2.3)$$

式中，符号的意义同式(2.1)。式(2.3)也可写成

$$PV_0 = FV_n(PV_{r,n}) \qquad (2.4)$$

$(PV_{r,n})$称为现值系数，是$\frac{1}{(1+r)^n}$的符号表达式。这一系数可从现值系数表 2-2 中查到。

上例中，债券 3 年后的价值为 665.5 元，按 10% 的折现率，现值应该是

$$PV_0 = FV_3 \cdot \frac{1}{(1+10\%)^3} = 665.5(1.1)^{-3} = 500(元)$$

或

$$PV_0 = FV_3(PV_{10\%,3}) = 665.5 \times 0.751 = 500(元)$$

上式中，$(PV_{10\%,3})$的值如表 2-2 方框中所示。

表 2-2　现值系数表

周期(n)	折现率(r)						
	7%	8%	9%	10%	11%	12%	13%
1	0.935	0.926	0.917	0.909	0.901	0.893	0.885
2	0.873	0.857	0.842	0.826	0.812	0.797	0.783
3	0.816	0.794	0.772	0.751	0.731	0.712	0.693
4	0.763	0.735	0.708	0.683	0.659	0.636	0.613
5	0.713	0.681	0.650	0.621	0.593	0.567	0.543
6	0.666	0.630	0.596	0.564	0.535	0.507	0.480
7	0.623	0.583	0.547	0.513	0.482	0.452	0.425
8	0.582	0.540	0.502	0.467	0.434	0.404	0.376
9	0.544	0.500	0.460	0.424	0.391	0.361	0.333
10	0.508	0.463	0.422	0.386	0.352	0.322	0.295

折现过程可用下图表示：

现值系数是终值系数的倒数，由于折现后的现值比终值小，此系数恒小于 1，而且随折现率和周期数的增加而减小。现值系数和终值系数的比较见图 2-1。

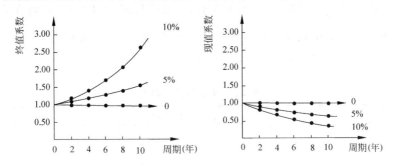

图 2-1　终值系数、现值系数与时间周期的关系

三、年金

在现值和终值的计算中，现金流量只在某一年发生。实际上，企业的现金流量每年都产生，形成一收入或支付序列，称为年金。

（一）普通年金终值和现值的计算

1. 普通年金终值

如下图所示，如果你在第 1 年至第 4 年每年年末等额存入银行 600 元，年利率 10％，按年计算复利，那么在第 4 年年末，你的银行存款额将为多少？

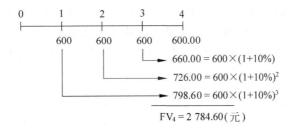

我们可以逐年计算发生在不同年份 600 元资金的终值，然后将其累加，可得第 4 年年末的等值金额为 2 784.60 元。

上述计算过程的一般表达式为

$$\mathrm{FV}_n = A \sum_{t=0}^{n-1} (1+r)^t \tag{2.5}$$

式中，FV_n 表示年金终值；A 表示从 $1\sim n$ 每个周期末等额资金值；r 表示复利率；n 表示复利周期数。

根据级数求和公式,式(2.5)可写成

$$FV_n = A\left[\frac{(1+r)^n - 1}{r}\right]$$ (2.6)

代入本例中的数据,

$$FV_4 = 600\left[\frac{(1+10\%)^4 - 1}{10\%}\right] = 600 \times 4.641 = 2\ 784.6(元)$$

式(2.6)中,$\frac{(1+r)^n - 1}{r}$ 称为年金终值系数,用符号记为$(FVA_{r,n})$,可在表2-3中查到。如$(FVA_{10\%,4}) = 4.641$,为表中方框所示。所以,式(2.6)也可写为

$$FV_n = A(FVA_{r,n})$$ (2.7)

表2-3 年金终值系数表

周期(n)	利率(r)						
	7%	8%	9%	10%	11%	12%	13%
1	1.000	1.000	1.000	1.000	1.000	1.000	1.000
2	2.070	2.080	2.090	2.100	2.110	2.120	2.130
3	3.215	3.246	3.278	3.310	3.342	3.374	3.407
4	4.440	4.506	4.573	4.641	4.710	4.779	4.850
5	5.751	5.867	5.985	6.105	6.228	6.353	6.480
6	7.153	7.336	7.523	7.716	7.913	8.115	8.323
7	8.654	8.923	9.200	9.487	9.783	10.089	10.405
8	10.260	10.637	11.028	11.436	11.859	12.300	12.757
9	11.978	12.488	13.021	13.579	14.164	14.776	15.416
10	13.816	14.487	15.193	15.937	16.722	17.549	18.420

2. 普通年金现值

正如求一次支付或收入的现值一样,每年等额的支出或收入系列也需要计算现值。例如,你现在做一项投资,从1年后的第1年年末至第4年年末,每年有收益600元。若期望的投资报酬率是10%,则这一收益现金流量的现值为多少?如下图所示,将每年年末的金额按10%的折现率折算到现在(图中第0年年末),其累计之和就是这一系列现金流量的现值,即$PV_0 = 1\ 902$元。

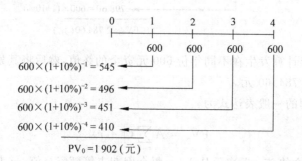

用公式表示,从第 1 年年末到第 n 年年末的等额现金流量的现值为

$$PV_0 = A \sum_{t=1}^{n} \frac{1}{(1+r)^t}$$
$$= A \left\{ \frac{1 - [1/(1+r)^n]}{r} \right\} \quad (2.8)$$

式(2.8)中符号的意义同式(2.5)。

括号{ }内系数称为年金现值系数,记为$(PVA_{r,n})$。因此,式(2.8)也可表示为

$$PV_0 = A(PVA_{r,n}) \quad (2.9)$$

本例中 $r = 10\%$,$n = 4$,从表 2-4 中可查出$(PVA_{10\%,4}) = 3.170$,代入式(2.9),得

$$PV_0 = 600 \times 3.17 = 1\,902(元)$$

表 2-4 年金现值系数表

周期(n)	折现率(r)						
	7%	8%	9%	10%	11%	12%	13%
1	0.935	0.926	0.917	0.909	0.901	0.893	0.885
2	1.808	1.783	1.759	1.736	1.713	1.690	1.668
3	2.624	2.577	2.531	2.487	2.444	2.402	2.361
4	3.387	3.312	3.240	3.170	3.102	3.037	2.974
5	4.100	3.993	3.890	3.791	3.696	3.605	3.517
6	4.767	4.623	4.486	4.355	4.231	4.111	3.998
7	5.389	5.206	5.033	4.868	4.712	4.564	4.423
8	5.971	5.747	5.535	5.335	5.146	4.968	4.799
9	6.515	6.247	5.995	5.759	5.537	5.328	5.132
10	7.024	6.710	6.418	6.145	5.889	5.650	5.426

(二)先付年金的终值和现值

先付年金是指一定时期内每期期初等额的系列收付款项。先付年金与后付年金的差别,仅在于收付款的时间不同。由于年金终值系数表和年金现值系数表是按照常见的后付年金编制的,在利用这种后付年金系数表计算先付年金的终值和现值时,可在计算后付年金的基础上加以适当的调整。

1. 先付年金终值

n 期先付年金终值和 n 期后付年金终值之间的关系,可以用下图表示:

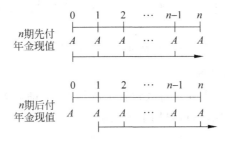

n 期先付年金与 n 期后付年金比较,两者付款期数相同,但先付年金终值比后付年金终值要多一个计息期。为求得 n 期先付年金的终值,可在求出 n 期后付年金终值后,再乘以$(1+r)$。计算公式如下:

$$FV_n = A \times (FVA_{r,n}) \times (1+r)$$

此外,根据 n 期先付年金和 $n+1$ 期后付年金终值的关系,还可推导出另一公式。n 期先付年金与 $n+1$ 期后付年金比较,两者计息期数相同,但 n 期先付年金比 $n+1$ 期后付年金少付一次款。因此,只要将 $n+1$ 期后付年金的终值减去一期付款额,便可求得 n 期先付年金终值。计算公式如下:

$$FV_n = A \times (FVA_{r,n+1}) - A$$

如李先生每年初存入银行 2 000 元,年利率 7%,则 5 年后本利和应为

$$2\,000 \times (FVA_{7\%,5}) \times (1+7\%) = 2\,000 \times 5.751 \times 1.07 = 12\,307(元)$$

或

$$2\,000 \times (FVA_{7\%,6}) - 2\,000 = 2\,000 \times 7.153 - 2\,000 = 12\,306(元)$$

2. 先付年金现值

n 期先付年金现值和 n 期后付年金现值之间的关系,可以用下图表示:

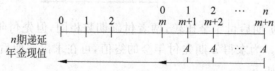

n 期先付年金现值和 n 期后付年金现值比较,两者付款期数也相同,但先付年金现值比后付年金现值少贴现一期。为求得 n 期先付年金的现值,可在求出 n 期后付年金现值后,再乘以 $(1+r)$。计算公式如下:

$$PV_0 = A \times (PVA_{r,n}) \times (1+r)$$

此外,根据 n 期先付年金现值和 $n-1$ 期后付年金现值的关系,也可推导出另一公式。n 期先付年金与 $n-1$ 期后付年金比较,两者贴现期数相同,但 n 期先付年金比 $n-1$ 期后付年金多一期不需贴现的付款。因此,现计算出 $n-1$ 期后付年金的现值再加上一期不需贴现的付款,便可求得 n 期先付年金现值。计算公式如下:

$$PV_0 = A \times (PVA_{r,n-1}) \times A$$

如租入某设备,若每年初支付租金 4 000 元,年利率为 8%,则 5 年中租金的现值应为

$$4\,000 \times (PVA_{8\%,5}) \times (1+8\%) = 4\,000 \times 3.993 \times 1.08 = 17\,249(元)$$

或

$$4\,000 \times (PVA_{8\%,4}) + 4\,000 = 4\,000 \times 3.312 + 4\,000 = 17\,248(元)$$

(三)递延年金现值的计算

递延年金是指在最初若干期没有收付款项的情况下,随后若干期等额的系列收付款项。m 期以后的 n 期年金现值,可以用下图表示:

延期 m 期后的 n 期年金与 n 期年金相比,两者付款期数相同,但这项延期年金现值是 m 期后的 n 期年金现值,还需要再贴现 m 期。因此,为计算 m 期后 n 期年金现值,要先计算出该项年金在 n 期期初(m 期期末)的现值,再将它作为 m 期的终值贴现至 m 期期初的现值。计算公式如下:

$$PV_0 = A \times (PVA_{r,n}) \times (PV_{r,m})$$

此外,还可先求出 $m+n$ 期后付年金现值,减去没有付款的前 m 期的后付年金现值,即为延期 m 期的 n 期后付年金现值。计算公式如下:

$$PV_0 = A \times (PVA_{r,m+n}) - A \times (PVA_{r,m})$$

如某项目于 2001 年动工,由于施工延期 5 年,于 2006 年初投产,从投产之日起每年得到收益 20 000 元。按每年利率 6% 计算,则 10 年收益于 2001 年初的现值为

$$20\,000 \times (PVA_{6\%,10}) \times (PV_{6\%,5}) = 20\,000 \times 7.36 \times 0.747 = 109\,958(元)$$

或

$$20\,000 \times (PVA_{6\%,15}) - 20\,000 \times (PVA_{6\%,5})$$
$$= 20\,000 \times 9.712 - 20\,000 \times 4.212 = 110\,000(元)$$

(四) 永久年金

大多数年金支付和收入是在有限时期内发生的,但有些年金则是无限期的,称为永久年金(prepetuities)。当式(2.8)中的 $n \to \infty$ 时,可求得永久年金的现值:

$$PV_{0(永久年金)} = A \cdot \lim_{n \to \infty} \left\{ \frac{1 - [1/(1+r)^n]}{r} \right\} = A \cdot \frac{1}{r} \qquad (2.10)$$

股份公司的经营具有连续性,可看成有无限寿命。在计算公司价值进行现金流量分析时会经常用到永久年金的概念。

四、 不同复利间隔期利率的转换

在企业筹资和借贷活动中,经常会遇到这种情况:给定年利率,但是计息周期是半年、季或月,即按半年、季或月计算复利。那么,实际的年利率与给定的年利率(称为名义年利率)必然不同。

例如,企业借入 100 万元,年利率 12%,若每年计息一次,则 1 年后的终值为

$$FV_1 = 100 \times (1 + 0.12)^1 = 112(万元)$$

若每半年计息一次,半年的利率为 12%÷2=6%,1 年后的终值为

$$FV_1 = 100 \times (1 + 0.12/2)^2 = 112.36(万元)$$

若每季计息一次,1 年后终值为

$$FV_1 = 100 \times (1 + 0.12/4)^4 = 112.55(万元)$$

若每月计息一次,1 年后终值为

$$FV_1 = 100 \times (1 + 0.12/12)^{12} = 112.68(万元)$$

根据利率的定义,名义利率为 12%,按半年计息时实际年利率为

$$r_E = \frac{112.36 - 100}{100} = 12.36\%$$

同样,可计算按季计息时,$r_E = 12.55\%$;按月计息时,$r_E = 12.68\%$。

由此可得出,计息周期与名义利率的利息周期不同时的终值计算公式:

$$FV_n = PV_0 \left(1 + \frac{r_n}{m}\right)^{mn} \tag{2.11}$$

式中,FV_n 表示终值;PV_0 表示现值;r_n 表示给定的名义年利率;m 表示 1 年中复利计息次数;n 表示年数。

令式(2.11)中的 $n=1$,则

$$FV_1 = PV_0 \left(1 + \frac{r_n}{m}\right)^{m}$$

1 年的利息

$$I_1 = FV_1 - PV_0 = PV_0 \left[\left(1 + \frac{r_n}{m}\right)^{m} - 1\right]$$

实际年利率

$$r_E = \frac{I_1}{PV_0} = \frac{PV_0 \left[\left(1 + \frac{r_n}{m}\right)^{m} - 1\right]}{PV_0}$$

所以

$$r_E = \left(1 + \frac{r_n}{m}\right)^{m} - 1 \tag{2.12}$$

式中,r_E 表示实际年利率;r_n 表示名义年利率;m 表示 1 年中复利计息次数。

式(2.12)表明,当 1 年中的计息次数 m 大于 1 时,实际年利率将大于名义年利率。

以上讨论的复利计算,其计息周期都有一定的时间间隔,我们称为间断复利。当复利的时间间隔趋于 0,或者式(2.12)中的 $m \to \infty$ 时,则称为连续复利,此时

$$r_E = \lim_{m \to \infty} \left[\left(1 + \frac{r_n}{m}\right)^{m} - 1\right] = e^{r_n} - 1 \tag{2.13}$$

上述例子若按连续复利计算,当 $r_n = 12\%$ 时,

$$r_E = e^{0.12} - 1 = 1.127\,5 - 1 = 12.75\%$$

五、复利和折现的实际应用

(一) 贷款等额摊还

企业从银行借入的贷款有多种偿还本金和利息的方式:①贷款到期一次支付本利;②每年付息到期偿还本金;③每年偿还等额本金和贷款余额应付的利息;④每年偿还等额的利息加本金。前三种还款方式偿还的本金和支付的利息容易分清,而第四种方式还必须分别计算每年偿还的本金和利息。

例如,某企业借入建设银行贷款 5 000 万元,年利率 10%,在以后 5 年的年末等额摊还。问企业每年应还的本金和利息各为多少?

首先,根据式(2.9)求出每年等额摊还金额 A:

$$5\,000 = A(PVA_{10\%,5})$$

$$A = \frac{5\,000}{(PVA_{10\%,5})} = \frac{5\,000}{3.791} = 1\,319(万元)$$

然后,列表计算每年支付的利息及偿还的本金,见表 2-5。每年年末的贷款余额乘以年利率即为下一年应支付的利息,等额摊还额减去利息支付即为当年的还本额。上年贷款余额减当年还本额,则得该年年末贷款余额。依此类推,逐年计算可得表 2-5。

表 2-5　贷款等额摊还计算表　　　　　　　单位:万元

年末	等额摊还额	支付利息	偿还本金	年末贷款余额
1	1 319	500.00	819.00	4 181.00
2	1 319	418.10	900.90	3 280.10
3	1 319	328.01	990.99	2 289.11
4	1 319	228.91	1 090.09	1 199.02
5	1 319	119.90	1 199.10	0

(二) 抵押贷款的分期支付

房屋、耐用消费品抵押贷款的分期支付一般是按月等额偿还,但是按年或半年计复利。在金融市场上,资金借贷一般使用名义年利率作为利率标价。因此,为计算抵押贷款月等额偿还额,必须先计算出实际月利率,然后按本节所述等额摊还方式分摊到每个月支付。实际月利率 r_{EM} 的计算公式推导如下。

由于 1 年中按月利率 r_{EM} 计算 12 次复利和按 $\dfrac{r_n}{m}$ 计算 m 次复利的值是相等的,即

$$(1 + r_{EM})^{12} = \left(1 + \frac{r_n}{m}\right)^m$$

所以,

$$r_{EM} = \left(1 + \frac{r_n}{m}\right)^{m/12} - 1 \tag{2.14}$$

式中,符号意义同式(2.12)。

每月等额支付额可按下式计算:

$$PV_0 = A_M \left\{ \frac{1 - [1/(1 + r_{EM})^{12n}]}{r_{EM}} \right\} \tag{2.15}$$

式中,A_M 表示月等额支付额;n 表示抵押贷款偿还年数;r_{EM} 表示实际月利率;PV_0 表示现值,或初始贷款额。

例如,某人为购买住房,向银行申请总额为 10 000 元的住房抵押贷款,准备在 25 年内按月分期等额偿还。若年利率为 12%,每半年计复利一次,问此人每月的等额偿还额是多少?

首先,计算实际月利率:

$$r_{EM} = \left(1 + \frac{0.12}{2}\right)^{2/12} - 1 = \sqrt[6]{(1 + 0.06)} - 1 = 0.009\,758\,8$$

代入式(2.15),得

$$10\,000 = A_M \left\{ \frac{1 - [1/1.009\,758\,8]^{12 \times 25}}{0.009\,758\,8} \right\}$$

$$10\,000 = A_M(96.908\,7)$$

$$A_M = 103.19(元)$$

每月等额摊还的利息及本金之和为 103.19 元。每月利息支付额和本金偿还额可按本节第一部分所述方法计算。

用长期资产作抵押的贷款,还款期一般为 10～25 年,期间利率会有较大的变动,故通常不按固定利率计算,而以 6 个月至 5 年为一利率固定期。每一利率固定期的利率由借贷双方根据市场利率商定。利率改变后,未偿还的贷款余额将按新的利率计算月等额偿还额。

第二节 风险与收益

在经济活动中,每一个企业都面临着风险,诸如企业产品市场的价格风险、原料市场的价格风险、国际贸易中的汇率风险以及债券的利率风险等。企业经营决策的风险在其营运过程中时时伴随企业而行。同样,企业财务决策作为企业全部决策中的一部分,不可能逃避风险,这些风险将影响企业资产的价值及收益水平。对风险的度量,成为企业决策者判断风险和规避风险的重要手段。

一、单一证券的期望收益率与风险

如果你在一种未来的结果是未知的,或者至少是不确定的情况下,那么你将处于风险之中。在大多数商业活动中,无论是提高产品价格、增加产量,还是买进一种新产品,风险都会展现在企业和它的所有者面前。风险主要可以归纳为以下几个方面:社会经济风险、通货膨胀风险、经济紧缩风险、财务风险、证券风险等。

针对风险我们可以建立这样的概念,即风险是当你面临一个不确定的未来的结果时,将会出现不利事件的机会,或者说将面临的一种危险。我们都知道赌博有很大的风险,当你去赌博时会冒着失去钱财的风险;当你对一个不确定的商业机会投资时,你将面临失败的风险。

风险本身是一种不确定性。风险可能出现,也可能不出现,人们无法事先知道。某项目投资可能会带来丰厚的回报,可能收益很小,也可能亏本,甚至血本无归。例如,用 1 000 元购买 1 年期且利率为 10% 的国库券,则 1 年后的收益是 100 元。由于国库券的无风险性,我们可以精确地预测到 1 年后的收益。但是如果去购买某公司的股票,则不能确切地知道将来的收益。假如该公司以往的业绩很好,也只能预测以后的收益可能依然很好,可是诸如产品市场环境、宏观经济环境、原料供应通货膨胀、经济景气等因素会严重影响企业的经济活动,企业收益可能会出现很好、一般和很糟等情况。很显然,出现各种收益情况的概率都有,各种可能情况和机会的存在,揭示着风险的客观存在。那么,我们在投资活动中获得的收益是多少? 面临的风险是多少? 收益和风险应如何度量?

(一)期望收益率

在证券市场上,证券的收益率是一个随机变量,投资者无法预知其实际值。随机变量是在一定的概率下发生的。一个事件的概率是指该事件可能发生的机会。随机变量发生概率的集合,称为该随机变量的概率分布。收益率这个随机变量是与发生的概率相对应的,由此形成了某一证券收益率的概率分布。投资者可以推算这个概率分布,进而求得该证券的期望收益率。大量的实证研究表明,证券收益率的概率分布满足正态分布。

期望收益率是那些可能事件收益率（k_i 值）的加权平均值。权重为事件发生的概率（p_i 值），即

$$期望值\ K = \sum_{i=1}^{n} k_i p_i \tag{2.16}$$

式中，K 表示事件收益率的期望值；n 表示各种可能事件的个数；k_i 表示第 i 个可能事件的收益率；p_i 表示第 i 个可能事件的概率。

表 2-6 列出了 W 公司和 N 公司经济活动的可能事件，列出了各种可能情况下的概率分布。从表 2-6 中我们可以看到，W 公司的期望收益率是 20%，N 公司的期望收益率是 15%。实际收益率与期望收益率不同，实际收益率是特定经济环境影响下经济活动的结果。

表 2-6　W 公司和 N 公司的概率分布

公司	事件	发生事件的概率 p_i	相关收益率 k_i	$p_i \times k_i$
W 公司	良好	0.30	60%	18.0%
	一般	0.40	20%	8.0%
	衰退	0.30	−20%	−6.0%
	$\sum = 1.00$		期望收益率 $\overline{K} = 20.0\%$	
N 公司	良好	0.30	25%	7.5%
	一般	0.40	15%	6.0%
	衰退	0.30	5%	1.5%
	$\sum = 1.00$		期望收益率 $\overline{K} = 15.0\%$	

（二）风险及其度量

风险是一个抽象的概念，根据期望收益率的概率分布，用标准差 σ 来描述风险。标准差 σ 描述了一个企业在各种可能结果的概率分布上的总风险。它反映出该概率分布相对于期望值的密度（集中度）。标准差 σ 被定义为

$$标准差\ \sigma = \sqrt{\sum_{t=1}^{n} (k_i - \overline{K})^2 p_i} \tag{2.17}$$

标准差较大，风险也相对较大；标准差相对较小，则风险较小。表 2-7 列出了计算 W 公司和 N 公司期望收益率标准差的步骤。

表 2-7　W 公司和 N 公司标准差 σ

公司	$k_i/\%$	$k_i - \overline{K}$	$(k_i - \overline{K})^2$	p_i	$(k_i - \overline{K})^2 \times p_i$
W 公司	60	40	1 600	0.3	480
	20	0	0	0.4	0
	−20	−40	1 600	0.3	480
$\overline{K} = 20\%$		方差 $\sigma^2 = 960(\%)^2$		标准差 $\sigma = 30.98\%$	
N 公司	25	10	100	0.3	30
	15	0	0	0.4	0
	5	−10	100	0.3	30
$\overline{K} = 15\%$		方差 $\sigma^2 = 60(\%)^2$		标准差 $\sigma = 7.75\%$	

从表 2-7 中的计算结果我们知道,W 公司收益率的标准差是 30.98%,大于 N 公司收益率的标准差 7.75%,因此 W 公司的风险大于 N 公司的风险。图 2-2 为 W 公司和 N 公司概率分布图。

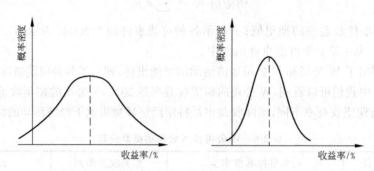

图 2-2　W 公司和 N 公司概率分布图

（三）风险与收益原理

所谓风险溢酬,是指投资者因承担风险而获取的超过货币时间价值的额外补偿。一般而言,投资者都厌恶风险,并力求加避风险,但为何还愿意进行风险性投资?这就是因为风险投资可以得到额外补偿——风险溢酬。

人们从事风险活动的实际结果与预期结果（期望值）会发生偏离,这种偏离可能是负方向的（即低于期望值）,也可能是正方向的（即高于期望值）,因此,风险意味着危险和机遇。一方面,冒风险可能蒙受损失,产生不利影响;另一方面,冒风险可能会取得成功,获得风险溢酬,并且风险越大,失败后的损失越大,成功后的风险溢酬也越大。正因为巨大风险背后隐藏着巨大成功、高额回报的可能,这就成为人们冒风险从事各项经济活动的一种动力。风险与收益的并存性,使人们愿意从事各种风险活动。

可见,风险和收益的基本关系是风险越大,要求的收益率越高。各投资项目的风险大小是不同的,在投资收益率相同的情况下,人们都会选择风险最小的投资,竞争的结果是风险增加,收益率下降。最终,高风险的项目必须有高收益,否则就没有人投资;低收益的项目必须风险很低,否则也没有人投资。风险和收益的这种均衡关系,是市场竞争的结果。

企业拿投资者的钱去做生意,由于投资者要承担风险,因此他们要求期望收益率与风险相适应。如果不考虑通货膨胀,投资者进行风险投资所要求得到的投资收益率,即必要收益率,应是货币时间价值（即无风险收益率）与风险溢酬之和,如图 2-3 所示。

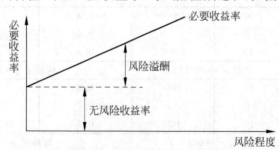

图 2-3　必要收益率与风险的关系

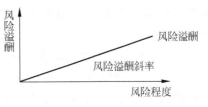

必要收益率＝无风险收益率＋风险溢酬

如果不考虑通货膨胀,无风险收益率就是货币时间价值,是投资者要求的最低收益率,如国库券的利率。

风险溢酬与风险大小有关,风险越高,要求的收益率就越大。此外,它还与投资者对风险的态度有关,表现为风险溢酬斜率的大小。如果大家都愿意冒风险,风险溢酬的斜率就越小,风险溢酬就不大;如果大家都不愿意冒风险,风险溢酬斜率就越大,如图 2-4 所示。

图 2-4 风险溢酬与风险的关系

二、证券组合的收益与风险分散

上面我们讨论了单一证券的风险,但是,多数人并不只持有一种资产,他们持有各种资产。如果你仅持有一种资产,那么在你获得的收益非常少时就会遭受损失;如果持有两种以上的资产,且这些资产分散在不同种类的资产上,那么风险就会降低。那些证券持有量(金融资产)占总财富相当比例的投资者,通常要做投资组合,而不是仅持有某一公司的股票。从投资者的立场看,某一特定股票的价格涨跌并不重要,重要的是对它们所组成的证券组合的风险和收益的影响。作为一个投资者,证券组合的总风险和总收益是很重要的。因此,对于不同风险和收益的证券来说,应根据它们对所组成的证券组合的总收益和风险的影响进行分析。

(一)证券组合的收益与风险的衡量

1. 证券组合的收益

证券组合的期望收益率(K_P)是每一个证券在该证券组合中所占比例为权重的平均值。用计算公式表示为

$$K_P = W_A k_A + W_B k_B + \cdots + W_Z k_Z \tag{2.18}$$

式中,K_P 表示证券组合的期望收益率;$W_A, \cdots, W_Z$ 表示证券 A,$\cdots$,Z 在该证券组合中分别所占的比重$\left(\text{比重的总和为 1.0,即} \sum W = 1.0\right)$;$k_A, \cdots, k_Z$ 表示证券 A,$\cdots$,Z 各自的期望收益率。

例如,有三种股票 A、B、C,它们的期望收益率分别为 18%、16%、20%,在这个组合中,股票 A、B、C 的比重分别为 0.50、0.25、0.25,这个组合的期望收益率为

$$
\begin{aligned}
K_P &= W_A k_A + W_B k_B + W_C k_C \\
&= 0.5 \times 18\% + 0.25 \times 16\% + 0.25 \times 20\% \\
&= 18\%
\end{aligned}
$$

2. 证券组合的风险

证券组合的风险不能像计算期望收益率那样,用各个证券标准差的加权平均值计算,我们有必要引进两个证券之间相关性的概念。相关性是测量两个变量在变化中相互关联的程度。相关系数是从 -1.0 到 +1.0 之间变化的数值,符号"+"或"-"表明两个变量变

动的方向相同或相反。例如,有股票 A 和股票B,相关系数是corr(A,B),若 corr(A,B)> 0,股票 A 与股票 B 正相关,那么股票 A 的收益增长或降低,股票 B 的收益也增长或降低;若corr(A,B)<0,股票 A 与股票 B 负相关,那么股票 A 的收益增长,股票 B 的收益则降低;若corr(A,B)=0,股票 A 与股票 B 不相关。相关系数的数值大小表明股票之间的相关程度。

如果两种股票的相关系数 corr=1.0,则这两种股票是完全正相关,它们收益变化的幅度完全一致;如果 corr=0,则这两种股票不相关,各自独立变动;如果 corr=-1.0,则这两种股票是完全负相关,它们收益变化的方向相反,幅度相同(见图 2-5)。

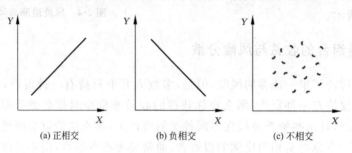

图 2-5　相关的三种情况

证券组合的风险不同于组合中个别证券的风险,我们可以计算证券组合的风险,两个证券组合的标准差 σ_P 可以通过下式计算:

$$\sigma_P = \sqrt{W_A^2 \sigma_A^2 + W_B^2 \sigma_B^2 + 2W_A W_B \sigma_A \sigma_B \mathrm{corr}(A,B)} \qquad (2.19)$$

式中,σ_P 表示证券组合的标准差;W_A、W_B 分别表示证券 A 和证券 B 所占的权重;σ_A^2、σ_B^2 分别表示证券 A 和证券 B 的方差;σ_A、σ_B 分别表示证券 A 和证券 B 的标准差;$\mathrm{corr}(A,B)$ 表示证券 A 和证券 B 的相关系数;$\mathrm{cov}(A,B)$ 表示证券 A 和证券 B 的协方差 $[\mathrm{cov}(A,B) = \mathrm{corr}(A,B) \times \sigma_A \times \sigma_B]$。

我们来观察一个由 W 公司占 20% 的份额、N 公司占 80% 份额的证券组合。证券组合的期望收益率中,两个证券的相关性并不重要,它由式(2.18)决定。如果 W 公司的收益率是 20%,N 公司的收益率是 15%,则这个证券组合的期望收益率为

$$K_P = W_W K_W + W_N K_N$$
$$= 0.2 \times 20\% + 0.8 \times 15\%$$
$$= 16\%$$

如果这两个证券的收益率完全正相关,$\mathrm{corr}(W,N)=1.0$,我们在前面计算过:$\sigma_W^2=960$,$\sigma_W=30.98$,$\sigma_N^2=60$,$\sigma_N=7.75$,将它们代入式(2.19),得

$$\sigma_P = \sqrt{W_W^2 \sigma_W^2 + W_N^2 \sigma_N^2 + 2W_W W_N \sigma_W \sigma_N \mathrm{corr}(W,N)}$$
$$= \sqrt{0.2^2 \times 960 + 0.8^2 \times 60 + 2 \times 0.2 \times 0.8 \times 30.98 \times 7.75 \times 1.0 \times 7.75 \times 1.0}$$
$$= 12.4$$

与期望收益不同,证券组合的风险 σ_P 通常并不等于该证券组合中各种股票标准差(σ_i)的加权平均值,且各个股票在组合的风险中所占份额也不等于 $W_i \sigma_i$。

当证券组合中证券收益的相关系数 $\mathrm{corr}(W,N)=1.0$ 时,式(2.19)为

$$\sigma_P = W_W\sigma_W + W_N\sigma_N$$

当 $corr(W,N)=0$ 时,式(2.19)为

$$\sigma_P = \sqrt{W_W^2\sigma_W^2 + W_N^2\sigma_N^2}$$

当 $corr(W,N)=-1.0$ 时,式(2.19)为

$$\sigma_P = W_W\sigma_W - W_N\sigma_N$$

把 W 公司和 N 公司在不同的相关系数 $corr(W,N)$ 下的证券组合的标准差列于表 2-8,可以了解到相关系数 $corr(W,N)$ 对证券组合风险的影响。

表 2-8 不同相关系数下的标准差

$corr(W,N)$	$+1.0$	$+0.5$	$+0.0$	-0.5	-1.0
σ_P	12.40	10.47	8.77	6.20	0

由上面的示例可以看出,证券组合中,随各种股票收益率相关系数的降低,证券组合的总风险降低,$corr(W,N)=-1.0$ 时,风险降至最小。从式(2.19)可以知道,证券组合的标准差 σ_P 小于该组合中个别股票标准差的加权平均值。显然,证券组合使得总风险降低了。投资者通过证券组合降低了部分风险。在证券组合中,两个证券的相关系数小于 $+1.0[corr(W,N)<+1.0]$,即可以降低风险。

前面我们讨论了不同相关系数对证券组合总风险的影响,下面再来观察两个证券组合不同权重的影响。将 W 公司和 N 公司不同权重所产生的证券组合风险的结果列于表 2-9。

表 2-9 W 公司与 N 公司不同权重的证券组合风险

权 重		K_P	证券组合标准差				
			相关系数				
W	N	收益率/%	1	0.5	0	-0.5	-1
0	1	15.00	7.75	7.75	7.75	7.75	7.75
0.1	0.9	15.50	10.07	8.94	7.63	6.05	3.88
0.2	0.8	16.00	12.4	10.74	8.77	6.2	0
0.3	0.7	16.50	14.72	12.89	10.76	8.09	3.87
0.4	0.6	17.00	17.04	15.36	13.24	10.84	7.74
0.5	0.5	17.50	19.36	17.75	15.97	13.96	11.61
0.6	0.4	18.00	21.69	20.32	18.84	17.25	15.49
0.7	0.3	18.50	24.01	22.94	21.81	20.62	19.36
0.8	0.2	19.00	26.33	25.59	24.83	24.05	23.23
0.9	0.1	19.50	28.66	28.28	27.89	27.5	27.11
1	0	20.00	30.98	30.98	30.98	30.98	30.98

两个资产的证券组合的收益率 K_P 和标准差 σ_P 的值将落在图 2-6 中的 $\triangle$NWE 中。$corr(W,N)=0$ 时的曲线是一条典型曲线,在 $-1.0<corr(W,N)<+1.0$ 的范围中,NW 两点间的曲线族类似于 $corr(W,N)=0$ 时的曲线。$corr(W,N)=1$ 和 $corr(W,N)=-1$ 是特例。证券组合可以减少风险,但不可以消除风险。

在证券组合的目标收益下减少风险并不是一件简单的事情，重要的是要使证券组合有效。有效的组合是保持一定水平的期望收益率而使总风险最低，或者说在一定的总风险下，使期望收益率最高。

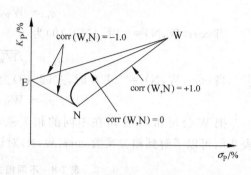

图 2-6　不同权重和相关系数下的
风险与收益之间的关系

（二）系统风险与非系统风险

每个公司的实际经营收益，与国家经济形势密切相关。绝大多数企业股票的收益随国家经济形势的好与差而上下波动，经济形势好则企业收益好，经济形势差则收益也差。企业所共同面临的政治风险、经济风险，如通货膨胀、经济萧条、政府政策调整、战争等，我们称为系统风险或市场风险。系统风险是不能通过证券组合分散的，可以通过证券组合分散的风险，是公司特有的风险。公司面临的风险有产品市场风险、行业风险、经营计划成功与失败的风险等。因为这些事件的成功与失败，从本质上讲是随机的，这些风险可以通过投资的多元化来分散。这种可以通过投资组合分散的风险，我们称为公司风险，或非系统风险。

投资者在证券市场中用投资组合来分散风险，他们所面对的股票绝大多数是正相关的，但不是完全正相关。根据西方学者对股票市场的研究结果，随意在市场中挑选两种股票的相关系数在 0.5～0.7 的范围。如果我们选了两种股票，它们组合的权重相同，均为 0.5，收益率也相同（近几年的平均收益率相同，标准差也相同），当两种股票的相关系数 = 0.6 时，我们可以计算出来，组合的标准差 σ_p 约等于 $0.8\sigma_n$，即证券组合的标准差约等于单个股票标准差的 0.8 倍。它们的关系如图 2-7 所示。

两种股票的组合中，单个股票的相关系数的数值越大，组合后分散的风险就越少。如果一个证券组合里包含更多的股票，那么证券组合的风险随着股票种类数量的增多而减小。与证券组合风险与选择股票数量有关，即：一方面，为减少风险，证券组合应选择一定数量的股票，以尽可能地消除非系统风险；另一方面，与每种股票之间的相关程度有关，相关系数小，证券组合中需要的股票种数就少。图 2-8 说明了证券组合中股票种数与证券组合风险之间的关系。

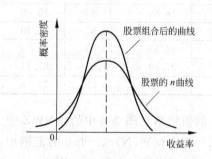

图 2-7　股票组合与单个股票的概率分布

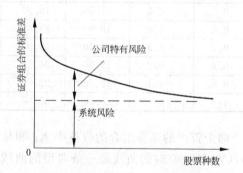

图 2-8　股票种数与证券组合风险之间的关系

投资者在投资活动中,如果承担风险,他会要求得到补偿。从第一节中我们知道,投资者期望收益率等于无风险利率加风险补偿。长期投资的风险越高,投资者所要求的期望收益率也越高。但是,当投资者主要关心的是证券组合的风险,而不是其中一种证券的风险时,一种股票的风险是它在一个完全多元化的证券组合的风险中所占的份额。或者说,某一种股票在一个由若干种股票组成的证券组合中的风险,等于该种股票在证券组合中所占的份额。单独持有一种股票的风险可能很大,但是在证券组合中,单个股票的风险能够通过多元化来消除,使得单个股票的市场风险可能很小。

三、资本资产定价模型

(一)资本市场线

在上节中介绍了资产组合的情形,N 个资产的组合不是在一条直线上,而是分布在一个空间。投资者做风险资产组合的目标是在一定的风险下获得最大收益,或者在一定的期望收益率下,风险资产在组合后的风险最小。满足这个条件的风险资产组合称为风险资产的有效组合。在以标准差为横轴、以期望收益率为纵轴的平面上,各种风险水平的期望收益率最大点的轨迹,称为风险资产组合的有效边界曲线,如图 2-9 中的曲线 EF。

投资者在资本市场中,不仅能投资于风险资产,并通过资产组合降低风险,也能够投资于无风险证券(短期国库券)。如果投资者的投资组合中含有无风险证券,则该资产组合的情形见图 2-10。

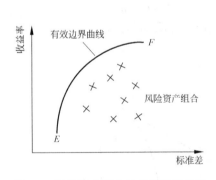

图 2-9 风险资产组合的有效边界曲线

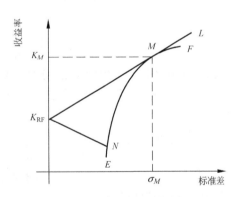

图 2-10 无风险收益率与风险资产的组合

首先确定无风险证券的收益率为 K_{RF},标准差为 0。投资者可以根据他们对风险的偏好,用无风险资产和有效边界上的风险资产组合构成新的资产组合。新的资产组合在无风险收益率 K_{RF} 与有效组合边界 EF 的连线 $K_{RF}N$ 上,见图 2-10。整个证券市场的效率,使得投资者选择无风险资产与风险资产组合的最佳市场组合,N 点将沿有效边界曲线 EF 移动到 M 点,恰好 $K_{RF}ML$ 线是 EF 曲线的切线,M 点是切点,同样,风险水平的资产组合的收益率均在 $K_{RF}ML$ 线的下方。投资者对同样风险条件下取得高收益的自然要求,使所有的无风险资产与风险资产的组合都在 $K_{RF}ML$ 线上。M 点是风险资产的市场平均组合,K_M 是市场平均收益率,σ_M 是市场平均风险的标准差。M 点是一个均衡点,它包含了所有风险资产的市场价值在全部证券市场总价值中的份额。例如,Q 资产的市场价值在全部风险资产市场总价值中占 5%,则它在风险资产的市场组合中也占 5% 的份额。

事实上,我们已经得到了由无风险资产与风险资产的市场组合所构成的新的资产组合边界曲线 $K_{RF}ML$。每一个投资者都可以根据他们对风险的偏好程度选择他们的证券组合。直线 $K_{RF}ML$ 表示出有效证券组合的风险与收益的比例关系,我们把直线 $K_{RF}ML$ 称为资本市场线(CML)。

(二)资本资产定价模型

设想组成这样一个证券组合,由股票 i 与股票的市场组合构成。股票 i 的权重为 a,股票市场组合的权重为 $1-a$,那么该组合的期望收益率为

$$K_P = aK_i + (1-a)K_M \tag{2.20}$$

式中,K_P 表示证券组合的期望收益率;K_i 表示股票 i 的期望收益率;K_M 表示股票市场的平均收益率。

该组合的方差为

$$\sigma_P^2 = \sigma_M^2(1-a)^2 + \sigma_i^2 a^2 + 2a(1-a)\mathrm{cov}(m,i) \tag{2.21}$$

式中,σ_P^2 表示证券组合的方差;σ_M^2 表示股票市场组合的方差;σ_i^2 表示股票 i 的方差;$\mathrm{cov}(m,i)$ 表示股票市场组合与股票 i 的协方差。

式(2.20)和式(2.21)分别对 a 求偏导数,分别得到

$$\frac{\partial K_P}{\partial a} = K_i - K_M \tag{2.22}$$

$$\frac{\partial \sigma_P}{\partial a} = \frac{-\sigma_M^2 + a\sigma_M^2 + a\sigma_i^2 + \mathrm{cov}(m,i) - 2a\mathrm{cov}(m,i)}{\sqrt{\sigma_M^2(1-a)^2 + \sigma_i^2 a^2 + 2a(1-a)\mathrm{cov}(m,i)}} \tag{2.23}$$

当 $a \to 0$ 时,图 2-11 中的 P 点趋近于 M 点,$K_P \to K_M$,$\sigma_P \to \sigma_M$,式(2.22)与式(2.23)之比为

$$\left.\frac{\partial K_P/\partial a}{\partial \sigma_P/\partial a}\right|_{a=0} = \frac{\mathrm{d}K_P}{\mathrm{d}\sigma_P} = \frac{K_i - K_M}{(\mathrm{cov}(m,i) - \sigma_M^2)/\sigma_M} \tag{2.24}$$

从图 2-11 中可以得到

$$\frac{\partial K_M}{\partial \sigma_M} = \frac{K_M - K_{RF}}{\sigma_M} \tag{2.25}$$

将式(2.25)代入式(2.24)并整理后得到

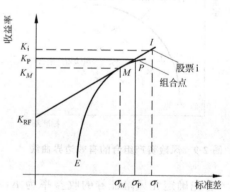

图 2-11 股票 i 与股票市场的组合

$$K_i = K_{RF} + \frac{\mathrm{cov}(m,i)}{\sigma_M^2}(K_M - K_{RF}) \tag{2.26}$$

设 $\beta_i = \dfrac{\mathrm{cov}(m,i)}{\sigma_M^2}$,则式(2.26)为

$$K_i = K_{RF} + \beta_i(K_M - K_{RF}) \tag{2.27}$$

式(2.27)称为资本资产定价模型。

在推导和讨论资本资产定价模型时,把股票市场作为一个理想的资本市场,它有如下

特征：

（1）股票市场中的投资者，都是风险厌恶型，他们都需要通过有效组合来降低风险。

（2）股票市场中的投资者是股票市场价格的接受者，并且无论他们买或卖，都不能影响股票的市场价格，风险和收益对每个投资者都是一致的。

（3）存在无风险资产，收益率为 K_{RF}，投资者可以无限制地借贷无风险资产，且利率是相同的。

（4）股票市场是完善的并且无税。

（5）所有的资产都可以上市出售，并且无限可分。市场中也不存在任何交易费用。

（6）资本市场是无摩擦的，信息对市场中每位参与者是同等的、均衡的。

（三）β 值的经济意义及计算

1. β 值

β 值是一种风险指数，它反映了某种股票随市场变动的趋势，是某种股票相对于股票市场的变动性。β 值的定义是

$$\beta = \frac{\text{cov}(m,i)}{\sigma_M^2} = \text{corr}(m,i)\frac{\sigma_i}{\sigma_M} \tag{2.28}$$

由式（2.28）中可以知道，β 值具有统计学上的意义，它是一种证券收益和市场收益之间的协方差，除以市场收益方差的值。通过 β 值可以对某种股票或多个股票的组合的风险进行预测和度量。

从统计学的角度，股票（证券）市场的风险是可以预测和测量的。股票市场的风险源于股票价格的不确定性，这种不确定性有两个原因：一是市场因素。它由市场经济环境、通货膨胀、国家政策等因素构成，对所有公司产生影响，此因素产生的风险我们称为系统风险；二是个别股票的因素。由于公司自身原因，如公司制定的新投资策略、公司内部重要人事变动、财务状况的变动等引起股票价格变化，此风险是非系统风险。β 值表示的是个别股票相对于市场平均风险的波动倍数。一个与股票市场同步运动的股票，它的风险与市场平均风险相同，这种股票的 β 值为 1.0。一般来说，如果市场行情上涨 20%；则该股票也会上涨 20%，反之，如果市场行情下跌 20%，则该股票也会下跌 20%。假如某个股票的 β 值为 0.5，则该股票的涨跌变化幅度只是市场平均变化幅度的一半，该股票的市场风险是市场平均风险的一半。

投资者在投资活动中，存在着厌恶风险的心理，这种对风险的厌恶，使投资者期望取得与投资所冒风险相当的风险补偿。如果投资的风险大，则期望得到的风险补偿就多；如果投资的风险小，则投资者期望从市场取得的风险补偿也少。资本资产定价模型（CAPM）从理论上反映了投资者从事风险投资对风险补偿的期望。资本资产定价模型的数学表达式见式（2.27），风险资产的期望收益率等于无风险收益率加风险补偿，即

$$K_i = K_{RF} + \beta_i \times 市场平均风险补偿 = K_{RF} + 风险补偿$$

式中，风险补偿就是资本资产定价模型（CAPM）中的 $\beta_i(K_M - K_{RF})$；K_M 表示市场平均收益率；$(K_M - K_{RF})$ 表示市场平均风险补偿。$\beta_i(K_M - K_{RF})$ 表明个别股票的风险补偿是市场平均风险补偿的 β 倍，β 值恰当地度量了个别股票的风险。图 2-12 显示了 K_i、K_M、β 之

间的统计系统。

2. β 值的计算

资本资产定价模型是"事前"模型,模型中的收益率都是期望值,β系数反映了已有股票的收益率并描述了未来收益率变化趋势。一般情况下,我们得到的过去某段时间内的β计算值可用于将来。

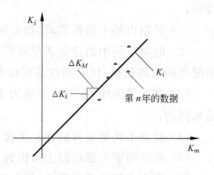

图 2-12 K_i、K_M、β 之间统计关系

股票市场中某一特定股票与整个市场有着特定的关联性,这种关联性与上市公司本身的特性有关。如图 2-12 所示,把多年积累的股票 i 的市场收益率 K_i 与市场平均收益率 K_M 的数据进行统计处理,可以得到线性回归方程:

$$K_i = a + \beta K_M + \varepsilon \tag{2.29}$$

式中,a 表示常数项;β 表示线性方程的斜率;ε 表示误差项。

式(2.29)是线性回归方程的标准形式,股票 i 的收益率 K_i 是因变量,市场平均收益率 K_M 是自变量,表明股票 i 的收益率取决于市场平均收益率。斜率 β 值表明了二者之间的变动关系,β 值可表达为

$$\beta = \frac{\Delta K_i}{\Delta K_M} = \frac{\mathrm{d}K_i}{\mathrm{d}K_M} \tag{2.30}$$

【例 2-1】 从 19×1 年至 19×5 年股票 S 的市场收益率和股票市场平均收益率见表 2-10。

表 2-10 19×1 年至 19×5 年股票 S 的市场收益率与股票市场平均收益率

收益率	19×1 年	19×2 年	19×3 年	19×4 年	19×5 年
K_S/%	39	14	28	40	−6
K_M/%	32	−5	22	23	6

按表 2-10 计算 β 和求股票 S 的线性回归方程如表 2-11 所示。

表 2-11 β 与股票 S 的线性回归方程

年份	K_{St}	$K_{St}-K_S$	$(K_{St}-K_S)^2$	K_M	$K_{Mt}-K_M$	$(K_{Mt}-K_M)^2$	$(K_{St}-K_S)(K_{Mt}-K_M)$
19×1 年	39	16	256	32	16.4	268.96	262.4
19×2 年	14	−9	81	−5	−20.6	424.36	185.4
19×3 年	28	5	25	22	6.4	40.96	32
19×4 年	40	17	289	23	7.4	54.76	125.8
19×5 年	−6	−29	841	6	−9.6	92.16	278.4
Σ	115		1 492	78		881.2	884
均值	23			15.6			

股票 S 收益率的方差为

$$\sigma_{S}^{2} = \frac{\sum_{t=1}^{5}(K_{St}-K_{S})^{2}}{t-1} = \frac{1\,492}{5-1} = 373$$

标准差为

$$\sigma_{S} = 19.31$$

市场平均收益方差为

$$\sigma_{M}^{2} = \frac{\sum_{t-1}^{5}(K_{Mt}-K_{M})^{2}}{t-i} = \frac{881.2}{5-1} = 220.3$$

标准差为

$$\sigma_{M} = 14.84$$

股票 S 收益与市场平均收益的协方差为

$$\mathrm{cov}(S,m) = \sum_{t-1}^{5}\frac{(K_{St}-K_{S})(K_{Mt}-K_{M})}{t-1} = \frac{884}{5-1} = 221$$

β 值(回归方程的斜率)的估计值为

$$\hat{\beta}_{S} = \frac{\mathrm{cov}(S,m)}{\sigma_{M}^{2}} = \frac{221}{220.3} = 1.0$$

股票 S 收益与市场平均收益的相关系数为

$$\mathrm{corr}(S,m) = \frac{\mathrm{cov}(S,m)}{\sigma_{S}\sigma_{M}} = \frac{221}{(19.31)\times(14.84)} = 0.77$$

回归方程常数项 a 的估计值为

$$a = K_{S} - \hat{\beta}_{S}K_{M} = 23 - 1.0 \times 15.6 = 7.4$$

由此我们得到线性回归方程:$K_{S} = 7.4 + K_{M}$,如图 2-13 所示。

3. 证券组合的 β 值

由 β 值低的股票组成的证券组合,其证券组合的 β 值也低。证券组合的 β 值是各组成股票的加权平均值:

$$\beta_{P} = \sum_{t=1}^{n}W_{i}\cdot\beta_{i} \qquad (2.31)$$

式中,β_{P} 表示证券组合的 β 值;n 表示构成组合的股票数量;i 表示组合中第 i 股票;W_{i} 表示股票 i 在组合中的权重;β_{i} 表示股票 i 的 β 值。

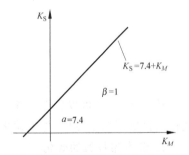

图 2-13 股票 S 的线性回归方程

假如,有 A、B、C、D 四种股票,在组合中的权数(比重)均为0.25,β 值均为 0.8,则该组合的 β 值为

$$\beta_{P} = W_{A}\cdot\beta_{A} + W_{B}\cdot\beta_{B} + W_{C}\cdot\beta_{C} + W_{D}\cdot\beta_{D}$$
$$= 0.25\times0.8 + 0.25\times0.8 + 0.25\times0.8 + 0.25\times0.8 = 0.8$$

如果组合中的股票 A 换成股票 E,而股票 E 的 β 值为 1.5,股票 E 的权数仍为 0.25,则该组合的 β 值为

$$\beta_{P} = 0.25\times1.5 + 0.25\times0.8 + 0.25\times0.8 + 0.25\times0.8 = 0.975$$

如果股票 E 的权重为 0.1,股票 B、C、D 的权重均为 0.3,各股票 β 值不变,则该证券组合的 β 值为

$$\beta_P = 0.1 \times 1.5 + 0.3 \times 0.8 + 0.3 \times 0.8 + 0.3 \times 0.8 = 0.87$$

由上面的例子可以得出如下结论:证券组合中,风险大(β 值)的股票,将使证券组合的风险增大(β 值大);证券组合中,高风险股票的比重减小,将减小证券组合的风险。

(四)证券市场线

1. 证券市场线的内涵

在资本资产定价模型中,β 值是与股票相关的市场风险指数,那么 β 值发生变化,股票的期望收益怎么变化才能补偿风险的变化? 如图 2-14 所示,K_{RF} 是无风险收益率,它根据短期国库券确定;K_M 是市场平均收益率,由市场上所有股票组合构成,该组合亦称为市场组合,市场组合的 β_M 值为 1.0($\beta = 1.0$);β_i 是第 i 种股票的 β 值;$K_M - K_{RF}$ 是市场平均风险补偿,它是投资者要求在无风险收益率 K_{RF} 以后的、为补偿股票市场风险的市场平均风险补偿;$\beta_i(K_M - K_{RF})$ 是第 i 种股票的风险补偿,资本资产定价模型的数学方程式(2.27)在以 β 为横轴、应得收益率为纵轴的图上表达,如图 2-14 中的 L 线即为证券市场线。

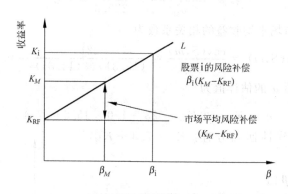

图 2-14 证券市场线

从图 2-14 中可以看出:当 $\beta_i > 1$ 时,$K_i > K_M$;当 $\beta_i < 1$ 时,$K_i < K_M$。它表明了风险资产的投资活动中,风险与收益之间的关系。

2. 证券市场线的变化

1) 风险厌恶的变化

股票市场平均收益率是整个市场中投资者平均风险厌恶程度的体现。换句话说,平均风险补偿的多少,取决于市场投资者对市场风险厌恶程度的变化。通常情况下,投资者对风险厌恶的程度受投资者在某段时期对风险的心理承受力的影响,这种心理影响来源于周边市场的变化、经济环境和突发因素的影响。

证券市场线的斜率反映了投资者对风险厌恶的程度(见图 2-15),证券市场线斜率越大,说明投资者越不愿承受风险。当原市场的平均风险补偿($K_M - K_{RF}$)= 4% 时,证券市场线是 SML1。投资者厌恶风险的程度增加,市场的风险补偿由原来的 4% 增加到 8% 时,证券市场线变化到 SML2。如果投资者不在乎风险,要求的风险补偿($K_M - K_{RF}$)= 0,则

证券市场线是一条水平直线。

例如,19×1 年证券市场的无风险收益率是 $K_{RF} = 6\%$,某股票的 $\beta_i = 1.2$,当市场平均风险补偿为 0 时,即 $(K_M - K_{RF}) = 0$,$K_M = K_{RF} = 6\%$,则

$$K_i = K_{RF} + \beta_i(K_M - K_{RF}) = 6\% + 1.2 \times 0$$
$$= 6\%$$

当市场平均风险补偿 $(K_M - K_{RF}) = 4\%$ 时,

$$K_i = K_{RF} + \beta_i(K_M - K_{RF}) = 6\% + 1.2 \times 4\%$$
$$= 10.8\%$$

当市场平均风险补偿 $(K_M - K_{RF}) = 8\%$ 时,

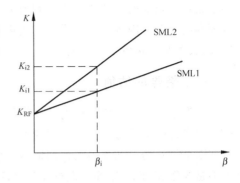

图 2-15 风险厌恶变化引起证券市场线的变化

$$K_i = K_{RF} + \beta_i(K_M - K_{RF}) = 6\% + 1.2 \times 8\% = 15.6\%$$

参见图 2-15,可以清楚地看到风险补偿的变化对证券市场线的影响。

2) 通货膨胀引起证券市场线的变化

我们已经知道利率是借贷资金的"价格",K_{RF} 是无风险的借贷资金价格。前面已经讨论过,市场无风险利率被称为"名义利率",它由实际利率 K_R 和预期通货膨胀率两部分组成,即

$$K_{RF} = K_R + 预期通货膨胀率$$

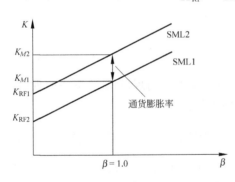

图 2-16 通货膨胀对证券市场线的影响

例如,19×1 年的实际利率 $K_R = 6\%$,通货膨胀率为 2%,无风险收益率为 8%,在图 2-15 中的证券市场线是 SML1。如果 19×2 年的实际利率没有变,而通货膨胀率上升到 6%,则无风险利率为 12%,证券市场线的变化如图 2-16 所示。

根据资本资产定价模型,K_{RF} 的增减变动会导致所有风险资产收益率和无风险收益率有一个同样幅度的变化。因为在无风险资产收益中和风险资产收益中都包含着通货膨胀的补偿。

第三节 证券估价

企业资产的市场价值等于该企业资产所期望的现金流,折现率为投资者要求的收益率。

债券的市场价值等于到期日的全部收益,按期望的收益率折现,收益以复利计算。

经济环境每天都在发生着变化,政府机构发布统计数字和通告,债券和股票分析专家提供最近的预测,企业也发布各种有关的消息。债券和股票的市场价格每天都在变化,要了解有价证券价格变化的原因,我们需要知道风险、期望收益与价格之间的关系。另外,还必须懂得如何评估债券和股票。

投资者必须懂得评估债券和股票,这一点显而易见。但是,管理者懂得评估债券和股

票也是相当重要的。企业的投资和财务决策直接影响企业当前和预期的资产价值以及投资证券的收益。因为一些最重要的决策左右着投资者预期的收益率。管理者要充分了解风险、收益和市场价格之间的关系。

一、债券的估值

债券是企业和政府发行的信用票据。政府债券通常称为国库券或称为国债,而公司(企业)发行的债券通常称为公司债券。一些债券有相对较短的期限,但大多数债券的发行期限是较长的。如美国的长期债券一般为 10~30 年,目前我国发行的政府债券的期限大多是 3 年、5 年、8 年等。发行债券是政府和公司资金的一个主要来源。在了解普通股票之前,先讨论债券。它是有价证券中固定收益类型的证券。债券分为息票债券和无息票债券。我们先定义以下内容。

(1) 票面值:债券的面值是它的票面值,它表明发债人与债券持有人约定到期后应支付的本金。实物券的面值印制在票面上,非实物券的面值则在债券发行通告上明确说明。

(2) 息票利率:息票利率是债券的利息,每年支付。一张票面值 1 000 元、息票利率 11% 的债券,将每年支付利息 110 元(11% × 1 000 = 110)。

(3) 期限:期限的长度是以年表示。到期时,债券发行人(企业或政府)有责任按债券面值购回。

(一) 债券价值

1. 债券价格确定的基本方法

债券的市场价格等于该债券从当前日至到期日的各年利息的现值,加上面值的现值。折现率为投资者对该债券期望的收益率,这个债券的价值为

$$V = B_0 = \sum_{t=1}^{n} \frac{I}{(1+K_b)^t} + \frac{M}{(1+K_b)^n} = I(\text{PVA}_{K_b, n}) + M(\text{PV}_{K_b, n}) \qquad (2.32)$$

式中,B_0 表示债券的当前市场价格;I 表示每年应得的利息(面值 × 息票利率);n 表示现在至债券到期的年限;K_b 表示投资者对该债券期望的收益率;M 表示债券面值。

【例 2-2】 美国政府发行 1 000 美元面值债券,息票利率 12%,期限 25 年。如果对该债券期望的收益率为 12%,并且每年支付利息,该债券目前的价值如何?

$$B_0 = \frac{120}{(1+0.12)^1} + \frac{120}{(1+0.12)^2} + \cdots + \frac{120}{(1+0.12)^{25}} + \frac{1\,000}{(1+0.12)^{25}}$$

$$= \sum_{t=1}^{25} \frac{120}{(1+0.12)^t} + \frac{1\,000}{(1+0.12)^{25}}$$

$$= 1\,000(\text{美元})$$

这个例子中,我们用式(2.32)计算了这个债券的市场价值。由于市场上当期的期望收益率恰好等于债券息票利率,该债券当前的市场价值等于其面值。

国际上一些通行的债券为每年半支付一次利息,并按半年计复利。债券息票利率仍为年利率,则半年付息额为 $I/2$;折现率为 $K_b/2$,计算到期的周期数为原来到期年限的 2 倍。故半年付息债券的价格可按下式计算:

$$B_0 = \sum_{t=1}^{2n} \frac{I/2}{(1+K_b/2)^t} + \frac{M}{(1+K_b/2)^{2n}} \tag{2.33}$$

2. 到期一次还本付息债券价格的确定

到期一次还本付息债券是指在债券存续期间不支付利息,利息和本金都是债券到期时才支付,这种债券未来现金流量的时点只有一个,就是第 n 期期末。我国目前发行的债券大多属于一次还本付息且不计复利的债券,其到期支付的利息=面值×票面利率×期限。这种债券价值的计算公式为

$$V = M \times (1 + r \cdot n) \times (PV_{K_b}, n)$$

式中,r 表示债券的票面利率;其他符号与上面债券价格确定的基本方法公式中的符号含义相同。

假设 2007 年 3 月 1 日发行的国库券面值为 2 000 元,票面利率为 4%,期限为 3 年,利息以单利计算。投资者要求的收益率为 4%,则国库券 2007 年 3 月 1 日的价值为

$$V_b = 2\,000 \times (1 + 4\% \times 3) \times (PV_{4\%,3}) = 1\,120 \times 0.889\,0 = 995.68(\text{元})$$

(二)利率与债券价格

通常,债券市场的期望收益率并不等于债券的实际利率。因此,债券的市场价格并不等于它的面值。根据债券市场情况,债券的售价可能低于或高于面值。我们在前面讨论过有关利率的问题,投资者对债券的期望收益率等于无风险利率加风险贴水(补偿)。即

$$K_b = K_{RF} + \text{risk premium}(\text{风险贴水})$$

式中,K_b 表示期望收益率;K_{RF} 表示无风险利率,是实际利率加预期通货膨胀率;风险贴水表示到期风险贴水、倒账风险(无支付能力)贴水、流动性风险贴水等。

债券投资者的期望收益是六个因素的函数:实际利率、预期通货膨胀、到期风险贴水、倒账风险、流动性风险等。如果忽略后两个风险因素,则收益率为

$$K = K_{RF} + \text{到期风险贴水} = K_R + \text{预期通货膨胀贴水} + \text{到期风险贴水}$$

1. 预期通货膨胀

前面的例 2-2 中,如果实际利率 $K_R = 8\%$,人们预期的通货膨胀率由 4% 猛增到 8%,通货膨胀率增加了 4%,这时的市场利率是 $K = 16\%$。市场利率从原来的 12% 增加到 16%,市场利率的变化将使未到期的这类债券的期望收益率增长到 16%。由于投资者得到的息票利率仅为 12%,实际利率与票面利率之间的差距如何弥补,以及这个债券的市场价值是多少? 它要由新形成的市场价格决定。在新的期望收益率为 16% 的情况下,

$$B_0 = \sum_{t=1}^{25} \frac{120}{(1+0.16)^t} + \frac{1\,000}{(1+0.16)^{25}}$$
$$= 120(PVA_{16\%,25}) + 1\,000(PV_{16\%,25})$$
$$= 756.12(\text{美元})$$

投资者购买息票利率为 12% 的债券的价格是 756.12 美元,并持有 25 年,到期的收益率为 16%。这个收益率有两部分,即每年 120 美元的利息收入,加资本差额收入 243.88 美元(1 000−756.12=243.88)。债券票面值与市场价格的差额被称为该债券的

折扣,其发行被称为折价发行。

如果预期的通货膨胀率为0,市场利率下降到8%,那么25年期、12%息票利率债券的市场价格为

$$B_0 = \sum_{t=1}^{25} \frac{120}{(1+0.08)^t} + \frac{1\,000}{(1+0.08)^{25}}$$
$$= 120(PVA_{8\%,25}) + 1\,000(PV_{8\%,25})$$
$$= 1\,427(\text{美元})$$

12%的息票利率大于8%的市场利率,1 427-1 000=427,即投资者购买时应支付的溢价为427美元。市场价格与债券市场利率的关系见图2-17。我们应该了解的基本要点是债券价格和一般的市场利率变动的方向。如果市场利率低于债券的息票利率,则债券将溢价卖出(贴水),其市场价格高于债券的票面值。同样,如果市场利率高于债券的息票利率,债券将折价卖出(贴息),市场价格低于债券的票面值。

2. 利率风险与到期风险贴水

债券价格不仅受市场利率的影响,而且与债券到期的期限有关。我们还用前面的例子。假设12%息票利率、25年期限的政府债券还有3年到期,如图2-18所示,最后3年市场价格随市场利率变化的幅度减小,即小于还有25年到期政府债券的变化幅度。其中的变化规律读者会体会到。利率变化对短期债券的影响小于长期债券,这个风险我们称之为利率风险。正是由于这个利率风险的存在,长期政府债券的利率才高于短期政府债券的利率。

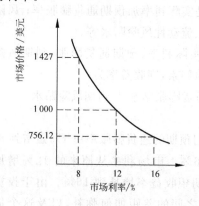

图 2-17　市场价格与市场利率之间的关系

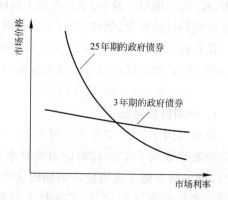

图 2-18　长期债券市场和短期债券市场利率的关系

3. 倒账风险、流动性风险

前面我们讲了政府债券在期望收益率、预期通货膨胀、债券期限和债券价格之间的关系。公司债券也是类似的,只不过公司债还有倒账风险、流动性风险等。公司债券的风险因素多于政府债券的风险,因此投资者要求的风险补偿多,公司债券的利率也自然高于政府债券的利率,公司债券的利率期间结构曲线高于政府债券的利率期间结构曲线。

(1)倒账风险。由于公司经济活动受多种不确定性因素的影响,当需要公司向债权人支付利息时,无力支付利息,或还本时不能按时完全归还本金,则公司债券持有人遭受损失的风险是很大的,而政府债券是不存在这种风险的。对这种倒账风险,投资者当然会

通过利率的方式要求得到补偿。

（2）流动性风险。资产的流动性对投资者来说至关重要，一个投资者投资于某证券之后，当他需要现金时，他持有的证券能否顺利卖出、卖出的价格如何，将影响投资者能否顺利得到现金，以及得到多少现金。因此，证券是否有良好的流动性，必然为投资者所关注。如果某一个公司的债券缺乏流动性，那么投资者在确定它的市场利率时，就要考虑增加一定的补偿。

（三）债券的到期收益率

若债券的价格已知，投资者持有该债券直至到期日，在这段时期内，投资者持有此债券的收益率称为到期收益率（yield to maturity，YTM）。

在已知债券价格 B_0、息票利率 I、面值 M 和到期年限 n 的条件下，可按债券定价公式，通过试算法求出 K_b。此时，K_b 即为到期收益率。

【例 2-3】 其债券当前价格为 914.13 元，还有 15 年到期，面值为 1 000 元，息票利率为 7%，问该债券的到期收益率为多少？

根据债券定价式（2.32）可知，

$$B_0 = I(\text{PVA}_{K_b, n}) + M(\text{PV}_{K_b, n})$$

$$914.13 = 70(\text{PVA}_{K_b\%, 15}) + 1\,000(\text{PV}_{K_b\%, 15})$$

因为债券价格低于债券面值，其到期收益率应高于息票利率。用试算法，设 $K_b = 9\%$，代入债券定价式中，得 $B_0 = 839.29$ 元。降低折现率，设 $K_b = 8\%$，得 $B_0 = 914.13$ 元。因此，债券的到期收益率 $= 8\%$。

（四）债券估值与财务管理

影响债券价格的因素很多，但应记住一点，通常情况下，风险增加，则债券的市场价格下降，投资者的期望收益率提高。

在实际的证券市场中，公司所发行债券的信用等级，将直接影响公司债券的价值。公司债券的信用等级由专业的金融评估机构经过评估后作出。信用等级综合了发债公司的资产质量、资产负债率、盈利能力、公司历史上的信用记录、已有债务构成、债权质量等，投资者将根据债券的信用等级确定该债券的市场利率。发债公司也要根据债券的信用等级确定所发债券的利率和价格。

在我国近几年的经济发展中，债券收益的幅度变宽了。首先是因为实际发生的和预期发生的通货膨胀的变化幅度变宽了。在前面的讨论中已经知道，通货膨胀率增加会使投资者的期望收益率提高，债券价格会下降，由于债券具有的固定收益性，债券的收益会随价格的下降而上升。债务是企业主要的资本来源，懂得债券收益与价格之间的关系有助于企业主管作出财务决策。决定企业所期望的收益率或资本成本，以及目标资本结构，对债券正确估值与定价非常重要，管理者必须去比较企业长期资金和短期资金来源的成本与风险。

债券利率的期间结构、投资者对未来的预期和期望收益率非常重要，当比较短期债务与长期债务的成本与风险时，如果企业决定发行债券，管理者需要彻底了解风险、成本与利率之间的相互影响。

二、普通股票的估值

普通股票的估值从概念上讲与债券估值有所不同。相对于债券的利率、期限、到期按面值兑付而言,普通股票没有固定的现金股息,也没有一定的期末价值。普通股票标志着持有人对企业的所有者权益,这个权益从价值上讲有两个特征。

(1) 它给予股票持有者获得股息的权利。企业若有足够的利润支付股息,并作出股息决策,普通股股东可获得股息。很显然,这具有不确定性。债券则保证投资者可定期获得利息,而企业不保证定期向股票持有者派发股息,也就是说,股东期望分红的愿望并不一定能得到满足。企业经营中的风险,使普通股股东获得的收益具有风险性。尽管股东不能确定获得预期的股息,但对企业的经营利润拥有所有权。

(2) 股票持有者期望股票增值、获得资本收益。一般来说,获得资本收益是股票持有者的目标之一。获得资本收益的期望可能实现也可能不能实现,它带有很大的风险性。我们从股票交易市场中、股票价格的不断变化(涨或跌)中可以了解到资本收益的风险性。

对股票的估值方法类似于债券,即求股票现金流的现值。股票现金流包括两部分:① 投资者每年期望获得的股息;② 投资者在卖出股票时所期望的市场价格。在进行估值之前,先作如下定义:

D_t——第 t 年年底期望获得的现金股息,D_0 是已给付的最近一期股息,D_1 是现在这年底预期的股息,依此类推;

K_s——普通股票的期望收益率;

n——年数(或周期数);

P_t——第 t 年的市场价格,P_0 是收到股息 D_0 后的市场价格,P_1 是收到第 1 年股息 D_1 后的预期价格;

g——预期的现金股息增长率。

(一)股票估值模型

普通股票的估值类似于债券的估值。普通股票每股的当前市场价格等于预期的每股股息和将来市场价格的现值,如式(2.34)。

$$P_0 = \sum_{t=1}^{n} \frac{D_t}{(1+K_s)^t} + \frac{P_n}{(1+K_s)^n} \tag{2.34}$$

例如,某股票 3 年的股息分别如下:第 1 年($t=1$)时,$D_1=1$ 元,第 2 年($t=2$)时,$D_2=1.5$,第 3 年($t=3$)时,$D_3=2$ 元。投资者要求的利率 $K_s=10\%$,预期第 3 年的市场价格 $P_3=20$ 元,则

$$
\begin{aligned}
P_0 &= \sum_{t=1}^{3} \frac{D_t}{(1+K_s)^t} + \frac{P_3}{(1+K_s)^3} \\
&= \frac{D_1}{(1+K_s)} + \frac{D_2}{(1+K_s)^2} + \frac{D_3}{(1+K_s)^3} + \frac{P_3}{(1+K_s)^3} \\
&= \frac{1}{(1+0.1)} + \frac{1.5}{(1+0.1)^2} + \frac{2}{(1+0.1)^3} + \frac{20}{(1+0.1)^3} \\
&= 18.68(元)
\end{aligned}
$$

在投资者期望收益率为 10% 时,按预期的股息和市场价格的现金流,投资者对该股票支付的价格为 18.68 元。

从理论上说,公司要持续经营下去,普通股票投资者的投资是不能收回的。如果投资者购买 1 只股票,并永远持有下去,他得到的现金流即是股息流。在式(3.34)中,当时间 $n \to \infty$ 时,$\dfrac{P_\infty}{(1+K_s)^\infty} \to 0$,则式(2.34)化简为

$$P_0 = \sum_{t=1}^{\infty} \frac{D_t}{(1+K_s)^t} \qquad (2.35)$$

即得到基础的普通股票估值模型——股息估值模型。式(2.35)的意义在于:当前的股票市场价格等于将来所有股息现值之和。从价值意义上讲,普通股票的价值等于预期股息的现金流,折现率即为投资者的期望收益率 K_s。

更多的情况是,投资者购买并持有股票一段时间后,将其卖掉,在这种情况下,股票的市场价格仍然由式(2.35)决定。因为投资者购买股票是为了取得预期的收益,投资者购买股票所得到的是一个现金流,这个现金流包括股票的股息流和卖价,股票的卖价是由投资者对它所期望的股息流决定的。因此,市场上股票的价格由投资者预期的股息流的现值决定。

(二)股息稳定增长型

对大多数公司而言,现金股息和利润的期望值每年都有所增长,尽管每个公司的增长率不同,但与国民生产总值的增长率大体相当。如果公司每年股息的增长率为一恒定值,假设增长率为 g,则

$$P_0 = \frac{D_0(1+g)}{(1+K_s)} + \frac{D_0(1+g)^2}{(1+K_s)^2} + \cdots + \frac{D_0(1+g)^n}{(1+K_s)^n} = \sum_{t=1}^{n} \frac{D_0(1+g)^t}{(1+K_s)^t} \qquad (2.36)$$

当 $n \to \infty$ 时,可以得到

$$P_0 = \frac{D_0(1+g)}{K_s - g} = \frac{D_1}{K_s - g} \qquad (2.37)$$

有一只股票,最近一期的股息是 2 元($D_0 = 2$ 元),以后各年的股息以 6% 的比例逐年递增($g = 6\%$),这时投资者的期望收益率为 12%($K_s = 12\%$),用式(2.37)可计算出这只股票的价格:

$$P_0 = \frac{2 \times (1+6\%)}{12\% - 6\%} = 35.33(元)$$

式(2.36)和式(2.37)成立的必要条件是 $K_s \geqslant g$,当 $K_s \leqslant g$ 时,则式(2.36)和式(2.37)无意义。

(三)企业的超常增长

企业的每一个发展周期中,都会经历高速成长期、成熟期和衰退期。在成长期中,企业的发展速度会高于社会经济的平均增长率,成熟期与社会经济增长会大致相当,而衰退期则明显低于社会经济的增长速度。

例如,对于某企业的股票,投资者的期望收益率为 15%,第 0 年的股息为 2 元,该企业的情形如下:第 1 年、第 2 年、第 3 年的股息增长率为 10%,第 3 年以后以 3% 的增长率

稳定增长,如图 2-19 所示,那么预计该股票的市场价格将是多少?

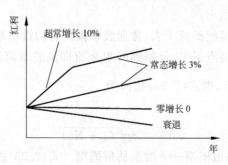

图 2-19　红利增长形态

我们按如下步骤解决这个问题:

第一步,计算第 1 年、第 2 年、第 3 年的股息:

$$D_1 = D_0(1+10\%) = 2 \times (1+10\%) = 2.2(元)$$
$$D_2 = D_0(1+10\%)^2 = 2 \times (1+10\%)^2 = 2.42(元)$$
$$D_3 = D_0(1+10\%)^3 = 2 \times (1+10\%)^3 = 2.66(元)$$

第二步,计算第 4 年的股息:

$$D_4 = D_3(1+3\%) = 2.66 \times (1+3\%) = 2.74(元)$$

第三步,计算第 3 年的市场价格:

$$P_3 = \frac{D_4}{K_S - g} = \frac{2.74}{0.15 - 0.03} = 22.85(元)$$

第四步,将现金流按期望收益率 $K_S = 15\%$ 折现,得到

$$P_0 = \frac{D_1}{1+K_S} + \frac{D_2}{(1+K_S)^2} + \frac{D_3}{(1+K_S)^3} + \frac{P_3}{(1+K_S)^3}$$

$$= \frac{2.2}{1+0.15} + \frac{2.42}{(1+0.15)^2} + \frac{2.66}{(1+0.15)^3} + \frac{22.85}{(1+0.15)^3}$$

$$\approx 20.52(元)$$

可以将以上步骤列于图 2-20。

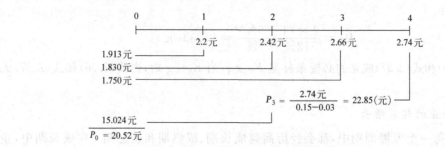

图 2-20　股票的红利估值过程示意

计算的结果是 $P_0 = 20.52$ 元,我们估计该企业股票的市场价格为 20.52 元。

按上例的条件,把预期现金股息增长率与股票的市场价格之间的关系列于表 2-12。

它说明,在现金股息估值模型下,现金股息增长率的预期对普通股票价值的影响。

表 2-12　预期增长率与市场价值的关系

各种增长率的情形	估计的市场价值/元
(1) 0 增长	13.33
(2) 第 1 年、第 2 年、第 3 年以每年 10% 的速率增长,以后以每年 0 的速率增长	17.16
(3) 第 1 年、第 2 年、第 3 年以每年 10% 的速率增长,以后以每年 3% 的速率增长	20.52
(4) 每年以 10% 的速率增长	44

（四）股票的期望收益率

普通股股票期望收益率的计算实际上是根据普通股股票估价的公式,在已知现值的情况下,即当前普通股市场价格 P_0 已知的情况下,求折现率 K_s。

案例 1

西格资产理财公司的案例

1987 年,罗莎琳德·珊琪菲尔德(*Rosalind Setchfield*)赢得了一项总价值超过 130 万美元的大奖。这样,在以后的 20 年中,每年她都会收到 65 276.79 美元的分期付款。8 年后的 1995 年,珊琪菲尔德女士接到了位于佛罗里达州西部棕榈市的西格资产理财公司(Singer Asset Finance Company)的一位销售人员打来的电话,称该公司愿立即付给她 140 000 美元,以获得今后 9 年其博彩奖支票的一半款项(也就是说,现在的 140 000 美元换算以后,9 年共 32 638.39 美元×9＝293 745.51 美元的分期付款)。西格公司是一个奖金经纪公司,其职员的主要工作就是跟踪类似珊琪菲尔德女士这样的博彩大奖的获得者。公司甚至知道有许多人会急于将他们获得奖项的部分马上全部变现成一大笔钱。西格公司是年营业收入高达 7 亿美元的奖金经纪行业中的一员,它与伍德步里奇·斯特林公司(Woodbridge Sterling Capital)目前占据了行业中 80% 的业务。类似西格公司这样的经纪公司将它们收购的这种获得未来现金流的权利再转售给一些机构投资者,诸如美国太阳公司(Sun America)或是约翰·汉考克共同生命保险公司(John Hancock MutualLife Insurance Co.)。本案例中,购买这项权利的是金融升级服务集团(Enhance Financial Servic Group),简称 EFSG 公司,它是一家从事纽约州的市政债券的再保险公司。西格公司已谈好将它领取珊琪菲尔德一半奖金的权利以 196 000 美元的价格卖给 EFSG 公司。如果珊琪菲尔德答应公司的报价,公司就能马上赚取 56 000 美元。最终珊琪菲尔德接受报价,交易达成。

（资料来源：*www.xicaiky.com*,西财财管资讯团队,2009-03-17）

问题：为何西格公司能安排这笔交易并立即获得 56 000 美元的利润呢?

案例 2

风险收益的计量——北方公司风险收益的计量

北方公司××年陷入经营困境,原有柠檬饮料因市场竞争激烈、消费者喜好发生变化等开始滞销。为改变产品结构、开拓新的市场领域,公司拟开发两种新的产品。

一、开发洁清纯净水

面对全国范围内的节水运动及限制供应,尤其是北方十年九旱的特殊环境,开发部门认为洁清纯净水将进入百姓的日常生活,市场前景看好,有关预测资料如下:

市场销路	概率/%	预计年利润/万元
好	60	150
一般	20	60
差	20	−10

经过专家测定,该项目的风险系数为0.5。

二、开发消渴啤酒

北方人有豪爽、好客、畅饮的性格,亲朋好友聚会的机会日益增多;北方气温大幅度升高,并且气候干燥;北方人的收入明显增多,生活水平日益提高。开发部门据此提出开发消渴啤酒方案,有关市场预测资料如下:

市场销路	概率/%	预计年利润/万元
好	50	180
一般	20	85
差	30	−25

据专家测定,该项目的风险系数为0.7。

(资料来源:《财务管理学教学案例》,吴安平等,北京:中国审计出版社,2002年11月)

问题:

(1) 对两个产品开发方案的收益和风险进行计量,并进行评价。

(2) 产生财务管理风险的原因是什么?

(3) 风险收益均衡原理是什么?

第2章-财务管理的基础-自测题

财　务　预　测

学习目的与要求

本章主要讲授如何进行销售预测、财务报表预测及现金预算。通过本章的学习,需要掌握:

(1) 掌握销售预测的方法。

(2) 学会编制预计的财务报表。

(3) 掌握现金预算的方法。

教学重点与难点

销售预测的方法、编制财务报表的程序及现金预算的方法等。

引例

三祥新材现金流之惑

2015 年 11 月 24 日中国证监会网站发布了三祥新材股份有限公司首次公开发行股票招股说明书,其主要内容是关于该公司拟公开发行不超过 3 355 万股人民币普通股,预计募集资金约 2.68 亿元,用于年产 10 000 吨电熔氧化锆系列产品项目。三祥新材股份有限公司系外商投资企业,公司前身成立于 1991 年,2012 年 3 月由福建三祥工业新材料有限公司整体变更为三祥新材股份有限公司,现已发展成为我国电熔氧化锆、单晶刚玉高级研磨材料和铸造用包芯线及相关系列产品的重点生产基地,属国家重点高新技术企业和福建省优秀高新技术企业。

(资料来源:http://www.csrc.gov.cn/pub/zjhpublic/G00306202/201511/t20151124_287082.html)

(思考:现金流和财务报表预测存在什么关系?)

第一节　销售预测

销售预测是进行财务预测的第一项工作,企业的一切财务需求都可以看做是因市场销售引起的。销售量的增减变化,将会引起库存、现金流量、应收财款与应付账款以及公司其他资产和负债的变化。因此,销售预测是企业制订财务计划的基础。

一、销售量、售价和利润之间的关系

在管理会计的量本利分析中,售价、销售量、利润和成本之间有如下关系:

$$利润＝售价×销售量－单位变动成本×销售量－固定成本$$

通常的分析中,对单位产品而言,单位变动成本是不变的,企业的固定成本通常也是不变的。假设售价不变,销售量与利润的关系如图 3-1 所示。如果售价发生变化,则图中的斜率将发生变化。如果售价提高、斜率增大,此时在销售量不变的情况下利润将增加;反之,利润将减少。在分析中如果假设企业的利润目标确定,销售量与售价的关系见图 3-2。当售价与销售量的点落在曲线 AB 上时,企业将获得目标利润。当售价与销售量的点落在曲线 AB 上方时,企业获得的利润将超过目标利润。当售价与销售量的点落在曲线 AB 下方时,企业获得的利润将低于目标利润。但是,如果售价低于单位变动成本,则生产变得无意义。

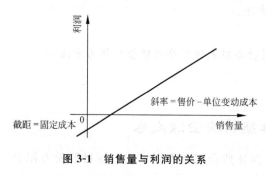

图 3-1　销售量与利润的关系

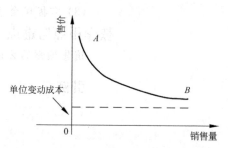

图 3-2　销售量与售价的关系

二、销售预测

作出销售预测的依据是企业的利润目标、实现企业市场份额的目标、市场需求变化对销售和利润的影响。

销售预测是一项比较复杂的工作,需要考虑的因素很多,作出准确的预测是非常困难的。我们通常是利用企业过去的数据进行统计技术分析,并根据企业资产能力和政治经济环境对未来市场的影响进行估计,从而作出销售预测。在销售预测中主要考虑的是经济因素。

企业过去实际的销售数据,在一定程度上反映出企业受市场影响的程度和企业所采取的各种经营策略在市场上取得的实际效果,对企业制定今后的经营策略有借鉴作用,是销售预测的重要依据之一。例如,A 公司连续 5 年的销售量如图 3-3 所示,市场平均价格的变化如图 3-4 所示,市场需求量的情况如图 3-5 所示,A 公司产品的市场占有率如图 3-6 所示。这些图中的数据显示,这个公司在后两年的销售量和市场占有率是稳定的,市场需求和市场价格也是稳定的。假设市场环境不发生变化,没有替代产品冲击市场需求,企业依然保持良好的竞争能力,预计下年度市场需求量为 470 万吨、市场平均价格为 420 万元。根据该公司产品的市场竞争力,市场占有率在下年度将提高到

3.6％,预计该公司下年度的产品销售量可达 16.9 万吨,销售额将增长 25％,达到 7 084
万元。

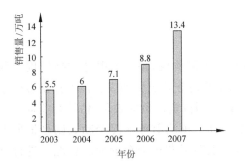

图 3-3 连续 5 年的销售量

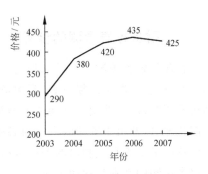

图 3-4 连续 5 年的市场平均价格

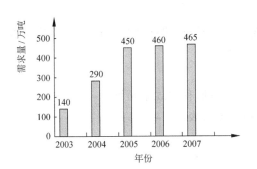

图 3-5 连续 5 年的市场需求量的变化

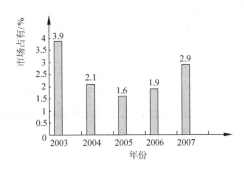

图 3-6 连续 5 年的产品的市场占有率

当然,还可以采用一些技术方法更精确地作出销售预测。

销售预测不是根据想象得出的,它是综合市场的预期变化和企业能力作出的。首先,
企业应该考虑经济状况对未来销售趋势的影响。必须预测宏观经济状况,预测产品销售
区域的经济状况,以及由于经济状况的变化而引起的产品市场的变化趋势。还要考虑产
品定价策略、信用政策、广告计划、企业资源和能力的限制等因素。

三、销售预测对企业的影响

销售预测的准确程度,对企业的运作是有很大影响的。销售预测比较准确,会使企业
在有计划的财务安排下顺利运作;如果销售预测与实际情况有很大差距,则会使企业遇
到麻烦。假如市场的实际情况远好于预测,企业产品的市场供应就会出现短缺,企业增加
产量可能会因为计划不周而使原料供应出现问题或因固定资产的生产能力不足而难以实
现,或者因为现金需求大于原计划安排使公司财务出现困难等。企业产品的市场供应不
足,顾客就会转而购买其他公司的产品。企业的损失是丧失了市场机会。假如市场的实
际情况远不如预测的那样乐观,公司的产品就会出现积压,从而使各种库存增加,资金周
转减慢。更重要的是,实际销售的下降意味着公司现金流入减少、财务风险加大,同时还
会引起资金成本上升。

第二节　财务报表预测

一、财务报表预测的步骤

企业的财务预测由一系列相关的各项财务数据预测构成，预测的财务数据将构成预测的财务报表，即预测损益表、预测资产负债表和预测财务状况变动表。预测损益表根据销售预测对成本、费用和利润的可能结果进行分析。预测资产负债表是，估计企业资产的可能状况，以及由于资产的变动而必须作出资本预算。预测财务状况变动表则是根据上年度资产负债表和预测出的资产负债表完成的，它表明了营运资金的变动情况。进行财务报表预测的基本步骤如下所述。

（1）根据企业的经营目标、企业的发展趋势和企业面对的市场情况，运用各种分析手段作出销售预测。

（2）按照以销定产的原则，根据销售预测制定生产计划，进而作出生产成本预算和费用预算。

（3）根据生产和销售的需要制定最佳库存。

（4）以销售收入、生产计划，以及成本和费用为基础，作出现金预算。

（5）通过对收入、成本、费用和利润的分析预测损益表。

（6）预测资产负债表。

（7）预测财务状况变动表。

（8）对预测的财务数据和财务指标作出调整，满足企业目标和计划的要求。

二、损益表预测

损益表预测是通过对未来的成本、费用的分析和预测作出的。在此仍然以 A 公司为例，说明预测损益表的过程。首先对 A 公司 2008 年的成本、费用情况作一分析。表 3-1 是 A 公司 2008 年的损益表，表 3-2 是 A 公司 2008 年的成本、费用构成表。

表 3-1　A 公司 2008 年的损益表　　　　　　　　　　　　　　单位：万元

销售收入	5 667
减：生产成本	4 258
销售毛利	1 409
减：费用	357
折旧	339
营业利润	713
减：利息费	103
税前利润	610
减：所得税（30%）	183
净利润	427

表 3-2　A 公司 2008 年的成本、费用构成表

类　　别	固定成本或费用/万元	单位变动成本或费用/元	总变动成本/万元	合计/万元
生产成本	345	292	3 913	4 258
费用	146	15.7	211	357
折旧	339	—	—	339
利息费	103	—	—	103

对下年度成本费用的预测如下所述。

（1）销售收入预测。在第一节对 A 公司的销售收入进行了预测，预计产品销售量为 16.9 万吨，预计销售收入为 7 084 万元。

（2）生产成本预测。预计原料供应市场不会发生变化，在下年度的固定成本和单位产品变动成本不变，且企业以销量确定产量，A 公司的产品产量为 16.9 万吨，单位产品变动成本为 292 元，总变动成本为 4 934.8 万元，固定成本为 345 万元，年度总生产成本为 5 279.8 万元。

（3）费用预测。预计下年度固定费用和单位产品变动费用不发生变动，则下年度的固定费用为 146 万元，单位产品变动费用为 15.7 元，总变动费用为 265.3 万元，总费用为 411.3 万元。

（4）折旧。公司计划下年度设备投资 350 万元用于增加产量，企业继续采用直线折旧法，并且残值为投资额的 10%，则年增加折旧 31.5 万元，全年折旧总额为 370.5 万元。

（5）由于利息费预算要根据现金预算和资本预算的情况决定，为简化起见，先假设利息费不变，下年度利息费为 103 万元。

由以上预测构造损益表见表 3-3。

表 3-3　A 公司预测损益表　　　　　　　　　　　　　　单位：万元

销售收入	7 084
减：生产成本	5 279.8
销售毛利	1 804.2
减：费用	411.3
折旧	370.5
营业利润	1 022.4
减：利息费	103
税前利润	919.4
减：所得税（30%）	275.8
净利润	643.6

三、资产负债表预测——销售百分比法

销售百分比法是财务报表预测的一种方法，这种方法基于以下两个假设。

（1）大多数资产负债表的科目与销售额有直接关系。当销售额增减变化（如增加 10%）时，现金、应收账款、库存、应付账款等与销售额直接有关的科目，也按同比例增减变

化(也增加 10%)。

(2)在现有销售水平下,所有资产尤其是固定资产已得到充分利用,如果增加销量,则必须增加资产。利用销售百分比法进行财务报表预测,需要从资产负债表中选出与销售直接相关的科目。

根据销售百分比法的两个假设,如果销售增加,每个资产账目必须增加。销售量增加,赊销数量会相应增加,应收账款也会增加;出于生产和销售的需要,存货增加。在负债科目中,增加采购将使应付账款增加;生产规模的扩大需要雇用更多的人,应付工资增加,随着销售的增长,应付税金也会增加,从而其他应付款增加。在资产负债表中的一些科目并不直接与销售成比例增加,如短期借款、长期负债、股东权益等。但因销售的增长需要筹集更多的资金,从而使上述科目发生变化。

表 3-4 是简化了的 A 公司的资产负债表。根据销售预测这个公司计划下年度的销售将增长 25%,下面我们将讨论如何利用销售百分比法进行财务报表预测。

表 3-4 A 公司简化了的 2008 年 12 月 31 日的资产负债表　　　　单位:万元

资　　产		负　　债	
流动资产		流动负债	
货币资金	208	短期借款	330
应收账款	373	应付账款	467
其他应收款	153	流动负债合计	797
库存	332	长期负债	
流动资产合计	1 066	长期借款	1 450
		长期负债合计	1 450
长期资产		股东权益	
固定资产净值	3 885	股本金	1 785
长期资产合计	3 885	公积金	516
		保留收益	404
		股东权益合计	2 704
资产合计	4 951	权益加负债合计	4 951

第一步,在表 3-5 中列出资产负债表的科目,并将 2008 年 12 月 31 日的各科目数据列于表中。在第一节销售预测中已经预测 A 公司的销售将增长 25%,那些与销售直接相关的科目也将同步增长 25%。那些不直接与销售发生关系的科目保留于表中,这些科目在后面的分析中确定。

第二步,在损益表中预计下年度的利润是 643.6 万元。根据法律规定,A 公司将提取利润的 10%作为法定公积金,可分配利润为 579.2 万元。A 公司的股息政策是可分配利润的 40%用于股息分配、60%作为保留收益。假设下年度的股息政策不变,可计算出公积金科目将增加 64.4 万元,预计下年度公积金为 580.4 万元,保留收益科目将增加 347.5 万元,预计下年度的保留收益科目为 751.5 万元。

第三步,预测总资产为 6 188.8 万元,负债加股东权益的预测值为 5 480.7 万元,预测总资产与预测负债加股东权益的差额为 708.1 万元,这个差额需要追加资金来弥补。

第四步,考察追加资金的方式。

（1）对追加债务的限制。通常企业的最高负债额为企业总资产的50％，A公司预计可追加的债务为3 094.4万元。最高债务额减去表3-5中的总负债预测值为：3 094.4－2 363.8＝730.6（万元）。A公司可利用追加债务的上限为730.6万元。

表 3-5　预测试算表　　　　　　　　　　　　单位：万元

	当年数值	下年度预测值
资产类		
流动资产		
货币资金	208	260
应收账款	373	466.3
其他应收款	153	191.2
库存	332	415
流动资产合计	1 066	1 332.5
长期资产		
固定资产净值	3 885	4 856.3
资产合计	4 951	6 188.8
负债类		
流动负债		
短期借款	330	待定
应付账款	467	583.8
流动负债合计	797	
长期负债		
长期借款	1 450	待定
股东权益		
股本金	1 785	待定
公积金	516	580.4
保留收益	404	751.5
股东权益合计	2 704	
权益加负债	4 951	

（2）对追加流动负债的限制。为保证公司经营的稳健，股东和债权人要求A公司下年度的流动比率和速动比率分别达到1.4和1.0以上。表3-5中预测的总流动资产为1 332.5万元，可分别求出可以追加的流动负债额为

$$1 332.5 \div 1.4 = 951.8（万元）$$
$$(1 332.5 - 415) \div 1.0 = 917.5（万元）$$

以其中最小值为流动负债额的限制，即A公司下年度最高流动负债额为917.5万元，表3-5中的预测流动负债为913.8万元，按照限制，A公司已无追加流动负债的可能。

（3）对追加股本的要求。需要追加的资金是708.1万元，利用追加债务的上限为730.6万元，不追加股本，利用债务即可满足对资金的需要。

（4）追加资金的来源。按以上的分析和计算可知，追加资金的方式以长期债务的方式最适宜，即增加长期负债708.1万元。

第五步，作出完整的预测资产负债表，见表3-6。

表 3-6　A 公司 2009 年 12 月 31 日的预测资产负债表　　　单位：万元

资　产		负　债	
流动资产		流动负债	
货币资金	260	短期借款	330
应收账款	466.3	应付账款	583.8
其他应收款	191.2	总流动负债	913.8
库存	415	长期负债	
流动资产合计	1 332.5	长期借款	2 158.1
		总长期负债	2 158.1
长期资产		股东权益	
固定资产净值	4 856.3	股本金	1 785
长期资产合计	4 856.3	公积金	580.4
		保留收益	751.5
		股东权益合计	3 116.9
资产合计	6 188.8	权益加负债	6 188.8

用销售百分比法预测资产负债表，充分利用了财务数据之间的内在联系，并且延续了上年度的资产状况。这种方法的特点在于简便易用。但要充分考虑两个假设对这一方法的限制。如第一节预测 A 公司的销售情况时，预测下年度的产品市场价格（420 元）将低于上年的市场价格（435 元）。市场价格下降，库存增长百分比将高于销售收入增长百分比，市场价格上升，库存增长百分比将低于销售收入增长百分比。如果价格变化的差距很小，则对用销售百分比法预测资产负债表的影响较小。如果价格变化的差距大，则对使用销售百分比法预测资产负债表的影响较大。产品市场价格的变化还会影响应收账款。原料供应的价格变化同样会影响库存，也会影响应付账款。价格又恰恰是市场中最易变化的因素。因此，应充分重视市场价格因素对预测报表产生的影响。利用销售百分比法预测资产负债表时，有必要根据各种因素的影响对预测结果作出必要的修正，以求预测准确。

第三节　现　金　预　算

现金预算是企业财务预测和财务计划的重要内容，它显示了企业的资金周转状况。它根据各项费用支出和付款期限，确定现金支出额和支出时间，同时根据销售和应收账款的延迟，确定现金收入额和流入时间，按月编制而成。现金预算表显示了企业未来数月或1 年中现金的余缺，预测了下一季度或年度现金的需求量和可用于短期投资的现金盈余。预算期为 1 年或 1 年以上，按月编制的现金预算用于财务计划，以便估计企业因营运资本增长而产生的现金量，以及在某时、某种因素影响下企业需要动用的现金量。从这种较长期的现金预测中可以看出企业增长的影响，包括企业发展走势、开发新产品、添置新设备和筹资方式对现金管理决策的影响。而按周或按日编制的短期现金预算则分析短期内现金的收支情况，用于控制实际现金的运用。

现金预算是建立在销售预测基础之上的。企业根据过去的销售经验、对未来经济形势的预测以及市场调查的资料估算未来的销售量和销售价格，得出每月的销售额。然后计算因销售量变动而产生的原料费、人工费、销售及管理费等各项现金支出额,以此作为编制现金预算的依据。

　　某印刷制品公司的现金预算见表 3-7 至表 3-9。编制现金预算表前,首先要确定公司销售的信用政策。该公司赊销占总销售额的 60%。信用条件为 $n/30$(即信用期为净 30 天无现金折扣)。但收账情况假设为:90% 的客户到期按时付款,即一个月后收回赊销账款的 90%,其余 10% 则于到期后一个月才能收回,并假设没有坏账。

表 3-7　现金收入预算表

200×年 7—12 月　　　　　　　　　　　　　　　　　单位:千元

项　　目	5 月	6 月	7 月	8 月	9 月	10 月	11 月	12 月
销售量/台	26 000	28 000	30 000	35 000	35 000	30 000	28 000	26 000
销售额	5 200	5 600	6 000	7 000	7 000	6 000	5 600	5 200
赊销(占销售的 60%)	3 120	3 360	3 600	4 200	4 200	3 600	3 360	3 120
收回应收账款:								
一个月后(90%)		2 808	3 024	3 240	3 780	3 780	3 240	3 024
两个月后(10%)			312	336	360	420	420	360
现金销售(占销售的 40%)			2 400	2 800	2 800	2 400	2 240	2 080
其他现金收入					1 500			1 800
现金收入总额			5 736	6 576	8 440	6 600	5 900	7 264

表 3-8　现金收入预算表

200×年 7—12 月　　　　　　　　　　　　　　　　　单位:千元

项　　目	6 月	7 月	8 月	9 月	10 月	11 月	12 月
购货(占销售额的 50%)	2 800	3 000	3 500	3 500	3 000	2 800	2 600
赊购(占购货的 90%)	2 520	2 700	3 150	3 150	2 700	2 520	2 340
支付应付账款:一个月后付清		2 520	2 700	3 150	3 150	2 700	2 520
现金购货(占购货的 10%)		300	350	350	300	280	260
销售及管理费用(占销售额的 12%)		720	840	840	720	672	624
工资		1 000	1 100	1 200	1 000	980	950
其他费用支出		240	300	400	240	220	200
中期贷款分期偿还		1 000	1 000	1 000	1 000	1 000	1 000
现金支出总额		5 780	6 290	6 940	6 410	5 852	5 554

表 3-9　现金预算表

200×年 7—12 月　　　　　　　　　　　　　　　　　单位:千元

项　　目	7 月	8 月	9 月	10 月	11 月	12 月
现金收入	5 736	6 376	8 440	6 660	5 900	7 264
现金支出	6 780	6 290	6 940	6 410	5 852	5 554
现金净值	(44)	86	1 500	190	48	1 710
期初现金	1 450	1 406	1 492	2 992	3 182	3 230
期末现金	1 406	1 492	2 992	3 182	3 230	4 940
目标现金余额	2 000	2 000	2 000	2 000	2 000	2 000
现金盈余(不足)	(594)	(508)	992	1 182	1 230	2 940

其次要确定企业购买原材料、燃料和其他生产所需要的物品时所接受的购货信用政策。该公司赊购为总购货支出的 90%，赊购条件为 n/30。全部赊购款按期付清。此外，还要计算各项支出额或确定支出占销售额的比例。例如，购货支出占销售额的 50%，销售和管理费用占销售额的 12%等。

根据以上假定和预测可编制现金收入预算表（见表 3-7）和现金支出预算表（见表 3-8）测算出 200×年 7—12 月逐月现金收入总额和现金支出总额，两者的差额为现金净值，见现金预算表（见表 3-9）。以 7 月为例，该月现金净值为−4.4 万元，说明这个月的现金支出总额大于现金收入总额，但期初现金（即 6 月底的现金余额）为 145 万元，弥补现金净值−4.4 万元后，7 月末尚有现金余额 140.6 万元。而企业的目标现金余额是 200 万元，这是维持企业正常经营需保留的最低现金额，因此 7 月末企业必须筹集 59.4 万元现金以应付临时性的资金需要。通常企业采用短期贷款方式筹集资金以解决变现能力不足的困境。进入 9 月，由于销售增加和应收账款回收额的增多，现金收入增长幅度较大，现金净值为 150 万元，9 月末累计现金余额达 299.2 万元，除满足目标现金余额需要外，还有剩余。企业的现金盈余可保留，作为补充以后现金不足时的奖金来源。若连续多个月有现金盈余，则可考虑将这笔盈余现金用于短期证券投资以增加收益，或用于长期债务的清偿和派发现金股息。

总之，通过现金预算的编制，可使我们对预算期内的现金来源和现金运用有一估计，看两者是否平衡。若现金不足，则要考虑如何融资以弥补现金缺口；若现金剩余，则要考虑如何调动这部分现金去增加企业资产的流动性或通过短期投资增加企业的收益。

此外，现金预算是在销售预测和一系列假设条件的基础上作出的，但对销售的预测和应收账款的回收估计则很难做到与将来发生的情况一致。当销售量和收款、付款的期限、数额超出或低于预测值时，现金预算中的收入和支出也随着变化，现金预算值在某一范围内变动。因此，在现金预算中应留有余地，预算应有一定的弹性。

案例

财务预测和计划：“个性之友”公司

1982 年，卡尔·梅尔斯创立了“个性之友”诊所，试图提供“为家庭服务的全套的心理辅导”。梅尔斯于 1978 年获得临床心理学博士学位，他深信心理辅导需要采取一种更加开放和面向家庭的姿态以走向大众。在这之前，充斥世面的所谓心理辅导医生冷漠、故作神秘，他们对待病人常常只是摸着自己的下巴，作出一副倾听的样子，那个时代已经一去不复返了。梅尔斯的设想是在一个让人放松的现代环境中由拥有良好执业资格的职业人员来提供家庭心理辅导。他们可以提供许多形式的服务供选择：从个人和家庭的心理治疗到小团体的研讨交流会，再到提高人际交往能力的培训。“个性之友”坐落在北卡罗来纳州一个城市商住混合区的一条绿树成荫的大街上，那里的环境让人心情舒畅。这个选址在梅尔斯看来非常理想，正好传递出他想展现的诊所形象。

梅尔斯和他两个从读研究生起就认识的伙伴一起投资成立了这家诊所。诊所从开业以来一直非常成功。从诊所发展的经验来看，在临床心理辅导领域，一家诊所的声誉几乎就取决于口碑的好坏。在创办诊所之前,梅尔斯曾在附近的一所大学里代课教书。这所大学心理学系的教职员工和其心理辅导中心的工作人员不久就发现了梅尔斯作为一位善解人意、技巧高超的心理辅导者在这方面的天才。因此,在诊所成立之后,该系的教职员工和其他来自该校的人介绍的病人前来就诊也就成为顺理成章的事了。就这样,接受过该中心成功辅导的病人的数目在稳步上升。诊所 1995 年的收入达到 160 万美元。现在,诊所总共有 8 名全职或兼职的具有执业资格的心理医师和心理辅导员。

1985 年,梅尔斯和其他两位合伙人又对诊所进行了公司改制,使诊所的总注册资本达到 20 万美元。初始的投资是由三位出资人平均分担。这一安排是基于合伙企业成立之初三位合伙人的出资比例,并且保持到了公司改制之日。表 3-10 和表 3-11 分别提供了公司最近的损益表和资产负债表。表 3-10 和表 3-11 所显示的财务状况反映了公司最近的营运状况。在梅尔斯和他的合伙人看来,未来充满了巨大的机遇和挑战。

表 3-10 "个性之友"公司损益表(1995 年 12 月 31 日)　　　单位:美元

总收入	1 600 000	所得税(税率 35%)	(168 000)
总支出*	(1 120 000)	税后利润	480 000
税前利润	312 000		

*表示总支出包括全职员工和三位兼职心理治疗师的工资和福利。每期的"税后利润"都被加到留存收益中,该项目反映两者之和。当新的诊所投入运营之后,总支出将增加 10 万美元。

表 3-11 "个性之友"公司资产负债表(1995 年 12 月 31 日)　　　单位:美元

流动资产*	290 000	长期债务	30 000
固定资产净值	1 250 000	所有者权益	200 000
总资产	1 540 000	保留盈余	1 300 000
流动负债	10 000	负债和所有者权益总额	1 540 000

*表示"流动资产"仅仅指现金。

诊所现在所处的房屋已为公司所有,为此背负的债务已经清偿完毕。公司为此一直将开业以来赚取的丰厚的税后利润(保留盈余)用于分期偿还诊所的房屋抵押贷款。这实际上使得诊所没有背负什么债务并且完全为公司最初的投资者——梅尔斯和他的两个合伙人所拥有。过去的 15~20 年已经越来越清楚地表明,公众正在接受营利性的医疗护理机构。在他们看来,这样的机构以一种连锁的形式,能够为政府设立的地方市政医疗机构不能直接服务的地区提供直接的服务。在这一趋势的推动下,梅尔斯不得不开始考虑扩张的问题。

尽管外部经济形势良好,明显适合于扩张,但道德规范和医疗质量控制的问题依旧困扰着梅尔斯。简单说来,他的困惑在于,这项业务的营利性质和提供认真监督下高质量职业化服务的迫切需要之间是否存在冲突?如果有的话,到底有多大?在这方面,梅尔斯试图保留在心理辅导业务中用于保证质量的传统内在约束机制。另外,在一定的州职业要求规范之外,当前许多的心理辅导诊所都采用了同业监督和评估的方法来保证业务运作符合通行的行业规则,以及提供高质量的服务。

梅尔斯对于和他的业务伙伴讨论关于同业监督以及其他类似的质量监控事宜抱有浓

厚的兴趣。但同时，他尤其小心翼翼，避免使自己显示出对同伴的不信任。他关心的问题，举例说有：他需要何种机制来检查实际业务中质量控制的情况而又要保证不限制其同伴职业技术的发挥？他的同伴，尽管都具有高超的心理辅导治疗技巧，却有着各不相同的对待患者的方式。如何采用一个统一的监督评估标准？特别是当诊所扩张之际，这种医疗质量监控就显得更为重要了。

诊所的收入预计在今后5年左右，将以15%的年环比增长率递增。这一预测是基于过去几年中收入增长的情况，以及更为重要的，诊所积累到现在的忠实的患者的数量所作出的。与此同时，梅尔斯和其他经理们开始考虑并讨论在诊所目前经营业务的城市快速发展的郊区建立一家新的机构，以满足当地的需要。

梅尔斯的一个担心是对于收入增长预期的可靠性。他的一位教授经济金融课程的朋友告诫他要用十分严密的方法去进行这种经济预测。他的建议是在考察相对长期的未来时可采用多种预测手段，互相比较印证。时间序列分析法和市场分析家的预测都在被推荐的手段之列，其目的就在于拓宽公司预测的眼光。不过，梅尔斯对这些预测工具能为公司将要作出的决策带来哪些额外的信息仍然心存疑虑。而且，他对于究竟应该采用哪些建议的预测手段也还举棋不定。

除了上述担心之外，关于一个非上市公司和一个上市公司对现金的不同需求的预测的问题也被提出。换句话说，"个性之友"从未在资本市场融资的事实是否会对其融资能力产生不利影响？另外，公司作为非上市公司的性质是否会影响其现金需求的水平？这一些以及其他的一些问题都摆在梅尔斯和他的伙伴面前，是他们在考虑公司下一步发展规划过程中必须解决的问题。梅尔斯和他的伙伴同时还关心着公司的潜在增长能力以及保持对公司所有权控制的问题。由于预计到公司的收入和利润将会有强劲的增长，公司所有者自然会有一种维持控制权的愿望或者是需要。梅尔斯的计划是委托当地的一家会计事务所来帮助解决扩张和控制的平衡问题。他希望这家会计师事务所为公司提供对其未来几年资产负债表和损益表的详细预测。梅尔斯相信这样的预测将能够保证提供现金流量表状况和更为完整的流动资产的统计分析等所需的详细的财务信息。对梅尔斯来说，在公司发展中的所有权控制问题中，首当其冲的就是如何在扩张中继续保持高品质的服务。在这里，鱼和熊掌是否可以兼得？

在采取扩张举措之前，还有一些重要的事项必须解决，其中包括以下所列内容。

（1）如何筹措目前公司营业场所内部翻新所需的大约45万美元资金？目前诊所所在的建筑之前曾经是一个小型旅馆，公司接手后把它改建成了一个紧凑的诊所，之前的走廊被划分成了接待区和候诊室，一楼和顶楼（总共两层）的部分房间则被用于做个人心理辅导使用。总之，重要的是应保持一个怎样的短期贷款水平。考虑到未来再贷款的需要，它可能对公司资产负债表产生什么样的影响？

（2）梅尔斯在建筑行业的朋友告诉过他，在该郊区地域购置地皮和建造所需建筑的总费用大约在85万美元。梅尔斯预计新诊所投入运营后在1年中将为公司带来40万美元的收入。考虑到总共需要大约100万美元的再投资（包括15万用于现有营业场所翻新的费用和85万美元的新诊所开业费用），借款的时机问题和对借贷资金到期结构的设计就显得非常重要。过去，每年的税后利润都计提用于偿还房屋抵押贷款。而现在，公司制订的计划要求扩张行动在 1999 年底之前完成。在这种形势下,公司是否有必要在留存收益的基础上再增加外部融资来支撑再投资?

（资料来源：摘自网站 http://www.shift.edu.cn/jrxy/jpkc/html/anti/财务预测和计划.pdf）

问题：

（1）在预测长期未来现金流时,公司必须考虑什么因素?

（2）长期未来现金流的预测对于上市公司和非上市公司来说会有什么不同吗? 如果有的话,两者存在怎样的差异?

（3）时间序列分析法的几个部分(主要特点及优点)是什么?

（4）反映企业在扩张活动完成之前年份的财务状况和扩张活动完成之后的财务状况的信息有哪些?

（5）假设公司未来三年的税后利润可以用来进行 8％ 回报率的短期投资,则公司在 1998 年底时还需要借用多少外部资金来完成目前估计价值 100 万美元的再投资?（流动负债不能超过公司总资产的 1％）

（6）该公司的现有所有者希望在今后继续保持对公司的控制权,预期的外部融资需要带来的公司投资结构变化能保证这一目标的实现吗?

（7）公司的扩张计划是否可行? 运作连锁的心理治疗中心可能伴随着什么样的道德规范问题?

（8）从大众利益角度出发,公司如何处理在运作连锁心理治疗中心时必然要面对的道德规范问题? 从银行角度出发考虑呢? 健全的道德规范机制是否有时会与高盈利性相冲突?

（9）公司的现有所有者和经营者如何对待公司发展和保持对其控制之间的平衡问题?

（10）公司扩张过程中,可能出现什么管理或财务上的问题?

（11）概括来说,向"个性之友"这类公司可以通过哪几种合理的渠道来获得其扩张计划所需的资金?

（12）基于本案例提供的数据和信息,该公司是否应该执行企业现有的扩张计划?

（13）在该公司的扩张过程中是否可能出现因控制不当致使医疗质量下降的情况? 如果有的话,应如何努力,使之最小化?

第 3 章-财务预测-自测题

第四章

筹资管理

学习目的与要求

本章主要讲授各种筹资方式、资本成本的计算及资本结构的确定方法等内容。通过本章的学习,需要掌握:

(1) 比较分析债务资本筹资和权益资本筹资的区别与利弊。

(2) 学会计算个别资本成本、综合资本成本和边际资本成本。

(3) 掌握经营杠杆、财务杠杆和综合杠杆的概念及计算方法。

(4) 掌握资本结构的概念及确定最佳资本结构的方法。

教学重点与难点

各种筹资方式的比较、资本成本的计算及财务杠杆的概念及计量;资本结构的概念及最佳资本结构的选择方法。

引例

同行并购对公司绩效产生的影响

近年来,全球主要经济体和众多发展中国家均公布了铁路(尤其是高速铁路)的发展规划,同时,中国国家领导人提出了加强"互联互通"及建设"一带一路"的畅议,全球轨道交通行业面临广阔的市场空间。中国轨道交通经过近年的快速发展已经具备了较好的基础,为了促进我国同行业的竞争,2000年9月在国资委的主持下,中国铁路机车车辆工业总公司从原铁道部脱钩,并于2002年拆分为中国南方机车车辆工业集团公司和中国北方机车车辆工业集团公司,拆分后两公司基本以长江为界划分市场,因此,两家企业在技术和业务上有很大的相似性。2007—2008年,经国资委批复,中国南车集团和中国北车集团先后改制设立了股份公司,2008年8月,中国南车首先实现A+H股上市,2009年12月中国北车股份在上海证券交易所上市。由于拆分打破了垄断,提高了企业的竞争活力,促进了中国高铁的快速发展,南车与北车为中国的高铁发展作出了不可磨灭的贡献。

(资料来源:https://wenku.baidu.com/view/23e94c4f0c2259010-3029d73.html)

(思考:并购对公司带来的风险有哪些?)

第一节　筹资管理概述

筹措一定数量的资金是企业要从事经营活动的第一步,它是企业财务管理的一项最原始的和最基本的职能。在发达的金融市场上,企业所需要的资金可以从不同渠道、通过不同方式来筹集。不同的筹集渠道、不同的筹集方式取得的资金,在成本、使用时间、抵押条款、附加条件和风险等方面也各不相同。企业的筹资决策实际上就是要在筹资的成本和风险之间进行必要的权衡。

企业筹集资金是指企业向外部有关单位或个人以及从企业内部筹措和集中生产经营所需资金的财务活动。企业自主筹集资金,既是市场经济发展的客观要求,也是经济体制改革的一项重要内容。个体企业、集体企业、私营企业、外商投资企业等,都是由有关业主投资兴办的,企业在必要时会向不同的所有者和债权人筹集资金。至于国有企业,在过去主要是依靠国家财政拨款和银行贷款,由国家统筹安排,筹资渠道不多,筹资方式单一,难以适应经济发展的需要。随着商品经济的发展,横向经济联合的展开,资金融通活动的兴起,国有企业自主筹集资金的活动日益广泛展开。企业享有筹资的自主权,是企业自主经营的要求,也是生产经营发展的需要。

一、企业筹资的动机

企业筹资的基本目的是为了自身的生存和发展,具体可归纳为四类。

(一)新建筹资动机

新建筹资动机是在企业新建时为了满足正常生产经营活动所需要的铺底资金而产生的筹资动机。企业新建时,要按照经营方针确定的生产经营规模核定固定资金需要量和流动资金需要量,同时筹集相应数额的资本金——股东权益,资本金不足的部分即需筹集短期的或长期的银行借款或发行债券。

(二)扩张性筹资动机

扩张性筹资动机是企业为了扩大生产规模或追加对外投资而筹集资金的动机。凡是具有良好的发展前景、处于成长时期的企业通常会产生这种筹资动机。扩张性筹资动机所产生的直接结果,是使企业的资产规模有所扩大,资本结构有可能发生变化。

(三)偿债性筹资动机

企业为了偿还某些债务而筹资的动机,称为偿债性筹资动机。偿债筹资主要分为两种情况:

(1)调整性偿债筹资,是企业因调整现有资本结构的需要而产生的筹资。如企业虽有足够的能力支付到期的旧债,但为了调整原有的资本结构,仍然举债,以使资本结构更加合理,这是主动的筹资策略;或者现有负债率太高,采取债转股等措施予以调整。

(2)恶性偿债筹资,即企业现有的支付能力已不足以偿还到期旧债,被迫举债偿还,即借新债还旧债,这种情况说明财务状况已有恶化。这种偿债筹资的直接结果是并没有扩大企业的资产总额和负债总额,而是改变了企业的负债结构。

（四）混合性筹资动机

混合性筹资动机是企业既为扩张规模又为调整资本结构而产生的筹资动机。通过混合性筹资,企业既扩大了资金规模,又调整了资本结构,偿还了部分旧债,即在这种筹资中混合了扩张性筹资和偿债性筹资两种动机。

二、企业筹资的原则

企业筹资是企业的基本财务活动,是企业扩大生产经营规模和调整资本结构必须采取的行动。为了经济、有效地筹集资本,企业筹资必须遵循以下基本原则。

（一）效益性原则

效益性原则是企业在选择资金来源、决定筹资方式时,必须综合考虑资金成本、筹资风险及投资效益。这要求企业在筹资活动时,一方面,需要认真分析投资机会,讲究投资效益,避免不顾投资效益的盲目筹资;另一方面,由于不同筹资方式的资本成本高低不尽相同,也需要综合研究各种筹资方式,寻求最优的筹资组合,以降低资本成本,经济、有效地筹集资本。

（二）适度规模原则

筹集资金的目的是为了保证生产经营所需要的资金。资金不足,自然会影响生产经营发展;而资金过剩,则可能导致资金使用效益的降低。所以,企业在筹集资金之前,就要合理确定资金的需要量,在此基础上拟订筹集资金计划,合理确定企业的资本结构,即一方面要合理确定企业债权资本的规模或比例问题,债券资本的规模应当与股权资本的规模和偿债能力的要求相适应;另一方面要合理确定长期资本与短期资本的结构,即合理确定企业全部资本的期限结构问题,这要与企业资产所需持有的期限相匹配。

（三）最佳时机原则

最佳时机原则是指企业筹集资金应根据资金的投放使用时间来合理安排,使筹资和用资在时间上相衔接,避免超前筹资而造成资金的闲置和浪费,或滞后筹资影响生产经营的正常进行。这就要求企业必须根据其资本的投放时间安排予以筹划,及时取得资本来源,使筹资与投资在时间上相协调。

（四）合法性原则

企业的筹资活动影响着社会资本及资源的流向和流量,涉及相关主体的经济权益。为此,企业必须遵守国家有关的法律、法规,依法履行约定的责任,维护有关各方的合法权益,避免非法筹资行为给企业自身及相关主体造成损失。

三、企业筹资的渠道

筹资渠道是指筹集资金来源的方向与通道,体现了资金的源泉和流量。

（一）筹资渠道的类型

从筹集资金的来源的角度看,筹资渠道可以分为企业的内部渠道和外部渠道。

1. 内部筹资渠道

内部筹资渠道是指从企业内部开辟资金来源。可以从以下三个方面从企业内部开辟资金来源：企业自由资金、企业应付税利和利息、企业未使用或未分配的专项基金。一般在企业并购中，企业都尽可能地选择这一渠道。因为这种方式保密性好，企业不必向外支付借款成本，因而风险很小。

2. 外部筹资渠道

外部筹资渠道是指企业从外部开辟的资金来源。主要包括专业银行信贷资金、非金融机构资金、其他企业资金、民间资金和外资。从企业外部筹资具有速度快、弹性大、资金量大的优点，因此，在并购的过程中一般这是筹集资金的主要来源。但其缺点是保密性差，企业需要负担高额成本，因此产生较高的风险，在使用的过程中应当注意。

（二）筹资渠道的筹划

对于任何一个处于生存与发展状态的企业来讲，筹资是其进行一系列经营活动的先决条件。不能筹集到一定数量的资金，也就无法取得预期的经济效益。筹资作为一个相对独立的行为，其对企业经营理财业绩的影响，主要是借助资本结构的变动来发生作用的。因此，在筹资活动中应重点考察以下几个方面。

（1）筹资活动会使资本结构有何变化？

（2）资本结构的变动会对企业业绩及税负产生何种影响？

（3）企业应当选择怎样的筹资方式、如何优化资本结构（长期负债与资本的比例关系）配置，才能在节税的同时实现所有者税后利益最大化目标？

不同的筹资方式对应不同的筹资渠道，形成不同的资本结构。不同的筹资方式的税前资金和税后资金成本也是不一样的。

目前，企业的筹资渠道主要有下面几种：企业自我积累、向金融机构借款、向非金融机构及企业借款、企业内部集资、向社会发行债券和股票、租赁等。不同的筹资渠道，其所承担的税负也不一样。

企业自我积累是由企业税后利润所形成，积累速度慢，不适应企业规模的迅速扩大，而且自我积累存在双重征税问题。虽然这种筹资方式会使业主权益增大，资金所有权与经营权合二为一，但税负却最重。

借款筹资方式主要是指向金融机构（如银行）进行融资，其成本主要是利息负债。向银行借款的利息一般可以在税前冲减企业利润，从而减少企业所得税。向非金融机构及企业筹资操作余地很大，但由于透明度相对较低，国家对此有限额控制。若从纳税筹划角度来看，企业借款即企业之间拆借资金效果最佳。

向社会发行债券和股票属于直接融资，避开了中间商的利息支出。由于借款利息及债券利息可以作为财务费用，即企业成本的一部分而在税前冲抵利润，减少所得税税基，而股息的分配应在企业完税后进行，股利支付没有费用冲减问题，这就相对地增加了纳税成本。所以一般情况下，企业以发行普通股票的方式筹资所承受的税负重于向银行借款所承受的税负，而借款筹资所承担的税负又重于向社会发行债券所承担的税负。企业内部集资入股筹资方式可以不用缴纳个人所得税。从一般意义上讲，企业以自我积累方式筹资所承受的税收负担重于向金融机构贷款所承担的税收负担，而以贷款融资方式融资所承受的税负又重于以企业借款等筹资方式融资所承受的税负,企业间拆借资金方式所承担的税负又重于企业内部集资入股所承担的税负。

因此,通常的情况是:自我积累筹资方式所承担的税收负担要重于向金融机构贷款所承担的税收负担,贷款筹资所承受的税收负担重于企业之间相互拆借所承受的税收负担,企业之间相互拆借所承受的税收负担重于企业内部集资所承受的税收负担。从纳税筹划角度看,企业内部筹集和企业之间拆借方式产生的效果最好,金融机构贷款次之,自我积累效果最差。原因是内部集资和企业之间拆借涉及人员和机构较多,容易使纳税利润规模降低,有助于实现"削山头",企业在金融机构贷款时,可利用与机构的特殊关系实现部分税款的节省。自我积累由于资金的使用者和所有者合二为一,税收难以分摊和抵消,而且从税负与经营效益的关系来看,自我积累资金要经过很长时间才能完成;同时,企业投入生产和经营之后,产生的全部税负由企业自负。贷款则不一样,它不需要很长时间就可以筹足。而且投资产生收益后,出资机构实际上也要承担一定的税收,因而,企业的实际税负大大降低了。

实际上,上述各种筹资渠道分为资本金和负债两类。资本结构的变动和构成主要取决于长期负债与资本的比例构成。负债比率是否合理是判定资本结构是否优化的关键。因为负债比率大意味着企业经营风险大,税前扣除额大,因而节税效果明显。所以,选择何种筹资渠道、构成怎样的资本结构、限定多高的负债比率是一种风险与利润的权衡取舍。在筹资渠道的筹划过程中必须充分考虑企业自身的特点及风险承受能力。在实际操作中,多种筹资渠道的交叉结合运用往往能解决多重经济问题,降低经营风险。

（三）几种具体的筹资渠道

在市场经济条件下,企业资金来源的途径有很多。从目前的情况看,企业的筹资途径主要有以下几种。

1. 开展好商品经营,加速资金周转,向市场要资金

通过资本循环积累自有资金,让资本最大地增值,这是企业最基础、最根本的筹资渠道。要搞好商品经营的资本循环,必须从市场需求的实际出发,重点抓好从商品资本到货币资本的那"惊险的一跳"。其中,资金积累的关键,一是在于附加值的大小,重点是提高科技附加值、销售附加值与名牌附加值;二是在于加速资金周转,提高资金周转次数。

企业通过商品经营的资本循环,可以从生产成本中提取科技发展基金与折旧基金,以用于企业的发展,尤其是科技发展基金达销售额的1%以上,是企业经营良性循环的根本保证,还可以从利润中提取生产发展基金,或用于扩大再生产,或补充流动资金的不足。

2. 国家财政投入筹资

国家或地方的重点建设项目,可以申请国家财政或地方财政投资,通过国有资本金的形式投入企业。对于过去"拨改贷"政策时期的国家财政贷款,在符合当前政策的前提下,也可申请实现"贷改投",将其转为国有资本金。

根据国家的宏观政策,政府财政中还有种种重点科技项目贷款、支农贷款、扶贫贷款、环境治理贷款等低息或贴息贷款,也是符合项目条件的企业可争取的筹资渠道。

3. 银行贷款筹资

银行是经营货币资金的企业。马克思认为,银行是买卖钱的特殊的商店,利率是资金的价格,企业以利息为代价向银行购买在有限时间内的资金的支配权。商业银行只能向那些保证能按时还本付息的人或法人出售资金的支配权。

银行贷款筹资是当前企业筹资的主要渠道之一。银行贷款以贷款是否需要担保为标准,可分为信用贷款和抵押贷款。信用贷款主要凭借款企业或担保人的信誉,没有实物担保,只能用于具有良好信誉的优秀企业;抵押贷款则是由借款企业提供一定的固定资产抵押、证券抵押来作为抵押品,也有少数情况可用名牌商标的无形资产价值进行抵押,如果借款方违约,不能如期归还贷款,则可拍卖商标权进行还贷。

银行贷款还有短期贷款、中期贷款与长期贷款之分,利率各不相同,企业需据贷款的用途与期限,选择恰当的贷款种类。

4. 吸收股份,发行股票筹资

随着社会化大生产的发展与企业实行多元化产权改制的需要,在进行企业产权重组的同时,通过吸收股份筹资,正越来越成为当前企业发展的一种主要方式。吸收股份筹资,主要是组织公司制企业时,向社会法人的定向募集股份,以及向本企业职工按改制的要求实施职工持股。对少数获国家有关部门批准的股票上市公司,则还可通过股票上市,向社会公众募集股份。在转换企业的体制、机制的同时,通过股份与股票运作也实现了筹资。

发行股票可以筹措社会资金,并分散企业风险,但股票绝不是如某些经营者所认为的是"不要还本付息的长期资金"。发行股票是向社会公众交出一部分企业资产所有权,同时也意味着公众拥有所有权、收益权与对企业经营的公开监督权。如果企业经营不理想,社会小股民虽然没有对经营者的足够的投票否决权,但他们可以抛出股票,"用脚来投票",使企业的产权价格迅速下跌。

5. 发行企业债券筹资

对于市场信誉较好,现有负债比率较低,企业资产控制权又较重要,不可轻易发行股票,而且销售额与盈利情况相对稳定,增加资本可以大幅度增加盈利的企业,可选择申请发行债券来开展社会筹资。但发行债券也会增加企业的负债率与经营风险,因此需要慎重决策,并做好到期还本付息的计划。

债券发行按偿还期限不同,可分为短期债券(1年以内)和中长期债券(1年以上)两种;按照能否转换为本企业股票,可分为单纯债券和可转换债券两种;按偿还方式不同,可分为分期偿还式债券、通知偿还式债券,以及每年提存一部分偿债基金、到期一次偿付式债券三种;按有无担保,可分为有担保企业债券和无担保企业债券两种。企业应从实际出发,慎重决策。

6. 企业利用外资筹资

企业利用外资筹资不仅指货币资金筹资,也包括设备、原材料等有形资产筹资与专利、商标等无形资产筹资。由于利用外资是一种跨国境的经济行为,受外资政策、国家间政治关系、不同的文化传统及国际金融状况、外汇波动的影响较大,因而须在国家政策的指导下，按积极、合理、有效的原则开展。

利用外资包括利用国际性组织、外国政府、外国社团、外国企业与外国个人的资金。

外资的直接投资方式，主要有合资经营、合作经营、合作开发等方式。合资经营是中外企业双方按股份实行的共同投资、共同经营、共负盈亏、共担风险；合作经营是中外企业双方实行优势互补的投资合资，但不按比例折成股权，凭双方同意的合作合同分配利润与分别承担一定的权利、义务与风险，可以联合经营，也可以委托中方经营，在合作期满后全部财产无条件地归中方企业所有；合作开发是由中外合作者通过合作开发合同来共同进行风险大、投资多的资源开发，例如，海上石油资源勘探开发等，一般在勘探阶段由外方投资并承担风险，开发阶段由双方共同投资，中方用开发收入还本付息。

外资的间接投资方式，主要有外国商业银行贷款、发行国际债券、国际金融组织贷款、政府间技术经济援助贷款、出口信贷及补偿贸易等方式。间接利用外资一般不涉及企业所有权与控制权丧失的问题，但需要用外汇还本付息，故除了一些优惠贷款外，可能有较大的风险。出口信贷则是由中方进口商品、设备而引进的外资。一种是卖方信贷，是卖方以允许延期付款的方式向买方（中方）提供的信贷，中方除先付一定比例的订金外，其余贷款在全部交货或设备投产后陆续偿还，卖方贷款的利息与管理费也列入货价内；一种是买方信贷，是卖方（外方）往来银行直接向买方（中方）往来银行提供的信贷，在每次交货时分期支付。补偿贸易则是中方以赊购的形式引进外方的设备与技术，待项目建成投产后，用该项目所生产的产品来偿付引进费用的本息，或是用中外双方商定的其他商品来还本付息，而不是用现汇来还本付息。

以上各种利用外资的方式各有利弊，各有其适应的情况，企业应根据自身实际选用适当的方式。

7. 租赁筹资

租赁筹资是企业作为承租人，根据与出租人签订的租赁契约，付出一定的租金，来获得在规定时期内租赁物的使用权或经营权的一种筹资方式。

租赁筹资分为对生产设备的租赁筹资和对企业的租赁筹资两类。对生产设备的租赁筹资又分为融资租赁方式和服务性租赁方式两种。

融资租赁是一种世界性的现代融资手段，在国外已十分普遍。融资租赁以专业性的租赁公司为出租人，租赁公司按承租企业的要求，由租赁公司向银行贷款，再从国外或国内购入承租企业选定的新设备，并租赁给承租企业使用。租赁公司一般先收设备价款的15%～20%做定金，其余租金则在设备投产后按月分期收取，承租企业所交的租金内容则包括设备的价款、租赁公司应取的利润及租赁公司贷款所付的利息三部分。一般设备在3～5年内交清，大型设备可10年交清。在租金付清之前，所租设备的所有权属租赁公司，而所租设备的使用权归承租公司；在租金全部付清后，租赁公司出具产权转移证书，把设备的所有权让渡给承租企业。这种将"融资"与"融物"结合起来的租赁方式，其形象化的表述就是"借鸡下蛋，以蛋还钱，最终得鸡"。融资租赁方式使承租企业不必依靠贷款筹资，依托具有直接进口能力与经验的租赁公司便能很方便地获得所需的设备，并减少风险损失。对企业来说，这无疑是开拓了一条"小钱办大事，零钱办整事，暂时没钱也能办好事"的融资融物的途径。例如，我国在近15年来，仅民航系统企业就以融资租赁方式获得了价值 120 多亿美元的大型民航客机,使我国的民航事业得到了长足的发展。中国重汽财务公司自 1993 年以来,对国内欲购中国重汽集团生产的"斯太尔"及"红岩"牌重型汽车,但无力融资的企业实施了融资租赁,不到四年便累计融资租赁销售 16 亿元,使生产企业、承租企业与租赁企业均受益。融资租赁方式健康发展的关键在于承租企业必须决策正确,所租赁的设备迅速见效益,并加强融资租赁业的法律、法规建设,这才能杜绝"欠租"现象,确保租赁信誉。

作为融资租赁的另一种形式,返租式租赁则是承租企业将自己已有的重大设备出售给租赁公司,再通过融资租赁方式租回而继续使用。这实质上是以暂时出让设备的所有权而获得一笔急需的资金,同时保留设备的使用权。

生产设备的服务性租赁方式则是承租企业向租赁公司临时租用一些短期使用的通用型机械或车辆,用租金换取一定时间内的设备使用权,而由租赁公司承担设备的维修保养服务及设备的过时风险。其租金一般比融资租赁高,适于临时、短期的使用情况。

企业的租赁筹资是对出租企业实现所有权与经营权的分离,由承租者通过交纳租金的方式取得出租企业在一定时期内的企业资产使用权与经营权的一种筹资方式。由此,筹得的是出租企业的全部有形资产与无形资产。企业的出租与租赁过程一般宜采取招投标的方式进行。通过企业出租,出租方可以盘活经营不善的闲置企业资产,获得租金并解决员工的就业问题;承租方则可以借此优化组合社会资源,以较低的资金即可马上实现生产能力的扩大,或实现上下游企业的一体化经营,使自有资本能更好地增值。

8. 盘活企业内存量资产筹资

对于经营不善的企业,往往是一方面资金短缺,但另一方面又存在着严重的资产闲置与低效率运行问题,被人称为"捧着金碗要饭吃"。通过合理压缩原材料与中间半成品的库存,处理产成品积压,收回被拖欠的应收贷款,提高劳动生产率与资金周转次数,降低单位产品能耗,出租、出售闲置资产,盘活级差地租,开展出售专利技术、有偿输出管理、出售独立销售权等无形资产经营,调整企业经济结构,改善企业经营管理等措施,可以盘活企业的存量资产。这样可以实现结构优化、流动加速、闲置资产变现、低效资产变高效资产,这实际上也是一种有效的筹资渠道。

对于企业集团来说,通过合理调度盘活内部的停滞资金,也是加速资金周转的重要的筹资途径。为此,应充分发挥企业集团财务公司的作用,利用各项资金的时间差与空间差,做到资金的总体有效利用。

9. 商业信用筹资

商业信用是商品经营活动中的临时、短期性的借贷融资形式。如商品赊销、预收货款、预收服务费、汇票贴现、拖后纳税及企业之间的资金拆借等方式,这些企业间相互提供的信用都能直接解决资金缺乏的问题。

10. 创业风险资金方式筹资

对于高科技企业来说,由于存在高风险、高潜在利润的特点,因而在创业阶段可以通过社会上的创业风险基金实行筹资。美国著名的苹果电脑公司就是在 20 世纪 70 年代由风险投资家——马克库拉进行创业风险投资而发展起来的。马克库拉当年对苹果公司投资 9.1 万美元,十几年后便拥有了苹果公司 1.54 亿美元的股票。这种高风险、高回报可能性的创业风险投资正是我国一些有眼光的投资企业正在大力开展的事业。1998 年年初,上海新黄浦集团投资 1 亿元与复旦大学合作开发人类基因工程,就是一种创业风险投资。

11. 基础设施项目的 BOT 方式筹资

BOT 方式是国际上通行的对基础设施工程项目的"建设—经营—移交"合作方式,即对基础工程项目实施投资招标,中标的投资者承担建设资金,建成后投资方按合同获得一定年限的经营收益权,经营期满后再把工程设施移交回招标建设方。

广西来宾电厂 B 厂是我国首例 BOT 项目,已由法国电力公司与通用电气阿尔斯通公司联合中标,总投资 6 亿多美元,现已启动建设。长沙电厂、成都自来水六厂四期工程的 BOT 项目也在 1998 年年初启动招标。

BOT 方式筹资并非仅限于外资投资,国内投资亦可。北京市宣武区环卫局在 1997 年对一批公共厕所的建设也采用了 BOT 方式筹资建设,向社会公开招标投资建厕,通过把公厕的产权与经营权分离来解决公益性基础设施的投资。结果,花市百货商场率先中标,拥有了白广路北口厕所的投资权与五年经营收益权,经营五年后再把公厕移交回宣武区环卫局。

12. 杠杆购买方式筹资

杠杆购买也称举债购买,这是国外中小企业在并购其他企业时采取的普遍方式。杠杆购买系筹资企业以拟购企业的资产做抵押取得贷款,然后以取得的贷款支付购买企业所需的价款,不足的部分则通常由筹资企业发行股票来补足。杠杆购买的前提是企业并购决策必须正确,并拥有足够的经营管理能力,否则会有较大的负债经营风险。

四、企业筹资的方式

筹资方式是指企业筹集资金所采取的具体形式,体现资金的属性。筹集资金的方式一般有七种:吸收直接投资、发行股票、银行借款、商业信用、发行债券、发行融资券和租赁筹资。

(一)筹资方式的选择

随着我国金融市场的发展,企业的筹资有多种方式可以选择,在并购中企业可以根据自身的实际情况选择合理的方式。

(1)借款。企业可以向银行、非金融机构借款以满足并购的需要。这一方式手续简便,企业可以在较短时间内取得所需的资金,保密性也很好。但企业需要负担固定利息,到期必须还本归息。如果企业不能合理安排还贷资金就会引起企业财务状况的恶化。

(2)发行债券。债券是公司筹集资本按法定程序发行并承担在指定的时间内支付一定的利息并在到期日偿付本金的有价证券。这一方式与借款有很大的共同点,但债券融资的来源更广,筹集资金的余地更大。

(3)普通股融资。普通股是股份公司资本构成中最基本、最主要的股份。普通股不需要还本,股息也不需要向借款和债券一样需要定期定额支付,因此风险很低。但采取这一方式筹资会引起原有股东控制权的分散。

（4）优先股融资。优先股综合了债券和普通股的优点，既无到期还本的压力，也不必担心股东控制权的分散。但这一方式税后资金成本高于负债的税后资本成本，且优先股股东虽然负担了相当比例的风险，却只能取得固定的报酬，所以发行效果上不如债券。

（5）可转换证券融资。可转换证券是指可以被持有人转换为普通股的债券或优先股。可转换债券由于具有转换成普通股的利益，因此其成本一般较低，且可转换债券到期转换成普通股后，企业就不必还本，而获得长期使用的资本。但这一方式可能会引起公司控制权的分散，且一旦到期后股市大涨而高于转换价格时会使公司蒙受财务损失。

（6）购股权证融资。购股权证是一种由公司发行的长期选择权，允许持有人按某一特定价格买入既定数量的股票。其一般随公司长期债券一起发行，以吸引投资者购买利率低于正常水平的长期债券。另外，在金融紧缩期和公司处于信任危机边缘时，给予投资者的一种补偿，鼓励投资者购买本公司的债券。与可转换证券的区别是，可转换证券到期转换为普通股并不增加公司资本量，而股权认证被使用时，原有发行的公司债并未收回，因此可增加流入公司的资金。

（二）筹资方式与筹资渠道的对应关系

筹资方式与筹资渠道的对应关系见表4-1。

表 4-1　筹资方式与筹资渠道的对应关系

项　　目	吸收直接投资	发行股票	银行借款	发行债券	商业信用	融资租赁
国家财政资金	√	√				
银行信贷资金			√			
非银行金融机构资金	√	√	√	√		√
其他企业资金	√	√		√	√	√
居民个人资金	√	√		√		
企业自留资金	√	√				
外商资金	√	√				√

第二节　权益资本筹资

权益资本筹资又称为自有资金，是指企业通过吸收直接投资、发行股票、内部积累等方式筹集的资金。

一、吸收直接投资

（一）吸收直接投资中的出资方式

企业在采用吸收投资方式筹集资金时，投资者可以用现金、厂房、机器设备、材料物资、无形资产等作价出资。出资方式主要有以下几种。

1. 以现金出资

以现金出资是吸收投资中一种最主要的出资方式。有了现金,便可获取其他物质资源。因此,企业应尽量动员投资者采用现金方式出资。吸收投资中所需投入资金的数额,取决于投入的实物、工业产权之外尚需多少资金来满足建厂的开支和日常周转需要。

2. 以实物出资

以实物出资就是投资者以厂房、建筑物、设备等固定资产和原材料、商品等流动资产所进行的投资。一般来说,企业吸收的实物应符合如下条件:①确为企业科研、生产、经营所需;②技术性能比较好;③作价公平合理。

3. 以工业产权出资

以工业产权出资是指投资者以专有技术、商标权、专利权等无形资产所进行的投资。一般来说,企业吸收的工业产权应符合以下条件:①能帮助研究和开发出新的高科技产品;②能帮助生产出适销对路的高科技产品;③能帮助改进产品质量,提高生产效率;④能帮助大幅度降低各种消耗;⑤作价比较合理。

企业在吸收工业产权投资时应特别谨慎,认真进行技术时效性分析和财务可行性研究。因为以工业产权投资实际上是把有关技术资本化了,把技术的价值固定化了。而技术具有时效性,因其不断老化而导致价值不断减少甚至完全丧失,风险较大。

4. 以土地使用权出资

投资者也可以用土地使用权来进行投资。土地使用权是按有关法规和合同的规定使用土地的权利。企业吸收土地使用权投资应符合以下条件:①是企业科研、生产、销售活动所需要的;②交通、地理条件比较适宜;③作价公平合理。

(二)吸收直接投资的成本

吸收直接投资成本,是企业因吸收直接投资而支付给直接投资者的代价。吸收直接投资成本除不需考虑筹资费用外,其计算方法与普通股筹资基本相同。

(三)吸收直接投资的优缺点

吸收直接投资的优点。

(1)有利于尽快形成生产经营规模,增强企业实力。

(2)有利于获取先进设备和先进技术,提高企业的生产水平。

(3)吸收直接投资根据企业经营状况的好坏,向投资者进行回报,财务风险较小。

吸收直接投资的缺点。

(1)资本成本较高。特别是企业经营状况较好和盈利较多时,向投资者支付的报酬是根据其出资数额的多少和企业实现利润的多少来计算的。

(2)容易分散控制权。采用吸收直接投资,投资者一般都要求获得与投资数量相适应的经营管理权,如果达到一定的比例,就能拥有对企业的完全控制权。

(四)企业吸收直接投资的程序

第一,确定筹资数量。吸收直接投资通常是在企业开办时所采用的一种筹资方式。在吸收投资以前,必须根据企业的经营范围、生产性质、投资规模、最低注册资金要求、信贷筹资的可能性等情况,确定合理的筹资数量。

第二,寻找投资者。企业在吸收直接投资以前,必须做一些宣传推广工作,让投资者充分了解企业的发展方向和前景、经营性质和规模、获利能力和分配等,以找到合适的合作伙伴。

第三,协商投资事项。投资者找到后,双方应就有关的出资方式、出资比例、出资数量以及参与管理的形式等进行协商。在出资方式上,除了企业特定需要外,一般情况下应尽量使投资者以现金投入。

第四,签署投资协议。企业与出资者确定好投资意向和具体条件后,应按公平合理的原则协商确定实物投资、工业产权投资、土地使用权投资的作价或聘请双方认可并具有职责资质的资产评估机构进行评定。当投资者的出资资产定价确定后,应签署投资协议或合同,从法律上明确双方的义务、权利和责任。

第五,按期获取资金。企业根据投资协议中规定的出资期限、出资方式、出资比例、出资数额等,按规定获取资金。如果投资者未按规定缴纳认缴的出资额,应当对已足额出资者承担违约责任。

二、发行普通股

普通股代表一种满足全部债权后,对企业收入和资产的所有权。在公司中,普通股股东控制企业,组成股东大会,选举董事会,并享有分红的权利。普通股的每一股份有同等的权利。这个权利包括如下几点。

(1)普通股股东对企业收益的权利。公司经营收入满足所有的债权后,所剩余的收入归普通股全体股东所有。如果公司的股份数固定,税后利润越多,则每股收益越多。如果公司的税后利润一定,则股份数越多,每股收益越少。

(2)对企业资产的所有权。企业清偿时,普通股股东对公司资产的债权顺序排在最后,在满足所有公司的债权人后,剩余的资产在普通股股东中按每一股份均等分配。

普通股股东可获取企业董事会宣布支付的股息。董事会的股息分红决策受股东和企业的双重需求的影响,董事会要权衡股东期望获得股息的愿望,以及公司扩张对资金的需要,公司的大股东往往对股息决策产生重大影响。董事会可以决定将利润的一部分或全部作为股息分派给股东,也可以决定不向股东派发股息,而将全部利润再投资于公司。普通股是企业权益资本的一部分,股东权益体现在公司资产负债表的右下方,它由未分配利润组成(在我国的会计记录中,股东权益由股东股本、资本公积金、盈余公积金、留存收益、其他综合收益和未分配利润组成)。股东是企业的主人,对公司的责任以出资额为限,股东权益的状况将影响股票在市场上的价格。普通股具有如下特征。

1. 面值

普通股票的面值是股票上注明的固定价值,它表明股东对公司承担的责任限度。但是,普通股票的面值在股票市场中没有意义,它不会对股票交易的市场价格产生任何影响。

2. 市场价值

在市场上股票成交的市场价格即是市场对该股票价值的度量和确认。影响股票市场价值的因素很多,对股票市场价格产生影响的基本因素是股票收益能力的变化。普通股的账面价值是指会计账簿中记录的普通股股东权益。通常,账面价值并不反映资产的市场价值。

3. 控制权

普通股股东是公司的所有权人,他们控制着企业,选举董事会、监事会。监事会负责监督和检查公司的状况,并定期向股东汇报。普通股股东有权修改公司章程和规定,审定公司的重大决策,公司董事会有义务将重大变动如实向公司股东报告。普通股股东还有权决定兼并或拍卖公司资产,发行普通股、优先股或债券。由于对公司的控制权问题,公司的总经理(或总裁)在发行新普通股股票时,有必要考虑发行新股可能对控制权产生的影响。通常,公司在发行新普通股票时,老股东有优先认股权(即优先按比例认购新股的权利),以此保证公司管理者对公司的控制权。

持有普通股股票的投资者,可随时将普通股票向第三者出售(即所有权向第三者转移)。随着股票的转移,公司的投票权可能会落入不友好股东的手中,动摇公司现有管理者对公司的控制,兼并与反兼并将是令那些对公司不能占有控股权的经理们长期头痛的问题。

4. 表决权

普通股股东在选举董事会和对其他重大事项进行表决时均有投票权。股东在股东大会上可以自己参加投票,也可以委托代理人代理行使投票权。投票代理人是被股东临时指定参加投票的受托人。代理人应按股东的意愿代理投票。

有许多公司的管理者,他们控制着公司,但他们持有的公司股份并没有达到控股的地步,这些管理人员为了继续有效地控制公司或按照他们的设想管理公司,就要说服部分股东,取得足够数量的股东代理权,以便在股东大会上占有控股地位。

5. 发行普通股的利弊分析

从公司的角度看,发行普通股的优点。

(1) 普通股票并不确定付给股东固定的收入,因此公司没有固定支付股息的义务。如果公司有盈利并且没有内部资金需求,则公司能够付给固定股息。如果公司负有债务,则按法律条款,公司必须付利息给债权人,而不论公司的经营情况和资金情况如何。

(2) 普通股票没有固定的期限,它不必像债券那样到期还本,因此没有偿债的压力。

(3) 发行普通股票能增加公司的权益资本,降低财务风险。普通股票对债权人来说是一种缓冲器,普通股票的发行可以提高公司债务的信用程度、提高债券等级,以及降低债务筹资的成本,并且可以进一步提高公司利用债务的能力。

(4) 如果一个公司具有良好的收益能力,且有很好的成长性,则普通股票比债券更易发行。对投资者来说,投资普通股票的吸引力在于,①普通股票通常有比债券和优先股更高的总收益,即股息加资本收益;②普通股票代表对公司的所有权,它是投资者防范通货膨胀的一种保值手段。一般来说,通货膨胀期间公司的大部分资产会升值,普通股票也会升值。

(5) 普通股票以资本收益形式获得的收益的所得税比其他形式收益的所得税要低。

(6) 适度发行普通股票是维持公司一定借债能力的财务措施。当公司出现经营问题时,通常需要筹措新的资金来渡过难关,而投资者这时是不愿向有问题的公司投资的,这时公司只有通过负债来筹措资金。公司维持一定的借债能力储备很有必要。

发行普通股的缺点。

（1）普通股票的筹资成本高于债券的筹资成本。债券的利息是在所得税前支付,普通股票持有者的收益是在所得税之后支付,且投资普通股票的风险高于债券,投资者要求的收益率也高,因此普通股票的资本成本高。

（2）出售普通股票的同时,也把选举权出售给了新股东,这时可能会发生公司控制权的转移,公司经理要谨慎考虑,避免丧失对公司的控制权。

（3）对公司的老股东来说,发售新股票会稀释公司的每股收益。

（4）普通股票的发行费用比其他债券高。这是因为,①调研权益资本投资的费用高;②推销费用大。

从社会经济的角度看,发行普通股的优点如下:

从社会经济的角度看,发行股票是一种很好的筹资形式。由于普通股票筹集的资金没有固定的支付义务,它使企业在销售和收入减少时不会受到太大的损害。如果企业在困难时期负有固定的支付义务,这种义务可能会使一个困难重重的企业被迫重组或破产。在经济上,如果很多企业运用大量债务,则会加大商业上的波动。企业增加债务会加大公司的财务风险,债权人会要求增加风险补偿,从而增加企业的支付负担,困难时期的企业可能会更加困难。利率的增长会抑制企业的投资,也会影响企业的进一步筹资,增加企业的经营困难,进而影响整个经济的波动,引发经济危机。

三、内部积累

内部积累主要是通过留存收益来筹集资金。留存收益筹资是指企业将留存收益转化为投资的过程,将企业生产经营所实现的净收益留在企业,而不作为股利分配给股东,其实质为原股东对企业追加投资。

（一）留存收益筹资的渠道

1. 盈余公积

盈余公积是指有指定用途的留存净利润。

2. 未分配利润

未分配利润是指未限定用途的留存净利润。这里有两层含义:一是这部分净利润没有分给公司的股东;二是这部分净利润未指定用途。

（二）留存收益筹资的优缺点

1. 优点

1）不发生实际的现金支出

不同于负债筹资,留存收益筹资不必支付定期的利息,也不同于股票筹资,其不必支付股利。同时,还免去了与负债、权益筹资相关的手续费、发行费等开支。但是,这种方式存在机会成本,即股东将资金投放在其他项目上的必要报酬率。

2）保持企业的举债能力

留存收益实质上属于股东权益的一部分,可以作为企业对外举债的基础。先利用这部分资金筹资,减少了企业对外部资金的需求,当企业遇到盈利率很高的项目时,再向外部筹资,而不会因企业的债务已达到较高的水平而难以筹到资金。

3)企业的控制权不受影响

增加发行股票,原股东的控制权分散;发行债券或增加负债,债权人可能对企业施加限制性条件,而采用留存收益筹资则不会出现此类问题。

2. 缺点

1)期间限制

企业必须经过一定时期的积累才可能拥有一定数量的留存收益,从而使企业难以在短期内获得扩大再生产所需的资金。

2)与股利政策的权衡

如果留存收益过高,现金股利过少,则可能影响企业的形象,并给今后进一步的筹资增加困难。利用留存收益筹资需要考虑公司的股利政策,不能随意变动。

第三节 债务资本筹资

债务资本是指企业向银行、其他金融机构、其他企业单位等吸收的资本。企业债务资本的筹资方式,又称为债务性筹资,主要有银行借款、发行债券、租赁融资、商业信用等。

一、银行借款

银行借款是企业根据借款合同向银行(及其他金融机构)借入的需要还本付息的款项。银行机构遍布全国城乡,能够吸收企业、事业单位、机关、团体和城乡个人的大量存款,资金充裕,与企业联系密切。因此,利用银行的长期借款和短期借款是企业筹集资金的一种重要方式。

(一)银行借款的种类

1. 银行贷款按提供贷款的机构不同划分

银行贷款按提供贷款的机构不同,可分为政策性银行贷款、商业银行贷款和其他金融机构贷款。

(1)政策性银行贷款是指执行国家政策性贷款业务的银行向企业发放的贷款,通常为长期贷款。如国家开发银行为满足企业承建国家重点建设项目的资金需要而提供的贷款,进出口信贷银行为大型设备的进出口提供的买方信贷或卖方信贷。

(2)商业性银行贷款是指由各商业银行向工商企业提供的贷款,主要是为满足企业生产经营的资金需要,包括短期贷款和长期贷款。其中,长期贷款一般具有以下特征:①期限长于1年;②企业与银行之间要签订借款合同,含有对借款企业的具体限制条件;③有规定的借款利率,可以固定,也可随基准利率的变动而变动;④一般采用分期偿还方式,每期偿还金额相等,也有实行到期一次偿还方式的。

(3)其他金融机构贷款,如从信托投资公司取得实物或货币形式的信托投资贷款,从财务公司取得的各种中长期贷款,从保险公司取得的贷款等。其他金融机构的贷款一般较商业银行贷款的期限要长,要求的利率较高,对借款企业的信用要求和担保的选择比较严格。

2. 银行贷款按有无担保划分

银行贷款按有无担保,可分为信用贷款和担保贷款。

(1)信用贷款是指以借款人的信誉或保证人的信用为依据而获得的贷款。企业取得这种贷款,无须以财产做抵押。对于这种贷款,由于其风险较高,银行通常要收取较高的利息,往往还附加一定的限制条件。

(2)担保贷款是以有关方面的保证责任、质押物或抵押物为担保的贷款,包括保证贷款、质押贷款和抵押贷款。保证贷款是指按《中华人民共和国担保法》(简称《担保法》)规定的保证方式,以第三人承诺在借款人不能偿还借款时,按约定承担一定保证责任或连带责任而取得的贷款。质押贷款是指按《担保法》规定的质押方式,以借款人或第三人的动产或权利作为质押物而取得的贷款。抵押贷款是指按《担保法》规定的抵押方式,以借款人或第三人的财产作为抵押物而取得的贷款。作为贷款担保的抵押品,可以是不动产、机器设备等实物资产,也可以是股票、债券等有价证券,它们必须是能够变现的资产。如果贷款到期借款企业不能或不愿偿还贷款,银行可取消企业对抵押品的赎回权,并有权处理抵押品。抵押贷款有利于降低银行贷款的风险、提高贷款的安全性。票据贴现也是一种抵押贷款,它是商业票据的持有人把未到期的商业票据转让给银行,贴付一定利息以取得银行资金的一种借贷行为。银行通过贴现把款项贷给销货单位,到期向购货单位收款,银行向销货单位所付的金额低于票面金额,其差额即为贴息。

3. 银行贷款按贷款的用途不同划分

银行贷款按贷款的用途,可分为基本建设贷款、专项贷款和流动资金贷款。

(1)基本建设贷款是指企业因从事新建、改建、扩建等基本建设项目需要资金而向银行申请借入的款项。

(2)专项借款是指企业因为专门用途而向银行申请借入的款项,包括更新改造贷款、大修理贷款、科研开发贷款、小型技术措施贷款、出口专项贷款、引进技术转让费周转金贷款、进口设备外汇贷款、进口设备人民币贷款及国内配套设备贷款等。

(3)流动资金借款是指企业为满足流动资金的需要而向银行申请借入的款项,包括流动基金借款、生产周转借款、临时借款、结算借款和卖方信贷。

(二)办理银行借款的程序

企业办理长期借款和短期借款的程序基本相同,但也有一定的差别。总的来说有以下几个步骤。

1. 建立信贷关系

申请建立信贷关系时企业须提交《建立信贷关系申请书》,一式两份。银行在接到企业提交的申请书后,要指派信贷员进行调查。调查内容主要包括如下几点。

(1)企业经营的合法性。主要是看企业是否具有法人资格必须的有关条件;对具有法人资格的企业应检查其营业执照批准的营业范围与实际经营范围是否相符。

(2)企业经营的独立性。主要是看企业是否实行独立经济核算,是否单独计算盈亏,是否有独立的财务计划、会计报表。

(3)企业及其生产的主要产品是否属于国家产业政策发展行列。

（4）企业经营的效益性。企业会计决算是否准确，是否符合有关规定；其财务成果的现状及趋势。

（5）企业资金使用的合理性。企业流动资金、固定资金是否分口管理；流动资金占用水平及结构是否合理，有无被挤占、挪用的现象。

（6）新建扩建企业。扩大能力部分所需流动资金的 30% 是否已筹足。如暂时不足，是否已制订在短期内补足的计划。

信贷员对上述情况调查了解后，要写出书面报告，并签署是否建立信贷关系的意见，提交科（股）长、行长（主任）逐级审查批准。

经行长（主任）同意与企业建立信贷关系后，银企双方应签订《建立信贷关系契约》。

2. 提出贷款申请

已建立信贷关系的企业，可根据生产经营过程中合理的流动资金需要，向银行申请流动资金贷款。以工业生产企业为例，申请贷款时必须提交《工业生产企业流动资金借款申请书》。银行依据国家产业政策、信贷政策及有关制度，并结合上级行批准的信贷规模计划和信贷资金来源对企业借款申请进行认真审查。

3. 贷款审查

贷款审查的主要内容。

（1）贷款的直接用途。符合工业企业流动资金贷款支持范围的直接用途有合理进货支付货款、承付应付票据、经银行批准的预付货款、其他符合规定的用途。

（2）企业近期经营状况。主要包括物资购、耗、存以及产品的供、产、销状况，流动资金占用水平及结构状况，信誉状况，经济效益状况等。

（3）企业挖潜计划、流动资金周转加速计划、流动资金补充计划的执行情况。

（4）企业发展前景。主要指企业所属行业的发展前景，企业发展方向，主要产品结构、寿命周期和新产品开发能力，主要领导人实际工作能力、经营决策水平，以及开拓、创新能力。

（5）企业负债能力。主要指企业自有流动资金实有额及流动资产负债状况，一般可用自有流动资金占全部流动资金比例和企业流动资产负债率两项指标分析。

4. 签订借款合同

借款合同是贷款人将一定数量的货币交付给借款人按约定的用途使用，借款人到期还本付息的协议，是一种经济合同。

借款合同有自己的特征，合同标的是货币，贷款方一般是国家银行或其他金融组织，贷款利息由国家规定，当事人不能随意商定。当事人双方依法就借款合同的主要条款经过协商，达成协议。由借款方提出申请，经贷款方审查认可后，即可签订借款合同。

借款合同应具备下列条款：①借款种类；②借款用途；③借款金额；④借款利率；⑤借款期限；⑥还款资金来源及还款方式；⑦保证条款；⑧违约责任；⑨当事人双方商定的其他条款。

借款合同必须由当事人双方的代表或凭法定代表授权证明的经办人签章，并加盖公章。

5. 发放贷款

企业申请贷款经审查批准后,应由银企双方根据贷款种类签订相关种类的借款合同。签订合同时,应注意项目填写准确,文字清楚工整,不能涂改,借、贷、保三方公章及法人代表签章齐全、无误。

借款方立借据。借款借据是书面借款凭证,可与借款合同同时签订,也可在合同规定的额度和有效时间内,一次或分次订立。

银行经办人员应认真审查核对借款申请书的各项内容是否无误,是否与借款合同相符。借款申请书经审查无误后,填制放款放出通知单,由信贷员、科(股)长"两签"或行长(主任)"三签"送银行会计部门办理贷款拨入借款方账户的手续。借款申请书及放款放出通知单经会计部门入账后,最后一联返回信贷部门作为登记贷款台账凭证。

(三)银行借款的信用条件和利息

1. 银行借款的信用条件

1)期限

尽管银行提供长期贷款,但更多的是提供短期贷款。短期贷款期限为1年以内,通常是90天或180天。贷款到期后,借款人必须偿还或者要求延期偿还,银行将视借款人的财务状况决定是否同意延期。

2)补偿余额

银行通常要求常年客户必须保持一定水平的活期存款余额,这个余额一般为短期贷款额的10%～20%。毫无疑问,余额的存在提高了企业的实际贷款利率。有补偿余额要求的短期贷款的实际成本与短期贷款名义利率之间的差别值得注意。

3)信用限额

信用限额是银行与借款人之间达成的一种协议,它规定银行愿意借给客户的最高贷款额,这实际上是银行给了企业一个信用额度。例如,某公司与一家银行确立了合作关系,银行根据该公司的财务状况,认为其最高贷款额为10 000万元,公司的财务经理第一次从银行借得3 000万元,以后可以根据公司对资金的需要增加贷款,银行将自动给付资金,直到最高贷款额。银行考虑最高贷款额的因素是企业的财务状况和信用风险。银行的这种灵活性,也是企业选择银行时需要考虑的因素。

4)周转信用协定

一些大型公司经常采用周转信用协定的方式与银行确定正式的信用额度。在周转信用协定中,确定借款人某一期间的贷款总额。在此期间,按使用银行贷款的实际资金额支付相应的利息费。如果企业的实际贷款额在此期间没有达到规定的贷款额,将向银行支付未使用贷款额一定比例(通常在0.5%以下)的补偿费用。这个协定实际上是企业向银行支付贷款使用的承诺费。周转信用协定与信用限额有很大的区别,前者是银行与企业确立的一种法律关系,银行享有贷款使用承诺费,保证企业对规定贷款额度以内资金的需求,而后者没有法律约束,当企业财务状况发生变化时,银行可以决定取消信用限额。

2. 银行借款的利息

贷款利率的高低因借款企业的不同而有所差别。企业规模大、资金实力雄厚,被认为具有最低风险,则它能够以最优惠利率获得贷款。最优惠利率是银行的最低贷款利率,其他贷款利率则在此基础上增加。银行贷款利率有多种计算方式,它们对贷款的实际利率会产生不同的影响。下面将分别介绍。

1) 单利

单利也是定期利率,它是比较其他利率的基础。单利计息的贷款,借款人的到期利息等于贷款额乘以利率和贷款时间,到期一次偿还本金和利息。贷款利率通常以年利率计算,1 年或 1 年以上的单利贷款的名义利率等于实际利率。

例如,单利贷款 10 000 元,贷款期为 1 年,利率为 12%,到期的利息是 10 000×12%＝1 200(元),这笔贷款的名义利率是 12%,实际利率是 1 200(利息)÷10 000(本金)＝12%。如果贷款 10 000 元,贷款期为 90 天,利率为 12%,到期的利息为 10 000×(12%÷360)×90＝300(元)。如果贷款四次延期,一年支付的利息总额是 300×4＝1 200(元),利息额与 1 年期利率 12%的贷款利息相同。但利息不是在年底支付,而是每 90 天支付一次,由于复合效应,90 天期、利率 12%的贷款的实际利率是

$$实际利率 = \left(1 + \frac{K}{n}\right)^n - 1 = \left(1 + \frac{0.12}{4}\right)^4 - 1 = 12.55\%$$

式中,K 表示名义利率;n 表示每年贷款次数或利息支付次数。

在贷款的名义利率不变的情况下,一年里支付利息的次数增多,实际利率将会高于名义利率,贷款的实际成本增大。

2) 贴息贷款的实际利率

一些银行在提供贷款时,要求借款人在期初支付利息,由于借款人得到贷款之初银行即将利息扣除,他所得到的实际资金数额少于贷款面值。这种贷款叫贴息贷款,是由于银行预先扣除利息产生的。在这种贷款中,因为借款人实际能够使用的资金数额少于银行的贷款面值,贷款的实际成本将发生变化。

例如,期限为 1 年,贷款名义利率为 12%,贷款额为 10 000 元,由于采用贴息的方式,银行预先扣除利息 10 000×12%＝1 200(元),借款人实际获得的贷款是 10 000－1 200＝8 800(元),这笔贷款的实际利率是

$$贷款的实际利率 = \frac{I}{M - I} = \frac{1\ 200}{10\ 000 - 1\ 200} = 13.64\%$$

式中,I 表示贷款利息;M 表示贷款面值;$M-I$ 表示借款人实际得到的资金数额。

如果贴息贷款的期限小于 1 年,则贷款的实际利率为

$$贷款的实际利率 = \left(1 + \frac{I}{M - I}\right)^n - 1.0$$

式中,n 表示 1 年内贷款次数或利息支付次数。

上例中的贷款期限如果是 90 天,在贴息贷款中银行预先扣除的利息是 300 元,这笔贷款的实际利率是

$$贷款的实际利率 = \left(1 + \frac{I}{M - I}\right)^n - 1.0$$

$$= \left(1 + \frac{300}{10\ 000 - 300}\right)^4 - 1.0 = 12.96\%$$

3）分期等额偿还贷款的实际利率

分期等额偿还贷款是指银行要求借款人在贷款期内分期偿还贷款,在贷款时把贷款利息加到贷款额中,计算每期应偿还的资金数额。由于借款人在整个贷款期间,随着时间的推移,可使用的贷款按等额递减,而利息却是按贷款初期的全额计算的,贷款的实际利率将发生很大变化。实际利率的计算方法是

$$实际利率 = \frac{2(360/T) \times I}{M(n+1)}$$

式中,T 表示每期还款的天数;I 表示贷款利息;M 表示贷款面值;n 表示贷款期内的还款次数。

如果某公司向银行贷款 10 000 元,期限为 1 年,利率为 12%,全年利息是 1 200 元,每 90 天等额偿还 2 800 元[(10 000+1 200)÷(360÷90)=2 800],这笔贷款的实际利率是

$$实际利率 = \frac{2(360/T) \times I}{M(n+1)} = \frac{2(360/90) \times 1\ 200}{10\ 000 \times (4+1)} = 19.2\%$$

4）有补偿余额条件贷款实际利率

这种贷款规定借款人必须在其账户内保留一定比例的余额,使借款人实际可使用贷款减少,提高了实际贷款利率。如某公司向银行借款的条件是其账户中必须保持 20% 的补偿余额,假设贷款之前该公司的存款余额为零,若公司需要 10 000 元资金,他实际需要贷款的资金为 10 000÷(1.0−20%)=12 500(元)。实际利率是

$$实际利率 = \frac{I}{M(1.0-B)} = \frac{12\ 500 \times 12\%}{12\ 500 \times (1.0-20\%)} = 15\%$$

式中,M 表示贷款额;B 表示补偿余额。

从以上对几种实际利率的讨论可以了解到,随着银行对贷款利息支付方式的不同和对借款人的其他要求,企业贷款的实际利率总是高于贷款的名义利率,企业在与银行进行的贷款谈判中,要对不同的利息支付方式和要求而引起实际贷款利率的提高特别注意,因为资金成本的比较是企业筹资工作的一项重要内容。

（四）银行借款筹资的优缺点

1. 银行借款筹资的优点

银行借款是企业经常采用的一种筹资方式。它的优点。

(1) 筹资速度快。发行各种证券筹集资金所需时间一般较长,如印制证券、申请批准、证券发行等都需要一定时间。而银行借款与发行证券相比,一般所需时间较短,可以迅速地获得资金。

(2) 筹资成本低。利用银行借款所支付的利息比发行债券所支付的利息要低,另外,也无须支付大量的发行费用。

(3) 借款弹性好。企业与银行可以直接接触,可以通过当面商谈,确定借款的时间、数额和利率。在借款期间,如果企业情况发生变化,也可以与银行进行协商,修改借款的数量和条件。借款到期后,如有正当理由,还可延期归还。

2. 银行借款筹资的缺点

(1) 财务风险较大。企业举借银行借款,必须定期还本付息,在经营不利的情况下,

可能产生不能偿付的风险,甚至导致破产。

(2) 限制条件较多。企业与银行签订的借款合同中,一般都有一些限制条款,如不准改变借款用途、限制企业借入其他长期资金等,这些条款可能会妨碍企业的筹资、投资活动。

(3) 筹资数额有限。银行一般不愿借出巨额的长期借款,因此该方式不如股票、债券那样可以一次性筹集到大笔资金。

二、发行债券

公司债券是公司依照法定程序发行的、约定在一定期限还本付息的有价证券。发行债券是公司筹集债务资本的主要方式。按照我国《中华人民共和国公司法》(简称《公司法》)和国际惯例,股份有限公司和有限责任公司发行的债券称为公司债券,习惯上又称为公司债。公司发行债券通常是为其大型投资项目一次性筹集到大笔长期资本。

发行公司债券,必须符合下列条件:

(1) 股份有限公司的净资产额不低于人民币 3 000 万元,有限责任公司的净资产额不低于人民币 6 000 万元。

(2) 累计债券总额不超过公司净资产额的 40%。

(3) 最近三年平均可分配利润足以支付公司债券一年的利息。

(4) 筹集的资金投向符合国家产业政策。

(5) 债券的利率不得超过国务院限定的利率水平。

(6) 国务院规定的其他条件。发行公司债券筹集的资金,必须用于审批机关批准的用途,不得用于弥补亏损和非生产性支出。

(一)公司债券的分类

按照不同的标准,公司债券可以分为以下几类。

(1) 按是否记名可分为:①记名公司债券,即在券面上登记持有人姓名,支取本息要凭印鉴领取,转让时必须背书并到债券发行公司登记的公司债券;②不记名公司债券,即券面上不需载明持有人姓名,还本付息及流通转让仅以债券为凭,不需登记。

(2) 按持有人是否参加公司利润分配可分为:①参加公司债券,指除了可按预先约定获得利息收入外,还可在一定程度上参加公司利润分配的公司债券;②非参加公司债券,指持有人只能按照事先约定的利率获得利息的公司债券。

(3) 按是否可提前赎回分为:①可提前赎回公司债券,即发行者可在债券到期前购回其发行的全部或部分债券;②不可提前赎回公司债券,即只能一次到期还本付息的公司债券。

(4) 按发行债券的目的可分为:①普通公司债券,即以固定利率、固定期限为特征的公司债券。这是公司债券的主要形式,目的在于为公司扩大生产规模提供资金来源。②改组公司债券,是为清理公司债务而发行的债券,也称为以新换旧债券。③利息公司债券,也称为调整公司债券,是指面临债务信用危机的公司经债权人同意而发行的较低利率的新债券,用以换回原来发行的较高利率的债券。④延期公司债券,指公司在已发行债券到期无力支付,又不能发新债还旧债的情况下,在征得债权人同意后可延长偿还期限的公司债券。

（5）按发行人是否给予持有人选择权可分为：①附有选择权的公司债券，指在一些公司债券的发行中，发行人给予持有人一定的选择权，如可转换公司债券（附有可转换为普通股的选择权）、有认股权证的公司债券和可退还公司债券（附有持有人在债券到期前可将其回售给发行人的选择权）。②未附选择权的公司债券，即债券发行人未给予持有人上述选择权的公司债券。

（6）根据偿还期限的不同，债券可分为长期债券、短期债券和中期债券。一般来说，偿还期限在 10 年以上的为长期债券；偿还期限在 1 年以下的为短期债券；偿还期限在 1 年或 1 年以上、10 年以下（包括 10 年）的为中期债券。

我国国债的期限划分与上述标准相同，但我国企业债券的期限划分与上述标准有所不同。在我国，短期企业债券的偿还期限在 1 年以内，偿还期限在 1 年以上 5 年以下的为中期企业债券，偿还期限在 5 年以上的为长期企业债券。短期债券的发行者主要是工商企业和政府，金融机构中的银行因为以吸收存款作为自己的主要资金来源，并且很大一部分存款的期限是 1 年以下，所以较少发行短期债券。企业发行短期债券大多是为了筹集临时性周转资金。在我国，这种短期债券的期限分别为 3 个月、6 个月和 9 个月。1988 年，我国企业开始发行短期债券。截至 1996 年年底，企业通过发行短期债券共筹资 1 055.08 亿元。政府发行短期债券多是为了平衡预算开支。美国政府发行的短期债券分为 3 个月、6 个月、9 个月和 12 个月四种。我国政府发行的短期债券较少。中长期债券的发行者主要是政府、金融机构和企业。发行中长期债券的目的是获得长期、稳定的资金。

（二）发行公司债券时需要考虑的因素

企业在决定通过债券筹集资金后，接着就要考虑发行何种类型的债券以及发行债券的条件。债券发行的条件指债券发行者发行债券筹集资金时所必须考虑的有关因素，具体包括发行额、面值、期限、偿还方式、票面利率、付息方式、发行价格、发行费用、有无担保等。由于公司债券通常是以发行条件来分类的，所以，确定发行条件的同时也就确定了所发行债券的种类。适宜的发行条件可使筹资者顺利地筹集资金，使承销机构顺利地销售出债券，也使投资者易于作出投资决策。在选择债券发行条件时，企业应根据债券发行条件的具体内容综合考虑下列因素。

1. 发行额

债券发行额指债券发行人一次发行债券时预计筹集的资金总量。企业应根据自身的资信状况、资金需求程度、市场资金供给情况、债券自身的吸引力等因素进行综合判断后再确定一个合适的发行额。发行额过高，会造成发售困难；发行额太小，又不易满足筹资的需求。

2. 债券面值

债券面值即债券票面上标出的金额，企业可根据不同认购者的需要，使债券面值多样化，既有大额面值，也有小额面值。

3. 债券的期限

从债券发行日起到偿还本息日止的这段时间称为债券的期限。企业通常根据资金需求的期限、未来市场利率走势、流通市场的发达程度、债券市场上其他债券的期限情况、投资者的偏好等来确定发行债券的期限结构。一般而言,当资金需求量较大,债券流通市场较发达,利率有上升趋势时,可发行中、长期债券;否则,应发行短期债券。

4. 债券的偿还方式

按照债券偿还日期的不同,债券的偿还方式可分为期满偿还、期中偿还和延期偿还三种或可提前赎回和不可提前赎回两种;按照债券偿还形式的不同,可分为以货币偿还、以债券偿还和以股票偿还三种。企业可根据自身实际情况和投资者的需求灵活作出决定。

5. 票面利率

票面利率可分为固定利率和浮动利率两种。一般来说,企业应根据自身的资信情况、公司承受能力、利率变化趋势、债券期限的长短等决定选择何种利率形式与利率的高低。

6. 付息方式

付息方式一般可分为一次性付息和分期付息两种。企业可根据债券期限情况、筹资成本要求、对投资者的吸引力等确定不同的付息方式,如对中长期债券可采取分期付息方式,按年、按半年或按季度付息等;对短期债券可以采取一次性付息方式等。

7. 发行价格

债券的发行价格即债券投资者认购新发行的债券时实际支付的价格。债券的发行价格可分为平价发行(按票面值发行)、折价发行(以低于票面值的价格发行)和溢价发行(以高于票面值的价格发行)三种。选择不同发行价格的主要考虑因素是使投资者得到的实际收益与市场收益率相近。因此,企业可根据市场收益率和市场供求情况相机抉择。

8. 发行方式

企业可根据市场情况、自身信誉和销售能力等因素,选择采取向特定投资者发行的私募方式,还是向社会公众发行的公募方式;是自己直接向投资者发行的直接发行方式,还是让证券中介机构参与的间接发行方式;是公开招标的发行方式,还是与中介机构协商议价的非招标发行方式等。

9. 是否记名

记名公司债券转让时必须在债券上背书,同时还必须到发行公司登记,而不记名公司债券则无须如此。因此,不记名公司债券的流动性要优于记名公司债券。企业可根据市场需求等情况决定是否发行记名债券。

10. 担保情况

发行的债券有无担保,是债券发行的重要条件之一。一般而言,由信誉卓著的第三者担保或以企业自己的财产作抵押担保,可以增加债券投资的安全性,减少投资风险,提高债券的吸引力。企业可以根据自身的资信状况决定是否以担保形式发行债券。通常,大金融机构、大企业发行的债券多为无担保债券,而信誉等级较低的中小企业大多发行有担保债券。

11. 债券选择权情况

附有选择权的公司债券是指在债券发行中,发行者给予持有者一定的选择权,如可转换公司债券、有认股权证的公司债券、可退还的公司债券等。一般来说,有选择权的债券利率较低,也易于销售。但可转换公司债券在一定条件下可转换成公司发行的股票,有认股权证的债券持有人可凭认股权证购买所约定的公司的股票等,因而会影响公司的所有权。可退还的公司债券在规定的期限内可以退还给发行人,因而增加了企业的负债和流动性风险。企业可根据自身资金需求情况、资信状况、市场对债券的需求情况以及现有股东对公司所有权的要求等选择是否发行有选择权的债券。

12. 发行费用

债券发行费用,是指发行者支付给有关债券发行中介机构和服务机构的费用。债券发行者应尽量减少发行费用,在保证发行成功和有关服务质量的前提下,选择发行费用较低的中介机构和服务机构。

(三)发行公司债券的基本程序

1. 批准企业债券发行规模,按照以下程序进行

(1)企业按照企业债券发行规模申请材料目录及其规定的格式,提出债券发行规模申请。省属企业直接向省发改委提出申请,其他企业由各设区的市发改委初审后,向省发改委转报申请。经省发改委统一审核后,集中向国家发改委申请省企业债券发行规模。

(2)国家发改委根据市场情况和已下达债券发行规模的发行情况,不定期受理企业债券发行规模申请,并按照国家产业政策和有关法律、法规及国务院有关文件规定的发债条件,对企业的发债规模申请进行审核。符合发债条件的,核定发行规模和资金用途,报经国务院同意后,由国家发改委下达发债规模,再经省发改委统一转发涉及省直属企业和相关市的企业发债规模并提出有关要求。

2. 批准企业债券发行方案,按照以下程序进行

(1)企业债券发行人获准发债规模后,按照公开发行企业债券申请材料目录及其规定格式,逐级上报企业债券发行方案。经省发改委审核后,向国家发改委申请。

(2)国家发改委受理企业债券发行方案后,根据法律、法规及国务院有关文件规定的发债条件,以及国家发改委下达规模通知的要求,对企业债券发行方案申请材料进行审核,提出反馈意见,通知发行人及主承销商补充和修改申报材料。

(3)发行人及主承销商根据国家发改委提出的反馈意见,对企业债券发行方案及申报材料进行修改和调整,并出具文件进行说明。

(4)国家发改委分别会签中国人民银行、中国证监会后,印发企业债券发行批准文件,并抄送各营业网点所在地省级发展改革部门等有关单位。

(5)企业债券发行批准文件由国家发改委批复给省发改委后(中央企业除外),再由省发改委批复给企业或相关市发改委。

(四)企业债券发行规模申请材料目录

1. 企业债券发行规模申请材料目录

(1)企业债券发行规模申请书(省属企业直接向省发改委申请,其他企业通过市发改委申请);

(2)发行人近三年的财务资料;

(3)发行人投资项目批复文件复印件;

(4)其他必要的文件和资料。

2. 公开发行企业债券申请材料目录

(1)国家发改委下达的本次企业债券发行规模的文件;

（2）企业债券发行方案申请书；

（3）发行企业债券可行性研究报告，包括债券资金用途、发行风险说明、偿债能力分析等；

（4）发债资金投向的有关原始合法文件；

（5）经审计的发债主体最近三年的资产负债表、利润及利润分配表、现金流量表；

（6）经审计的担保人最近三年的资产负债表、利润及利润分配表、现金流量表；

（7）企业债券发行章程；

（8）企业债券发行公告；

（9）承销协议；

（10）承销团协议并附承销网点和承销金额一览表及承销网点所在省级发展改革部门的意见；

（11）担保函；

（12）企业债券信用评级报告；

（13）发债主体和担保人的《企业法人营业执照》（副本）复印件；

（14）法律意见书；

（15）各中介机构的证券从业资格证书复印件；

（16）其他必要文件，如发行公司债券的，需报送公司债券募集说明书；

（17）本期债券发行有关机构联系方式；

（18）相关法律、法规要求提供的其他文件。

上述申报材料用 A4 纸印刷、装订成册，一式 3 份。

注：出具的文件必须真实、准确、完整，不得有虚假材料、误导性陈述和重大遗漏。

（五）发行债券筹资的优缺点

1. 债券筹资的优点

发行企业债券是企业筹集借入资金的重要方式。其优点有：

（1）资本成本较低。债券的利息通常比股票的股利要低，而且债券的利息按规定是在税前支付，发行公司可享受减税利益，故企业实际负担的债券成本明显低于股票成本。

（2）具有财务杠杆效应。债券利息率固定，不论企业盈利多少，债券持有人只收取固定的利息，而更多的利润可用于分配给股东，增加其财富，或留归企业用以扩大经营。

（3）可保障控制权。债券持有人无权参与公司的管理决策，企业发行债券不会像增发新股那样可能分散股东对公司的控制权。

2. 债券筹资的缺点

（1）财务风险高。债券有固定的到期日，并需要定期支付利息。利用债券筹资要承担还本、付息的义务。在企业经营不景气时，向债券持有人还本、付息，无异于釜底抽薪，会给企业带来更大的困难，甚至导致企业破产。

（2）限制条件多。发行债券的契约书中往往规定一些限制条款。这些限制比优先股及长期借款要严得多，这可能会影响企业的正常发展和以后的筹资能力。

（3）筹资额有限。利用债券筹资在数额上有一定的限度，当公司的负债超过一定程度后，债券筹资的成本会迅速上升，有时甚至难以发行成功。

三、租赁融资

（一）租赁的概念

租赁是财产所有人（出租人）将其财产定期出租给需要这种财产的人（承租人）使用，并由后者向前者按期支付一定数额的租金作为报酬的经济行为。

同银行信贷一样，租赁是一种信用活动，通过租赁，出租人与承租人之间形成一种债权债务关系。但是，租赁又是不同于银行信贷的特殊的信用活动。银行信贷是一种纯粹的货币借贷活动，仅仅能起到"融资"的作用。租赁则是以"融物"的形式达到"融资"的目的，融资与融物浑然一体，成为融资与融物相结合的一种信用活动。租赁对于出租人来讲，财产所占有的资金不能马上收回，等于向承租人发放了一笔贷款，再通过收取租金的方式收回贷款的本息，从而完成一笔放款业务；而对于承租的企业来讲，扩大再生产的设备，可以购买，也可以租赁，通过租赁，租用企业等于筹集了资金、购买了设备。分期支付的租金等于分期偿还借款的本息。从这一点讲，租赁是资金不充足而又急需某种设备的企业筹集资金的一种特殊方式，是一条有效的融资渠道。

（二）租赁融资的基本特征

租赁作为企业筹集资金的一条特殊渠道，在促进企业的生产经营方面发挥了重要作用。企业的租赁融资与其他融资渠道不同，它具有以下几个基本特征。

1. 使用权与所有权分离

租赁作为一种信用形式，体现了财产所有权与使用权的分离。租赁公司作为出租人，以收取租金为条件，把机器设备租给承租人（企业）使用，双方通过物的关系构成租赁信用。在整个租赁期内，出租人拥有租物的所有权，承租人拥有租物的使用权。租赁期满后，承租人根据租赁合同，可以有留购、续租、重订租约和退回租赁物品等多种选择。在这点上，租赁信用与分期付款的商业信用有本质的区别，在后者中，所有权发生了转移，只是货款延期交付而已。

2. 以融物代替融资，融物与融资相结合

租赁融资的这一特征，使得出租人即各种租赁公司具有银行和贸易公司的双重职能，使商品买卖、提供劳务和融通资金得以同时进行，环节减少而效率提高。

3. 以分期偿还租金的形式偿还本息

租赁分期偿还本息，对承租企业具有很多好处：

（1）承租企业可以保证资金的流动性，以较少的投资取得较大的经济效益。

（2）使用价值超前获得，只付出部分价值，就能取得全部设备的使用价值，并可以用新创造的价值归还租金。

（3）由于采取了分期回流的资金运动方式，承租企业的资金支付产生滞后，可以充分利用这个时间差，使资金发挥出较大的时间价值。

4. 租赁融资具有价值大、合同期内双方不可解除的特点

（三）租赁的种类

租赁可以分为融资性租赁、经营性租赁和服务性租赁三大类。

1. 融资性租赁

融资性租赁是指,当企业需要筹措资金、添置设备时,不是以直接购买的方式投资,而是以付租金的形式向租赁公司借用设备。租赁公司按照企业选定的机器设备,先行融通资金,代企业购入,以租赁方式将设备租给企业实行有偿使用,从而以融物的形式,为企业融通了资金。由于出租人支付了全部设备价款,实际上是对企业(承租人)提供了百分之百的信贷。在融资性租赁方式下,由于设备是承租企业选定的,所以出租人对设备的性能、物理性质、老化风险以及维修保养不负责任。而且在多数情况下,出租人在租期内分期回收全部成本、利息和利润,租赁期满时,出租人通过收取名义货价的形式,将设备的所有权转移给承租人。

融资性租赁有以下特点。

(1)租赁合同的关系人有三方,即出租人、承租人和供货人。三方形成一个三角关系,供货合同(即购货合同)和租赁合同的签订和履行构成一笔租赁交易的整体,虽然这两个合同仅约束各自的当事人。租赁合同与购货合同的关系是,租赁合同的签订和履行是购货合同签订和履行的前提条件,购货合同是一笔完整租赁业务完成的不可缺少的组成部分。以合同关系为前提,出租人充当了承租人与供货人的中介,通过出资购买设备,把两者有机地联系起来。

(2)承租人对设备及供货人的选定,是其自己的权利,不依赖于出租人的判断和决定。出租人不得干涉承租人对设备及供货人的选择,除国家有特殊规定的设备外,出租人可以向承租人推荐厂家及设备,但没有决定权。

(3)承租人在租期内对设备的使用价值负责。由于设备是承租人选定的,而所有权属于出租人,因而在租赁期内承租人有责任保证设备的使用价值不受损失,为此要进行一些必需的维修、保养、保险工作,费用由承租人负担。

(4)融资性租赁的期限较长,在租赁期内,双方均不得单方面中止合同。融资性租赁以承租人对设备的长期使用为前提,所以租赁期一般为 3~5 年,与设备的经济寿命相当,大型设备有的租期为 20 年。

(5)租金具有完全支付性。融资性租赁由于期限相当于设备的经济寿命,因而在一个不间断的较长的租赁期内,承租人所付租金总额相当于出租人的全部或大部分投资支出和投资收益,可以说一租到底。期满出租人一般把设备折价卖给承租人,双方关系宣布结束。判断一项租赁是否属于融资性租赁,不在于租约的形式,而在于交易的实质。如在一项租赁中,与资产所有权有关的全部风险和报酬,实质上已转移,这种租赁就应归类为融资性租赁。有以下情况之一的,在通常情况下可归类为融资性租赁:

(1)在租赁期终了时,资产的所有权转让给承租人。

(2)承租人有购买资产的选择权,其价格预计将充分低于行使选择权日的公正价值,在租赁开始日就相当肯定将来会行使此项选择权。

(3)租赁期为资产使用年限的大部分。资产的所有权最后可以转让,也可以不转让。

(4)在租赁开始日,租赁的最低付款额的现值大于或等于租赁资产的公正价值减去应当给出租人的补贴金和税款减免后的金额。资产所有权最后可以转让,也可以不转让。

2. 经营性租赁

经营性租赁亦称业务租赁、使用租赁、管理租赁、操作性租赁等，是指租赁公司既为用户提供融资便利，又负责提供设备的维修、保养等服务，同时还承担设备过时风险的一种中短期商品借贷形式。

经营性租赁有以下几个特点。

(1) 租赁公司必须具备能对设备进行必要的维修、保养、保管所需要的专业技术人才，以便及时地对设备进行技术处理，保障其使用价值的发挥。

(2) 经营性租赁的设备多具有通用性。设备的应用面广，易于找到接租的用户。

(3) 租赁公司承担设备过时的风险。

(4) 经营性租赁的租金较高。经营性租赁出租人要承担设备过时的风险，还要承担不续租、不留购、无人承租及承租人中途解约的风险，相应的租金也高于融资性租赁。

(5) 设备的选择完全由出租人根据需要进行。经营性租赁的设备不是针对某一个用户选定的，而是出租人根据自己对市场的调查、判断和经验进行的，尽可能带有通用性、先进性。

(6) 租赁期一般较短，而且可以通过提前通知而中途解约。出租人需经过反复租赁多次，才能收回全部投资。

(7) 经营性租赁只涉及出租人、承租人两方。

3. 服务性租赁

服务性租赁是介于经营性租赁和融资性租赁之间的一种租赁方式，一般是在融资性租赁的基础上附加多种服务项目的租赁。

服务性租赁具有下列特点。

(1) 出租人必须具备相应的技术力量。

(2) 出租人承担较大的风险。

(3) 出租人提供多样化服务，租金也较高。

(4) 租赁期一般为中期，即介于融资性租赁和经营性租赁之间，而且可以通过预告中途解除合同。

4. 其他几种租赁类型

1) 转租赁

转租赁又称再租赁，是租赁公司同时兼备承租人与出租人双重身份的一种租赁形式。当企业向租赁公司提出租赁申请时，租赁公司由于资金或设备等方面的原因，可先作为承租人向其他租赁公司或厂家租进设备，再转租给企业使用。转租赁实际上是为一个项目做两笔业务，签订两个租赁合同，分别建立租赁关系。其租金一般比融资性租赁要高。

转租赁有两个特点。

(1) 两次合同期限不一定相同。

(2) 设备的所有人与使用人之间没有直接的经济关系和法律关系，而是由租赁公司充当中介。

2) 回租租赁

回租租赁亦称售后租回或先卖后租式租赁，这是融资性租赁的一种特殊形式。它有两种含义：一是在企业资金不足而又急需某种设备的情况下，先出资从制造厂家购置自己所需要的设备，然后转卖给租赁公司，企业再从租赁公司租回设备使用；二是当企业进行技术改造或扩建时，如资金不足，可将本企业原有的大型设备或生产线先卖给租赁公司收入现款，以解决急需，但卖出的设备不拆除，企业在卖出设备的同时即向租赁公司办理租赁手续，由企业继续使用，直到租金付清后，以少量代价办理产权转移，最后设备仍归企业所有。

3）杠杆租赁

杠杆租赁亦称平衡租赁或借贷式租赁，是由融资性租赁派生出来的一种特殊形式。当出租人不能单独承担资金密集型项目（如飞机、轮船、火车、车辆）的巨额投资时，以待购设备作为贷款抵押品，以转让收取租金权力作为贷款的额外保证，从银行、保险公司、信托公司等金融机构获得设备的 60%～80% 贷款，其余 20%～40% 由出租人自筹解决。最后由出租人购进设备，供承租人使用，承租人按期支付租金，出租人以租金归还贷款。

杠杆租赁有以下特点：

（1）设备价值很大，单个出租人无力或不敢承担巨额投资。

（2）手续复杂。杠杆租赁涉及出租人、承租人、借款人、贷款人、供货人等多个当事人，需要签订许多协议，手续烦琐复杂。

（3）租金低。在国际上，杠杆租赁可以享受全部加速折旧或投资减税的优待，不仅可以扩大出租人的投资能力，而且可以取得较高利润。出租人再把优惠的好处通过降低租金的形式间接地转移给承租人，所以租金水平要低于其他租赁种类。

（四）租赁对财务报表的影响

如前所述，经营性租赁与融资性租赁相比，二者有本质上的差别，即：经营性租赁中与租赁资产所有权有关的风险和报酬实质上并未转移；而融资性租赁中相应的风险和报酬则实质上已经转移。这种本质性的差异，反映在二者对财务报表影响的差异上。

1. 经营性租赁对财务报表的影响

在经营性租赁的情况下，由于与资产所有权有关的风险和报酬仍归出租方所有，就出租方而言，仍然保留出租资产的账面价值，并承担出租资产的折旧以及其他费用，其享有的权利为按期取得租金收益，以补偿租赁资产上的费用支出，并获得为承担所有权上的风险所应得的报酬。就承租方而言，由于取得了一项资产在租赁期内的使用权而必须承担支付租金的义务。

由于经营性租赁仅仅是为满足经营临时需要而租入的，不涉及资产所有权上的风险和报酬转移问题，也没有购置租赁资产的特殊权利。因此，承租方对租入资产不需要作为本企业的资产计价入账，不需要计提折旧，仅仅只需按期支付租金。同时，由于租赁合同是暂时的，一般可以由任何一方在比较短的期限内通知取消，因此，对承租人允诺的支付租金的义务，一般不需要在资产负债表上列为一项负债。承租人经营租赁资产所支付的租金一般应在租赁期限内均衡地计入费用，列入损益表。正是由于以上原因，经营性租赁经常被称为"资产负债表外的筹资"。这点可由表 4-2 中的两个假设企业甲和乙来说明。开始时，两企业的资产负债表相同，两者的负债比率都是 50%。后来，两企业都需要增添价值为 100 万元的固定资产。企业甲借了 100 万元来购买此资产，因此，资产和负债都出现在资产负债表上。它的负债比率从50％上升到75％。企业乙则采取经营性租赁的方式租入了此项资产。租赁所需的固定费用可以等于甚至高于贷款的费用。但企业的负债比率却保持在50％。因此，为了避免企业乙的投资者错误地高估该企业的财务状况，财政部门要求企业在财务报表上用脚注的形式披露其租赁情况。

表 4-2   经营性租赁对资产负债表的影响　　　　　　单位：万元

资产增加前							
	企业甲				企业乙		
流动资产	50	负债	50	流动资产	50	负债	50
固定资产	50	股本	50	固定资产	50	股本	50
	100		100		100		100
资产负债率50％				资产负债率50％			
资产增加后							
	企业甲（借款购买）				企业乙（租赁）		
流动资产	50	负债	150	流动资产	50	负债	50
固定资产	150	股本	50	固定资产	50	股本	50
	200		200		100		100
资产负债率75％				资产负债率50％			

2. 融资性租赁对财务报表的影响

融资性租赁，在其租赁的有效期限内，租赁资产仍归出租方所有，承租方只享有使用该资产的权利。从法律形式上看，承租人没有获得租赁资产在法律上的所有权，但财务报表不能仅仅按法律形式来进行处理和反映，而应该按照它们的交易实质。在融资性租赁情况下，其交易实质是承租人在租赁资产有效使用期限的大部分时期内，获得租赁资产在使用上的各种经济利益，同时，作为取得这项权利的代价，负责支付大致相等于该项资产的公正价值的金额和有关的财务费用。

一般融资性租赁交易至少涉及三个当事人，即承租人、出租人和一个或几个长期贷款人，这些长期贷款人提供取得租赁资产所需的部分资金。

承租方融资租入的资产，虽然从法律形式上未取得该项资产的所有权，但从交易的实质内容看，由于租赁资产上的一切风险和报酬都已转移给了承租方，如果不将其租入资产以及相应的融资记录在资产负债表上，则不能充分反映一个企业的经济资源和承担的现有义务，从而扭曲了财务状况。因此，应将融资租入的资产作为一项资产计价入账，将取得的融资，作为一项负债，这符合资产、负债的定义。

在融资性租赁中，租金以租赁摊销和利息支出的形式列入损益表，因为租金的意义在于冲减由融资性租赁而产生的长期负债。从这个角度来说，租金包含了三部分：固定资产价值摊销、出租人收益、长期负债的财务费用。

由于融资租入的资产实质上已由出租人转移给了承租人，因此出租人不再计提相应的折旧，该资产的折旧应由承租方计入生产费用，列入损益表。

（五）租赁融资成本核算

企业租赁筹资的成本主要有两部分：一是企业向租赁公司支付的租金；二是企业为

办理租赁所支付的其他费用,如由承租企业支付的运费、保险费,以及企业经办人员的经费、差旅费、工资支付等。这里主要分析租金的构成及其计算,因为它占筹资成本的绝大部分。

1. 租金的构成要素

租金的构成要素,取决于租赁方式,不同种类的租赁,其租金的构成要素不尽相同。一般来说,租金通常包括租赁财产的购置成本(包括运费、保险费)、租赁期间的利息费、引进设备的手续费、税收,以及租赁财产的陈旧风险费、管理费、维修费、保险费、营业费等。目前我国融资性租赁的租金主要由以下几项构成。

1)设备的购置成本

它是指出租人向设备制造厂家或经销商购买设备支付的全部费用,包括设备价款、合同公证费、关税、途中保险费和运杂费。设备价款,一般根据市场行情,由承租人和出租人经讨价还价后确定。为了防止出租人在价上加码,承租人也可以直接与供货商谈判商定购价后,再与出租人谈判。

如果设备是从国外进口的,则设备的购置成本就是设备的到岸价格(CIF);如果合同是购买价,即离岸价格(FOB),则在货价上加上运费和途中保险费作为购置成本;如果进口合同用的是离岸价加运费价格(C&F),则在货价上另加途中保险费作为购置成本。

上述设备购置成本如果有些费用是由承租人直接支付的,则应扣除,以免重复。

2)利息费用

租赁期间的利息费用包括出租人为购买租赁财产所筹集资金的利息、税收和适当的风险利差。因为一般的租赁业务在签订合同以后的几个月或更长时间才由出租人对外支付租赁财产的货款,而租赁双方一般在签订合同的同时租赁的年利率就固定下来了。因此,出租者要承担几个月后市场利率上升的风险,签约日与付款日间隔时间越大,这个风险就越大。为了保障出租者的利益,应在其融资成本上加一定的风险利差。如果双方同意,也可以在付款日根据出租人的实际融资成本来确定租赁利率,这样做就由承租人承担利率风险。

3)手续费

在办理租赁业务中,因出租人购进设备而付出一定的劳务所收取的费用,称为手续费。它包括办公费、差旅费、邮电费、银行费用、工资和税金以及必要的盈利。手续费与购进设备成本之比称为手续费率。手续费的收取,目前国内和国际都没有统一的标准。我国当前各租赁公司收取手续费的标准,一般为 1% ~ 3%。收取的方式有两种:一是在签订合同时,承租人一次支付;二是把手续费计入租金总额中,随租金的收回而收回。如果是前者,则手续费不成为租金的构成要素。

4)影响租金数额的其他因素

(1)租金支付方式。租金支付的方式有很多,不同的方式所计算出来的利息额是不一样的。租金可以先付,也可以后付;可以定期支付,也可以不定期付;可以等额支付,也可以不等额支付等。方式不同,承租人的利息负担也不同。

(2)租赁期。租赁期的长短也影响租金总额。租期越长,企业负担的利息越多;租期越短,偿还期越短,利息负担越轻。但是,租期短,租金必然提高,承租人不一定接受得了。因此,租期究竟应当长些还是短些,应当进行综合分析。

2. 租金的计算方法

在租赁期内利率固定不变的情况下,计算租金的方法有以下几种。

1) 附加率法

在租赁资产的概算成本上再附加一项特定的比率来计算租金的方法叫附加率法。之所以要增加这一附加,主要考虑因素是融资的风险性和出租人应取得利润。这里的风险包括利率风险、汇率风险和承租人无力偿付租金等风险。

在租金后付的情况下,采用附加率法平均每期租金的计算公式:

$$\text{PMT} = \frac{P(1+n \cdot i)}{n} + P \cdot r$$

式中,PMT 表示平均每期租金额;P 表示租赁资产的概算成本;n 表示付租期数;i 表示每期的利息率;r 表示附加率。

【例 4-1】 设概算成本为 $P = 10\,000$ 元,分 3 年六期偿还租金,年利率为 8%,附加率为 5.5%,求每期平均应付租金。

解 期利率 $i = \dfrac{\text{年利率}}{2} = \dfrac{8\%}{2} = 4\%$

按上式可得

$$\text{PMT} = \frac{10\,000 \times (1 + 6 \times 4\%)}{6} + 10\,000 \times 5.5\% = 2\,616.67(\text{元})$$

目前,附加率法多在国外使用,我国的租赁机构用此法的较少。

2) 年金法

年金法是以现值概念为基础,将每一项租赁资产在未来各期间的租金数额,按一定的比例予以折现,使其现值总额等于租赁资产的公平价值与各项租赁成本之和,再减去投资所得税的净额,以此来计算每期的租金。年金法是按照每期复利一次的方法来计息的。这种方法简便、科学、适用范围广。目前我国大部分租赁公司用这种方法计算租金。

年金法又分为等额年金法和变额年金法。等额年金法可按以下公式计算年租金。

(1) 每期后付租金时的计算方法。

$$\text{PMT} = \frac{P \cdot i(1+i)^n}{(1+i)^n - 1}$$

式中,PMT 表示每期应付租金;P 表示概算成本;n 表示付租期数;i 表示每期利率。

(2) 每期先付租金时的计算方法。

$$\text{PMT} = \frac{P \cdot i}{1 + i - (1+i)^{1-n}}$$

3) 平均支付本金法(又称递减式计算法)

$$\text{PMT}_n = \left[P - (n-1)\frac{P}{N} \right] \cdot i + \frac{P}{N}$$

式中,PMT_n 表示第 n 次付租数;P 表示概算成本;n 表示付租次序;N 表示总付租期数;i 表示每期利率。

特点:把资金分为融资本金和利息两块。本金分摊在各期中,利息按每期实际占用资金计算,只计单利,对双方都很合理。目前我国许多租赁公司采用此方法。

（六）租赁与购买的比较分析

租赁与购买投资方式的不同之处在于：租赁投资是分期逐次支付,而购买,则是一次性投资支出。在企业进行具体评价分析时,通常采取成本比较法和净现值法。

1. 成本比较法

成本比较法就是将租赁或购买两种方式的成本进行定量分析比较的一种分析方法。

成本比较法是根据盈亏临界点分析法的原理,利用临界点平衡公式进行的。临界点平衡公式如下：

$$C + C_1 X = C_2 X$$

式中,C 表示设备本身的年固定成本；C_1 表示购买情况下的日变动成本；C_2 表示租赁情况下的日变动成本；X 表示年生产（使用）天数。

现举例说明如下。

【例 4-2】 某生产单位需要添置一台生产设备,设备价格（包括运输、保险、安装调试等费用）为 200 000 元,折旧年限为 10 年,每年需支付维修费 10 000 元,该设备每使用一天需要动力费 50 元；如果租赁,每日租金为 300 元。根据这些数据,分析租赁和购买哪种方式更有利。

解
$$C = \frac{200\ 000}{10} + 10\ 000$$
$$C_1 = 50$$
$$C_2 = 300 + 50$$

所以,有

$$\frac{200\ 000}{10} + 10\ 000 + 50X = (300 + 50)X$$

等式左端为购买情况下的年总成本,右端为租赁情况下年总成本。求得：$X = 100$ 天。上例说明,当这台设备的年使用天数为 100 天时,租赁和购买的年总成本相等；当这台设备的年使用天数不到 100 天时,租赁的总成本较低；当设备使用天数超过 100 天时,购买的总成本较低。这样,投资人可以根据预计的设备使用天数,来决定租赁还是购买。成本比较法的优点是判断简单,但其缺点是显而易见的,那就是没有考虑货币的时间价值。因此,有时尽管租赁成本比购买成本高,但从货币现值角度进行分析,情况则不一定如此。所以,要选择租赁还是购买,必须进行现值分析。下面我们就谈净现值法。

2. 净现值法

净现值法以净现值作为比较的标准,利用净现值大小来决定是否进行租赁。

下面,我们举一个较现实的例子来加以说明。

【例 4-3】 已知美国某设备公司计划装备一条自动装配生产线,寿命为 10 年,需花费 1 000 万美元。但公司只计划使用 5 年,因 5 年后即将改变生产品种。公司可按利率 10%（税前债务成本）获得借款 1 000 万美元。该装配线估计 10 年后残值为 5 万美元,但估计 5 年后残值为 100 万美元。因而,如果公司购买该装配线,于 5 年后再售出,可期望获得税前残值收入 100 万美元。同样,公司可租赁该装配线,但 5 年中,按合同每年年初需付租金275万美元。5年后设备归出租人。租约规定,出租人负责维修、保养该设备;如果是该公司购买该设备的话,每年初需付维修、保养费50万美元。公司边际税率为40%。

解 根据已知条件,列表(表4-3)分别计算公司借款买设备与租赁设备的现金流量。

表4-3 借款购买设备与租赁设备的现金流量比较 单位:万美元

类别	现金流量项目	0年	1年	2年	3年	4年	5年
借款购买	1. 购买价格	−1 000					
	2. 维修、保养费	−50	−50	−50	−50	−50	
	3. 维修、保养费的税收节省额(50×40%)	20	20	20	20	20	
	4. 折旧的税收节省额①		80	128	76	48	44
	5. 残值						100
	6. 残值税金②						−16
	7. 净现金流量	−1 030	50	98	46	18	128
	8. 净现值(购买成本)	−747.1	(折现率为6%③)				
租赁	1. 租金	−275	−275	−275	−275	−275	
	2. 租赁的税收节省额(275×40%)	110	110	110	110	110	
	3. 净现金流量	−165	−165	−165	−165	−165	
	4. 净现值(租赁成本)	−736.7	(折现率为6%)				

注:① 根据美国ACRS标准,折旧率分别为0.2、0.32、0.19、0.12和0.11,因此第一年折旧的税收节省额为(1 000×0.2)×0.4=80。其他类推。

② 残值价值为100,而账面价值为60,因而残值的税金为(100−60)×0.4=16。

③ 按税后债务成本:10%×(1−0.4)=6%折现。

根据表4-3所计算出来的净现值,加以比较,便可知租赁的费用较低,因而可采用租赁方式。

这种租赁的比较优势可表示为

租赁的纯优势=借款购买成本净现值−租赁成本净现值
=747.1−736.7=10.4(万美元)

由计算可知,安德森公司通过租赁可比借款购买少花费10.4万美元,因而租赁可行。

(七)我国企业办理租赁的程序

1. 融资性租赁的业务处理程序

租赁业务兼有融资融物的内容,其业务处理程序比信贷手续复杂,必须按先后顺序严格进行。办理融资性租赁业务大致经历以下六个阶段。

1)选定租赁设备

企业决定进行固定资产投资,在完成可行性研究、报批立项后、应做好以下三方面的选择:

(1)增置设备方式的选择。是用自筹资金或银行贷款直接购买,还是租赁。

(2)制造厂家的选择。

(3)租赁公司的选择。

2）委托租赁阶段

企业选定租赁公司后，即向该公司提交办理租赁的申请书，并提供必要的文件。

3）谈判阶段

有关设备的谈判要分下列四步进行：①技术谈判；②商务谈判；③租赁谈判；④维修谈判。

4）签订合同阶段

签订租赁合同是租赁程序的中心环节。办理融资性租赁业务一般要签订两个合同，一个是购货合同；另一个是租赁合同。根据上述谈判的结果，经承租企业确认后，由租赁公司与制造厂家签订购买技术设备的购货合同。有的租赁公司规定，承租人应在购货合同中联署签名，以表示对设备的确认。与此同时，租赁公司与承租人也签订租赁合同。在签订租赁合同时，根据企业状况，有时租赁公司要求企业提供一定的租赁保证金。我国规定，按合同价格的 10%～15% 缴纳租赁保证金。

5）购进设备阶段

6）交付租金阶段

融资性租赁业务的程序如图 4-1 所示。

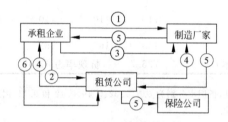

图 4-1 融资性租赁业务的程序

说明：① 承租企业选定租赁设备；② 承租企业委托租赁公司；③ 承租企业与租赁公司一起对供应厂商作技术谈判和商务谈判；④ 签订购货合同及租赁合同；⑤ 制造厂商发货及通知租赁公司投保；⑥ 承租企业向租赁公司交付租金。

2. 经营性租赁业务的处理程序

经营性租赁业务的程序，要比融资性租赁的简单，不需要提供很多批件。其业务程序为：

（1）委托和签约；

（2）移交设备，开始租赁；

（3）按期付租金；

（4）期满退还设备。

3. 国际租赁业务的处理程序

我国的国际租赁业务主要以进口租赁为主，因此着重介绍进口租赁实务。

进口租赁是指国内租赁机构运用从国际金融市场上筹措的外汇资金或从国内银行借入的外汇资金，按国内用户（承租人）的委托和要求，从国外将设备购买进口后租给国内承租人使用的业务活动。一项进口租赁业务，包括一个以上的购货进口合同和一个以上国内租赁合同。一笔进口租赁业务程序从开始到结束通常按下列步骤进行：

（1）提出委托；

（2）审查与受理；

（3）签订合同（分为三步）：①询价，②谈判，③签订租赁合同；

（4）购货合同生效及执行；

（5）租赁合同的执行；

（6）期满结束。

为了更清楚地理解进口租赁业务，可用图 4-2 表示。

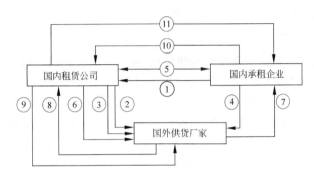

图 4-2　进口租赁业务程序

说明：① 租赁委托；② 询洽厂家；③ 签订购货合同；④ 签订技术交流服务协议；⑤ 签订租赁合同；⑥ 开立购货信用证；⑦ 发运租赁货物；⑧ 提交装船单据；⑨ 支付货款；⑩ 分期支付租金；⑪ 出具设备所有权转移证书。

（八）租赁筹资的优缺点

1. 租赁筹资的优点

（1）能迅速获得所需资产。融资租赁集"融资"与"融物"于一身，一般要比先筹措现金再购置设备来得更快，可使企业尽快形成生产经营能力。

（2）租赁筹资限制较少。企业运用股票、债券、长期借款等筹资方式，都受到相当多的资格条件的限制，相比之下，租赁筹资的限制条件很少。

（3）免遭设备陈旧过时的风险。随着科学技术的不断进步，设备陈旧过时的风险很大，而多数租赁协议规定此种风险由出租人承担，承租企业可免受这种风险。

（4）到期还本负担轻。全部租金在整个租期内分期支付，可降低不能偿付的危险。许多借款都在到期日一次偿还本金，往往给财务基础薄弱的公司造成相当大的困难，有时会形成不能偿付的风险。

（5）税收负担轻。租金可在所得税前扣除，具有抵免所得税的效用。

（6）租赁可提供一种新的资金来源。有些企业由于种种原因，如负债率过高、借款信贷额度已经全部用完、贷款协议限制企业进一步举债等，而不能向外界筹集大量资金。在此情况下，采用租赁方式可使企业在资金不足而又急需设备时，不付出大量资金就能得到所需的设备。

2. 租赁筹资的缺点

租赁筹资的主要缺点是资本成本高。其租金通常比举借银行借款或发行债券所负担的利息高得多,而且租金总额通常要高于设备价值的 30%;承租企业在财务困难时期,支付固定的租金也将构成一项沉重的负担。另外,采用租赁筹资方式如不能享有设备残值,也将视为承租企业的一种机会损失。

四、商业信用

商业信用融资是指企业之间在买卖商品时,以商品形式提供的借贷活动,是经济活动中的一种最普遍的债权债务关系。商业信用的存在对于扩大生产和促进流通起到了十分积极的作用,但不可避免地也存在着一些消极的影响。

(一)商业信用融资方式

1. 应付账款融资,即赊购商品形成的欠款,是一种典型的商业信用形式

在西方,为了促使购买单位按期付款、提前付款,销售单位往往规定一定的信用条件。如规定"2/10,n/30",意即购买单位如在 10 天内付款,可以减免货款的 2%;全部货款必须在 30 天内付清。对于购买企业而言,赊购意味着放弃了现金交易的折扣,同时还需要负担一定的成本。因为往往付款越早,折扣越多。这种信用方式,按其是否有支付代价分为免费信用、有代价信用和展期信用三种。

1)免费信用

免费信用是指企业无须支付任何代价而取得的信用,一般包括法定付款期限和销售者允许的折扣期限。前者如银行结算办法规定允许有三天的付款期限,即付款人可从收到付款通知的三天内享受免费信用;后者为一定信用条件的折扣期内购买者可享受免费信用。这两种免费信用都是有时期限制的,目前我国"欠款"方式的应付账款则是没有时间限制的免费信用,容易引发拖欠行为。

2)有代价信用

有代价信用是指企业需要支付一定代价而取得的信用。如在有折扣销售的方式下,企业购买者如欲取得商业信用,则需放弃折扣,而所放弃的折扣就是取得此种信用的代价。如上例,购买者要在取得 20 天延期付款的情况下,多付 2% 的货款。对于此种有代价信用,企业应认真分析其资本成本的高低,以便决定取舍。

放弃现金折扣的商业信用的资本成本可以按照下列公式计算:

商业信用资本成本率=现金折扣的百分比÷(1−现金折扣的百分比)×360/放弃现金折扣延期付款天数[①]。

例如,某企业以"2/10,n/30"信用条件购进一批货物,在现金折扣期后付款,则此笔应付账款的资本成本率为

$$2\% \div (1-2\%) \times 360/20 \times 100\% = 36.73\%$$

3)展期信用

展期信用是指企业在销售者提供的信用期限届满后以拖延付款的方式强制取得的信用。展期信用虽不付出代价,但不同于一般免费信用,它是明显违反结算制度的行为,且会影响企业信誉,是不可取的。

---

① 放弃现金折扣延期付款天数=信用期间天数−现金折扣期间天数。

2. 商业票据融资（即企业在延期付款交易时开具的债权债务票据）

对于一些财力和声誉良好的企业，其发行的商业票据可以直接从货币市场上筹集到短期货币资金。

商业汇票是一种期票，是反映应付账款或应收账款的书面凭证，在财务上作为应付票据或应收票据处理。对于购买单位来说，它也是一种短期筹资的方式。采用商业汇票可以起到约期结算、防止拖欠的作用。由于汇票到期要通过银行转账结算，这种商业信用便被纳入银行信用的轨道。

商业汇票作为一种商业票据，可以分为无息票据和有息票据两种。如是无息票据，则属于免费信用；如开出的是有息票据，则承担的票据利息就是应付票据的筹资成本。

3. 票据贴现

票据贴现是指持票人为了资金融通的需要而在票据到期前以贴付一定利息的方式向银行出售票据。对于贴现银行来说，就是收购没有到期的票据。票据贴现的贴现期限都较短，一般不会超过6个月，而且可以办理贴现的票据也仅限于已经承兑的并且尚未到期的商业汇票。商业汇票的收款人或被背书人需要资金时，可持未到期的商业承兑汇票或银行承兑汇票并填写贴现凭证，向其开户银行申请贴现。贴现银行需要资金时，可持未到期的承兑汇票向其他银行转贴现，也可以向人民银行申请再贴现。

商业汇票的持票人向银行办理贴现业务必须具备下列条件。

（1）在银行开立存款账户的企业法人以及其他组织。

（2）与出票人或者直接前手具有真实的商业交易关系。

（3）提供与其直接前手之前的增值税发票和商品发运单据复印件。

申请票据贴现的单位必须是具有法人资格或实行独立核算、在银行开立有基本账户并依法从事经营活动的经济单位。贴现申请人应具有良好的经营状况，具有到期还款能力，贴现申请人持有的票据必须真实，票式填写完整，盖印、压数无误，凭证在有效期内，背书连续、完整。贴现申请人在提出票据贴现的同时，应出示贴现票据项下的商品交易合同原件并提供复印件或其他能够证明票据合法性的凭证，同时还应提供能够证明票据项下商品交易确已履行的凭证（如发货单、运输单、提单、增值税发票等复印件）。

持票人持未到期的汇票向银行申请贴现时，应根据汇票填制贴现凭证，在第一联上按照规定签章后，连同汇票一并送交银行。银行信贷部门按照信贷办法和支付结算办法的有关规定审查，符合条件的，在贴现凭证"银行审批"栏签注"同意"字样，并由有关人员签章后送交会计部门。贴现银行向人民银行申请再贴现时，必须持已办理贴现但尚未到期的、要式完整的商业承兑汇票或者银行承兑汇票，填制再贴现凭证，并在汇票上背书，一并送交人民银行。人民银行审查后，对符合条件的予以再贴现。会计部门接到做成转让背书的汇票和贴现凭证，按照支付结算办法的有关规定审查无误，贴现凭证的填写与汇票核对相符后，按照支付结算办法有关贴现期限以及贴现利息计算的规定和规定的贴现率计算出贴现利息和实付贴现金额。

其计算办法是

贴现利息＝汇票金额×贴现天数×（月贴现率÷30天）

实付贴现金额＝汇票金额－贴现利息

然后在贴现凭证有关栏目内填上贴现率、贴现利息和实付贴现金额。

第一联贴现凭证做贴现科目借方凭证,第二、三联分别做××科目和利息收入科目的贷方凭证,第四联贴现凭证加盖转讫章做收账通知交给持票人,第五联贴现凭证和汇票按到期日顺序排列,专夹保管。贴现、转贴现和再贴现的期限从其贴现之日起至汇票到期日止。实付贴现金额按票面金额扣除贴现日至汇票到期前一日的利息计算。承兑人在异地的,贴现、转贴现和再贴现的期限以及贴现利息的计算应另加三天的划款日期。贴现、转贴现、再贴现到期,贴现、转贴现、再贴现银行应向付款人(承兑人)收取票款。不获付款的,贴现、转贴现、再贴现银行应向其前手追索票款。贴现、再贴现银行追索票款时可以从申请人的存款账户中收取票款。

贴现到期,贴现银行作为持票人,在汇票背面背书栏加盖结算专用章并由授权的经办人员签名或盖章,注明"委托收款"字样,填制委托收款凭证,在"委托收款凭据名称"栏注明"商业承兑汇票"或"银行承兑汇票"及其汇票号码连同汇票向付款人办理收款。对于付款人在异地的,应在汇票到期前,匡算至付款人的邮程,提前办理委托收款。将第五联贴现凭证做第二联委托收款凭证的附件存放。如果贴现银行收到付款人开户银行或承兑银行退回的委托收款凭证、汇票和拒绝付款理由书或付款人未付票款通知书后,贴现银行在追索票据时,对申请贴现的持票人在本行开户的,可从其账户收取。贴现申请人账户余额不足时,应按照逾期贷款的规定处理。贴现申请人未在本行开立账户的,对已贴现的汇票金额的收取,应按《中华人民共和国票据法》(简称《票据法》)的规定向贴现申请人或其他前手进行追索。已办理再贴现的银行,应于再贴现到期日前在人民银行存款账户内留足资金。再贴现到期日,人民银行从申请再贴现银行存款账户内收取票款。再贴现申请人账户余额不足时,应按逾期贷款的规定处理。

4. 预收货款融资

预收货款是指销货单位按照合同和协议规定,在付出商品之前向购买单位预先收取部分或全部货物价款的行为。它等于向购买单位先借入一笔款项,然后再用商品归还,是一种典型的商业信用形式。这是买方向卖方提供的商业信用,是卖方的一种短期资金来源,信用形式应用非常有限,仅限于市场紧缺商品、买方急需或必需商品,以及生产周期较长且投入较大的建筑业、重型制造等。

(二)商业信用融资的优缺点

商业信用融资的优点。

(1)筹资便利。利用商业信用筹集资金非常方便,因为商业信用与商品买卖同时进行,属于一种自然性融资,不用作非常正规的安排,也无须另外办理正式筹资手续。

(2)筹资成本低。如果没有现金折扣,或者企业不放弃现金折扣,以及使用不带息应付票据和采用预收货款,则企业采用商业信用筹资没有实际成本。

(3)限制条件少。与其他筹资方式相比,商业信用筹资限制条件较少,选择余地较大,条件比较优越。

商业信用融资的缺点。

(1)期限较短。采用商业信用筹集资金,期限一般都很短。如果企业要取得现金折扣,期限则更短。

(2)筹资数额较小。采用商业信用筹资一般只能筹集小额资金,而不能筹集大量的资金。

（3）有时成本较高。如果企业放弃现金折扣，必须付出非常高的资金成本。

第四节　混合资本筹资

所谓混合资本筹资是指兼有股权和债权筹资双重属性的筹资方式，通常包括发行优先股筹资、发行可转换证券、股票选择权、认股权证等。

一、优先股

优先股是公司权益股本之一，也是长期资金来源之一。优先股在某些方面具有债券的特征，有固定面值、定期的固定股息支付、一定回收期等，因此优先股有混合特征。优先股一方面要求在支付普通股股息之前支付股息；另一方面，在公司无力支付优先股股息时，可以暂不支付，而避免企业的破产。优先股具有如下特征。

1. 优先权

相对于普通股，优先股特点。

（1）优先获得公司收益分配的权利。

（2）企业资产清算时，有优先获得清偿的权利。

2. 优先股面值

优先股通常有面值，其面值的意义。

（1）企业清偿时优先股股东获得清偿的价值。

（2）优先股的股息通常表示为面值的百分比。如某公司发行优先股的面值是 10 元，优先股股息是每年 5％，则优先股股东每持有 1 股每年可得到股息 0.5 元。

3. 优先股股息

根据股息支付情况的不同，优先股可分为两类：

（1）累计优先股。公司由于各种原因没有按期支付优先股股息，在向普通股股东派发股息之前，必须将累计未付优先股股东的股息优先支付。如某公司每年应向优先股股东支付股息 1 元，已连续三年未向优先股股东支付股息，第四年准备向全体股东派息，在向普通股股东派息之前，必须优先支付应付未付的 4 年累计的优先股股息 4 元，之后才能向普通股股东派息。

（2）对于没有累计要求的优先股，企业没有义务支付累计未付的优先股股息。如上例的优先股没有累计特征，则在第四年派息时，公司没有义务支付前三年累计未付的优先股股息 3 元，而只派发当年股息 1 元。

4. 表决权

优先股股东能按时收到股息，没有对公司事务的表决权。但是，公司在特定的时间内无法向优先股股东支付股息，则优先股股东就有一定程度的表决权。这是优先股股东的一种保护性权利。

5. 其他特点

优先股通常是有一定期限的，是可以收回的。企业可以在某一时期按特定价格收回市场上的优先股，收回权力通常在股票发行后一定年限才行使。收回优先股的权力可以使公司解除支付优先股股东股息的义务。有些优先股可以没有回收期,是否有回收期一般在发行优先股时给予说明。也有一些优先股在一定期限内有转换成普通股的权力。

6. 保护性条款

保护性条款的目的是保证优先股股东能按时收到股息,这些条款包括:

(1) 表决权。优先股股东没有表决权,但是如果公司在一定时间内没有按时支付股息给优先股股东,则优先股股东将有一定的表决权。

(2) 对公司财产和收益的优先权。优先股股东对于公司的财产和收益,比普通股股东有优先权,优先股的股息必须在普通股之前支付。公司破产时,必须首先满足优先股的清偿权益。合同规定公司禁止发行具有同等权力的优先股,或者在合同中规定以后优先股发行的限额或规定其他证券发行数额。

(3) 优先股股东会要求企业保持一定的流动资本或限定最低流动比率,目的是保证企业资产的流动性。

(4) 优先股股东禁止企业发生并购活动,禁止企业拍卖全部或部分企业资产。因为企业的并购活动和拍卖资产的行为会改变企业资产结构和财务结构,进而影响优先股股东的利益。

7. 优先股的利弊

1) 从投资者角度而言

投资者购买优先股的原因。

(1) 股息收入稳定,优先股稳定的股息为优先股股东带来稳定的收益。

(2) 政府往往限制某些机构投资于普通股票,优先股就成为这些机构投资选择的唯一权益股本。

(3) 企业清偿时优先股的债权顺序排在普通股之前。

对投资者不利的一面表现如下。

(1) 优先股股东承担的风险大,但收入受到限制。

(2) 优先股的市场价格易受利率变化的影响。

(3) 优先股股东在法律上无权强行要求企业分派股息。

(4) 优先股在市场上的流动性差。

2) 从企业方面看优先股的利弊

企业发行优先股的好处。

(1) 优先股与债务不同,企业可暂时不支付股息。虽然不支付股息会影响企业的形象,但并不会影响企业的筹资活动。发行优先股对现金流量和收益变动较大的企业最有利。

(2) 债券有固定的到期日,到期必须有足够的现金支付债券本金,在偿债期间会给企业财务造成一定的压力。而优先股没有到期日,优先股的收回由企业决定,企业可以在有利的情况下收回优先股,因此可提高企业财务的灵活性。

(3) 优先股不会稀释普通股的每股收益和表决权。由于优先股股息固定,若投资收益高于优先股成本,普通股收益将上升,且优先股股东没有表决权,不会影响普通股股东对公司的控制权。

（4）发行优先股使企业权益资本增加，为将来发行新的债券创造条件，从而可以提高企业进一步筹资的灵活性。

（5）发行优先股不必将资产作为抵押品或担保品。

（6）在企业从事兼并活动时，被兼并企业的股东可能需要的是稳定的收入，而不是资本的增值。这时，优先股成为谈判中的有利工具，兼并企业可用优先股换取被兼并企业的普通股。

优先股筹资的不利因素。

（1）发行优先股的筹资成本高。优先股的筹资成本高于债券，债券的利息在所得税前扣除，可以抵消所得税，而优先股的股息是所得税后支付，无法抵消所得税，从而，优先股的税后成本高于债券。

（2）对于扩张型企业而言，由于优先股股息支付的固定性，企业不能多留利润以满足进一步扩大再生产的需要。对这些企业而言，发行普通股更可取。尤其是在债务资本易获得时，发行普通股和债券对企业更有吸引力。

二、股票选择权

（一）概念与术语

（1）买方选择权。是指对于某种股票，在未来的某个时间内，买方选择权有选择以约定价格购买该股票或不买该股票的权力。

（2）约定价格。是指选择权契约中规定选择权持有人行使权力，买进或者卖出股票的价格，又称执行价格。

（3）卖方选择权。是指对于某种股票，在未来的某个时间内，卖方选择权有选择以约定价格卖掉该股票或不卖该股票的权力。

（4）选择权承保人。出售选择权者称为选择权承保人。

（5）选择权的价格。它是在选择权交易中由市场来反映的，它与约定价格、股票的当前价格和预期价格有关。

（6）期限。选择权合约是有期限的，选择权在约定的期间内有效。

（二）买方选择权

假设有一名投资者，在7月1日持有ABC公司的普通股票1 000股，股票价格为18元，他在一份合约中以每股3元的价格出售以下权力：买方选择权持有人在以后三个月内的任何时间，以每股20元的价格购买出售权力者持有的1 000股ABC公司股票。在这里，每股3元是购买这个买方选择权的价格，20元是约定价格，或称执行价格，1 000股是这份选择权合约的规定交易量。如果选择权的购买者在三个月的时间内行使购买ABC公司股票的权力，则他必须购买1 000股，而不能只购买其中的一部分。实际上，交易所为选择权交易规定了标准合约。标准合约中规定每份合约的标准交易量和期限，而选择权的价格由市场确定。这样做是为了使选择权交易易于进行。

买卖以上买方选择权的交易总额是1 000股×3元/股＝3 000（元）。在这个选择权合约的期限内，将出现股票价格大于20元的约定价格或小于等于约定价格20元的情况。为了便于说明选择权交易的特点，我们假设在合约期限的最后一天，即三个月的最后一天,股票价格低于或等于约定价格 20 元,购买买方选择权的投资者将不会行使选择权。因为这时行使购买 ABC 公司股票选择权,不仅不会获取股票的差价收益,还会承担股票可能下跌的风险。在这种情形下,卖出买方选择权的投资者获得了 3 000 元的收益,见图 4-3(a)中的阴影部分;买进买方选择权的投资者亏损 3 000 元,见图 4-3(b)中的阴影部分(均不考虑交易费用)。

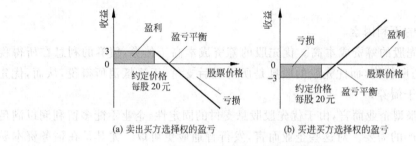

图 4-3　买卖买方选择权的盈亏

假设在合约期限的最后一天,即三个月的最后一天,股票价格高于约定价格 20 元,买进买方选择权的投资者将会行使选择权,买进 ABC 公司的股票 1 000 股。在这个例子中,23 元是选择权买卖的盈亏平衡时的股票价格(即约定价格 20 元＋选择权价格 3 元＝23 元)。当股票价格在 20 元至 23 元时,随着股票价格的升高,买进买方选择权者的亏损将会减少,而卖出买方选择权者的盈利将会减少。当股票价格上升到 23 元以上时,卖出选择权者出现亏损,买进选择权者获得盈利。

在这个选择权交易中,对卖出买方选择权的投资者而言,他获得了固定的收入 3 000 元。但是如果股价大幅度上升,将发生因丧失获利机会而出现的亏损,但无论怎样,他都因选择权交易而获得了收入。对买进买方选择权的投资者而言,如果股价下跌,损失的仅仅是购买选择权的 3 000 元,而如果股价大幅度上升,其则将因此获得巨额收益。

（三）卖方选择权

根据上面的例子,有投资者在一份合约中以每股 3 元的价格出售以下权力:卖方选择权持有人可以在以后三个月内的任何时间,以每股 20 元的价格向出售卖方选择权者卖出其持有的 1 000 股 ABC 公司股票。在这个卖方选择权交易中,如果 ABC 公司股票价格高于 20 元的约定价格,购买卖方选择权者将不会行使选择权,那么,购买卖方选择权者支出了 3 000 元,卖出卖方选择权者收入了 3 000 元,分别见图 4-4(a)和图 4-4(b)中的阴影部分。

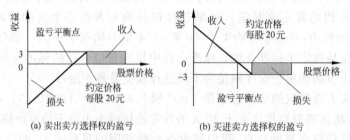

图 4-4　买卖卖方选择权的盈亏

如果股票价格低于约定价格,持有卖方选择权者,将会行使选择权,按约定价格卖出股票。如此,持有卖方选择权者将获得盈利,并且会随着价格的下降而盈利增加。卖出卖方选择权者将出现亏损,并且会随着价格的下降而亏损增加,如图4-4所示。

(四) 选择权的作用

1. 回避风险的作用

选择权作为一种金融工具,对投资者具有回避投资风险的作用。当你作为一名投资者购买 ABC 公司的股票后,可能会出现购买股票后的一段时间股价大幅度下跌的情况。如果当时不是买 ABC 公司的股票,而是买了购买 ABC 公司股票的买方选择权,那么无论股价下跌幅度多大,只要不行使买方选择权,所损失的只是购买选择权的费用。然而,股价升高所带来的收益仍然能够享有。反过来,如果投资者持有 ABC 公司的股票,为避免股票卖出后的一段时间内股价上升而可能产生的收益方面的损失,或为避免股票在持有的一段时间里股票价格下跌而可能产生的资产损失,可以购买卖方选择权来回避这些风险。当股价上涨时,可以不行使卖方选择权,以市场价格卖出所持有的股票,所获得的收益是资本收益减去购买选择权所付出的费用;当股价下跌时,可以行使卖方选择权,将持有的股票以约定价格卖出,损失将仅仅是购买选择权的费用。

2. 选择权交易的投机性

由于购买选择权的即时现金支出远远小于购买股票的现金支出,如前面例子所述 ABC 公司的股票价格是 20 元,而每股的选择权仅为 3 元,如果用 30 000 元投资的话,能购买 1 500 股 ABC 公司的股票;但是如果购买选择权的话,却能购买 10 000 股股票选择权。假如投资者预期 ABC 公司的股票价格将会上涨,按约定价格为每股 20 元,以每股 3 元的价格买进 10 000 股买方选择权,现金支出是 30 000 元。如果在约定期内,股票价格上涨到 25 元,用 30 000 元现金购买选择权的收益是

$$(25 - 20) \times 10\ 000 - 30\ 000 = 20\ 000(元)$$

而用 30 000 元购买股票的收益是

$$(25 - 20) \times 1\ 500 = 7\ 500(元)(不计交易费用)$$

显然,选择权交易使预期收益放大了。正是这种提高收益的杠杆作用,诱使投资者参与投机交易。

(五) 选择权的理论价格与价格

选择权的理论价格就是股票的当前市场价格与约定价格之差。例如,某股票当前的市场价格是 25 元、约定价格是 20 元时,选择权的理论价格就是 5 元。

在实际的选择权交易中,选择权的价格一般来讲高于理论价格。股票的市场价格、约定价格和选择权的到期日对选择权的价格产生影响。

选择权的约定价格固定,随股票价格的波动,选择权产生了获利的机会,也显示了它的价值。选择权离到期的时间越长,股票价格变动的可能性越大,而且大幅度变动的可能性也越大,因此选择权的价格也越高,与理论价格的差值也大。但是,如果选择权明天到期,股票价格上升的机会很少,选择权的市场价格近似于理论价格。

就选择权本身的价值来说,那些市场价格处于经常变动且变动幅度大的股票的选择权,比市场价格相对稳定的股票的选择权的价值大。因为股票价格变动的幅度小,选择权获取高收益的机会少;反之,股票价格变动频繁,选择权获得高额收益的机会就多,它的价值当然就大。在市场上买卖选择权付出的费用仅是选择权的价格,它的损失是有限的,它损失程度小于股票价格变动引起的损失。因此,股票的行情变动只会增加选择权的价值,使其价格升高。

三、认股权证

认股权证是由公司发行的一种选择权,这个选择权允许持有者在特定的时间内,以预定的价格购买一定数量的该公司股票。认股权证通常随公司债券一起发行,以吸引投资者购买低利息的公司债券。

认股权证包含了选择权契约的全部特征,即选择权约定的有效期限、约定价格及可以购买股票的数量。认股权证是一种长期选择权。

(一) 认股权证的价值

发行债券的公司,为了降低债券筹资的成本,在低利率的债券后常附有认股权证,以吸引投资者。这种低利率债券之所以能吸引投资者,是因为认股权证的价值足以抵消债券利率的降低。

1. 认股权证的初始价格

投资者之所以认购附有认股权证的债券,是因为他们认为这种债券的价格包含了债券的价值和认股权证的价值。为了说明这一问题,假设某公司发行期限为 20 年、面值 1 000 元的债券,需要付出的利率是 13%。由于该公司发行债券时为每一面值债券附有 30 张认股权证,每张认股权证可按 20 元的约定价格在 20 年内的任何一天购买该公司股票,债券的利率为 10%,低于市场对该债券要求的 13% 的利率。该债券的价值为

$$债券价值 = \sum_{t=1}^{20} \frac{1\,000 \times 10\%}{(1+0.13)^t} + \frac{1\,000}{(1+0.13)^{20}} \approx 789(元)$$

该债券所附认股权证的价值等于债券的发行价格 1 000 元减去债券价值 789 元,即 211 元,每张认股权证的价值约为 7 元(211/30 = 7)。由于债券的发行价格是 1 000 元(面值),我们可以认为该认股权证的初始价格为 7 元。

2. 认股权证的市场价格

认股权证的理论价格是股票的市场价格减去约定价格。认股权证实际上是买方选择权,由于选择权对收益的高杠杆作用,以及投资者对股票价格上扬的预期,认股权证的市场价格总是高于理论价格,见图 4-5。

随着股票价格的升高,市场价格与理论价格将

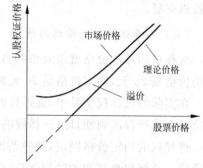

图 4-5　认股权证的理论价格和市场价格

逐渐接近。当股票价格逐渐升高时,如果约定价格不变,认股权证的市场价格也会升高。因此,它的杠杆作用将减弱,而风险将增大,溢价会减小,市场价格将接近理论价格。

（二）认股权证在筹集资金中的作用

认股权证是企业发行债券时的引诱物。如果公司利润持续增长较快,将认股权证与债券组合在一起发行,能使投资者在持有债券的同时有分享公司利润的机会。这种潜在的利益促使投资者愿意接受较低的债券利率和不很严格的契约条款。附有认股权证的债券是一种组合证券,由于认股权证本身存在的价值,投资者愿意购买该种债券,公司则可以吸引更广泛的投资者,获得相对低成本的长期资金。

目前几乎所有的认股权证与债券都是可分离的。附有认股权证的债券出售以后,认股权证与债券分离,独立地进行交易。当认股权证被行使后,发行的债券依然存在,还是企业未偿还的债务。投资者行使认股权证的选择权后,即认购了该公司的股票,企业可以获得权益资本,降低债务比率,为进一步筹资打下基础。

认股权证的约定价格一般高于债券发行时的股票价格。在有效期内,许多认股权证都不会被执行,促使持有者行使他们的认股权证的条件。

（1）如果认股权证快要到期时,股票的市场价格高于约定价格,认股权证将被行使。

（2）如果公司大大提高了普通股的现金股息,持有者将趋向于行使认股权证。因为认股权证不能带来现金股息,它的持有者也就不能获得现金股息收入,现金股息越高,认股权证持有者不行使权力的机会成本就越大。

（3）对于具有逐渐提升约定价格的认股权证,将促使持有者行使认股权证。

（4）对于成长性公司,它的扩张性使其对权益性资本的需求更迫切。同时,由于公司的成长性会使它的股票价格上升,股票价格的上涨将促使认股权证被行使。

四、可转换证券

可转换证券是具有在将来某一时期,按特定的转换比率转换成其他证券的权力的证券。可转换证券包括可转换债券和可转换优先股,企业发行最多的是可转换债券。可转换债券可以转换成优先股或普通股,优先股只能转换成普通股。可转换证券与认股权证的不同之处如下。

（1）可转换证券附有的选择权是不可分割的,而认股权证在随证券发行完毕后,即与原证券分离,可单独交易。

（2）可转换证券的选择权被行使后,不能为公司带来新的资本,在资产负债表上只是企业长期资本科目的调整,如长期债务转换成权益资本,则企业的负债减少,权益增加,负债比率会下降。而认股权证被行使后,企业会增加新的长期资本（权益资本增加）。

（一）转换价格和转换率

可转换证券的转换比率与转换价格有关。转换价格可以是固定的,也可以是逐步提高的。固定的转换价格是在发行可转换证券时即确定了。逐步提高的转换价格是在证券期限内,逐步以一定的幅度递增。提高转换价格的目的是鼓励投资者在提高转换价格前行使转换的权力,同时也满足现有股东对将来企业增长带来预期的好处不会被稀释。转换率与转换价格之间的关系是：转换率等于证券面值除以转换价格。

可转换证券在发行时,转换价格一般高于股票的市场价格。在可转换证券寿命期内,可能会因企业发售低于转换价格的新股票,或大量分派股息和分股,或股票拆细而使可转换证券大幅度贬值。它将损害可转换证券的投资者利益。为避免可转换证券的贬值,通常在证券发行契约中有保护性条款。这些条款规定,如果发行可转换证券的公司发行新股票或分股、拆股后,必须按相应的比例调整转换率或转换价格。如果没有保护性条款,当企业的每股收益大幅度增加时,会用拆细股票或分股的方式强迫可转换证券持有人放弃转换权力。

（二）可转换债券的价值

可转换债券具有按一定的转换价格或转换率转换成股票的权力,它的价值就是转换率乘以股票价格,初始市场价格是发行价格。单纯债券的价值等于债券估值模型的计算值。例如,ABC 公司以面值 1 000 元的价格发行可转换债券,债券利率是 5%,期限是 20 年,转换率是 50（即每张债券可转换 50 股普通股票）,发行可转换债券时股票的市场价格是 18 元,债券市场的期望收益率是 10%。该公司可转换债券的初始价格就是 1 000 元。如果股票价格上升到每股 25 元,此可转换债券的理论价值为：$50 \times 25 = 1\ 250$（元）,单纯债券的初始价格是

$$P = \sum_{t=1}^{20} \frac{I}{(1+10\%)^t} + \frac{P_0}{(1+10\%)^{20}}$$

$$= \sum_{t=1}^{20} \frac{1\ 000 \times 5\%}{(1+10\%)^t} + \frac{1\ 000}{(1+10\%)^{20}}$$

$$= 425.7 + 148 = 573.7（元）$$

随着时间的推移,单纯债券的价格将逐步提高,直至到期日时等于发行价格。单纯债券的价格也是可转换债券的最低价格。因为股票的价格无论怎样变化,具有固定收益特点的债券价值是稳定的。因此,可转换债券的风险小于股票。然而,可转换债券具有选择权的特性,获得收益的杠杆作用将使投资者愿意支付高于可转换债券理论价值的市场价格。这一点与选择权的市场价格特征相一致。图 4-6 显示了股票价格与可转换债券的理论价格和市场价格的关系。

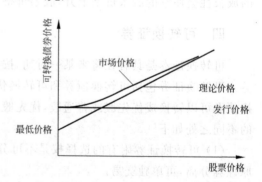

图 4-6 股票价格与可转换债券价格的关系

（三）可转换债券在筹资中的作用

企业在为某个项目融资时,通常需要考虑项目的建设周期。在项目的建设期内,项目没有产出,不能为公司贡献收益。如果此时发行权益资本,将使公司在项目建设期间的每股收益下降。而发行可转换债券可避免在项目建设期间的每股收益被稀释。项目潜在的收益性,使可转换债券具有转换价值。而一旦项目产生收益,股票价格将会因收益的增加

而上涨。投资者也会因股票价格的上涨而行使转换权力,使企业的权益资本增加。这种情况下可转换债券成为延迟权益资本。

利用可转换债券获得低成本资本。由于可转换债券附有的可转换特性,潜在获利的可能性大,而风险相对小,使可转换债券具有转换价值,因此受投资者的欢迎,企业发行可转换债券的利率将会较低。同时,在债券转换成权益资本前,因债券利息在税前扣除,可获得税收方面的好处。可转换债券的发行费用也低于股票的发行费用。

可转换债券还具有可收回的特征。这一特征使企业有按特定价格(略高于面值)在到期日之前收回债券的权力。当可转换债券的转换价值超过收回价格时,企业可行使收回权力,强迫可转换债券持有者将可转换债券转换成股票。强迫转换将使企业的债务转换成权益资本,改变企业的资本结构,增加进一步筹资的灵活性。

企业发行可转换债券有诸多有利之处。但是,当发行可转换债券企业的股票无法达到促使债券转换的价格水平时,持有者将不会行使转换权力,从而使可转换债券被“悬挂”起来。出现可转换债券被“悬挂”的情况对发行债券的企业非常有害。一方面,可转换债券在转换前还是企业的债务,这些债务不能转换成权益资本,企业在收回这些债券之前将丧失筹资能力;另一方面,如果可转换债券到期时无法迫使持有者进行转换,企业就要筹集现金收回这些可转换债券。这时,企业会有一大笔现金流出,而这笔现金将给企业带来极大的财务压力。再有,发行可转换债券的企业无法提前兑回这些债券。这是因为如果股票没有达到促使转换的价格水平,企业提前兑回可转换债券就要支付高于市场价值的价格,这对企业来讲是痛苦的。

第五节　资本成本

一、资本和资本成本

企业使用资本必须付出代价,这一代价称为资本成本。为使企业价值最大化,除企业的生产和经营成本支出要小外,资本成本也要达到最小。在企业财务管理中,资本成本的计算和确定十分重要,它体现在两方面。

(1) 在企业的长期投资决策中必须以资本成本作为折现率来计算现值。投资项目的取舍取决于项目的投资收益率是否大于筹资的资本成本。

(2) 企业的资本有多种来源,如股票、债券、长期贷款、短期贷款,不同资本的数量及其成本的大小会影响企业总的资本成本。因此,在企业筹措资金时都要进行资本成本的估算,以便找到使企业筹资成本最小的筹资方案。

企业财务管理中所说的资本是指企业为购置资产和日常经营所需要的资金。企业的资金来源于资产负债表右边的各项,即短期负债、长期负债、优先股和普通股权益。

如上所说,我们计算资本成本是为长期投资决策和筹资决策所用,因此在估算企业总的资本成本,即加权平均资本成本时,只考虑长期资本的成本,流动负债成本不必计入。这里有一点必须强调,长期资本并不仅仅指购置固定资产的资本,流动资产中相当大的一部分不随经营周期和季节性变化的资产,实际上占用的是长期资金,所以净流动资本(流动资产－流动负债)是长期筹资得来的,其成本应计入资本成本中,见图 4-7。

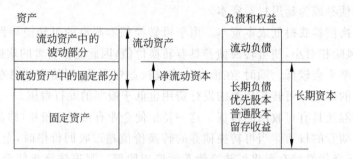

图 4-7 资产负债表图示

综上所述,计算企业加权平均资本成本时要考虑的资本有长期负债、优先股本、普通股本和留存收益。

为使企业财富最大化,判断一个投资项目对企业所作的贡献取决于所得税后的净现值,因此折现时所采用的资本成本也用所得税后资本成本。由于债务利息是在税前支付,是税前成本,而权益资本是税后成本,在计算总资本成本时必须在税后的基础上统一起来。

在对企业现有资本成本和对新筹集资本的成本计算中,我们更注重后者。无论从投资决策还是从筹集资金的角度出发,企业都需要知道新筹集资本的成本,即每筹集一个单位的新资本所付出的代价——边际资本成本。

此外,从资本成本所含的“使用资本所付的代价”的意义上讲,资本成本应是用货币衡量的绝对值,但通常使用中的资本成本是相对值,即使用单位资本的代价,也可称为资本的价格,一般用百分数表示。资本成本从企业的角度看,是企业获取资金必须支付的最低价格。从投资者的角度看,它是投资者提供资金所要求的收益率。

二、资本成本的计算

(一)债务资本成本

债务资本为银行借贷资金时,其税前资本成本为贷款的实际年利率。若企业发行债券筹资,则债券的税前资本成本可用债券估价公式计算:

$$B_0 = \sum_{t=1}^{n} \frac{I}{(1+K_b)^t} + \frac{M}{(1+K_b)^n}$$

根据企业所发行债券的利息 I、面值 M 和当前的市场价格 B_0,令式(4.1)的等式两边相等,可求出投资者对此债券的要求收益率 K_b,这就是债券的税前资本成本。若所得税税率为 T,债券的税后资本成本 K_{bt} 为

$$K_{bt} = K_b(1-T) \tag{4.1}$$

对于新筹集的债券资本,若发行成本为 f,则债券税前成本的计算必须满足下式:

$$B_0 - f = \sum_{t=1}^{n} \frac{I}{(1+K_b)^t} + \frac{M}{(1+K_b)^n} \tag{4.2}$$

【例 4-4】 某债券面值为 1 000 元,年利率为 12%,到期年限为 30 年,每半年付息一次。债券以面值价格发行,发行成本率为 1%,所得税税率为 33%,求债券税后成本。

每张债券的发行成本 $f＝10$ 元,其净筹资额为 990 元。令下列等式成立:

$$1\,000 - 10 = \sum_{t=1}^{60} \frac{60}{(1+K_b/2)^t} + \frac{1\,000}{(1+K_b/2)^{60}}$$

解方程或用试算法,求出 $K_b/2＝6.06\%$,$K_b＝12.12\%$,则税后资本成本为

$$K_{bt} = 12.12\% \times (1-0.33) = 8.12\%$$

债券的发行成本率较低,此例若忽略发行成本,债券税后资本成本为 8.04%,与 8.12% 仅差 0.08%。

(二) 优先股资本成本

优先股的股息是固定的,按照股息固定的股票估值公式,优先股票的价格为

$$P_e = \frac{D_P}{K_P} \tag{4.3}$$

式中,D_P 表示优先股股息;K_P 表示优先股东股要求收益率;P_e 表示优先股股票价格。

K_P 即为优先股成本,由于优先股股息是税后支付的,K_P 属税后成本,按下式计算:

$$K_P = \frac{D_P}{P_e} \tag{4.4}$$

考虑新发行的优先股的发行成本 f,新筹集的优先股成本为

$$K_P' = \frac{D_P}{P_e - f} \tag{4.5}$$

(三) 普通股资本成本

与优先股相比,普通股股东的收益一般不固定,它随企业的经营状况而改变。普通股东承担企业的风险比债权人和优先股东的大,因此普通股东要求的收益率也较高。鉴于普通股成本计算考虑的因素较多,通常可用三种方法估算,然后互相印证,取一合理数值。

1. 资本资产定价模型

根据资本资产定价模型,普通股东对某种股票 S 的期望收益率 K_S 可表示如下:

$$K_S = K_{RF} + \beta(K_M - K_{RF}) \tag{4.6}$$

K_S 由两部分组成:K_{RF} 是无风险收益率,一般采用国库券利率;$\beta(K_M - K_{RF})$ 是对股票 S 投资的风险补偿率。$(K_M - K_{RF})$ 是对市场平均风险的补偿,β 是股票 S 相对于市场平均风险的波动倍数。当市场股票处于均衡状态时,普通股东要求收益率 K_S' 等于期望收益率 K_S。市场平均股票收益率 K_M 和 β 值由股票市场的数据统计得出。由于不同的机构对同一种股票 β 值的估算往往有差异,加之 K_M 和 β 值一般用历史数据分析,与未来的预期也会有差异,因此对用资本资产定价模型计算的普通股成本 K_S 最好再作进一步的判断分析。

2. 折现现金流量法

根据普通股股票估值公式,普通股股票每股的当前市场价格等于预期的每股股利现金流量序列的现值之和:

$$P_0 = \sum_{t=1}^{\infty} \frac{D_t}{(1+K_S)^t}$$

若已知股票的市场价格和期望的未来股利流,则可求出普通股东的要求收益率。大多数公司预期股利按某一固定的比率 g 增长,此时上式可表示为

$$P_0 = \frac{D_1}{K_S - g}$$

即为戈登(Gordon)公式。

故

$$K_S = \frac{D_1}{P_0} + g \tag{4.7}$$

对普通股资本成本 K_S 估计的困难在于股利增长率 g 的测定。当前股票的市场价格 P_0 可从股票市场上获得,下一期股利 D_1 也容易测算。而将来较长时期(50 年左右)公司股利的增长率难以测算得准确,而 g 对 K_S 的影响又较大,故此法对 K_S 的计算也只是估计 K_S 的范围。

对于新发行的普通股,发行成本为 f 时,其资本成本为

$$K'_S = \frac{D_1}{P_0 - f} + g \tag{4.8}$$

3. 债务成本加风险报酬率法

对股票未上市公司或非股份制企业,以上两种方法都不适用于计算权益资本成本,这时可采用债务成本加风险报酬率法。若公司发行债券,债务成本为债券收益率,若无公司债券,则可用企业的平均负债成本。这种方法的关键是估算风险报酬率。即相对于债券持有者而言,股东因承担更大的风险而要求的风险补偿。如果公司的风险报酬率通常是在一个稳定的范围内,则可采用平均的历史风险报酬率。此外,也可根据市场的平均风险报酬率来确定此数值。

下面用一个例子来说明普通股资本成本的估算过程。

【例 4-5】 某企业股票市场价格为 25 元,下一期股利预计为 1.75 元,预期未来股利将按 9% 的速率增长。此时市场平均股票收益率 $K_M = 18\%$,政府 3 年期国库券的利率为 11%,企业股票的 β 值为 0.95,企业债券收益率 $K_d = 13\%$。求该企业普通股资本成本。

按资本资产定价模型计算:

$$K_S = K_{RF} + \beta(K_M - K_{RF})$$
$$= 11\% + 0.95 \times (18\% - 11\%) = 17.65\%$$

按折现现金流量(DCF)法计算:

$$K_S = \frac{D_1}{P_0} + g = \frac{1.75}{25} + 9\% = 16\%$$

按债券成本加风险报酬率法计算:

$$K_S = 13\% + 4\% = 17\%$$

据统计,大部分股票投资者要求相对于公司债券,股票的风险报酬率为 2%～4%。本例取风险报酬率为 4%。

三种方法计算的结果,该企业普通股资本成本 K_S 为 16%～17.65%。通常可取其算

术平均值：

$$K_\text{s} = \frac{17.65\% + 16\% + 17\%}{3} = 16.88\% \approx 17\%$$

在权益资本中，留存收益作为内部筹资的资本用于再投资时，其资本成本可以按上述例子计算。因为留存收益若不用于再投资，则可分发给股东。普通股要求收益率是留存收益再投资的机会成本。所以，留存收益的成本等于现有的普通股成本（不考虑发行成本）。

企业从外部筹资，发行新的普通股票时，其资本成本的计算要考虑发行成本，如式(4.8)所示。

（四）加权平均资本成本

企业为投资活动所筹措的资金往往有多种来源，每种资本的成本各异，总的筹资成本应按加权平均资本成本(weighted average cost of capital, WACC)计算。

$$\text{WACC} = \sum_{i=1}^{n} W_i \cdot K_i \tag{4.9}$$

式中，W_i 表示第 i 种资本在总资本中所占比例；K_i 表示第 i 种资本的税后资本成本。

企业筹资时各种资本的组成比例构成了资本结构，每个企业都有一个最优资本结构，可使企业股票的价值最大化。根据最优资本结构制定的企业目标资本结构应是企业筹集新资本时确定各种资本数量的依据，式(4.9)中的权重 W_i 便由此得出。

计算加权平均资本成本在很大程度上是为了在资本预算中进行现金流量的折现计算时确定折现率。通常我们所作的是税后现金流量分析，因此应计算税后加权平均资本成本。

【例 4-6】 例 4-5 中的企业普通股成本 $K_\text{s} = 17\%$，优先股成本 $K_\text{P} = 12.5\%$，债务成本 $K_\text{d} = 13\%$。总资本中债务占 30%，优先股占 10%，普通股占 60%，企业所得税税率 33%，则加权平均资本成本可计算如下：

资本类别	税后成本 K_i	$\times$	资本权重 W_i	$=$	加权资本成本
债务	$13\% \times (1-33\%) = 8.71\%$		0.3		2.613%
优先股	12.5%		0.1		1.25%
普通股	17%		0.6		10.2%
					WACC = 14.063%

按照企业股票价值最大化的目标，资本权重中各类资本的价值应按市场价值计算。若市场价值无法得到，或资本的市场价值接近账面价值时，则可按资产负债表上资本的账面价值计算。

三、边际资本成本

企业筹措新的资本用于投资，新资本增加时，每获得 1 元新资本所花费的代价称为边际资本成本。随着新资本的扩大,企业经营规模增大,经营风险增加。若企业的债务继续增加,新债权人考虑到财务风险,必定提高贷款或债券的利率,使债务成本增加。普通股本中若当年的利润留存用于再投资后,仍不能满足按目标资本结构确定的新筹资本中普通股本的数额,则需要发行新的普通股。投资者对新普通股的要求收益率一般大于老股本,以此来补偿增加的风险。因此,新资本增加会引起边际资本成本上升。由于企业筹集新资本都按一定的数额批量进行,故新筹集资本的边际资本成本曲线是一条有间断点的曲线,如图4-8所示。

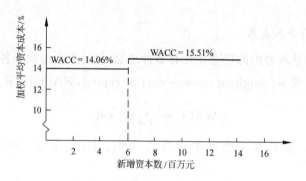

图4-8 边际资本成本曲线

按例4-6所计算的加权平均资本成本,该企业所能筹集的资本是600万元。超过600万元后,企业再要筹措新资本至1 400万元,各类资本的成本将会上升,如下所示:

资本类别	税后成本 K_i	×	资本权重 W_i =	加权资本成本
债务	$13.5\% \times (1-33\%) = 9.05\%$		0.3	2.715%
优先股	14%		0.1	1.4%
普通股	19%		0.6	11.4%
			WACC=	15.51%

所以,企业新增资本从600万元增至1 400万元时,其边际资本成本为15.51%,见图4-8。

四、最佳资本预算

在资本预算决策方法中,按净现值和内部收益率来决定长期投资项目的取舍时,折现率即资本成本的确定是个关键因素。根据这一折现率计算的净现值大于或等于零的项目,企业才能投资。而且企业将要投资的所有项目的净现值之和最大,才能使企业的价值最大,此时可得到最佳资本预算。那么,为使资本预算最佳,企业应投入的新资本是多少?其资本成本应为多少?为了回答这个问题,除了应知道新资本的边际资本成本曲线外,还要知道企业未来有多少投资机会,即将来可能的投资项目及其收益。如某企业的投资机会可见表4-4。

表 4-4 某企业的投资机会

项　　目	投资额/万元	内部收益率/%
A	200	25
B	100	21
C	300	19
D	400	18
E	200	15
F	300	12

　　根据表 4-4,将投资项目按内部收益率从高到低排序,可作出投资机会曲线,如图 4-9 所示。

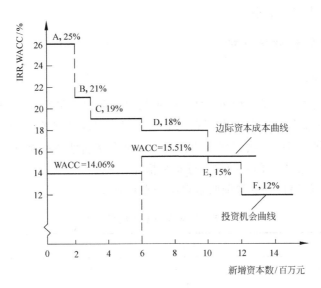

图 4-9　边际资本成本曲线和投资机会曲线

　　将投资机会曲线和边际资本成本曲线置于同一图中,见图 4-9。两者的交点所对应的边际资本成本为 15.51%,新增投资总额 1 000 万元。在交点的左边,投资项目的内部收益率均高于资本成本,这些项目应被接受。交点的右边,项目内部收益率低于资本成本,项目应被拒绝。在交点处企业边际投资收益率等于边际筹资成本,此时企业投资项目总的净收益最大,资本预算最佳。因此,在决定项目取舍时,资本成本应为 15.51%,以此折现率计算净现值来判断项目,可得出正确的决策,而且是使企业投资项目总体最优的决策。

　　以上通过边际资本成本曲线和投资机会曲线的结合,求出最佳资本预算时的资本成本的方法隐含了一个假定,即各项目的风险是相同的,都等于企业的平均风险。若各项目风险不同,则要调整边际资本成本曲线或投资机会曲线,这会引起交点位置的变动,其边际资本成本也会改变。在实际工作中,由于各项筹资成本和未来投资项目的净现金流估计不可能很准确,所以边际资本成本曲线和投资机会曲线都是估计值,有一定误差。我们按平均风险求出交点的边际资本成本后,在评价具体项目时,按该项目的风险是高于平均风险抑或低于平均风险,适当调高和降低资本成本,以此作为资本预算中具体项目的折现率。

第六节　资 本 结 构

　　企业为长期投资项目筹集资金有多种渠道：债券、普通股、优先股和选择权等。企业筹集的资本中各类资本所占的比例形成了企业的资本结构,也就是我们在资本成本计算中所用的"权数"。资本结构变化,即"权数"的变化会引起加权平均资本成本的变化,从而影响投资决策。同时,企业资本结构的不同,特别是债务占总资本比例的大小,直接影响企业的风险,进而影响企业股票的价格。因此,企业筹集资本时要作资本结构决策,对所筹集不同资本的数量比例引起的企业风险和收益作估计,找出一个合适的比例,使企业的价值最大,同时资本成本最小。

一、经营杠杆和财务杠杆

(一)经营风险

　　企业的所有资本可归纳为两种：债务资本和权益资本。在无负债、无税收的情况下,企业经营的净现金流量全部归股东所有。企业无债务引起的风险,只有因经营环境和经营策略改变而引起的风险。我们把企业在无负债时未来利息和税前收益的不确定性称为经营风险,它可以用企业 EBIT 的概率分布来描述。

　　例如,企业 A 的销售和利税前收益概率分布见表4-5。

表 4-5　企业 A：EBIT 概率分布　　　　　　　单位：千元

概　　率	0.3	0.4	0.3
销售量/台	30 000	40 000	50 000
销售额	240	320	400
固定成本	60	60	60
变动成本	120	160	200
息税前利润	60	100	140

　　企业 A 的利税前收益的期望值为

$$E(EBIT)_A = 0.3 \times 60 + 0.4 \times 100 + 0.3 \times 140 = 100(千元)$$

　　标准差为

$$\sigma(EBIT)_A = \sqrt{0.3(60-100)^2 + 0.4(100-100)^2 + 0.3(140-100)^2}$$
$$= 30.98(千元)$$

　　企业 A 的固定成本为 60 000 元,单位产品变动成本为 4 元/台,产品销售价格为 8 元/台。当销售量为 40 000 台时,其固定成本和总成本之比为

$$\left(\frac{FC}{TC}\right)_A = \frac{60\ 000}{220\ 000} = 27.3\%$$

　　另一个企业 B,销售额及其概率分布与企业 A 相同,只是固定成本上升为 100 000 元,单位变动成本为 3 元/台。因此,企业 B 的 EBIT 概率分布见表4-6。

概　　率	0.3	0.4	0.3
销售量/台	30 000	40 000	50 000
销售额	240	320	400
固定成本	100	100	100
变动成本	90	120	150
利税前收益	50	100	150

表 4-6　企业 B：EBIT 概率分布　　　　　　单位：千元

企业 B 的 EBIT 期望值为

$$E(\text{EBIT})_B = 100(千元)$$

标准差为

$$\sigma(\text{EBIT})_B = 38.73(千元)$$

当销售量为 40 000 台时，

$$\left(\frac{\text{FC}}{\text{TC}}\right)_B = \frac{100\,000}{220\,000} \times 100\% = 45.5\%$$

　　A、B 两企业仅因为固定成本在总成本所占比例不同导致利税前收益 EBIT 的概率分布不同，见图 4-10。企业 A 和企业 B 的 EBIT 期望值相等，均为 100 000 元，但标准差 $\sigma(\text{EBIT})_B > \sigma(\text{EBIT})_A$，说明企业 B 的经营风险大于企业 A。由此可见，固定成本占总成本的比例对企业利息和税前收益有较大的影响。除此之外，影响企业经营风险的因素如下。

　　(1) 企业产品销售对经济波动的敏感性。敏感的企业在经济和市场环境变化时销售额变动大，则其经营风险大。

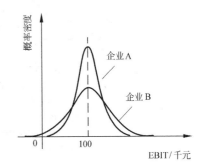

图 4-10　企业 A 和企业 B 的
EBIT 概率密度

　　(2) 企业的规模和市场占有率。规模大的企业占据较大的市场，具有强的市场竞争能力，能保持销售的稳定，故经营风险相对较小。

　　(3) 投入物价格的稳定性。原材料、燃料、工资等价格的不稳定会造成变动成本和企业收益的变动，使风险增加。

　　(4) 企业随投入物价格变动调整产品销售价格的能力。一些企业受政府政策或自身营销渠道的限制，不能很快调整产出品价格以适应投入物价格的上涨，则企业收益减少，风险增加。

　　(二) 经营杠杆

　　我们把企业固定成本占总成本的比例称为经营杠杆。在企业经营的其他因素不变时，经营杠杆大的企业，销售额的些许下降都会导致利润的大幅度下降，这就是杠杆作用的结果。用盈亏平衡分析能较好地说明这一点。企业 A 和企业 B 的盈亏平衡点如图4-11所示。在销售价格相同的条件下，企业 B 由于固定成本在总成本中所占的比例较大，其盈亏平衡点的销售量 Q_B^* 也较大。

$$Q_B^* = \frac{\text{FC}}{P-V} = \frac{100\,000}{8-3} = 20\,000(台)$$

财务 管理 ◎ 第 5 版

式中，FC 表示固定成本；P 表示销售价格；V 表示单位产品变动成本。

企业 A 的盈亏平衡点销售量为

$$Q_A^* = \frac{60\,000}{8-4} = 15\,000（台）$$

盈亏平衡点的销售量低，说明销售量即使比预定值降低较多，EBIT 值仍然大于 0。企业利润随销售量变化的波动较小。所以，经营杠杆小的企业，其经营风险也小。由图 4-11 可知，企业 B 的经营风险大于企业 A，这点从图 4-10 中的 EBIT 概率分布也可以看出。企业固定成本占总成本的比例因行业不同而不同。钢铁、电力、电信、交通等资本密集型或技术密集型行业，固定成本的比例较高；劳动密集型行业，固定成本的比例相对较低。所以，前者的经营风险一般比后者大。

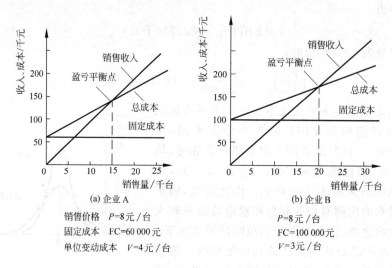

销售价格　$P=8$元／台
固定成本　FC=60 000元
单位变动成本　$V=4$元／台

$P=8$元／台
FC=100 000元
$V=3$元／台

图 4-11　盈亏平衡分析图

经营杠杆对利税前收益的影响可用经营杠杆度（degree of operating leverage，DOL）来度量。经营杠杆度定义为：在某一销售水平上销售量变动所引起的利税前收益的变动。

$$\text{DOL} = \frac{\text{EBIT 变动百分比}}{\text{销售量变动百分比}} = \frac{\Delta\text{EBIT}/\text{EBIT}}{\Delta Q/Q} \tag{4.10}$$

若企业 A 现在的销售量为 4 万台，未来销售量可能上升到 5 万台或下降为 3 万台，其利税前收益的变动如表 4-5 所示，则销售量变化对 EBIT 的影响可见表 4-7。

表 4-7　销售量变化对 EBIT 的影响

项　　目	销售量减少 $t+1$	基本销售水平 t	销售量增加 $t+1$
销售量/台	-25%　30 000	40 000	$+25\%$　50 000
利税前收益/元	60 000　-40%	100 000	140 000　$+40\%$

企业 A 在 4 万台销售水平上的经营杠杆度为

$$\text{DOL} = \frac{40\%}{25\%} = 1.6$$

经营杠杆度亦可表述为如下公式：

$$\text{DOL} = \frac{\text{销售额} - \text{变动成本}}{\text{利税前收益}} = \frac{Q(P-V)}{Q(P-V) - FC} \tag{4.11}$$

根据表 4-3 的数据，按式(4.11)计算，企业 A 在销售额为 32 万元的水平上的经营杠杆度为

$$\text{DOL}_{320\,000} = \frac{320\,000 - 160\,000}{100\,000} = 1.6$$

这与按式(4.10)计算的结果是一致的。

企业 A 在不同销售额下的经营杠杆度如表 4-8 所示。

表 4-8　企业 A 在不同销售额下的经营杠杆度

销售额/万元	经营杠杆度	销售额/万元	经营杠杆度
盈亏平衡	∞	32	1.6
18	3.0	40	1.43
24	2.0	46	1.35

在其他条件不变时，销售额增加会使经营杠杆度变小，即销售额处于高水平时，其销售量变动引起的利税前收益的变化小，经营风险相对较小。企业在经营中只要有固定成本支出，经营杠杆度必然大于 1.0，其利税前收益变动的百分比一定超过销售量变化的百分比。

（三）财务风险和财务杠杆

以上我们讨论的是企业无债务情况下的风险。当企业有负债、租赁和优先股时，债务利息、租金和优先股息等固定支出将会影响企业的税后利润，使普通股的每股收益（earnings per share，EPS）发生变化。为简便起见，我们主要分析负债量的大小对每股收益的影响。仍以企业 A 为例，假定它有三种不同的资本结构方案，见表 4-9。

表 4-9　企业 A 的三种不同的资本结构方案

项　　目	方案 I	方案 II	方案 III
债务/总资本	0%	20%	40%
债务	0	6 万元	12 万元
普通股	30 万元(5 万股)	24 万元(4 万股)	18 万元(3 万股)

企业 A 资本总额为 30 万元，债务年利率为 10%，所得税税率为 40%，其不同资本结构下的每股收益概率分布计算见表 4-10。

表 4-10　企业 A 不同资本结构下的每股收益　　　　　　　　单位：万元

概　　率	0.3	0.4	0.3
方案 I（无债务）			
利税前收益	6	10	14

概　率	0.3	0.4	0.3
利息（$i=10\%$）	0	0	0
税前收益	6	10	14
所得税（$T=40\%$）	2.4	4	5.6
税后净收益	3.6	6	8.4
每股收益（5 万股）	0.72 元	1.2 元	1.68 元
方案Ⅱ（20%债务）			
利税前收益	6	10	14
利息（$i=10\%$）	0.6	0.6	0.6
税前收益	5.4	9.4	13.4
所得税（$T=40\%$）	2.16	3.76	5.36
税后净收益	3.24	5.64	8.04
每股收益	0.81 元	1.41 元	2.01 元
方案Ⅲ（40%债务）			
利税前收益	6	10	14
利息（$i=10\%$）	1.2	1.2	1.2
税前收益	4.8	8.8	12.8
所得税（$T=40\%$）	1.92	3.52	5.12
税后净收益	2.88	5.28	7.68
每股收益	0.96 元	1.76 元	2.56 元

企业 A 不同资本结构方案的每股收益期望值和标准差见表 4-11。

表 4-11　企业 A 不同资本结构方案的每股收益期望值和标准差

项　目	方案Ⅰ（无债务）	方案Ⅱ（20%债务）	方案Ⅲ（40%债务）
每股收益期望值/元	1.20	1.41	1.76
每股收益标准差/元	0.372	0.465	0.616
每股收益变差系数	0.31	0.33	0.35

图 4-12 显示了两种不同债务比例下每股收益的分布情况。

我们把企业资本结构中长期债务的运用对每股收益的影响称为财务杠杆；把企业由于举债筹资而增加的普通股股东的风险称为财务风险。当企业 A 的债务增加、权益资本下降时，财务杠杆作用增大，每股收益随利税前收益变化而产生的波动加大，财务风险增加。企业 A 在无负债时每股收益的标准差为 0.372。当债务和资本的比例为 40% 时，每股收益的标准差增至 0.616，普通股东承受的风险加大。图 4-12 中两条曲线的分布形象地说明了两种财务杠杆下财务

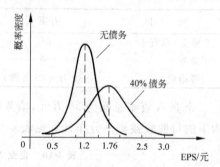

图 4-12　不同资本结构的每股收益分布

风险的不同。企业负债为 40% 时,每股收益的概率分布范围广,每股收益的标准差大于无负债情况下的标准差,财务风险较大。

为了衡量财务杠杆作用的大小,我们引入财务杠杆度(degree of financial leverage, DFL)的概念。财务杠杆度是指企业每股收益的变动对利税前收益波动的反应程度,可用公式表示如下:

$$\text{DFL} = \frac{\text{EPS 变动百分比}}{\text{EBIT 变动百分比}} = \frac{\Delta\text{EPS}/\text{EPS}}{\Delta\text{EBIT}/\text{EBIT}} \tag{4.12}$$

利用表 4-10 中的数据我们可得到不同资本结构下的 EPS 随 EBIT 变化的情况及 DFL 值,见表 4-12。

表 4-12　企业 A 的财务杠杆作用

项　　目	EBIT/万元	EPS/元	DFL
方案 I(无负债)	$-40\% \left\{ \begin{matrix} 6 \\ 10 \\ 14 \end{matrix} \right. +40\%$	$\left. \begin{matrix} 0.72 \\ 1.20 \\ 1.68 \end{matrix} \right\} \begin{matrix} -40\% \\ \\ +40\% \end{matrix}$	1.0
方案 II(20%债务)	$-40\% \left\{ \begin{matrix} 6 \\ 10 \\ 14 \end{matrix} \right. +40\%$	$\left. \begin{matrix} 0.81 \\ 1.41 \\ 2.01 \end{matrix} \right\} \begin{matrix} -45.55\% \\ \\ +45.55\% \end{matrix}$	1.06
方案 III(40%债务)	$-40\% \left\{ \begin{matrix} 6 \\ 10 \\ 14 \end{matrix} \right. +40\%$	$\left. \begin{matrix} 0.96 \\ 1.76 \\ 2.56 \end{matrix} \right\} \begin{matrix} -45.45\% \\ \\ +45.45\% \end{matrix}$	1.14

当企业有 40% 债务、利税前收益为 10 万元时的财务杠杆度为

$$\text{DFL}_{10万} = \frac{45.45\%}{40\%} = 1.14$$

财务杠杆度也可表述为

$$\text{DFL} = \frac{\text{EBIT}}{\text{EBIT} - I} = \frac{Q(P-V) - \text{FC}}{Q(P-V) - \text{FC} - I} \tag{4.13}$$

式中,I 表示债务利息。

用式(4.13)计算 40% 债务,EBIT＝10 万元时,

$$\text{DFL}_{10万} = \frac{10}{10 - 1.2} = 1.14$$

这与式(4.12)计算的结果是一致的。

(四)财务杠杆与经营杠杆的联合

企业运用财务杠杆后,每股收益的波动大于利税前收益的波动,而利税前收益的波动主要是由销售量的波动引起的,这又与经营杠杆有关。经营杠杆和财务杠杆的联合作用,使销售量的波动经过两级放大对每股收益产生更大的振荡。综合杠杆度(degree of combined leverage,DCL)表示了企业的每股收益的变化对销售量变化的反映程度。

$$\text{DCL} = \frac{\text{EPS 变动百分比}}{\text{销售量变动百分比}} = \frac{\Delta\text{EPS}/\text{EPS}}{\Delta Q/Q} \tag{4.14}$$

综合杠杆度也可表示为

$$DCL = (DOL)(DFL) \tag{4.15}$$

或者

$$DCL = \frac{Q(P-V)}{Q(P-V)-FC-I} \tag{4.16}$$

企业 A 债务为 40% 的综合杠杆度为

$$DCL = (DOL)(DFL) = \frac{40\%}{25\%} \times \frac{45.45\%}{40\%} = 1.6 \times 1.14 = 1.82$$

企业 A 在销售量为 4 万台(或销售额为 32 万元)的销售水平上,固定成本与总成本之比为 27.3%。当债务与总资本之比为 40% 时,由于经营杠杆和财务杠杆的联合作用,每股收益的变化将是销售量或销售额变化的 1.82 倍。图 4-13 以企业 A 为例,描述了经营杠杆和财务杠杆之间的关系及其联合作用的结果。

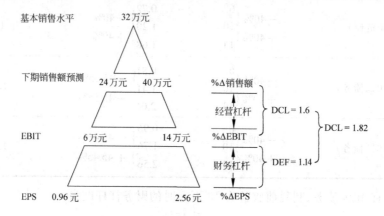

图 4-13　经营杠杆和财务杠杆的关系

（五）企业筹资的 EPS-EBIT 分析

在财务杠杆作用的分析中,我们看到,企业 A 随着财务杠杆的加大,每股收益上升而风险增加。那么,是否运用财务杠杆必定会使每股收益增加呢? 回答是否定的。当利税前收益下降,债务的增加使债务成本支出加大,基本收益能力比率 $\left(BEP = \dfrac{EBIT}{总资产}\right)$ 小于债务成本时,每股收益将下降。而且由于财务杠杆的放大作用,每股收益的下降幅度大于利税前收益的下降幅度。企业筹资时为避免这种情况出现,必须分析利用债务筹资使每股收益下降(相对普通股筹资而言)的临界点。通过对 EPS-EBIT 关系的分析,我们可以求出此点。

$$EPS = \frac{(EBIT - I)(1 - T) - D_P}{N} \tag{4.17}$$

式中,I 表示债务利息;D_P 表示优先股息;T 表示税率;N 表示普通股股数。

假设企业 C 现有债务 200 万元,年利率为 10%,普通股 100 万股,每股 20 元。目前企业因上新项目需筹集资金 1 000 万元,有两种筹资方案:其一,发行 50 万股普通股,每股价格 20 元;其二,发行 1 000 万元债券,利率为 12%。发行成本均可忽略。新项目建成后,企业 C 的利税前收益为 600 万元。表 4-13 显示了两种筹资方式下的每股收益。

表 4-13　两种筹资方式下的每股收益

项　目	普通股筹资	债券筹资	
EBIT(利息和税前收益)/万元	600	600	
利息/万元	20	140	$\left(\begin{array}{c}\text{新利息}+\\\text{旧利息}\end{array}\right)$
税前收益/万元	580	460	
税金($T=40\%$)/万元	232	184	
税后净收益/万元	348	276	
普通股股数/万股	150	100	
每股收益/元	2.32	2.76	

企业 C 利税前收益 EBIT 为 600 万元时,用债券筹资的每股收益为 2.76 元,高于普通股筹资的 2.32 元。但债务比率增大后,财务风险增加。若 EBIT 减少,EPS 将大幅度下降。根据式(4.17)求两种筹资方式的 EPS 相等时的 EBIT 临界点 EBIT*。以下标 1 和下标 2 分别表示普通股和债券筹资,则有

$$\frac{(\text{EBIT}^* - I_1)(1 - T)}{N_1} = \frac{(\text{EBIT}^* - I_2)(1 - T)}{N_2}$$

$$\frac{(\text{EBIT}^* - 20)(1 - 0.4)}{150} = \frac{(\text{EBIT}^* - 140)(1 - 0.4)}{100}$$

解上述等式得:EBIT* = 380 万元,此时 EPS=1.44 元。两种不同筹资方式 EPS-EBIT 的关系见图 4-14。

从图 4-14 中可以看出,若新项目投入运营后企业 C 的 EBIT>380 万元,新资本 1 000 万元应采用债务筹资。若 EBIT<380 万元,则应发行普通股筹资。图中债务筹资的 EPS-EBIT 线的斜率大于普通股筹资的斜率,说明债务筹资的财务杠杆大于普通股筹资时的杠杆,因此 EPS 对 EBIT 的变化较为敏感。当企业 C 的

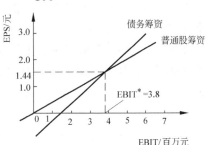

图 4-14　每股收益和利税前收益 EPS-EBIT 关系

EBIT 小于 380 万元时,债务筹资的 EPS 小于普通股筹资时的 EPS,财务杠杆的负效应产生,这时应摒弃债务筹资方案。

二、资本结构理论

资本结构理论阐述了企业负债、企业价值和资本成本之间的关系。早期的资本结构理论是建立在经验和判断基础上的,缺乏严格的推理及证明。1958 年美国的弗朗哥·莫迪格莱尼(Franco Modigliani)和莫顿·米勒(Merton Miller)两位教授在一系列假设条件下建立并证明了资本结构理论——MM 理论。他们证明了由于债务利息免税,税收的屏蔽作用使企业在全部使用债务时其价值达到最大。MM 理论首次以严格的理论推导得

出了负债和企业价值的关系,推动了财务管理科学理论的发展。后来资本结构理论的研究和深入大多建立在 MM 理论的基础之上。

（一）MM 理论简介

1. MM 理论的假设

MM 理论严格地基于下列假设。

（1）完全资本市场。这意味着债券和股票的交易无交易成本,投资者和公司以同等利率借款。

（2）企业的经营风险可用 EBIT 的方差衡量,有相同经营风险的企业处于同一风险级上。

（3）所有债务都无风险,债务利率为无风险利率。

（4）投资者对企业未来收益和收益风险的预期是相同的。

（5）投资者预期的 EBIT 固定不变。所有现金流量都是固定年金,即企业的增长率为零。

2. 无公司税的 MM 模型

假定公司无所得税,MM 理论证明了两个著名的命题。

命题一：企业价值与企业的资本结构无关。即

$$V_{\text{L}} = \frac{\text{EBIT}}{\text{WACC}} = \frac{\text{EBIT}}{K_{\text{SU}}} = V_{\text{U}} \tag{4.18}$$

式中,V_{L} 表示有负债企业的市场价值；V_{U} 表示无负债企业的市场价值；K_{SU} 表示无负债企业股东的期望收益率。

命题二：负债企业的股本成本等于同一风险等级中全部为股本的企业的股本成本加上风险报酬。此风险报酬为债务对权益资本之比（D/S）与无负债企业股本成本 K_{SU} 及债务成本 K_{d} 之差（$K_{\text{SU}} - K_{\text{d}}$）的乘积。即

$$K_{\text{SL}} = K_{\text{SU}} + (K_{\text{SU}} - K_{\text{d}})D/S \tag{4.19}$$

式中,K_{SL} 表示负债企业的股本成本；K_{SU} 表示无负债企业的股本成本；K_{d} 表示债务成本；D 表示债务的市场价值；S 表示普通股市场价值。

命题一和命题二可用图 4-15 表示。从图中可以看出,由于企业负债增加引起股东要求收益率增加,债务成本低所增加的收益正好被股本成本上升的支出所抵消,所以负债不能增加企业价值,也不影响企业的加权平均资本成本。

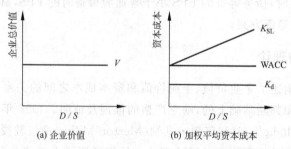

（a）企业价值　　　　　　　　　（b）加权平均资本成本

图 4-15　无公司税的 MM 模型的企业价值和资本成本

3. 有公司税的 MM 模型

企业的税收是实际存在的。债务利息在税前交纳,普通股股息则在税后支付,这两者的差别导致负债和权益资本对企业价值的不同影响。有公司税的 MM 模型的两个命题如下:

命题一,负债企业的价值等于相同风险的无债企业价值加上因负债少付税而增加的价值。即

$$V_{L} = V_{U} + TD \tag{4.20}$$

式中,T 表示公司所得税税率。

命题二,负债企业的股本成本等于同一风险等级中无负债企业的股本成本加上风险报酬,此风险报酬与债务和权益比、无负债企业股本成本和债务成本差及企业所得税税率有关。即

$$K_{SL} = K_{SU} + (K_{SU} - K_{d})(1 - T)(D/S) \tag{4.21}$$

以上两命题可用图 4-16 表示。

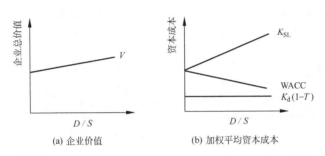

(a) 企业价值   (b) 加权平均资本成本

图 4-16 有公司税的 MM 模型的企业价值和资本成本

企业由于负债而少付所得税称为税收的屏蔽作用。负债越多,税收屏蔽作用越大,企业因此而增加的价值越大。故按照有公司税的 MM 模型,企业资产全部由债务资本构成时,企业价值最大。这与企业经营的实际情况相差甚远。企业为保持其经营的稳定性和维持其财务生存能力,一般都按一定的债务和股本比例借款。MM 模型的假设在实际中不可能做到,企业不可能都按无风险利率借债。当企业负债增加时,风险增加,债务成本也上升,投资者期望的 EBIT 也会变化。因此,MM 理论应用于实践时必须进行修正。

(二)财务拮据成本和代理成本

1. 财务拮据成本

首先,企业由于债务过重、经营效益又差而处于财务拮据状态时,将产生财务拮据成本。此时因破产尚未发生,企业所有者和债权人为债务清偿和企业破产等问题的谈判和争执常会延缓资产的清偿,导致固定资产因失修而破损、存货过期失效等情况发生,使企业价值减小。其次,律师费用、法庭收费和其他行政支出也会耗费企业的财力,这些是财务拮据的直接成本。再次,还有管理人员和职工因企业将要破产不悉心经营而产生的短期行为,顾客和供应商取消合同造成的经营困难等,这些是财务拮据的间接成本。企业负债越多,固定的利息支出越大,则收益下降导致财务拮据发生的概率越大。财务拮据成本

增大会抵消因负债税收屏蔽作用而增加的企业价值。

2. 代理成本

企业管理人员是所有者——股东的代理人。为使管理人员替股东谋利,达到企业价值最大化需要花费代理费用。另一种代理关系与企业负债有关并发生在股东和债权人之间。当管理人员为了扩大企业利润,筹资用于投资项目时,如果没有任何限制,他将会向债权人借来为股东谋利益。新债务的增加提高了债务/权益比例,使财务风险增大,债权人要求的收益率上升,导致旧债务价值的下降,旧债权人的收益转到了股东手中。若新上项目的风险很大,项目成功时企业收益大大增加,由于债务利息是固定的,因此债权人只能得小头,股东得的是大头。若项目失败,企业还不起债,则高负债企业的大部分亏损落在债权人身上,股东损失的只是一小部分。这时企业的风险转嫁给了债权人。

由于存在着股东通过管理人员,利用各种方式,将收益从债权人转向自己,将风险转嫁给债权人的动机,在债券和贷款合同中有许多保护性条款约束企业的经营行为。为保证条款的执行还需要监督费用。遵守保护性条款使企业经营灵活性减少、效率降低,以及监督费用的增加所构成的代理成本,提高了负债成本,从而降低了负债给企业价值带来的增值。财务拮据成本和代理成本对企业价值和资本成本的影响见图 4-17。

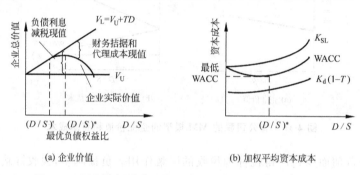

(a) 企业价值　　　　　　　(b) 加权平均资本成本

图 4-17　财务拮据成本和代理成本与有公司税的 MM 模型

3. 权衡模型

在图 4-17(a)中,根据纯 MM 理论,企业的价值 V_L 由无负债时的企业价值 V_U 和负债利息减税 TD 两部分组成。但是,由于财务拮据和代理成本的存在,当负债权益比超过 $(D/S)'$ 时,负债减税效果逐渐被与破产相关的财务拮据成本和代理成本抵消,到 $(D/S)^*$ 点,负债的边际减税收益等于边际的负债相关损失,此时负债企业的价值最大。超过 $(D/S)^*$ 点,负债引起的边际损失将超过边际减税收益,企业的总价值下降。经修改后的 MM 模型是一种权衡模型,可表达为

$$V_L = V_U + TD - 预期财务拮据成本的现值 - 代理成本现值 \qquad (4.22)$$

权衡模型说明了企业有一个最优负债量,即存在着最优资本结构,按此资本结构筹资,企业的价值最大,加权平均资本成本最低。

（三）CAPM 与有税 MM 模型的结合——哈莫达公式

本章第一节讨论的经营风险和财务风险属于总风险,分别用 $\sigma(\text{EBIT})$ 和 $\sigma(\text{EPS})$ 来衡量。总风险可用股本收益率的标准差衡量。现在从多元化投资者角度来讨论属于市场风

险范畴的经营风险和财务风险。

罗伯特·哈莫达(Robert Hamada)将 CAPM 与有税的 MM 模型结合,导出举债筹资企业的股本收益率为

$$K_{SL} = K_{RF} + \beta_U(K_M - K_{RF}) + \beta_U(K_M - K_{RF})(1-T)(D/S) \tag{4.23}$$

式中,β_U 表示企业无负债时的 β 系数;其余符号意义与前述各章相同。

式(4.23)表示有负债企业的期望股本收益率 K_{SL} 由三部分组成:

$$K_{SL} = 无风险利率 + 经营风险报酬率 + 财务风险报酬率$$

式中,K_{RF} 表示无风险利率,它补偿了权益资本的时间价值;$\beta_U(K_M - K_{RF})$ 表示对股东承受的经营风险的补偿;$\beta_U(K_M - K_{RF})(1-T)(D/S)$ 表示对企业运用财务杠杆所引起的财务风险的补偿。

CAPM 中的证券市场线 SML 可用来确定企业股本要求收益率,在证券市场均衡时,企业的股本期望收益率等于要求收益率,令 SML 公式 $K_{SL} = K_{RF} + \beta_L(K_M - K_{RF})$ 与式(4.23)相等:

$$K_{RF} + \beta_L(K_M - K_{RF}) = K_{RF} + \beta_U(K_M - K_{RF}) + \beta_U(K_M - K_{RF})(1-T)(D/S)$$

整理后得

$$\beta_L = \beta_U \left[1 + (1-T)\left(\frac{D}{S}\right) \right] \tag{4.24}$$

式中,β_L 表示有负债企业的 β 值;β_U 表示无负债企业的 β 值;T 表示公司税税率;D 表示负债的市场价值;S 表示股本的市场价值。

在 CAPM 和 MM 模型的假设条件下,利用式(4.24)可将无负债企业的 β 系数和有负债企业的 β 系数作相应的转换。企业的经营风险和财务风险用 β_L 来衡量时表现为市场风险。β_L 的大小取决于以 β_U 反映的经营风险和以财务杠杆 D/S、税率 T 反映的财务风险。

(四)最优资本结构举例

根据权衡理论,每个企业都存在着最优资本结构,在此结构下企业的市场价值最大而加权资本成本最低。下面以一个例子来分析企业的最优资本结构。

例如,企业 D 无债务,期望的每年利税前收益 EBIT=500 万元,且固定不变。企业的税后净收益全部发放股利,股利增长率 $g=0$。企业所得税税率 $T=33\%$。证券市场的数据:$K_{RF}=6\%$,$K_M=15\%$。企业 D 现有普通股 100 万股。企业主管人员计划改变现有的资本结构,增加负债以利用财务杠杆使企业价值提高,试测算企业 D 的最优资本结构。

根据例中给出的条件,我们可用以下公式计算企业的市场价值和资本成本。

(1)企业普通股市场价值:

$$S = \frac{(EBIT - K_d \cdot D)(1-T)}{K_S}$$

式中,K_S 表示企业股本成本。

企业股票价格:

$$P_0 = \frac{D_1}{K_S} = \frac{EPS}{K_S} \quad (因税后净收益全部发放股利)$$

(2)企业总的市场价值:

$$V_{\text{L}} = S + D = \frac{\text{EBIT}(1-T)}{\text{WACC}}$$

（3）企业加权平均资本成本：

$$\text{WACC} = \frac{D}{V_{\text{L}}}K_{\text{d}}(1-T) + \frac{S}{V_{\text{L}}}K_{\text{S}}$$

测算不同财务杠杆下的企业价值和资本成本，关键是预测企业在不同负债额时的债务利率和股本成本 K_{S}。对于上市的股份公司 K_{S} 可从 β 值计算得来。若企业 D 的 K_{d}、K_{S} 值测得如表 4-14 所示。

表 4-14　企业 D 的 K_{d}、K_{S} 值

债务市场价值/万元	债务成本 K_{d}/%	股票 β_{S}	股本成本 K_{S}/%
0	6	1.0	15.0
400	7	1.06	15.5
800	7.5	1.11	16.0
1 200	8	1.78	22
1 600	12	2.22	26
2 000	20	4.0	30

则企业 D 的价值可计算如表 4-15 所示。根据表 4-15 作出的企业价值和资本成本与负债比率（D/V_{L}）的关系曲线见图 4-18。当 $D/V_{\text{L}}=30.3\%$ 时，企业价值最大，$V_{\text{L}_{\max}} = 2\,640$ 万元；加权平均资本成本最小，$\text{WACC}_{\min}=12.7\%$。所以对企业 D 而言，债务市场价值为 800 万元、股本市场价值为 1 840 万元时构成了最优资本结构。

表 4-15　企业 D 不同财务杠杆下的价值及 WACC

负债价值 D/万元	负债成本 K_{d}/%	股本成本 K_{S}/%	股本价值 S/万元	企业总价值 V_{L}/万元	负债比 D/V_{L}/%	加权平均资本成本 WACC/%
000	6.0	15.0	2 230	2 230	0.0	15.0
400	7.0	15.5	2 040	2 440	16.4	13.7
800	7.5	16.0	1 840	2 640	30.3	12.7
1 200	8.0	22.0	1 230	2 430	49.4	13.8
1 600	12.0	26.0	790	2 390	67.2	13.9
2 000	20.0	30.0	220	2 220	90.1	14.9

在最优资本结构的测算中，不同财务杠杆下的负债成本 K_{d} 和股本成本 K_{S} 的确定最为关键。一是因为企业价值和资本成本对 K_{d}、K_{S} 极为敏感，K_{d} 和 K_{S} 的微小变化都会引起 V_{L} 和 WACC 较大的变化。二是企业在不同债务结构时的 K_{d} 和 K_{S} 极难估计准确，特别是对股本成本 K_{S} 的估计。上市公司可按 β_{L} 计算 K_{S}，非上市公司 K_{S} 的估算难度更大。因此，企业要测出准确的使企业价值最大，WACC 最小的 $(D/V_{\text{L}})^*$ 最优值是不可能的，只能测出一个大致的范围。从图 4-18 可以看到在 $D/V_{\text{L}}=30.3\%$ 附近，企业价值曲线和 WACC 曲线都比较平坦，我们可以将这点左右的一段 D/V_{L} 范围看做最优资本结构。

在资本结构理论中，负债和股本的价值以及企业价值都是用市场价值来衡量的。但

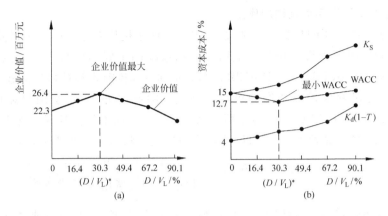

图 4-18　企业 D 资本结构与企业价值、资本成本间的关系

在实际中管理人员见到的最直观的是账面价值。企业的账面价值和市场价值有差异。从研究资本结构的目的是使企业价值最大化这点出发,以市场价值来确定最优资本结构是正确的。若用账面价值来衡量 D/V_L 时,必须注意市场价值和账面价值的差异。一般以账面价值计算的 D/A(A 为资产账面值)大于 D/V_L。

企业 D 的例子受一些假定的限制,主要的是企业的增长率 $g=0$,EBIT 保持不变。因此,最优资本结构的测算比较简单。对于增长型企业,输入的数据将增多,计算更为烦琐,误差也就越大。由此也可得出:精确地测定最优资本结构是不现实的。

三、目标资本结构

资本结构理论揭示了企业运用财务杠杆后负债和企业价值之间的关系,指出企业都有一个最优资本结构。虽然我们无法精确测定企业最优资本结构,但可以估计一个范围,在此范围内企业价值最大、资本成本最低,这称为目标资本结构。目标资本结构与影响企业筹资的多种因素有关,并随着筹资条件的变化而变化。但企业经过分析预测,一旦建立起目标资本结构,那么企业的筹资决策应与此目标一致,使企业资本结构保持在此范围内。

(一)影响目标资本结构的因素

1. 财务风险和经营风险

如第一节所述,财务风险会降低普通股的每股收益,严重的将导致企业破产。经营杠杆大的企业 EBIT 的变化大,又进一步影响负债企业的总风险。因此,经营杠杆大而销售又不稳定的企业要适当降低负债比例,以免在综合杠杆的作用下导致总风险的增大。

2. 资本的可获得性

在资本市场发育、资本流动性强的条件下,企业的边际资本成本曲线相对比较平缓。企业可以较低的成本获得数额较大的资本。由于资本成本低,企业可相应地多负债。企业获取资本能力的高低最终取决于资本市场的供需状况。跨国公司和大企业集团可在国际资本市场上筹资,获取资本的能力大,其边际资本成本在相当大的资本预算范围内是常数,故负债比率可增大。中小型企业资本获取能力较差,筹资成本相对较高,因此负债比率不能过大。

3. 贷款人和信用评级机构的作用

企业财务拮据会影响贷款人的利益,信用等级评定机构对企业的财务风险也极为重视。贷款人和信用等级机构衡量企业财务拮据风险的主要参数是收益利息倍率(time interest earned ratio,TIE)。TIE＝EBIT/I,表示利息和税前收益对利息支出的倍数。这个比值越小,公司发生财务拮据的可能性越大。除此之外,固定费用保障比率(fixed change coverage ratio,FCC)因计算了所有固定费用支出而不仅仅是利息支出,因而它比TIE更准确地反映了企业的财务风险,也经常为贷款人和信用评级机构采用。

$$固定费用保障比率(FCC) = \frac{EBIT + 租赁费用}{利息 + 租赁费用 + \dfrac{偿债基金}{(1-T)}}$$

企业债务负担过重,经营收入又差时,则 TIE 和 FCC 值小,预示企业将有财务危机,企业的信用等级将下降,贷款人停止追加贷款或同意增加贷款但利率提高。因此,企业制定目标资本结构时必须顾及贷款人和信用评级机构的态度。

4. 企业借债储备能力

当企业需要大量筹资而新项目的前景又未被投资者意识到时,企业发行股票筹资的成本较高,因而一般先发行债券或可转换债券。企业为了进一步举债筹资的需要,必须保持较低的负债比率和较好的财务状况。一般债务合同中的限制性条款中要求企业的 TIE 必须大于 2.0～2.5 时才能借新债。所以,企业为储备将来举债的能力,不能把债务比率定得过高。

5. 企业的长期经营

企业经营的长期性和稳定性对社会、企业所有者和经营者都至关重要。大公司和对国计民生影响较大的基础工业和服务行业有必要维持连续不断的供给和提供长期稳定的服务。为此,企业的负债量应以不影响企业的长期稳定经营为限,避免出现财务危机。

6. 企业增长速度

增长率较高的企业因发展速度快、资金需求量大,只靠企业的留存收益用于再投资远远不能满足需要,而发行普通股的成本又高于债券成本,因此高速增长的企业倾向于使用较多的债务。

7. 企业资产的性质

总资产中固定资产所占比例大,而且适合于抵押的资产较多的企业,如房地产产业、通用设备较多的企业一般举债额较大。

8. 企业所得税税率

所得税税率高的企业,负债的减税效应显著,举债筹资给企业带来较大的利益,因此税率高促使企业借债。

(二) 目标资本结构的计算方法

企业目标资本结构的确定要考虑国家财税政策、资本市场的流动性和企业本身的经营状况等多种因素,可采用定性分析和定量分析结合的方法进行。资本结构理论揭示了负债比率和企业价值及资本成本之间的一般规律,由于理论推导中的假设较多,在实践中难以做到,故实用性较差。在此我们介绍一种模拟计算的方法,利用 Excel 软件,输入企业经营的基期数据和筹资的预测数据,通过模型计算得出不同资本结构下的股票价格 P_0、加权平均资本成本、股本收益率、收益利益倍率等结果,提供给决策者作综合判断,以便建立企业的目标资本结构。

1. 模型输入数据

经营参数有:①销售额及其年增长率;②年通货膨胀率;③固定成本(含折旧);④变动成本及其年增长率;⑤所得税税率。

筹资参数有:①现有债务利率;②普通股筹资的边际成本;③债务筹资的边际成本;④资本结构比率。

约束参数有:①股利增长率;②股利支付比率;③流动比率;④债务偿还限制。

2. 输出数据

模型根据输入数据得出不同资本结构下预测的各年资产负债表和损益表,并可得出以下参数:①股票价格;②加权平均资本成本;③每股收益;④每股股利;⑤收益利息倍率;⑥各种资本的筹资额;⑦股本收益率;⑧股票市场价值/账面价值。

从输出结果可判断企业的资本结构在哪一范围内企业的价值最大,即股票价格最高,加权平均资本成本最低,且收益利息倍率在规定的范围内,以此作为建立目标资本结构的依据。除此之外,企业尚需考虑上述影响资本结构决策因素中与本企业相关程度最大的因素,根据本企业的特点及筹资可能性作出最后判断。

需要指出的是,资本结构决策是建立在一定的经营水平上的,即在市场销售量、固定成本和单位变动成本一定的情况下,作不同负债量对企业价值影响的分析。实际上,从企业整体来看,企业股票价值受销售量、销售价格、固定成本和变动成本的影响远大于负债比率的影响,故经营杠杆效应一般大于财务杠杆效应。因此,企业在确定目标资本结构时要着重分析市场销售变化和企业成本结构,并在生产、销售方面作出正确决策,否则仅按目标资本结构作出最好的财务计划也无法挽回经营决策上的失误。

案例

北江公司资本成本分析

北江公司是由大量的地区性旅客连锁店合并而成的股份有限公司,它希望与国家等级的酒店相竞争。现在公司总经理、财务经理与投资银行及有关人员正在讨论公司的资本成本问题,以便为筹措资金、确定资本结构提供依据。

公司的资产负债表如表 4-16 所示。

表 4-16 北江公司的资产负债表

单位:万元

资产		负债和股东权益	
现金	1 000	应付账款	1 000
应收账款	2 000	其他应付款	1 000
存货	2 000	短期借款	500
流动资产合计	5 000	流动负债合计	2 500

续表

资　产		负债和股东权益	
固定资产净值	5 000	长期债券	3 000
		优先股	500
		普通股	1 000
		留存收益	3 000
资产总计	10 000	负债和股东权益总额	10 000

下面是问题的条件:

(1) 短期负债由银行贷款构成,本期成本率为 10%,按季度支付利息。这些贷款主要用于补偿营业旺季在应收款和存货方面的资金不足,但在淡季无须银行贷款。

(2) 期限 20 年,并以 8% 的息票利率每半年付息一次的抵押债券构成公司的长期负债。债券投资者要求的收益率为 12%,若新发行债券,收益率仍为 12%,但有 5% 的发行成本。

(3) 该公司的永久性优先股票面额为 100 元,按季支付股利 2 元,投资者要求的收益率为 11%。若新发行优先股,仍产生同样的收益率,但公司需支付 5% 的发行成本。

(4) 公司流通在外的普通股为 400 万股,$P_0 = 20$ 元,每股发行价格为 17~23 元,$D_0 = 1$ 元,$EPS_0 = 2$ 元;以普通股平均值为基础的股本收益率在 1996 年是 24%,但管理者期望提高到 30%。然而,证券分析人员并没有意识到管理者的这一要求。

(5) 由证券分析人员估算的 β 系数在 1.3~1.7 的范围变动,政府长期公债收益率是 10%,由各种经纪服务机构所估算的 R_m 取值范围为 14.5%~15.5%,所预测的期望增长率范围为 10%~15%。然而,有些分析人员并没有提出明确的增长率估算数据,但他们曾向代理人暗示,该公司的历史增长率仍将保持与过去相同。

(6) 根据最近消息,北江公司的财务经理对某些热衷于退休基金投资的管理者进行了一次民意测验。测验结果表明,即使该公司的股本收益率处于最低水平,投资者仍愿意购买北江公司的普通股票而不愿意购买收益率为 12% 的债券。所以,最后的分析建议是,相对北江公司债务的股票风险报酬率范围应为 4%~6%。

(7) 北江公司的所得税税率为 40%,但其控股股东的上缴税税率为 28%。

(8) 新发行的普通股票有 10% 的发行成本率。

(9) 尽管北江公司的主要投资银行认为预期通货膨胀将导致公司有关比率提高,但它们仍指出北江公司的债券利息率将呈下降趋势,其 K_d 将下降到 10%,政府长期公债收益率将下降到 8%。

(资料来源:根据尤金·伯格姆、路易斯·加播斯基的《美国中级财务管理》第 76 页改写而成,中国展望出版社,1990 年 10 月)

假设你最近刚刚被招聘为公司的副总经理,你的上司要求你根据上述资料估算该公司的加权平均资本成本。注意,在每一给定条件下你所获得的资本成本数据应该适于评价与公司的资产具有同等风险的项目。在你的分析报告中应该包括以下内容:

(1) 根据证券评估的基本公式,计算长期负债市场价值、优先股市场价值、普通股市场价值,并以此确定公司的资本结构。

（2）计算长期负债税后成本 $K_b(1-T)$、优先股成本率 K_P。

（3）根据资本资产定价模式计算普通股成本 K_S，其中 R_m 和 β 系数取中间值计算。

（4）根据公式 $g=$ 留存收益比率×期望股本收益率，计算股利增长率，或根据分析人员预测的增长率取值范围计算 g。

（5）根据（4）的计算结果，计算股利收益率 D_1/P_0。

（6）根据贴现现金流量模式计算普通股成本 K_S。

（7）根据债券收益率加风险报酬率模式计算普通股成本 K_S。

（8）计算新发行普通股成本率 K_S。

（9）计算加权平均资本成本率 K_w。

第 4 章-筹资管理-自测题

投 资 管 理

学习目的与要求

本章主要讲授投资的基本概念、类型，投资决策的方法、指标及对外投资的类型等。通过本章的学习，需要掌握：

(1) 投资的基本概念和类型；

(2) 投资决策的方法和指标；

(3) 对外直接投资和证券投资的类型、概念；

(4) 证券投资组合的基本理论。

教学重点与难点

投资决策的方法、决策指标的应用、对外投资的种类及概念、证券投资组合的相关理论。

引例

迪森股份高溢价收购原子公司

广州迪森集团是国家级重点高新技术企业、是拥有行业内唯一"一站两中心"的企业——国家级博士后科研工作站、广东省重点热能工程技术研究开发中心、省级企业技术中心；是国家"五标一法"制定单位——独家制定了 2 项行业标准，参与制定了 3 项国家级行业标准，参与制定了行业内唯一的一部法律——《国家特种设备安全法》。迪森是广东省优秀民营企业、广州市政府扶持的"科技示范企业"、广州市民营骨干企业。2003 年 8 月迪森公司在新加坡主板上市，成为广州市第一家海外上市的民营科技企业。公司荣获"2003 年度广州市十大最具成长性企业"称号，2004 年荣获"广州市百强民营企业"称号，多次被广州市政府授予"广州市纳税大户"称号，2004 年被评为"广州市 A 级纳税企业"称号。

迪森目前是全国最大的燃气(油)、电中央热水机组、工业锅炉、智能型家用暖浴两用壁挂锅炉生产销售企业之一，近五年产销量一直位居全国同行业前列。近年来承担了两项国家级火炬计划，产品被列入"国家重点成果推广计划"，多次获得"国家级重点新产品"称号。获科技部国家重大科技成果推广项目，国家环保产品重点推广计划。在行业内率先通过 ISO9001、ISO14001、OHSAS18001、GOST、CE 等国际认证。目前公司拥有 23 项国家专利及 20 多项专有技术。"迪森"牌中央热水机组是广州市名牌产品,"迪森"商标是广州市著名商标。

迪森拥有五个子公司、十二个分公司 、六十二个办事处,以及遍布全国的售后服务网络。迪森现有员工 420 人,其中大专以上文化程度占 75％,获中级以上技术职称占 32％,获取高级职称和硕士、博士学位的为 32 人,其中博士五人,聚集了国内一流的热能技术开发人员,多人获得科技进步奖,两人被国家认定为国级专家。

（资料来源：https://zhidao.baidu.com/question/2138155707051553148.html）
（思考：为什么迪森集团要这样去收购?）

第一节　投资管理概述

一、投资的含义和特征

投资,是指特定经济主体(包括国家、企业和个人)为了在未来可预见的时期内获得收益或使资金增值,在一定时期内向一定领域的标的物投放足够数额的资金或实物等货币等价物的经济行为。从特定企业角度看,投资就是企业为了获取收益而向一定对象投放资金的经济行为。

投资的概念有广义和狭义之分。广义的投资包括企业内部资金的投放和使用,以及对外投出资金;狭义的投资仅指对外投出资金。

从财务的角度看,投资具有以下特征。

(1) 财力上的预付性。投资是在实际的经营活动进行之前发生的,具有预付款的性质,这种预付款只有在投资形成生产经营能力或投资实际运转后才能收回。

(2) 时间上的选择性。投资并非随时进行,只有在客观上存在投资,即有投资的可能和必要时,投资时机才真正到来。

(3) 空间上的流动性。在投资的过程中,大到跨国投资,小到企业间投资,投出的资金不仅会在空间上流动,而且投出的资金转化成的实物和证券等也会产生形态上的流动。

(4) 目标上的收益性。尽管各个具体的投资在目的上不尽相同,但是这些投资的最终目标和长远目标都是为了取得投资收益。

(5) 收益上的不确定性。尽管投资都是为了获取收益,但收益只是在未来才能获得,最终收益是多少事先难以确定。

(6) 回收上的时限性。由于货币时间价值的存在,投资不仅要收回,而且要及时收回。

(7) 效果上的综合性。企业能否把财务资源投放到收益高、回收快、风险小的项目上去,对企业的生存和发展十分重要。企业进行投资是取得利润的基本前提,是发展生产和经营的必要手段,也是降低风险的重要途径。

二、投资的类型

按不同标准,投资可分为不同的类型。

1. 按照投资行为的介入程度不同划分

按照投资行为的介入程度,投资可分为直接投资和间接投资。

直接投资是指由投资人直接介入投资行为,即将货币资金直接投入投资项目,形成实物资产或者购买现有企业资产的一种投资。其特点是,投资行为可以直接将投资者与投资对象联系在一起。

间接投资是指投资者以其资本购买公债、公司债券、金融债券或公司股票等,以预期获取一定收益的投资,也称为证券投资。

2. 按照投入的领域不同划分

按照投入的领域不同,投资可分为生产性投资和非生产性投资。

生产性投资,是指将资金投入生产、建设等物质生产领域中,并能够形成生产能力或可以产出生产资料的一种投资,又称为生产资料投资。这种投资的最终成果是形成各种生产性资产,包括固定资产、无形资产投资、其他资产投资和流动资金投资。其中,前三项属于垫支资本投资,最后一项属于周转资本投资。

非生产性投资,是指将资金投入非物质生产领域中,不能形成生产能力,但能形成社会消费或服务能力,满足人民的物质文化生活需要的一种投资。这种投资的最终成果是形成各种非生产性投资。

3. 按照投资的方向不同划分

按照投资的方向不同,投资可分为对内投资和对外投资。

从企业的角度来看,对内投资就是项目投资,是指企业将资金投放于为取得供本企业生产经营使用的固定资产、无形资产、其他资产和垫支流动资金而形成的一种投资。

对外投资,是指企业为购买国家及其他企业发行的有价证券或其他金融产品(包括期货与期权、信托、保险),或以货币资金、实物资产、无形资产向其他企业(如联营企业、子公司等)注入资金而发生的投资。

4. 按照投资内容的不同划分

按照投资的内容不同,投资可分为固定资产投资、无形资产投资、其他资产投资、流动资产投资、房地产投资、有价证券投资、期货与期权投资、信托投资和保险投资等多种形式。

5. 按照投资项目之间的相互关系划分

按照投资项目之间的相互关系,投资可以分为独立投资、互斥投资和互补投资。

独立投资也称为非相关性投资,是指不会因其他投资的采纳或放弃而受到影响的投资。如购置机器和建造厂房是各自独立投资的项目,它们之间存在着相互依赖关系,但不能相互取代。此时,只要独立投资项目本身可行,即可以接受。只要资金总量没有限制,项目又在经济上可行,那么多个独立投资项目就可以同时进行而不会产生矛盾。

互斥投资也称为互不相容投资,是指采纳或放弃某一项投资,就会显著地影响其他投资,或者其他投资的采纳或放弃,会使某一项投资受到显著的影响。如某公司正在考虑投资于两个计算机系统中的一个,那么选择其中一个系统就意味着放弃另外一个系统。因此,互斥投资有取必有舍,不能同时并存。在对互斥投资项目进行具体评价时,不仅要研究替代项目各自的经济合理性,而且更为重要的是通过项目经济效益的比较,解决优先问题。

互补投资,是指可同时进行、相互配套的投资。如港口和码头、油田和油管都是互补投资的项目。

三、投资的程序

企业投资的程序主要包括以下步骤。

（1）提出投资领域和投资对象，这需要在把握良好投资机会的情况下，根据企业的长远发展战略、中长期投资计划和投资环境的变化来确定。

（2）评价投资方案的财务可行性。在分析和评价特定投资方案的经济、技术可行性的基础上，需要进一步评价方案是否具备财务可行性。

（3）投资方案比较与选择。在财务可行性评价的基础上，对可供选择的多个投资方案进行比较和选择。

（4）投资方案的执行。即投资行为的具体实施。

（5）投资方案的再评价。在投资方案的执行过程中，应注意原来作出的投资决策是否合理、正确。一旦出现新的情况，就要随时根据变化的情况作出新的评价和调整。

第二节 对内投资管理

本节所指的内投资又称为内部长期投资，主要包括固定资产投资和无形资产投资。这里主要介绍固定资产投资问题。

一、项目投资的现金流量分析

（一）现金流量估算

在资本预算中，对项目作投资决策的主要依据是项目的现金流量。而投资决策是事前决策，所有的现金流量都发生在将来，因此必须对项目的投资支出、销售量、销售价格、生产成本等进行预测，估算出项目的现金流量。这一预测工作是资本预算中比较困难而又十分重要的工作。企业未来经营的政治、经济环境，市场和竞争对手都会不断发生变化，因此，认真调查研究，分析有关资料，把现金流量的估算建立在科学预测的基础上是做好资本预算首要的一步。

企业在作资本预算时，投资项目的现金流量实际上是在项目寿命期内投资该项目与不投资该项目时企业现金流量的差。因此，投资项目的现金流量是增量现金流量，等于企业投资某项目的现金流量减去不投资此项目的现金流量。

1. 投资支出

投资支出主要包括如下内容。

（1）企业用于购置设备、建筑厂房和各种生产设施等固定资产的支出。

（2）企业用于购买无形资产，如专利使用权、商标使用权、专有技术、土地使用权等的支出。

（3）项目投资前的筹建费用、咨询费、培训费等。

（4）项目投入后需要增加的净营运资本。

新项目投入需要增加库存和应收账款以便扩大生产和销售，因此流动资产和流动负债都会增加。净营运资本＝流动资产－流动负债，这部分资本需要由长期资本来补充，应计入投资支出。

投资支出作为项目的现金流出一般发生在项目前期。较大的项目投资分几年支出，对分年投资的现金流出发生的时间也要作出估计。

2. 经营现金流量

经营现金流量是指项目投入使用后，在寿命期内由于生产经营给企业带来的现金流入和现金流出的量。

例如，某项目需投资 100 万元，寿命为 10 年，企业上此项目和不上此项目的收入、支出见表 5-1。

表 5-1 项目实施与否的收入与支出情况   单位：万元

项　　目	项目实施	项目不实施	差　　额
销售净额	160	100	60
经营成本	60	40	20
折旧费	20	10	10
税前收入	80	50	30
所得税（税率 33％）	26.4	16.5	9.9
税后净收入	53.6	33.5	20.1
净经营现金流量（税后净收入＋折旧费）	73.6	43.5	30.1

从表 5-1 中可知，净经营现金流量与税后净收入不同。税后净收入是销售收入扣除所有成本费用，包括以现金形式支付的和以非现金形式支出的费用。而净现金流量只扣除以现金形式支付的成本，称为经营成本。在资本预算中，我们是以增量现金流量作为分析和决策的基础，因此决策时必须估算项目的税后净现金流量增量而不是税后净收入增量。税后净经营现金流量的计算公式如下：

$$\text{NOCF}_t = (R_t - \text{OC}_t - D_t)(1 - T) + D_t \qquad (5.1)$$

式中，NOCF_t 表示第 t 年净经营现金流量；R_t 表示第 t 年销售净额；OC_t 表示第 t 年经营成本，又称付现成本；D_t 表示第 t 年折旧额；T 表示所得税税率。

表 5-1 中的数据就是按式（5.1）计算的。式（5.1）还可表达为

$$\text{NOCF}_t = (R_t - \text{OC}_t)(1 - T) + TD_t \qquad (5.2)$$

从式（5.2）中可清楚地看出，折旧和所得税税率对净现金流量的影响。

3. 期末净现金流量

项目寿命期末除了寿命期最后一年的净经营现金流量外，还有：

（1）固定资产清算变现的税后收入。

（2）回收投入项目的净营运资本。

（3）停止使用的土地出卖收入。

（二）折旧和税收对现金流量的影响

折旧是对固定资产在使用过程中损耗的价值补偿。折旧将固定资产的原始价值在规定的使用年限内转化为费用计入成本，它并不是企业实际的资金支出，因此折旧属非现金费用，不能作为现金流出而从流入的销售额中减去。但在应税收入中应减去折旧费，故折旧是

免税的。项目折旧费的大小和所得税税率的高低直接影响项目经营净现金流量的大小。

目前,我国大多数企业采用直线法(或称年限平均法)计算年折旧额,在国家规定的折旧年限或折旧率下按以下公式计算:

$$年折旧额 = \frac{固定资产原值 - 固定资产预计残值}{折旧年限}$$

或者

$$年折旧额 = 固定资产原值 \times 折旧率$$

所得折旧额每年相等。若折旧年限缩短或折旧率提高,则年折旧额增大,项目税前收入减少,上缴所得税也减少。我国 1993 年实行企业"会计准则"和"财务通则"后,对折旧制度也作了改革,提高了固定资产折旧率或降低了折旧年限。这样企业所得税减少,年折旧额增加,投资项目的净现金流量增加。

改革后的折旧制度还允许一些企业试行加速折旧法,即在规定的折旧年限内,前期计提较多的折旧费,后期计提较少的折旧费,从而相对加快了折旧速度。加速折旧法在发达国家普遍采用。一般在固定资产使用期的前 1/3 时间里已提取了占总额一半以上的折旧费,这有利于企业的技术进步和设备更新。加速折旧法提取的折旧总额和直线折旧法一样,但前期折旧费大,使企业税前收入相应减少,早期所得税减少,而后期折旧费小又使所得税增加。其效果是推迟了所得税的缴纳,相当于企业从国家财政获得一笔长期无息贷款。由此可见,加速折旧对企业是极为有利的。

(三) 现金流量分析实例

1. 扩建项目分析

企业为了扩大生产规模或增加新的品种,必须购置新资产,引进新的技术和设备。扩建项目若全部是新资产,其增量现金流量的识别比较容易,基本上与新建项目相同。下面以一实例说明现金流量分析和投资决策的过程。

【例 5-1】 某装载机公司开发出一新型机械手,可用于各种自动化生产线。预计每台机器价格为 3 万元时,每年可售出 2 000 台。为生产这种机械手,公司预备投资 800 万元新建厂房,建筑用地在一期工程时早已购得,目前并没有买主。设备总投资为 1 000 万元。为研制新产品已花去研究开发费用 600 万元,若此项目成立,研究开发费转化为项目的无形资产在经营期内摊销。项目不成立,则此项目费计入公司成本冲销利润。

项目投产时需净营运资本 650 万元。各项投资数额及分年投入见表 5-2。项目建设期为 2 年。

表 5-2　投资及分年支出情况　　　　　　　　　　　　　单位:万元

项　　目	0	1	2	总　计
固定资产				
建筑物	300	500		800
设备			1 000	1 000
固定资产投资总额				1 800
净营运资本			650	650
无形资产				
研究开发费的机会成本	198			198
总计	498	500	1 650	2 648

项目经营寿命期为 6 年，经营期变动成本为销售额的 65％，除折旧费、摊销费外的固定成本为 1 000 万元。经预测，未来 6 年间年通货膨胀率为 8％。本项目的销售价格、变动成本、固定成本（除折旧、摊销）和净营运资本均按 8％的年率增长。

固定资产的折旧年限：建筑物为 20 年，设备为 8 年，折旧期末资产残值均为零，折旧方法为直线折旧法。

所得税税率为 33％。项目筹资的加权平均资本成本为 12％。

项目经济寿命为 8 年，预计期末厂房的市场价格为 600 万元，设备的市场价格为 100 万元。土地不出售，留待公司以后使用。

2. 投资费用分析

扩建项目所用土地为公司早期购置的，属于过去已经发生的费用，与当前的投资决策无关，是沉没成本，因此土地购置费用不列入项目的投资支出。

本项目的无形资产是公司自己开发、研制的技术，已投入的开发费用 600 万元，若项目上马，即为资本化的无形资产价值。但在估算投资费用时应按机会成本计算，即项目不上马，将研究开发费用列入成本时而节省的所得税款为 198 万元（600×0.33），见表 5-2 中第 3 项。

净流动资本在项目投产前夕投入，其现金流量发生在第二年年末。由于销售价格和经营成本都按通货膨胀率上涨，流动资产中的应收账款和存货也随之上涨，所以在经营期间净营运资本也按 8％的年率增加。每年增加的数额不列入投资费用，而在净经营现金流量中支出，见表 5-3 中第 13 项，项目寿命期末，所有投入的净营运资本全部回收，见表 5-4。

表 5-3　经营期净经营现金流量及净流动资本情况　　　　　单位：万元

项　目	3	4	5	6	7	8
1. 销售量/台	2 000	2 000	2 000	2 000	2 000	2 000
2. 销售价格	3.00	3.24	3.50	3.78	4.08	4.41
3. 销售净额	6 000	6 480	6 998.4	7 558.3	8 162.9	8 816
4. 经营成本	4 900	5 292	5 715.4	6 172.6	6 666.4	7 199.7
5. 无形资产摊销	100	100	100	100	100	100
6. 建筑物折旧	40	40	40	40	40	40
7. 设备折旧	125	125	125	125	125	125
8. 税前收入 （3－4－5－6－7）	835	923	1 018	1 120.7	1 231.5	1 351.3
9. 所得税	275.6	304.6	335.9	369.8	406.4	445.9
10. 税后净收入	559.4	618.4	682.1	750.9	825.1	905.4
11. 非现金费用 （5＋6＋7）	265	265	265	265	265	265
12. 净经营现金流量	824.4	883.4	947.1	1 015.9	1 090.1	1 170.4
13. 增加的净营运资本	52	56.2	60.7	65.5	70.7	
14. 净现金流量（12－13）	772.4	827.2	886.4	950.4	1 019.4	1 170.4

表 5-4　期末资金回收现金流量情况　　　　　　　　　单位：万元

项　　目	建　筑　物	设　　备
一、寿命期末残值估计		
1. 固定资产残值(市价)	600	100
2. 固定资产原值	800	1 000
3. 期末账面价值	560	250
4. 资本收益/亏损	40	−150
5. 所得税	13.2	−49.5
6. 净残值	586.8	149.5
二、净营运资本回收	955.1	

3. 经营现金流量

项目投入运营后的现金流入和现金流出称为经营现金流量。表5-3中第 1～10 项相当于损益表、销售净额和经营成本中的商品进出价均按不含增值税的价格计算，故表5-3中不含增值税项。

建筑物、设备的年折旧额相等且不随通货膨胀率上升。资本化的无形资产 600 万元在 6 年经营寿命期内摊销，每年 100 万元。折旧费和摊销费都不是现金流出，两者相加为非现金费用，列在表5-3第 11 项中。净经营现金流量按本章第一节给出的式(5.1)：

$$NOCF_t = (R_t - OC_t - D_t)(1 - T) + D_t$$

计算。经营期间因通货膨胀而增加的净营运资本是现金流出，应从净经营现金流量中扣除。

4. 期末资产回收

项目寿命期末资产出售时的市场价格称为资产残值，它与固定资产期末的账面价值通常是不一致的。资产市场价值大于同期账面价值，则出卖资产时有资本收益，应缴纳所得税。项目寿命期末纳税后的资本收益称为净残值。净残值才是期末资本回收的现金流入。若期末资产的市场价值小于账面价值，则为资本亏损。这一亏损将抵冲正常的年税前收入，从而获得所得税款的减收。本例中设备的处理就是这样，其资本亏损为 150 万元，在表 5-4 第 4 项中用负数表示，第 5 项负所得税表示税款节省额，是收入，故净残值为149.5(万元)(100+49.5)。

期末净残值现金流量应是全部固定资产净残值之和。

项目期末除回收固定资产净残值外，回收的净营运资本也是期末的现金流入。所以，第 8 年年末的现金流量由三部分组成：该年净经营现金流量、净残值现金流量和回收净营运资本现金流量。

5. 投资决策

表 5-5 列出了项目寿命期内各年的净现金流量。由于估算现金流量时考虑了通货膨胀因素，所以现金流量折现时要对项目筹资时的加权平均资本成本进行调整，按照考虑了通货膨胀后的名义资本成本 K_n 进行折现计算。我们定义无通货膨胀的资本成本为实际资本成本 K_r；有通货膨胀的净现金流为名义净现金流 NOCF。通货膨胀率记为 i，则有

$$NPV = \sum_{t=0}^{n} \frac{NOCF}{(1+K_r)^t(1+i)^t} = \sum_{t=0}^{n} \frac{NOCF}{(1+K_n)^t}$$

所以

$$1 + K_n = (1 + K_r)(1 + i) \tag{5.3}$$

表 5-5　项目净现金流量表　　　　　　　　　　　　单位：万元

项　　目	0	1	2	3	4	5	6	7	8
净现金流量	−498	−500	−1 650	772.4	827.2	886.4	950.4	1 019.4	2 861.8
累计净现金流量	−498	−998	−2 648	−1 875.6	−1 048.4	−162	788.4	1 807.8	4 669.6
折现净现金流量($r=20\%$)	−498	−416.7	−1 145.7	447.0	398.9	356.3	318.3	284.5	665.7
累计折现净现金流量	−498	−914.7	−2 060.4	−1 613.4	−1 214.5	−858.2	−539.9	−255.4	410.3

忽略等式右边的二次项,得

$$K_n \approx K_r + i \tag{5.4}$$

本例中无通货膨胀时的资本成本为 12%,通货膨胀率为 8%,故净现金流量应按 $K_n = 12\% + 8\% = 20\%$ 来折现。通过计算得项目的普通回收期为 5.2 年,折现回收期为 7.4 年,净现值为 410.3 万元,内部收益率为 25.24%,获利能力指数为 1.2。

根据表 5-5 所列累计净现金流量可知,项目普通回收期 $= 5 + \dfrac{162}{950.4} = 5.2$(年)。

根据表 5-5 累计折现净现金流量可知,项目折现回收期 $= 7 + \dfrac{255.4}{665.7} = 7.4$(年)。

当资本成本为 20% 时,项目净现值 $= 410.3$(万元)。

获利能力指数 $= \dfrac{2\,470.7}{2\,060.4} = 1.2$。

项目内部收益率 $= 25.24\%$。

从上述指标看,此项目应该接受。若公司认为此类产品的投资回收期不应大于 6 年,则回收期也满足要求。

我们在作本例的现金流量分析时,认为项目未来现金流量变化所带来的风险与公司的平均风险相当。所以,筹资的资金成本是按平均风险估计的。若对项目进行风险分析时发现本项目的风险大于或小于平均风险,那么还要对折现率进行风险因素的调整。折现率变化后将会影响净现值、内部收益率的数值,最终可能影响决策结果。关于现金流量的风险分析,将在下面叙述。

（二）资产更新分析

现有企业在经营过程中需要不断地吸收新的技术,对旧生产线和旧设备进行更新和改造。企业对资产更新应如何决策？与新建和扩建项目不同的是,在作资产更新分析时,原有老资产仍在运行,分析中必须考虑老资产所产生的现金流量。在增量现金流量识别上,以不更新资产作为一个方案,更新资产作为另一个方案,构成一组互斥方案,计算它们的增量现金流量。下面以一例子说明资产更新分析过程。

【例 5-2】 某公司 5 年以前以 10 万元的价格购买了一台机器,预计使用寿命为 10 年,10 年后残值为 1 万元,使用直线折旧法,年折旧费为 9 000 元。现在市场上有一种新机器,性能及技术指标均优于原有的机器。新机器价格为 15 万元(包括安装费),使用寿命为 5 年。5 年内它可以每年降低经营费用 5 万元,寿命期末此机器报废,折旧方法仍为直线折旧法。新机器投入后需增加净营运资本 12 000 元。旧机器现在可以 65 000 元卖掉。若公司的所得税税率为 33%,折现率为 15%,问该公司现在是否应该更新设备,以新机器替换旧机器?

对这一问题的分析有两种可能的结果:一是继续使用旧机器;二是买新机器卖旧机器。这两个结果公司只能择其一,因此构成互斥方案。公司的资产更新决策实际上是这两个互斥方案的比较选择问题。以下分析它们的增量现金流量。

1. 买新机器卖旧机器所需投资支出

(1) 购买新机器的费用: 150 000 元;

(2) 出卖旧机器市场价: −65 000 元;

(旧机器账面值: 55 000 元);

(3) 卖旧机器资本收益的税款增加: 3 300 元;

(4) 净营运资本增加额: 12 000 元;

(5) 期初项目增量现金流出: 100 300 元。

2. 项目寿命期内经营现金流量增量

新机器投入后,每年的经营成本比使用旧机器时减少,其减少量减去所得税即为资产更新后比不更新时增加的净现金流量。此外,还有因新机器的折旧费增加而引起的所得税款节约。具体计算见表 5-6。

表 5-6　因新机器折旧费增加而引起的所得税款节约　　　　　　　　单位:元

项　目	1	2	3	4	5
(1) 税前经营成本节约	50 000	50 000	50 000	50 000	50 000
(2) 税后经营成本节约	33 500	33 500	33 500	33 500	33 500
(3) 新机器折旧额	30 000	30 000	30 000	30 000	30 000
(4) 旧机器折旧额	9 000	9 000	9 000	9 000	9 000
(5) 折旧差额	21 000	21 000	21 000	21 000	21 000
(6) 折旧税款节约	6 930	6 930	6 930	6 930	6 930
(7) 净经营现金流量增量	40 430	40 430	40 430	40 430	40 430
(7)=(2)+(6)					

3. 期末非经营净现金流量增量

(1) 新机器预计净残值: 0 元;

(2) 旧机器净残值: 10 000 元;

(3) 新、旧机器净残值差额: −10 000 元;

(4) 净营运资本回收: 12 000 元;

(5) 期末非经营净现金流量: 2 000 元。

公司两互斥项目逐年净现金流量增量见表 5-7。

表 5-7　公司两互斥项目逐年净现金流量增加　　　　　　　　　　单位：元

项　目	0	1	2	3	4	5
净现金流量增量	−100 300	40 430	40 430	40 430	40 430	42 430

按上述增量净现金流量计算，当折现率为 15% 时，两互斥项目的净现值增量为 36 215.8 元。说明资产更新比不更新时的获利能力大，应选择购买新机器出卖旧机器的方案。

（四）投资决策的基本方法

1. 非贴现现金流量指标

非贴现现金流量指标是指不考虑资金时间价值的各种指标。这类指标主要有两个。

1）回收期

回收期（payback period）是企业用投资项目所得的净现金流量来回收项目初始投资所需的年限。

若用符号 CF_0 表示初始投资，CF_t 表示项目经营期间的税后净现金流量，T_P 表示回收期，则有

$$\sum_{t=1}^{T_P} CF_t - CF_0 = 0 \tag{5.5}$$

式（5.5）表明，当项目经营期间税后净现金流量之和减去初始投资等于零时，亦即项目累计净现金流量为零的那一年，投资刚好被完全收回，所以 T_P 为回收期。

【例 5-3】　表 5-8 列出了项目 A 的初始投资和经营净现金流量。

表 5-8　项目 A 的净现金流量表　　　　　　　　　　单位：万元

年　末	0	1	2	3	4	5	6
初始投资	100						
经营净现金流量		40	40	50	50	50	50
项目净现金流量	−100	40	40	50	50	50	50
累计净现金流量	−100	−60	−20	30	80	130	180

根据表 5-8，累计净现金流量等于零的年份在第 2 年年末和第 3 年年末之间，第 2 年年末累计净现金流量为 −20 万元，第 3 年年末净现金流量为 50 万元。所以回收期为 $T_P = 2 + \dfrac{20}{50} = 2.4$（年）。以上回收期的计算没有考虑资金的时间价值，是用非折现现金流量直接算出回收期，称为普通回收期。此外，还有用折现现金流量计算的折现回收期，此时折现率采用项目的资本成本。

表 5-9 为项目 A 的折现现金流量表，资本成本为 10%。

表 5-9　项目 A 的折现现金流量表

项　目	0	1	2	3	4	5	6
项目净现金流量/万元	−100	40	40	50	50	50	50
现值系数（r=10%）	1.000	0.909 1	0.826 4	0.751 3	0.683 0	0.620 9	0.564 5
折现净现金流量/万元	−100	36.364	33.056	37.565	34.150	31.045	28.225
累计折现净现金流量/万元	−100	−63.636	−30.580	6.985	41.135	72.180	100.405

折现回收期为

$$T'_P = 2 + \frac{30.580}{37.565} = 2.8(年)$$

无论采用哪种回收期,在决策时遵循的原则是:回收期大于企业要求的回收期,项目被拒绝;回收期小于或等于企业要求的回收期,则项目可接受。

回收期表明了初始投资回收的快慢。企业的投资项目早期收益大,则回收期短,风险小。因此,回收期是反映投资风险的一个指标,投资的尽早回收可避免将来经营环境变化的不利影响。

回收期短的项目,一般经营收益也大。但是,回收期的长短与项目前期净现金流大小有直接关系,它并不能反映回收期以后项目的收益情况。如表 5-10 所示 B、C 两项目的现金流量。

表 5-10　项目 B、C 的现金流量　　　　　　　　　　　　　　单位:万元

项　　目	0	1	2	3	4	5	6	7	8
项目 B	−1 000	400	300	300	200	200	200	200	200
项目 C	−1 000	200	200	300	300	400	400	400	400

项目 B 和项目 C 初始投资均为 1 000 万元。两项目寿命期都是 8 年。项目 B 经营前期净现金流量大,后期净现金流量小,而项目 C 正相反。它们的普通回收期分别为

$$T_{P_B} = 3(年), \quad T_{P_C} = 4(年)$$

但是,从项目寿命期内 1～8 年的平均净现金流量来看,项目 B 的收益不如项目 C,项目 B 年平均净现金流量为 250 万元,而项目 C 为 325 万元,两项目初始投资一样,则项目 C 优于项目 B。由此可见,回收期在衡量投资项目的收益方面是有缺陷的,它不能反映项目整个寿命期的现金流量大小。因此,在当前技术进步加快、企业经营环境不确定的形势下,回收期更多的是作为衡量项目风险和变现能力的指标。

2) 会计收益率

会计收益率(accounting rate of return)是项目年平均税后净收入和平均账面投资额之比,记为 ARR。例如,项目 D 的现金流量如表 5-11 所示,该项目初始投资 1 000 万元,采用直线折旧法,期末残值为零。

表 5-11　项目 D 的现金流量　　　　　　　　　　　　　　单位:万元

项　　目	0	1	2	3	4
税后净现金流量	−1 000	100	300	400	600
年折旧		250	250	250	250

$$税后净收入 = 税后净现金流量 - 年折旧$$
$$年平均税后净收入 = 年平均税后净现金流量 - 年等额折旧$$
$$= \frac{100 + 300 + 400 + 600}{4} - 250$$
$$= 100(万元)$$

采用直线折旧法时，

$$平均账面投资额 = \frac{初始投资 + 期末残值}{2}$$

$$= \frac{1\,000}{2} = 500（万元）$$

所以

$$ARR = \frac{100}{500} = 20\%$$

会计收益率以平均税后净收入和净账面资产作为计算依据，它与前面四种方法以现金流量作为计算依据不同。现金流量反映企业真实的资金收入和资金支出。税后净收入从项目净现金流量中减去折旧额，而折旧是按某种选定的折旧方法计算的费用，并非实际支出。在净现金流量相同的情况下，不同的折旧方法导致不同的税后收入。因此，按会计收益率对多个项目进行排序时，所得结果可能会与净现值法不同。会计收益率是以项目产生的净收入作为对企业的贡献，而决定企业价值的应是项目净现金流量所作的贡献。所以，会计收益率在衡量项目优劣时会产生误差。会计收益率的判断准则是：ARR ≥ 企业目标收益率时，项目可行。

2. 贴现现金流量指标

贴现现金流量指标是指考虑了资金时间价值的指标。这类指标主要有如下三个。

1）净现值

净现值（net present value, NPV）是项目寿命期内逐年净现金流量按资本成本折现的现值之和。净现值的表达式为

$$NPV = \sum_{t=1}^{n} \frac{CF_t}{(1+r)^t} - CF_0 \tag{5.6}$$

式中，CF_t、CF_0 的意义同前；r 表示资本成本。若投资分多年支出，CF_0 表示各年投资现值之和。

净现值的判别准则是：

若 $NPV \geq 0$，则项目应予接受；

若 $NPV < 0$，则项目应予拒绝。

【例5-4】 某项目初始投资 1 000 万元，当年收益。项目寿命期 4 年，每年净现金流量 400 万元，若资本成本为 10%，求项目的净现值。

我们可以用现金流量图表示这个项目的现金流入和现金流出。

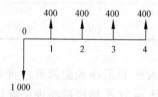

图中横轴表示时间轴，轴上时点表示每年年末，纵向线段箭头向上者表示现金流入，箭头朝下者表示现金流出。第 0 年年末的现金流出为初始投资。按式(5.6)计算，此项目

净现值为

$$NPV = -1\,000 + \frac{400}{1.1} + \frac{400}{1.1^2} + \frac{400}{1.1^3} + \frac{400}{1.1^4}$$

$$= 267.92(万元)$$

项目净现值为正值,说明项目寿命期内的净现金流量按资本成本折现后的总和抵消初始投资后仍有余,这是项目对企业的贡献。净现值越大,企业的价值增加越多。

2) 内部收益率

内部收益率(internal rate of return, IRR)可定义为使项目在寿命期内现金流入的现值等于现金流出现值的折现率,也就是使项目净现值为零的折现率。

当 NPV=0 时,根据式(5.6)有

$$\sum_{t=1}^{n} \frac{CF_t}{(1+IRR)^t} = CF_0 \tag{5.7}$$

解上述方程可得 IRR。由于高次方程求解较为烦琐,一般用试算法求 IRR。我们仍以例 2 为例,列表求出不同折现率下项目的净现值。

根据表 5-12 中的数据可作出 NPV 随折现率 r 变化的函数曲线,见图 5-1。曲线与横轴的交点是 NPV=0 的折现率,即内部收益率 IRR。例 1 中项目的 IRR=21.87%。当折现率的变化范围很小时,近似地认为净现值函数曲线为一段直线,用直线插值方法可求出 IRR。

表 5-12   不同折现率下项目的净现值   单位:万元

年末	净现金流量	现值系数($r=15\%$)	现值	现值系数($r=20\%$)	现值	现值系数($r=22\%$)	现值
0	−1 000	1.000	−1 000	1.000	−1 000	1.000	−1 000
1	400	0.869 6	347.84	0.833 3	333.32	0.819 7	327.88
2	400	0.756 1	302.44	0.694 4	277.76	0.671 9	268.76
3	400	0.657 5	263.00	0.578 7	231.48	0.550 7	220.28
4	400	0.571 8	228.72	0.482 3	192.92	0.451 4	180.56
		NPV=142.00		NPV=35.48		NPV=−2.52	

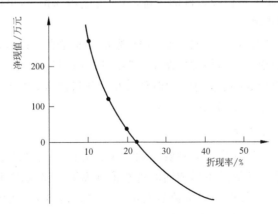

图 5-1 净现值函数曲线

求 IRR 的插值公式为

$$IRR = r_1 + \frac{NPV_1}{NPV_1 + |NPV_2|}(r_2 - r_1) \tag{5.8}$$

当折现率为 r_1 时，$NPV_1 > 0$；当折现率为 r_2 时，$NPV_2 < 0$。一般要求 $(r_2 - r_1) \leqslant 3\% \sim 5\%$，否则按上述线性插值法算出的 IRR 近似值误差较大。根据表 5-12 所列数据：

$$r_1 = 20\%, \quad NPV_1 = 35.48 \ 万元$$
$$r_2 = 22\%, \quad NPV_2 = -2.52 \ 万元$$

代入式(5.8)，得

$$IRR = 0.2 + \frac{35.48}{35.48 + 2.52}(0.22 - 0.2)$$
$$= 0.218\ 7 = 21.87\%$$

内部收益率的判断准则是：IRR 大于或等于筹资的资本成本，项目可接受；若 IRR 小于资本成本，则项目不可接受。假设项目全部用贷款，项目内部收益率高于筹资成本（即贷款利率），说明项目的投资收益除偿还利息外尚有剩余，这部分剩余额归股东所有，可增加股东的财富。若内部收益率小于贷款利息，则项目的收益不足以支付利息，股东还要为此付出代价，因此，项目不可行，应予以拒绝。

3）获利能力指数

获利能力指数（profitability index，PI）是项目经营净现金流现值和初始投资之比，表明项目单位投资的获利能力。

$$PI = \frac{\sum\limits_{t=1}^{n} \dfrac{CF_t}{(1+r)^t}}{CF_0} \tag{5.9}$$

式中，分子为项目经营期间逐年收益的现值，分母为投资支出现值，故又称为收益成本比（benifit-cost ratio）。例 2 所示项目的获利能力指数为

$$PI = \frac{400(PVA_{10\%,4})}{1\ 000} = \frac{1\ 267.92}{1\ 000} = 1.268$$

$PI \geqslant 1.0$，项目可接受；反之，项目应拒绝。

获利能力指数反映了单位投资额的效益，与净现值指标相比，更便于投资额不等的多个项目之间的比较和排序。

对相互独立的项目而言，基于现金流量折现法的净现值、内部收益率和获利能力指数，对项目的接受和拒绝应得出相同的结论，即项目的净现值为正，其内部收益率一定大于资本成本，获利能力指数必然大于 1。但是对互斥项目而言，以上三种方法在项目排序时会得出不同的结论，这将在第（五）部分讨论。

（五）对决策方法的评价

在第（四）部分中，我们提供了五种资本预算决策方法及其判断准则。但是在实际应用中，这些不同的方法往往导致不尽相同的资本预算决策。那么，哪种方法运用起来既简便又能作出正确决策呢？按照公司价值最大化或股东财富最大化的财务目标，一个好的资本预算决策方法应该具有以下几个特性：

（1）考虑项目整个寿命期的现金流量。

（2）考虑资金的时间价值，对现金流量按资本成本或项目的应得收益率折现。

（3）对互斥项目进行比较和选优时，应能选出使公司股票价值最大化的项目。

很明显，普通回收期法不具有（1）（2）两个特性。折现回收期符合特性（2），但不具备特性（1）。会计收益率不符合特性（1）、特性（2），因为它采用的是税后净收入而不是现金流量。净现值、内部收益率和获利能力指数满足特性（1）、特性（2），但它们是否都同时具有特性（3）呢？下面对这个问题作进一步的探讨。

1. NPV 和 IRR 在互斥项目比较中的差异

所谓互斥项目指的是在多个项目的选择中只能选取一个项目，其他项目必须放弃。即项目之间具有排他性，只能取其一项。按照决策原则，我们必定选取净现值最大或内部收益率最大的项目。在许多情况下，按净现值最大准则来选取项目，其结果与按内部收益率最大准则选取是一致的，但有时也会发生矛盾。例如，项目 F 和项目 G 的现金流量图如下：

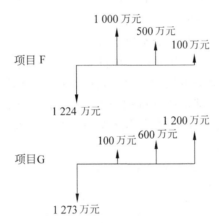

若以资本成本 11% 作为折现率，计算得 $NPV_G = 181.5$ 万元，$NPV_F = 156.1$ 万元。项目 G 优于项目 F，应选项目 G。但是，两项目的内部收益率分别为 $IRR_G = 17\%$，$IRR_F = 21\%$，按 IRR 最大准则应选项目 F，两结论相互矛盾。产生这种情况的原因是，G、F 两项目的现金流量不同，当折现率变化时，它们的净现值对折现率 r 的反应程度不同，见表 5-13。

表 5-13　折现率变化时项目 F、项目 G 净现值的反应程度

折现率(r)/%	净现值/万元	
	项目 F	项目 G
0	376.0	627.0
5	267.9	403.2
10	173.1	214.7
15	89.8	57.2
20	13.9	−78.5
25	52.8	−194.6

根据表 5-13 中的数据可画出图 5-2。

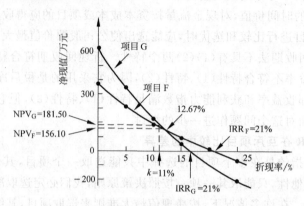

图 5-2　净现值和内部收益率的排序矛盾

当 $NPV_F = NPV_G$ 时,折现率 $r^* = 12.67\%$。从图 5-2 中可以看出,折现率 $r > 12.67\%$ 时,$NPV_G < NPV_F$,与 $IRR_G < IRR_F$ 是一致的。当 $r < 12.67\%$ 时,$NPV_G > NPV_F$,与 IRR 法的结论不一致。本例中,折现率(即资本成本)$k = 11\% < 12.67\%$,故造成净现值和内部收益率之间的矛盾。这一矛盾的产生是由于项目 G 现金流量前后变化较大,同时高折现率对晚期现金流量产生的不利影响较大。也就是说,项目 G 的净现值对折现率 r 变化的敏感度较高,反映在图 5-2 上,就是项目 G 的净现值曲线随 r 变化时斜率较大。

除了经营净现金流量发生的早晚会影响净现值对 r 的敏感度外,项目初始投资额的大小也会引起这一敏感度的差异。

例如,有 E 和 H 两项目,其现金流量图如下:

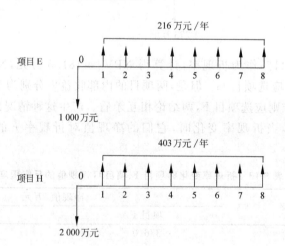

若资本成本为 8%,可得每个项目的净现值:
$$NPV_E = -1\,000 + 216(PVA_{8\%,8}) = 241(万元)$$
$$NPV_H = -2\,000 + 403(PVA_{8\%,8}) = 316(万元)$$
再计算每个项目的内部收益率。

由

$$-1\,000 + \sum_{t=1}^{8} 216(1 + IRR_E)^{-t} = 0$$

得

$$IRR_E = 14\%$$

由

$$-2\,000 + \sum_{t=1}^{8} 403(1 + IRR_H)^{-t} = 0$$

得

$$IRR_H = 12\%$$

从以上计算结果看出，$NPV_H > NPV_E$，而 $IRR_E > IRR_H$，两种方法得出相反的结论。这是由于投资大的项目，经营净现金流量也大，其净现值对折现率 r 的敏感度比投资小的项目大。那么，在这种情况下究竟采用哪种方法才能作出正确决策呢？

按照对互斥项目选择时应选出使公司价值最大的原则，净现值大的项目对公司价值的贡献大，所以上述两项目比较，应选项目 H。我们可以把项目 H 分解为两个项目：项目 E 和项目(H-E)。项目(H-E)的现金流量图如下：

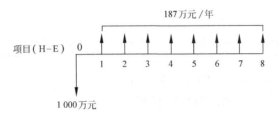

我们称上图为项目 H 和 E 的差额现金流量图。根据差额现金流量计算在资本成本 8% 下的差额净现值 $\Delta NPV_{H-E} = -1\,000 + 187(PVA_{8\%,8}) = 75$（万元）。$\Delta NPV_{H-E} > 0$ 说明，项目 H 比项目 E 增多的 1 000 万元增量投资的收益率高于资本成本，项目(H-E)应接受。项目 E 的净现值 $NPV_E > 0$，如果我们仅接受项目 E，则放弃了增量投资项目(H-E)产生的 75 万元的净现值，这不符合使企业价值最大化的原则，故 H 和 E 两个互斥项目比较应按净现值最大准则，选择项目 H。

上述差额现金流量折现的分析方法向我们提供了一个互斥项目相对比较的方法。除了计算差额净现值外，我们还可以计算差额内部收益率 ΔIRR_{H-E}。令 $\Delta NPV_{H-E} = 0$，或 $NPV_H = NPV_E$，

$$\Delta NPV_{H-E} = -1\,000 + \sum_{t=1}^{8} 187(1 + \Delta IRR_{H-E})^{-t} = 0$$

得

$$\Delta IRR_{H-E} = 10\%$$

由于增量投资项目(H-E)的内部收益率大于资本成本 8%，表明增量投资的效益好，所以投资大的项目 H 优于投资小的项目 E。只要项目 E 和项目 H 中任一个的净现值或内部收益率通过独立项目的检验标准，则根据互斥项目相对比较结果即可决定项目的取舍。

2. 内部收益率多个解的问题

一般投资项目期初有投资支出,其净现金流量为负值。以后项目逐年有投资收益,为一正的净现金流量序列,如下图所示:

通常在项目寿命期内,净现金流量的符号仅变化一次。但有些项目,寿命期内净现金流量序列的符号变化多次,如下图所示:

分期投资、森林采伐和矿石开采的项目经常会遇到这种情况。此时项目的内部收益率会出现多个解。根据笛卡儿符号规则:IRR 正实数解的个数不会超过净现金流序列正负号变化的次数,如果少的话,则少偶数个。

以项目 J 为例,其现金流量和 NPV、IRR 值见表 5-14。

表 5-14　项目 J 的现金流量、NPV 及 IRR

| 项目 | 净现金流量/元 | | | IRR/% | NPV/元 |
	CF_0	CF_1	CF_2		$(r=10\%)$
J	$-4\,000$	$+25\,000$	$-25\,000$	25 和 400	$-1\,934$

项目 J 的净现值函数曲线如图 5-3 所示,它不是一条单调下降的曲线。曲线与横轴有两个交点,$IRR_1=25\%$,$IRR_2=400\%$。但是在 10% 的折现率下,项目 J 的 NPV 为 $-1\,934$ 元,此项目应予拒绝。观察项目 J 的净现金流量,第 0 年年末的投资支出若按资本成本 10% 计算,于第 1 年年末即可收回,而在第 2 年年末又有更大的现金流出,我们可把项目 J 看成是分两期投资的项目。按净现值法计算,项目净现金流量再

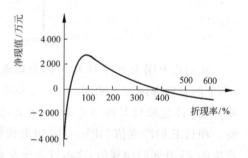

图 5-3　项目 J 的净现值函数曲线

投资时是按资本成本折现的,而内部收益率法是按 IRR 折现的,这就导致了矛盾的产生。

对企业而言,项目投资收益率只要高于资本成本,项目应该接收。净现值法按资本成本评估现金流量,净现值为正值,即投资收益率高于资本成本,投资就对企业有利,可增加企业的价值。而内部收益率法按项目内部收益率进行再投资不符合企业按筹资的资本成本进行再投资和评估资本预算项目的原则。按内部收益率来评价项目,有时会得出错误的结论。那么项目 J 又应该如何评价呢?正确的方法应该采用净现值法,由于 $NPV_J<0$,故项目不能成立。除净现值法外,我们还可以采用外部收益率法,把经营净现金流按资本成本计算成终值,使之与按外部收益率计算的初始投资的终值相等,求出项目的外部收益率,记为 ERR。用公式表示如下:

$$CF_0(1+ERR)^n = CF_t(1+r)^{n-t} \tag{5.10}$$

对项目 J,

$$4\ 000(1 + \text{ERR})^2 = 25\ 000(1 + 10\%) - 25\ 000$$

解方程得

$$\text{ERR} = -60.9\%$$

由 $\text{ERR}_J < 0$,得出项目 J 不可行的结论。

3. 净现值与获利能力指数的比较

利用净现值法和获利能力指数法来评价互斥项目的优劣时,也会得出不同的结论。以项目 K 和项目 L 为例,它们的现金流量见表 5-15。

表 5-15　项目 K 和项目 L 的现金流量

项　目	净现金流量/万元		$\dfrac{CF_1}{1+10\%}$	获利能力指数 PI	净现值/万元 (r=10%)
	CF_0	CF_1			
K	−100	+200	182	1.82	82
L	−10 000	+15 000	13 636	1.36	3 636

当资本成本为 10% 时,$NPV_K < NPV_L$,应选项目 L;当 $PI_K > PI_L$ 时,应选项目 K。两种方法又发生矛盾,到底应按何种方法取舍项目呢?

净现值与获利能力指数的差别在于:净现值表示的是价值的绝对值,而获利能力指数是价值的比率,表明的是单位投资的效益。我们仍可把项目 L 分解成项目 K 和项目 (L−K)。项目 (L−K) 的现金流量见表 5-16。

表 5-16　(L-K)项目的现金流量

项　目	净现金流量/万元		$\dfrac{CF_1}{1+10\%}$	获利能力指数 PI	净现值/万元 (r=10%)
	CF_0	CF_1			
L−K	−9 900	+14 800	13 454	1.36	3 554

项目 (L−K) 的净现值 $NPV_{L-K} = 3\ 554$ 万元 > 0,获利能力指数 $PI_{L-K} = 1.36 > 1.0$。

因此,项目 (L−K) 和项目 K 应同时被接受。这样,公司获得的价值增量比仅接受 K 项目时要大,因此应选项目 L。

从上述分析可知,按价值型的指标 NPV 来判断互斥项目的优劣,比用比率型指标 PI 更符合使公司价值最大的目标。比率型指标往往偏向于选取投资小的方案,因为它衡量的是单位投资的效益,这与总效益最大往往会产生矛盾。

综合以上的分析,以净现值作为资本预算决策的判断准则是符合公司价值最大原则的。因此,它可对资本预算作出正确决策,无论对独立项目或互斥项目,用 NPV 来判断都是正确的。而内部收益率和获利能力指数在进行互斥项目比较时会作出与净现值相反的决策,它们都偏向于选择投资小、收益也相对小的项目,这与公司价值最大的目标是相悖的。因此,在互斥项目比较时使用这两种方法时要特别小心。

财务管理专家的统计分析表明,企业财务管理人员在实践中使用内部收益率作为资本预算决策主要方法的比例高达 50% 以上。因为内部收益率比较直观,可直接与企业筹资的资本成本进行比较。但财务管理人员必须知道内部收益率的缺陷,以免落入决策的陷阱中去。

（六）寿命期不等的互斥项目评价方法

1. 净现值法

在第二节中，我们涉及的互斥项目都是有相同寿命期的项目。实际上，企业进行投资决策时经常会在多个寿命期不同的互斥项目中作选择。例如，项目 A-3 和项目 B-6，寿命分别为 3 年和 6 年，其现金流量图如下图所示：

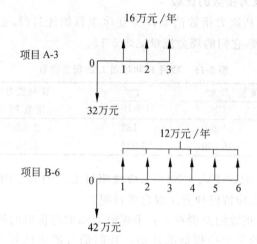

当资本成本为 10％时，两个项目的净现值为

$$\text{NPV}_{A-3} = -32 + 16(\text{PVA}_{10\%,3})$$
$$= -32 + 16 \times 2.487 = 7.792（万元）$$
$$\text{NPV}_{B-6} = -42 + 12(\text{PVA}_{10\%,6})$$
$$= -42 + 12 \times 4.355 = 10.26（万元）$$

$\text{NPV}_{B-6} > \text{NPV}_{A-3}$，是否应选项目 B-6 呢？回答是否定的。因为这两个互斥项目在时间上不可比。项目 A-3 在 3 年后还可以进行一次类似的投资，这样与项目 B-6 才是在同等条件下比较。为此，将项目 A-3 在第 3 年后再重复一次，计算 6 年现金流量的净现值。

$$\text{NPV}_{A-3-6} = \text{NPV}_{A-3} + \text{NPV}_{A-3}(\text{PV}_{10\%,3})$$
$$= 7.792 + 7.792 \times 0.751 = 13.644（万元）$$

$\text{NPV}_{A-3-6} > \text{NPV}_{B-6}$，因此应选项目 A-3。当互斥项目寿命不等时，若用净现值法判断，必须使项目在相同的年限下进行比较。这样计算起来比较烦琐，必须求出互斥项目寿命的最小公倍数，寿命短的项目要重复一次或多次。若用等值年金法，则计算将大为简化。

2. 等值年金法

等值年金法是将互斥项目的净现值按资本成本等额分摊到每年，求出每个项目的等值年金进行比较。由于都化成年金，项目在时间上是可比的，而且从净现值转化为年金只是作了资金时间价值的一种等值变换，两种方法是等价的。因此，用等值年金法和净现值法得出的结论应该是一致的。以项目 A-3 和项目 B-6 为例，将净现值的等值年金值记为 NEA，则两项目的等值年金分别为

$$\text{NEA}_{A-3} = \frac{\text{NPV}_{A-3}}{\text{PVA}_{10\%,3}} = \frac{7.792}{2.487} = 3.133（万元）$$

$$\mathrm{NEA_{B-6}} = \frac{\mathrm{NPV_{B-6}}}{\mathrm{PVA_{10\%,6}}} = \frac{10.26}{4.355} = 2.356(万元)$$

$\mathrm{NEA_{A-3}} > \mathrm{NEA_{B-6}}$，应该选择项目 A-3。这一结论与采用最小公倍数法使两项目寿命一致，按 NPV 法计算所得的结论是相同的。

从以上分析可看出，对年限不等的互斥方案进行比较时，无论是采用净现值法还是等值年金法，都是在项目现金流照原样重复，使两项目在年限相等的基础上进行的。这体现了评价方法在时间上的可比性。等值年金法计算简单，因此在寿命不等的互斥方案比较中较为常用。

第三节　对外投资管理

企业对外投资是相对于对内投资而言。所谓企业对外投资就是企业在其本身经营的主要业务以外，以现金、实物、无形资产方式，或者以购买股票、债券等有价证券方式向境内外的其他单位进行投资，以期在未来获得投资收益的经济行为。对外投资是相对于对内投资而言的，企业对外投资收益是企业总收益的组成部分。在市场经济特别是发展横向经济联合的条件下，企业对外投资已成为企业财务活动的重要内容。

一、对外投资的类型

1. 按对外投资形成的企业拥有权益不同划分

按对外投资形成的企业拥有权益不同，可分为股权投资和债权投资。

股权投资形成被投资企业的资本金，而投资企业则拥有被投资企业的股权，如购买上市公司的股票、兼并投资、联营投资。

债权投资形成被投资单位的负债，而投资企业是被投资单位的债权人，包括购买各种债券和租赁投资。债权投资与对外股权投资相比，具有投资权力小、风险小等特点。

2. 按对外投资的方式不同划分

按对外投资的方式不同，可分为实物投资和证券投资。

实物投资属直接投资的一种，是指直接用现金、实物、无形资产等投入其他单位，并直接形成生产经营活动的能力，为从事某种生产经营活动创造必要条件。它具有与生产经营紧密联系、投资回收期较长、投资变现速度慢、流动性差等特点。实物投资包括联营投资、兼并投资等。

证券投资属间接投资的一种，是指用现金、实物、无形资产等购买或折价取得其他单位有价证券（如股票、债券等）的对外投资。这些有价证券按其性质分为三类：

一是债券性证券，包括国库券、金融债券和其他公司债券；

二是权益性证券，即表明企业拥有证券发行公司的所有权，如其他公司发行的普通股股票；

三是混合性证券，优先股股票是介于普通股股票和债券之间的一种混合性有价证券。

3. 按对外投资投出资金的回收期限不同划分

按对外投资投出资金的回收期限不同，可分为短期投资和长期投资。

长期投资是指购进不准备随时变现、持有时间在 1 年以上的有价证券，以及超过 1 年的其他对外投资。

短期投资是指能够随时变现、持有时间不超过 1 年的有价证券，以及不超过 1 年的其他投资。短期投资的目的是利用生产经营暂时闲置不用的资金谋求收益，投资购入的有价证券通常是证券市场上交易活跃、容易脱手的证券。

二、对外投资的目的和意义

1. 企业对外投资的目的

企业对外投资的目的，一般有以下几种：①资金调度的需要；②企业扩张的需要；③满足特定用途的需要；④企业战略转型的需要。

2. 企业对外投资的意义

企业对外投资的重要意义主要在于：

（1）对外投资有利于企业闲置的资金（资产）得到充分利用，提高资金的使用效益。

（2）通过对外投资，可以在企业外部尤其是在外地或外国开发资源、材料来源，保证企业能源、材料来源成本低廉、供应稳定，较好地解决企业生产经营某些资源供应不足的问题。

（3）通过对外投资，可以开辟企业新的产品市场，扩大销售规模。

（4）通过合资、联营，便于从国内外其他单位直接获取先进技术，快速提高企业的技术档次。

（5）利用控股投资方式，可以使企业以较少的资金实现企业扩张的目的。

（6）对外投资是获取经济信息的重要途径。在对外投资的可行性调研、合资联营谈判、投资项目建设、管理的过程中，可以利用各种渠道和有利条件，及时捕捉对企业有用的各种信息。

三、企业对外投资决策应考虑的因素

研究对外投资决策，要周密地研究影响对外投资的各种因素。这些因素主要包括以下几个方面。

1. 对外投资的盈利与增值水平

对外投资的收益与增值提高超过对内投资的收益、增值水平是进行对外投资的先决条件。

2. 对外投资风险

对外投资风险是指企业由于对外投资遭受经济损失的可能性，或者说不能获得预期投资收益的可能性。投资风险加大会破坏投资收益的安全性，因此，投资风险又可称为投资的安全性。诱发对外投资风险的因素很多，政治的、经济的、技术的、自然的和企业自身的各种因素往往结合在一起共同对投资收益发生影响。对外投资的风险主要有利率风险、物价风险、市场风险、外汇风险和决策风险五种。

3. 对外投资成本

对外投资成本是从分析、决策对外投资开始到收回全部投资整个过程的全部开支。

包括：

（1）前期费用，指从提出投资项目开始进行的可行性分析费用，到作出抉择期间发生的调查费用、评估费用、准备费用等；

（2）实际投资额，即用于投资的资金，如联营投资额、股票债券的购买价格；

（3）资金成本，筹措对外投资所需资金而开支的筹资成本，如筹资手续费、利息、股利等；

（4）投资回收费用。

对外投资的盈利和回收额必须大于投资成本。

4. 投资管理和经营控制能力

通过投资获得其他企业的一部分或全部的经营控制权，以服务于企业的其他经营目标，是对外投资的主要目的。应该考虑用多大的投资额才能拥有必要的经营控制权；取得控制权后，如何实现其权力等问题。

5. 筹资能力

对外投资决策要求企业能够及时、足额、低成本地筹集到所需资金。

6. 对外投资的流动性

其要求对外投资的资金能够以合理的价格、较快的速度转换为货币资金。为此，必须合理安排对外投资的结构。一般来说，短期投资的流动性高于长期投资的流动性，证券投资的流动性高于非证券投资的流动性。

7. 对外投资环境

对外投资不能脱离一定的投资环境。投资环境是指企业内外影响企业投资活动的条件总和。有的属于内部条件，是能被企业控制的；有的属于外部条件，是企业不可控的。一个良好的企业投资环境，应当有比较多的投资机会、比较健全的投资管理体制、完善的资金市场。

在上述对外投资决策应考虑的因素中，实际上涉及对外投资管理应遵循的原则。这就是收益性原则、安全性原则、流动性原则。这三个原则往往不可兼得，进行对外投资决策，要从投资目的出发，从中找出三者最佳的结合方式。

四、企业对外证券投资

证券投资即有价证券投资（quoted securities investment），是狭义的投资，是指企业或个人用积累起来的货币购买股票、债券等有价证券，借以获得收益的行为。对金融机构而言，证券投资则是指以有价证券为经营对象的业务，证券投资对象主要是政府债券、企业债券和股票的发行和购买。

1. 证券投资的产生

证券和证券投资随着市场经济的发展而形成和演变。可以这么说，货币作为一般等价物出现后，生产者出售商品或劳务先获得货币，使其劳动价值得到市场的承认，然后通过货币的出让取得生活资料和生产资料。因为货币在供求时间上的不一致，货币剩余者可以将剩余货币让渡给货币短缺者使用，并要求获得一定的补偿，这就促使最初货币市场的形成和银行的产生。在商品经济发达、货币信用成熟的国家中，又逐步形成和发展起政府发行国债、公司发行债券和股票、银行等金融机构发行金融债券和长期可转换债券等募集资金的方式。购买这种证券的行为就是证券投资,发行和交易这种证券的场所或网络就是证券市场。这种投资方式被广泛运用于国家财政赤字的弥补、新兴科学技术的推广和高科技风险企业生产规模的扩大。证券投资不仅成了银行筹资的有效补充,而且起到了银行筹资所无法起到的作用。

2. 证券投资的主要形式

证券投资形式很多,主要包括股票投资和债券投资。

债券投资者所投资的债券,按发行者不同可分为政府债券和公司债券,按发行市场地点和面值货币不同又可分为外国债券和欧洲债券。

3. 证券投资的特点

证券投资具有如下一些特点。

(1) 证券投资具有高度的"市场力"。

(2) 证券投资是对预期会带来收益的有价证券的风险投资。

(3) 投资和投机是证券投资活动中不可缺少的两种行为。

(4) 二级市场的证券投资不会增加社会资本总量,而是在持有者之间进行再分配。

4. 证券投资的分类

投资证券按其性质分为三类:

(1) 债券性证券。是指由发行企业或政府机构发行并规定还本付息的时间与金额的债务凭证,包括国库券、金融债券和其他公司债券,表明企业拥有证券发行单位的债权。

(2) 权益性证券。表明企业拥有证券发行公司的所有权,如其他公司发行的普通股股票,其投资收益取决于发行公司的股利和股票市场价格。

(3) 混合性证券。指企业购买的优先股股票。优先股股票是介于普通股股票和债券之间的一种混合性有价证券。

5. 证券投资的作用

(1) 证券投资为社会提供了筹集资金的重要渠道。

(2) 证券投资有利于调节资金投向,提高资金使用效率,从而引导资源合理流动,实现资源的优化配置。

(3) 证券投资有利于改善企业经营管理,提高企业的经济效益和社会知名度,促进企业的行为合理化。

(4) 证券投资为中央银行进行金融宏观调控提供了重要手段,对国民经济的持续、高效发展具有重要意义。

(5) 证券投资可以促进国际经济交流。

6. 证券投资的目标

(1) 取得收益——将剩余资金灵活地运用。

(2) 降低风险——证券投资的灵活性、多样性。

(3) 补充资产流动性——第一储备与第二储备。

7. 证券投资的原则

(1) 效益与风险最佳组合原则

效益与风险最佳组合：在风险一定的前提下，尽可能地使收益最大化；或在收益一定的前提下，风险最小化。

（2）分散投资原则：证券的多样化，建立科学的有效证券组合。

（3）理智投资原则：证券投资在分析、比较后审慎地投资。

（4）投资程序：确定投资方案，选择证券经纪商，办理证券交割，办理证券过户。

8. 证券投资的方式

（1）证券套利：利用证券的现货价格和期货价格的差价进行套买套卖，从中获取差额收益的活动。是基于现货与期货的价格不一致。

（2）证券包销：对于新发行的证券，按一定的价格全部予以承购，即在证券发行前先按全价给发行者，再由银行向市场公开发售；发行者按规定付给银行一定的包销费用。

（3）代理证券发行：银行利用其机构网点和人员等优势，代理发行证券的单位在证券市场上以较有利的条件发行股票、债券和其他证券，从中收取代理证券发行手续费的行为。

9. 证券投资的风险

（1）证券投资风险：是指未来收益状况的不确定性，即发生盈利和亏损的可能性。

（2）投资风险包括：系统风险，是指社会政治、宏观经济情况的变化等对整个证券市场的影响和冲击具有不可抗拒性和不可分散性；非系统风险，是指个别原因对个别证券的影响和冲击。

按影响范围不同，证券投资风险可分为整体性投资风险（货币购买力风险、利率风险、经济波动风险、经济政策风险、政治风险、市场技术风险）和局部性风险（信用风险、局部价格投资风险等）。

10. 证券投资的收益

（1）投资收益的构成：所得利得，是指根据证券发行者经营的成果定期取得的收益，如债券利息、股息；资本利得，是指在证券流通市场上通过买卖证券所实现的差价收益。

（2）两个名词：票面收益，是指按票面表明的收益率计算出的收益额；当期收益率，是指债券的年息除以债券当前的市场价格所计算出的收益率。

五、证券投资组合

证券投资组合是指投资者对各种证券资产的选择而形成的投资组合。

1. 证券投资组合的类型

以组合的投资对象为标准，全世界以美国的种类比较"齐全"。在美国，证券投资组合可以分为收入型、增长型、混合型（收入型和增长型进行混合）、货币市场型、国际型及指数化型、避税型等组合。比较重要的是前面三种。

收入型证券投资组合追求基本收益（即利息、股息收益）的最大化。能够带来基本收益的证券有附息债券、优先股及一些避税债券。

增长型证券投资组合以资本升值（即未来价格上升带来的价差收益）为目标。增长型证券投资组合往往选择相对于市场而言属于低风险高收益，或收益与风险成正比的证券。符合增长型证券投资组合标准的证券一般具有以下特征：①收入和股息稳步增长；②收入增长率非常稳定；③低派息；④高预期收益；⑤总收益高，风险低。此外，还需对企业作深入细致的分析,如产品需求、竞争对手的情况、经营特点、公司管理状况等。

混合型证券投资组合试图在基本收入与资本增长之间达到某种均衡,因此也称为均衡组合。二者的均衡可以通过两种组合方式获得:一种是使组合中的收入型证券和增长型证券达到均衡;另一种是选择那些既能带来收益,又具有增长潜力的证券。

货币市场型证券投资组合是由各种货币市场工具构成的,如国库券、高信用等级的商业票据等,安全性极强。

国际型证券投资组合投资于海外不同国家,是组合管理的时代潮流。实证研究结果表明,这种证券组合的业绩总体上强于只在本土投资的组合。

指数化型证券投资组合模拟某种市场指数,以求获得市场平均的收益水平。

避税型证券投资组合通常投资于市政债券,这种债券免联邦税,也常常免州税和地方税。

2. 证券投资组合的基本原则

1) 安全性原则

安全性原则是指证券投资组合不要承担过高的风险,要保证投资的本金能够按期全部收回,并取得一定的预期投资收益。

证券投资组合追求安全性是由投资的经济属性及其基本职能所决定的。证券投资组合追求安全性并不是说不能冒任何投资风险,投资的安全性是相对的。

2) 流动性原则

流动性原则即变现性原则,是指证券投资组合所形成的资产在不发生价值损失的前提下,可随时转变为现金,以满足投资者对现金支付的需要。

投资所形成的不同资产有不同的流动性。

3) 收益性原则

证券投资组合的收益性原则是指在符合安全性原则的前提下,尽可能地取得较高的投资收益率。追求投资盈利是投资的直接目的,证券投资组合只有符合这一目标,才能使投资保值增值。投资收益率的高低取决于以下多种因素:①使用资金的机会成本;②投资可得到的税收优惠;③证券期限的长短;④货币的升值与贬值。

3. 证券投资组合的方式

证券投资组合的方式是指实现投资多元化的基本途径。证券投资可以采取以下几种方式。

1) 投资工具组合

投资工具组合是指不同投资工具的选择和搭配。选择何种投资工具,一方面,应考虑投资者的资金规模、管理能力以及投资者的偏好;另一方面,则应考虑不同投资工具各自的风险和收益以及相互间的相关性。

2) 投资期限组合

投资期限组合是指证券投资资产的长短期限的搭配。不同的投资工具所形成的资产的期限是不同的,同种投资工具所形成的不同的资产也会有不同的期限。证券投资的期限组合主要应考虑:一是投资者预期的现金支付的需求,包括支付的时间和数量;二是要考虑不同资产的约定期限及流动性;三是经济周期的变化。

3）投资的区域组合

投资的区域组合是指基金通过向不同地区、不同国家的金融资产进行投资，来达到分散投资风险、获得稳定收益的目的。证券投资的区域组合主要应考虑如下因素：一是各国资本市场的相关性；二是各国经济周期的同步性；三是汇率变动对投资的影响。

4. 证券投资组合管理的意义和特点

1）证券投资组合管理的意义在于采用适当的方法，选择多种证券作为投资对象，以达到在保证预定收益的前提下使投资风险最小或在控制风险的前提下使投资收益最大化的目标，避免投资过程的随意性。

2）证券投资组合管理的特点主要表现在两个方面：投资的分散性和风险与收益的匹配性。

5. 证券投资组合管理的方法和基本步骤

1）证券投资组合管理的方法

（1）被动管理方法，指长期、稳定地持有模拟市场指数的证券组合，以获得市场平均收益的管理方法。

（2）主动管理方法，指经常预测市场行情或寻找定价错误证券，并借此频繁调整证券组合，以获得尽可能高的收益的管理方法。

2）证券投资组合管理的基本步骤

（1）确定证券投资政策。证券投资政策是投资者为实现投资目标应遵循的基本方针和基本准则，包括确定投资目标、投资规模和投资对象三方面的内容以及应采取的投资策略和措施等。

（2）进行证券投资分析。证券投资分析是证券投资组合管理的第二步，是对证券投资组合管理第一步所确定的金融资产类型中个别证券或证券投资组合的具体特征进行的考察分析。

（3）组建证券投资组合。组建证券投资组合是证券投资组合管理的第三步，主要是确定具体的证券投资品种和在各证券上的投资比例。在构建证券投资组合时，投资者需要注意个别证券选择、投资时机选择和多元化三个问题。

（4）投资组合的修正。投资者应该对证券投资组合在某种范围内进行个别调整，使得在剔除交易成本后，在总体上能够最大限度地改善现有证券投资组合的风险回报特性。

（5）投资组合业绩评估。证券投资组合管理的第五步是通过定期对投资组合进行业绩评估，来评价投资的表现。

案例

东方公司微波炉生产线项目投资决策

东方公司是生产微波炉的中型企业，该公司生产的微波炉质量优良、价格合理，近几年来一直供不应求。为了扩大生产能力，该公司准备新建一条生产线。李强是该公司的投资部的工作人员，主要负责投资的具体工作。该公司财务总监要求李强收集建设新生产线的相关资料,写出投资项目的财务评价报告,以供公司领导决策参考。

李强经过半个月的调研,得出以下有关资料。该生产线的初始投资为 57.5 万元,分两年投入。第一年年初投入 40 万元,第二年年初投入 17.5 万元。第二年可完成建设并正式投产。投产后每年可生产微波炉 1 000 台,每台销售价格为 800 元,每年可获得销售收入 80 万元。投资项目预计可使用 5 年,5 年后的残值可忽略不计。在投资项目经营期内需垫支流动资金 15 万元,这笔资金在项目结束时可如数收回。该项目生产的产品年总成本的构成情况如表 5-17 所示。

表 5-17　该项目生产的产品年总成本的构成情况

原　材　料	40 万元	管理费(不含折旧)	7 万元
工资费用	8 万元	折旧费	10.5 万元

李强又对公司的各种资金来源进行了分析研究,得出该公司加权平均资金成本为 8%。该公司所得税税率为 40%。

李强根据以上资料,计算出该投资项目的营业现金净流量、现金净流量及净现值(表 5-18～表 5-20),并把这些数据资料提供给公司高层领导参加的投资决策会议。

表 5-18　投资项目的营业现金净流量计算表　　　　单位:元

项　目	第 1 年	第 2 年	第 3 年	第 4 年	第 5 年
销售收入	800 000	800 000	800 000	800 000	800 000
付现成本	550 000	550 000	550 000	550 000	550 000
其中:原材料	400 000	400 000	400 000	400 000	400 000
工资	80 000	80 000	80 000	80 000	80 000
管理费	70 000	70 000	70 000	70 000	70 000
折旧费	105 000	105 000	105 000	105 000	105 000
税前利润	145 000	145 000	145 000	145 000	145 000
所得税	58 000	58 000	58 000	58 000	58 000
税后利润	87 000	87 000	87 000	87 000	87 000
现金净流量	192 000	192 000	192 000	192 000	192 000

表 5-19　投资项目的现金净流量计算表　　　　单位:元

项　目	第 0 年	第 1 年	第 2 年	第 3 年	第 4 年	第 5 年	第 6 年
初始投资	−400 000	−175 000					
流动资金垫支		−150 000					
营业现金净流量			192 000	192 000	192 000	192 000	192 000
流动资金回收							150 000
现金净流量合计	−400 000	−325 000	192 000	192 000	192 000	192 000	342 000

表 5-20　投资项目净现值计算表　　　　　　　单位：元

年　　　份	现金净流量	10％的现值系数	现　　值
0	−400 000	1.000	−400 000
1	−325 000	0.909	−295 425
2	192 000	0.826	158 892
3	192 000	0.751	144 192
4	192 000	0.683	131 136
5	192 000	0.621	119 232
6	342 000	0.564	192 888
合计			50 915

　　在公司领导会议上,李强对他提供的有关数据作了必要说明。他认为,建设新生产线有 50 915 元净现值,因此这个项目是可行的。

　　公司领导会议对李强提供的资料进行了研究分析,认为李强在收集资料方面作了很大的努力,计算方法正确,但却忽略了物价变动问题,这使得李强提供的信息失去了客观性和准确性。

　　公司财务总监认为,在项目投资和使用期间内,通货膨胀率大约为 6％。他要求有关负责人认真研究通货膨胀对投资项目各有关方面的影响。

　　生产部经理认为,由于物价变动的影响,原材料费用每年将增加 10％,工资费用也将每年增加 8％。财务部经理认为,扣除折旧后的管理费每年将增加 4％,折旧费每年仍为 10.5 万元。销售部经理认为,产品销售价格预计每年可增加 8％。公司总经理指出,除了考虑通货膨胀对现金流量的影响以外,还要考虑通货膨胀对货币购买力的影响。

　　公司领导会议决定,要求李强根据以上各部门的意见,重新计算投资项目的现金流量和净现值,提交下次会议讨论。

　　(资料来源:摘自网址 http://www.tust.edu.cn/jingpin/jp2009/cwgl/anli/anli4.doc)

　　问题:根据该公司领导会议的决定,请你帮助李强重新计算各投资项目的现金净流量和净现值,并判断该投资项目是否可行。

第 5 章-投资管理-自测题

第六章 营运资金管理

学习目的与要求

本章主要讲授营运资金的基本知识、流动资产和流动负债的管理问题。通过本章的学习,需要掌握:

(1) 营运资金管理的概念与特点。

(2) 理解现金和有价证券管理的内容,学会确定最佳现金持有量。

(3) 理解应收账款的构成及企业信用政策。

(4) 掌握存货管理的内容和方法。

(5) 熟悉各种短期资本的来源及优缺点。

教学重点与难点

最佳现金持有量的确定、应收账款的信用条件、存货管理的方法等。

引例

亚泰国际:应收账款激增背后存隐忧

深圳市亚泰国际建设股份有限公司,简称亚泰、亚泰国际或亚泰建设(英文简称:ATG),于1994年注册成立。亚泰专注于为国际顶级酒店提供项目建设顾问服务,先后为10多个国际酒店管理公司、30多个国际品牌以及20多个国内TOP地产商提供了酒店装饰工程服务。亚泰坚持以专注的态度、专业的服务,为最终用户创造美好独特的体验,终极目标是打造酒店建设管理产业链,提升产业整体价值。

伴随着应收账款的飞速增长,亚泰国际应收账款周转率也出现了明显下滑,从2013年的2.20次下降到2015年6月的1.55次。资金不能及时回收、应收账款占用流动资金越来越多,亚泰国际已经陷入账面上有利润而现实环境下却无资金可使用的尴尬局面,体现在现金流量表中,则是2015年6月经营活动产生的现金流量净额出现了6 829.32万元的负值。为了摆脱资金上的困局,亚泰国际也不得不继续增加负债来维系运营,体现在公司短期银行借款的明显增加。数据显示,在近半年时间内,亚泰国际短期借款从2014年年底的1.61亿元迅速增加到 2015 年 6 月的 2.39 亿元。

与此同时,亚泰国际应收账款的不断增加也使得公司坏账计提规模变得越来越大。在 2014 年底到 2015 年 6 月末,该公司 5 年以上的应收账款余额从 2 307.26 万元增长到 5 658.37 万元,翻了一倍多。按照亚泰国际的应收账款坏账计提政策,如其 5 年以上的应收账款按照 100% 比例进行计提,则该公司因应收账款产生的坏账损失是相当得大。

(资料来源:王宗耀,证券市场红周刊,2016-06-04,https://xueqiu.com/u/2994748381)

(思考:应收账款激增会给亚太国际带来怎样的影响?)

第一节　营运资金管理概述

一、营运资金的内涵

营运资金(working capital),也称营运资本,从会计的角度看是指流动资产与流动负债的净额。营运资金是可用来偿还支付义务的流动资产,减去支付义务的流动负债的差额。

如果流动资产等于流动负债,则占用在流动资产上的资金是由流动负债融资;如果流动资产大于流动负债,则与此相对应的"净流动资产"要以长期负债或所有者权益的一定份额为其资金来源。偿债能力强会计上不强调流动资产与流动负债的关系,而只是用它们的差额来反映一个企业的偿债能力。在这种情况下,不利于财务人员对营运资金的管理和认识;从财务角度看,营运资金应该是流动资产与流动负债关系的总和。在这里,"总和"不是数额的加总,而是关系的反映,这有利于财务人员意识到,对营运资金的管理要注意流动资产与流动负债这两个方面的问题。

流动资产是指可以在 1 年内或超过 1 年的一个营业周期内变现或运用的资产。流动资产具有占用时间短、周转快、易变现等特点。企业拥有较多的流动资产,可在一定程度上降低财务风险。流动资产在资产负债表上主要包括以下项目:货币资金、短期投资、应收票据、应收账款、预付费用和存货。

流动负债是指需要在 1 年或者超过 1 年的一个营业周期内偿还的债务。流动负债又称短期融资,具有成本低、偿还期短的特点,必须认真进行管理,否则,将使企业承受较大的风险。流动负债主要包括以下项目:短期借款、应付票据、应付账款、应付工资、应付税金及未缴利润等。

二、营运资金的作用

营运资金可以用来衡量公司或企业的短期偿债能力,其金额越大,代表该公司或企业对于支付义务的准备越充足,短期偿债能力越好。当营运资金出现负数,也就是一家企业的流动资产小于流动负债时,如果流动资产小于流动负债,则流动负债融资,由流动资产和固定资产等长期资产共同占用,偿债能力弱。这家企业的营运可能随时因周转不灵而中断。

一家企业的营运资金到底多少才算足够、才称得上具备了良好的偿债能力,是决策的关键。偿债能力的数值若是换成比例或比值进行比较,可能会出现较具意义的结论。

三、营运资金的特点

为了有效地管理企业的营运资金,必须研究营运资金的特点,以便有针对性地进行管理。营运资金一般具有以下特点。

(1) 周转时间短。根据这一特点,说明营运资金可以通过短期筹资方式加以解决。

(2) 非现金形态的营运资金如存货、应收账款、短期有价证券容易变现,这一点对企业应付临时性的资金需求有重要意义。

(3) 数量具有波动性。流动资产或流动负债容易受内外条件的影响,数量的波动往往很大。

(4) 来源具有多样性。营运资金的需求问题既可通过长期筹资方式解决,也可通过短期筹资方式解决。仅短期筹资就有银行短期借款、短期融资、商业信用、票据贴现等多种方式。

四、营运资金管理的重要性

营运资金管理是对企业流动资产及流动负债的管理。一个企业要维持正常的运转就必须拥有适量的营运资金,因此,营运资金管理是企业财务管理的重要组成部分。据调查,公司财务经理有 60％的时间都用于营运资金管理。要搞好营运资金管理,必须解决好流动资产和流动负债两个方面的问题,换句话说,就是要解决好下面两个问题。

第一,企业应该投资多少在流动资产上,即资金运用的管理。主要包括现金管理、应收账款管理和存货管理。

第二,企业应该怎样来进行流动资产的融资,即资金筹措的管理。包括银行短期借款的管理和商业信用的管理。

可见,营运资金管理的核心内容就是对资金运用和资金筹措的管理。

五、提高营运资金管理效率的方法

加强营运资金管理就是加强对流动资产和流动负债的管理;就是加快现金、存货和应收账款的周转速度,尽量减少资金的过分占用,降低资金的占用成本;就是利用商业信用,解决资金短期周转困难,同时在适当的时候向银行借款,利用财务杠杆,提高权益资本报酬率。

1. 规避风险

许多企业为了实现利润、销售更多产品,经常采用赊销形式。片面追求销售业绩,可能会忽视对应收账款的管理,造成管理效率低下。例如,对赊销的现金流动情况及信用状况缺乏控制,未能及时催收货款,容易出现货款被拖欠从而造成的账面利润高于实际资金的现象。对此,财务部门应加强对赊销和预购业务的控制,制定相应的应收账款、预付货款控制制度,加强对应收账款的管理,及时收回应收账款,减少风险,从而提高企业资金使用效率。

2. 增加价值

会计利润是当期收入和费用成本配比的结果。在任何收入水平下,企业都要做好对内部成本、费用的控制,并做好预算,加强管理力度,减少不必要的支出,这样才能够提高利润,增加企业价值。

3. 提高效率

财务管理应站在企业全局的角度,构建科学的预测体系,进行科学预算。预算包括销售预算、采购预算、投资预算、人工预算、费用预算等,这些预算使企业能预测风险,及时得到资金的各种信息,及时采取措施,防范风险,提高效益。同时,这些预算可以协调企业各部门的工作,提高内部协作的效率,而且,销售部门在销售、费用等预算指导下,还可事先对市场有一定的了解,把握市场变化,减少存货的市场风险。

4. 完善制度

(1)明确内部管理责任制。很多企业认为催收货款是财务部门的事,与销售部门无关,其实这是一种错误的观点。事实上,销售人员应对催收应收账款负主要责任。如果销售人员在提供赊销商品时,还要承担收回应收账款的责任,那么他就会谨慎对待每一项应收账款。

(2)建立客户信用档案。企业应在财务部门中设置风险控制员,通过风险控制员对供应商、客户的信用情况进行深入调查和建档,并进行信用等级设置,对处于不同等级的客户实行不同的信用政策,以减少购货和赊销风险。风险管理员对客户可从以下方面进行信用等级评定:考察企业的注册资本;偿还账款的信用情况;有没有拖欠税款而被罚款的记录;有没有拖欠供货企业货款的情况;其他企业的综合评价。风险管理员根据考察结果向总经理汇报情况,再由风险管理员、财务部门经理、销售部门经理、总经理讨论后确定给予各供应商及客户的货款信用数量。如果提供超过核定的信用数量时,销售人员必须取得财务经理、风险管理员及总经理的特别批准。如果无法取得批准,销售人员只能降低信用规模或者放弃此项业务,这样就能控制销售中出现的大量坏账现象,减少风险。

(3)严格控制信用期。应规定应收账款的收款时间,并将这些信用条款写进合同,以合同形式约束对方。如果对方未能在规定时间内收回应收账款,企业可依据合同,对拖欠货款企业采取法律措施,以便及时收回货款。

(4)通过信用折扣鼓励欠款企业在规定时间内偿还账款。很多企业之所以不能及时归还欠款是因为它们及时归还得不到什么好处,拖欠也不会有什么影响。这种状况导致企业应收账款回收效率低下。为了改善这种局面,企业可以采取相应的鼓励措施,对积极回款的企业给予一定的信用折扣。

(5)实施审批制度。对不同信用规模、信用对象实施不同的审批级别。一般可设置三级审批制度。由销售经理、财务经理和风险管理员、总经理三级审核。销售部门如采用赊销方式时,应先由财务部门根据赊销带来的经济利益与产生的成本风险进行衡量,可行时再交总经理审核。这样可以提高决策的效率,降低企业经营的风险。

(6)加强补救措施。一旦发生货款拖欠现象,财务部门应要求销售人员加紧催收货款,同时风险管理员要降低该企业的信用等级;对于拖欠严重的,销售部门应责令销售人员与该企业取消购销业务。

（7）建立企业内部控制制度。主要包括存货、应收账款、现金、固定资产、管理费用等一系列的控制制度。对违反控制制度的，要给予相关责任人以惩罚。

（8）严格控制开支。对各种开支采用计划成本核算对各种容易产生浪费的开支要采取严格的控制措施。例如，很多企业业务招待费在管理费用中占据很大比例，导致部分招待费在计征所得税时无法全额税前扣除。对此，企业应该要求销售人员控制招待费支出，并由财务部门按月销售收入核定适当的招待费标准。

总之，营运资金管理在企业销售及采购业务中处于重要地位，对企业利润目标的实现会产生重大影响。营运资金管理应是对销售工作的控制而不是限制，它的宗旨是促进销售部门减少销售风险，提高利润水平。所以，企业领导人应重视企业的资金营运管理工作。

第二节　流动资产管理

本节主要介绍存货管理、应收账款管理和现金及有价证券管理的内容。

一、存货管理

（一）企业对存货管理的要求

1. 存货种类

存货包括原材料、在制品和产成品及燃料、包装物、低值易耗品和委托加工物资等。企业为维持其生产和销售的有序进行，必须保持一定数量的存货，以防止生产中断、停工待料或供货不足不能满足市场的需求。

原材料存货由企业购买的货物组成，可以是初级原材料，也可以是其他厂商制造的零部件和元器件。制造业企业的原料存货较多，其持有水平取决于原料在生产中使用的频率、购货的时间间隔、原料的特点以及原料存货占用资金的多少。

在制品存货包括在生产过程中部分完成，尚需进一步加工才能变成产品的所有物品。半成品、在制品的持有水平取决于生产过程的长短和复杂程度，以及生产组织计划的效率高低。

产成品存货是那些已完成的、准备销售的产品。商业零售企业和批发商只持有产成品存货。它的持有水平取决于销售预测、生产过程及产成品存货的资金占用。

2. 企业对存货的需求

周密和完善的生产计划和物料供应系统可使原材料、零部件的供应和生产过程完全衔接，并及时满足市场对产品的需求。这时企业对存货的需求量最小。但生产和销售是个动态过程，总会产生波动。若生产一时扩大而原材料供应不上，则会使生产中断。若市场销售量增加而无产成品库存，则会影响销售额增长和企业信誉，造成销售损失。因此，必要的存货是不可缺少的。

对企业的采购部门而言，大量的和定期的采购可获得折扣优惠。在外购货品价格将会升高或高通货膨胀期，事先购入大量的存货，可得到价差的实惠。

从企业财务管理的角度来看，存货管理的目的是在满足经营所需存货的条件下，使存货的成本最低。为此，我们必须解决以下四个问题：

（1）在某一时期需要订购和库存多少货物？

（2）应该在何时订购？

（3）存货的成本是多少？企业能否控制？

（4）哪些存货项目应引起特别注意？

（二）存货投资成本

企业投资于存货的成本包括三部分。

1. 进货成本

进货成本（ordering costs）是指企业从发订单订货到收货、登记、检验过程中所发生的费用，包括进货的运输费。用公式表示如下：

$$进货成本 = \frac{S}{Q} \cdot J \tag{6.1}$$

式中，S 表示某一时期所需存货量（由生产部门和销售部门确定）；Q 表示每次进货量；J 表示每次进货成本。

2. 持有成本

持有成本（carrying costs）是指存货所占用的资金，包括用于仓储、保险、财产税、折旧、防护等方面的费用及变质损耗。持有成本可用公式表示为

$$持有成本 = C \cdot \frac{Q}{2} \tag{6.2}$$

式中，C 表示某一时期每单位存货的持有成本；Q 表示每次进货量；$\frac{Q}{2}$ 表示平均存货持有量。

3. 短缺成本

由于缺少存货而造成市场销售损失，以及生产中断和企业商誉下降引起的损失均为存货的短缺成本。为避免存货短缺，企业必须保持一定量的安全存货以应付生产和销售过程的变化。

（三）经济进货批量

经济进货批量（economic order quantity，EOQ）又称最佳进货批量，是存货总成本最低时的进货批量。存货总成本 TC 由进货成本和持有成本两部分组成，即

$$TC = \frac{S}{Q} \cdot J + \frac{Q}{2} \cdot C \tag{6.3}$$

对式（6.3）中的 Q 求导数，得

$$\frac{d(TC)}{dQ} = J \cdot \left(-\frac{S}{Q^2} \right) + \frac{C}{2} \tag{6.4}$$

为使存货总成本最小，令 $\frac{d(TC)}{dQ} = 0$，则有

$$J \cdot \frac{S}{Q^{*2}} = \frac{C}{2}, \quad （此时 Q^* 为最佳进货批量）$$

$$Q^* = \sqrt{\frac{2JS}{C}} \tag{6.5}$$

【例 6-1】 某商业企业年销售量为 3 600 单位,每次进货成本为 250 元,单位持有成本为 20 元,则经济批量为

$$\text{EOQ} = Q^* = \sqrt{\frac{2 \times 250 \times 3\,600}{20}} = \sqrt{90\,000} = 300(\text{单位})$$

经济批量也可用图解方式求得。利用上述数据和式(6.1)及(6.2),可列出表 6-1。

表 6-1　某商业企业经济批量列表

进货量 Q/台	平均存货 $\dfrac{Q}{2}$/台	持有成本 $\left(\dfrac{Q}{2}\right) \cdot C$/元	年进货次数 $\dfrac{S}{Q}$/次	进货成本 $\left(\dfrac{S}{Q}\right) \cdot J$/元	存货总成本 TC/元
(1)	(2)	(3)	(4)	(5)	(6)=(3)+(5)
100	50	1 000	36.0	9 000	10 000
200	100	2 000	18.0	4 500	6 500
300	150	3 000	12.0	3 000	6 000
400	200	4 000	9.0	2 250	6 250
500	250	5 000	7.2	1 800	6 800
600	300	6 000	6.0	1 500	7 500

依表 6-1 中数据可作图 6-1,由图中可以看出最佳进货批量为 300 台。

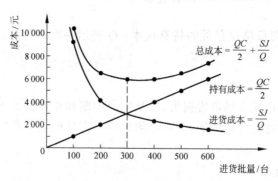

图 6-1　最佳进货批量的确定

(四)安全存货

在生产和销售过程完全符合预期计划的情况下,即在确定性分析中,企业的存货数量可按最佳进货批量确定。但企业经营存在着不确定性,产成品销售的加快、在制品在生产过程中的节拍改变以及原材料供应的延误,都会带来存货短缺损失的风险。如图 6-2(a)所示,在确定条件下,企业不需要安全存货,存货持有量等于经济批量。在不确定条件下,如图 6-2(b)所示,企业必须有安全存货,以避免存货短缺损失。企业增加安全存货将加大存货持有成本。确定安全存货大小的原则是:因设置安全存货而增加的持有成本正好能抵消存货短缺带来的损失时,此为最佳安全存货量。在例 1 中安全存货确定为 100 单位。

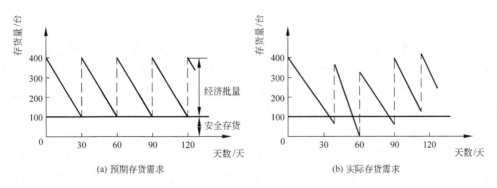

图 6-2　预期和实际的存货持有量

二、应收账款管理

（一）应收账款的产生及其投资

企业产品的销售一般有三种形式：预付现金、交货即付和赊销。

客户定做的有特殊要求的产品或市场上紧俏的商品，客户会采用预付现金的方式购买，这时企业完全没有坏账风险。

交货即付使企业的存货减少，现金增加而应付账款没有变化。

为促进销售，增加销售额，企业往往采用赊销方式。即卖主先发货，买主后付款。销货和收回货款之间的时间间隔称为赊销期限。这时货物售出，存货减少，但货款未收回，故应收账款产生。应收账款数额大小取决于赊销额的大小及赊销期限的长短：

应收账款＝每天赊销额×赊销期限

赊销是目前企业间最通用的销售方式，它扩大了销售额，使企业利润增加，同时由于应收账款占用了资金，引起成本增加。企业一般采用银行短期贷款投资于应收账款，这就需要筹资成本。应收账款管理就是分析赊销，即信用销售的条件，使赊销带来的收益增加大于应收账款投资增加所产生的费用增加，最终使企业现金收入增加，企业价值上升。图 6-3 显示了影响应收账款投资的各个因素。

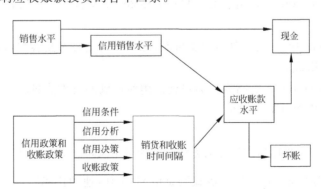

图 6-3　影响应收账款的因素

（二）信用政策

信用销售条件越宽松，销售额增加越多，企业利润就越大。同时，应收账款加大，坏账增多信用风险增大。企业的信用政策涉及财务、销售和生产等部门，由它们共同决定给哪些客户享受信用销售条件、信用期限定为多少天、是否给予折扣优惠等，从而企业通过信用政策来调节企业应收账款的水平和质量。

1. 信用条件

信用条件包括信用期和折扣优惠。信用期是指购买者从购买到必须付账之间的时间间隔，一般为 30 天、60 天或 90 天。许多公司为促使客户尽早付款，对在信用期内提前付款者给予销售折扣。信用条件可表示为：“2/10，$n/30$”即信用期为 30 天，客户于购货后 10 天内付款，可享受 2% 的折扣。企业采用折扣销售有两大好处：①客户认为这是减价的一种形式，从而吸引更多的客户；②有了折扣优惠后，客户若放弃折扣而在信用期的最后 1 天付款，将会为多获得的这部分应付账款付出较高的成本。如信用条件为“2/10，$n/30$”时，客户不享受折扣，他将在 30 天后付款。为多得 20 天（30－10）的应付账款，此客户付出的资金成本为

$$\frac{2\%}{98\%} \times \frac{360}{30-10} = 36.7\%$$

因此，客户宁愿从其他渠道筹集低成本的短期资金，也不放弃折扣优惠。这样，销售企业就可以缩短应收账款的平均收款期，减少在应收账款上的投资。

2. 信用分析

1）信用标准

企业对哪些客户信用销售、给他们的信用条件应松还是紧，这要看客户的信誉和实力。企业对客户的信用有评价标准，此标准可用五个“C”来概括：

（1）资本（capital）。是指客户的财务实力、总资产和股东权益的大小。

（2）品质（character）。是指客户的信誉、过去付款的记录和债务偿还的情况，以及客户是否表现为尽力偿债。

（3）条件（condition）。是指当前客户付款的经济环境，客户过去在经济萧条时能否付清货款。

（4）能力（capacity）。是指对客户支付能力的判断，主要考察客户流动资产的数量及性质、流动负债的组成。

（5）抵押（collateral）。是指客户为得到信用而提供的可作为抵押品的资产。有抵押品，则企业提供信用的风险可减小。

2）信用评分

除此之外，还可以采用信用评分的方法来估计信用风险。下面介绍一种信用评分公式。

$$信用评价分数 = 3.5（收益利息倍率） + 10（速动比率）$$
$$- 25（债务资产比率） + 1.3（企业经营年限） \tag{6.6}$$

等式右边括号前的数值相当于评分的权数。按上述公式，

信用评价分数 > 50，信用风险较小；

　　　　　　信用评价分数 $= 40 \sim 50$,为平均风险；

　　　　　　信用评价分数 < 40,信用风险大。

　　例如,某公司的收益利息倍率＝4.2；速动比率＝1.5；债务资产比率＝0.3；经营年限＝20 年

则

$$信用评分 = 3.5 \times 4.2 + 10 \times 1.5 - 25 \times 0.3 + 1.3 \times 20$$
$$= 48.2$$

这属于平均信用风险。

3) 信用报告

进行信用风险分析的依据是信用报告。企业可从信用评估公司和行业协会得到关于客户信用的资料,编制成商业信用报告。一个典型的信用报告包括以下内容：

(1) 资产负债表及收益表摘要；

(2) 主要财务比率及其发展趋势的信息；

(3) 从供应商处得到的客户即期或延期付款情况,以及近期拒付款的记录；

(4) 客户公司实际经营状况的描述；

(5) 客户公司业主的背景资料,有无遭受诉讼、破产等问题；

(6) 评出客户公司的信用风险等级。

企业根据信用标准、信用评分和信用报告全面评价客户的信用状况,进行信用风险分析,以确定信用客户及其享受的信用条件。

(三) 信用决策

企业给客户的信用条件宽松,则销售额增加,现金流入增多,但同时在应收账款上的投资增加。若企业收紧信用,则结果相反。管理人员在制定信用政策时要考虑的关键因素是：增加的收益是否大于放宽信用所带来的各种附加成本？现金流量分析可以给我们提供决策的依据。

1. 基本公式

信用决策需要考虑的相关因素定义如下：

S——年销售额；

VC——可变成本占销售额的比例；

ACP——应收账款平均收款期；

BD——某一销售水平下,坏账损失占销售额的比例；

R——折扣销售额占总销售额的比例；

D——销售折扣率。

某一信用政策实施时,在应收账款上的投资为

$$CF_0 = (VC)(S)(ACP/365) \tag{6.7}$$

由于信用政策的变化不影响企业的固定成本,故分析时不予考虑。信用销售形成的税后经营净现金流量为：

$$CF_t = [S(1-VC) - S(BD) - S(R)(D)](1-T) \tag{6.8}$$

式中,T 表示所得税率；$S(1-VC)$ 表示税前利润(未计固定成本)；$S(BD)$ 表示一年中的

坏账损失；$S(R)(D)$ 表示一年中的销售折扣损失。

2. 增量现金流量分析

信用决策通常分析企业信用政策变化时对收益和风险的影响。我们可以把新、老信用政策作一对比,进行增量现金流量分析。以下标 N 和下标 O 分别表示新信用政策和老信用政策,则投资增量为

$$\Delta CF_O = VC(S_N/365)ACP_N - VC(S_O/365)ACP_O \tag{6.9}$$

经营期净现金流量增量为

$$\Delta CF_t = \{[S_N(1-VC) - S_N(BD_N) - S_N R_N D_N]$$
$$- [S_O(1-VC) - S_O(BD_O) - S_O R_O D_O]\}(1-T) \tag{6.10}$$

信用政策改变引出的净现值增量为

$$\Delta NPV = \frac{\Delta CF_t}{K} - \Delta CF_O \tag{6.11}$$

式中,K 表示考虑信用风险后的税后要求收益率;用永续年金公式计算现值。

下面用一个实例来分析信用政策发生预期变化时的决策。

【例 6-2】 某企业为了促进销售,计划放宽信用,其新、老信用政策的有关参数测定见表 6-2。

表 6-2　新、老信用政策的有关参数测定

信 用 条 件	老信用政策 1/10,n/30	新信用政策 2/10,n/40
应收账款平均收款期/天	16	15.5
销售额/万元	2 800	3 000
坏账/%	2	3
折扣销售占总销售额比例/%	55	60
折扣率/%	1	2

该企业可变成本占销售额的比例为 60%。为满足新信用条件下的销售增长,尚需增加 4 万元的存货。该企业全部采用信用销售,公司所得税税率为 33%,要求税后投资收益率为 10%。试问该企业是否应该改变信用条件?

改变信用条件后的增量投资由两部分组成:因销售增加而多投入的应收账款和存货投资支出。

$$\Delta CF_O = VC[(S_N/365)ACP_N - (S_O/365)ACP_O] + \Delta I$$

式中,ΔI 表示存货增量。代入已知和预测数据,得

$$\Delta CF_O = 0.6[3\,000(365)15.5 - (2\,800/365)16] + 4$$
$$= 2.794\,5 + 4 = 6.794\,5(万元)$$

改变信用条件后的净现金流增量为

$$\Delta CF_t = \{S_N[(1-VC) - BD_N - R_N \cdot D_N]$$
$$- S_O[(1-VC) - BD_O - R_O \cdot D_O]\}(1-T)$$
$$= \{3\,000[(1-0.6) - 3\% - (2\%)(60\%)]$$
$$- 2\,800[(1-0.6) - 2\% - (1\%)(55\%)]\}(1-0.33)$$

$$= (1\,074 - 1\,048.6)(0.67)$$
$$= 17.018(万元)$$

改变信用条件后的净现值增量为

$$\Delta NPV = \frac{\Delta CF_t}{K} - \Delta CF_0$$
$$= \frac{17.018}{10\%} - 6.794\,5$$
$$= 163.385\,5(万元)$$

由于改为新信用条件后,增量净现值大于零,该企业应考虑采用新的较为宽松的信用政策。

三、现金管理与短期证券投资

(一)现金管理

1. 现金管理的目标

现金是企业流动性最强的资产。它实际包括了货币以及类似货币的可作为支付工具的资产,一般指企业手头的现金和银行活期存款。现金是非收益性资产,用来支付工资、原材料货款、税款、股息和贷款利息,还用于购置固定资产及偿还贷款本金。然而,现金本身没有利息,不能赚取收益。企业持有现金是为了应付经营过程中的正常支出和某些预测不到的突然支出。因此,只要不影响企业的运营,企业的现金持有量应尽量减少到最低程度。这就是现金管理的目标。一旦企业需要时能立刻获得现金;若现金多余时,又能及时投资取得合理的收益。

2. 企业对现金的需要

企业拥有现金是为了应付以下几方面的需要。

1) 交易性需要

在企业的日常经营业务中,现金的收入与支出很少是完全同时出现的。为了避免现金支出额超过收入额,企业持有一部分现金可使经营业务顺利进行,并能保持企业经营的灵活性。用于交易的现金视企业的销售量而定。若销售增加,销售额上升,用于购货与支付营业费用的现金支出也相应增加。一般现金收支净余额与销售量成正比例增加,但是短期内会有其他交易需要支出时,必须有额外的现金补充,以应付营运的需要。

2) 预防性需要

企业根据销售预测可作出现金预算,测得未来一段时期所需现金的数额。但是预测有不确定性,如经济波动、企业有商业纠纷甚至诉讼、客户不能依期付款、有突发性的费用需要支付等情况发生,企业的现金流入下降而现金支出上升,则原有预测的现金净余额将不敷需要,为此还要加上预防性需要的现金数额。

3) 机会性需要

当市场利率变动、物价浮动或证券行情变化时,企业手中若有较多的现金余额,则可把握时机,通过证券或物资交易获得更大的利润。例如,当原料价格下降时,多购入货物以降低成本;在利率降低时,赎回原先发行的高利率债券,再发行利率较低的长期债券,以降低资本成本等措施,可增强企业的获利能力和资产的变现能力,获得更大的竞争优势。

4) 补偿余额要求

银行一般要求常年客户在其银行账户上保留一定的平均活期存款余额,称做补偿余额(compensating balance)。银行对补偿余额不支付利息。因此,企业有多个银行账户时将有较多的补偿余额滞留于银行,不但增加了现金数额,而且加大了企业营运资本的成本。

(二) 目标现金余额的确定

在现金预算表中,目标现金余额为200万元。企业持有这部分现金,就可以满足正常经营期间对现金的需要。这就像企业持有存货一样,都是为了生产和交易上的需要,都有一个最佳持有量,按此数量确定的目标现金余额,企业持有现金的资本成本最小。因此,计算经济进货批量(economic order quantity)的模型也可用来计算最佳现金持有量,我们称之为存货模型或鲍曼模型。

鲍曼模型假设企业的现金流入和现金流出的数量是稳定的,则企业每日(或每周、每月)所需的现金数量是一定的。例如,某公司起始现金持有量 $C=40$ 万元,每周现金流出超过现金流入10万元,那么在第4周末,现金持有量 $C=0$,这时公司必须出售有价证券或贷款以补充现金,使持有量恢复至原有 $C=40$ 万元的水平,再开始下一循环,如图6-4所示。

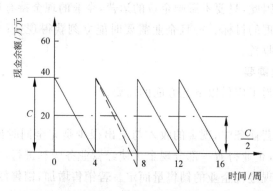

图 6-4 目标现金余额的存货模型

如果现金持有量加大至 $C=80$ 万元,则此现金可供给8周,公司就可减少出售证券的次数,从而减小证券交易成本。但是,由于现金是非收益性资产,现金持有量越大,持有的机会成本也就越大。因此,公司要确定一个最佳现金持有量。与存货模型类似,公司现金的持有成本可表达为

$$持有成本 = \frac{C}{2} \cdot r \tag{6.12}$$

式中,C 表示现金余额初值,即为每次出售证券或贷款筹集的现金;$\frac{C}{2}$ 表示平均现金持有量;r 表示持有现金的机会成本,等于证券变现后所放弃的证券收益率或贷款的资本成本。

为筹集所需的现金余额,将证券变现所需的交易成本表达为

$$交易成本 = \frac{T}{C} \cdot b \tag{6.13}$$

式中,T 表示一定时期所需的现金总额;b 表示每次变现的交易成本。

持有现金的总成本＝持有成本＋交易成本,故

$$总成本\ TC = \frac{C}{2} \cdot r + \frac{T}{C} \cdot b \tag{6.14}$$

对式(6.14)中的 C 求导数:

$$\frac{d(TC)}{dC} = \frac{r}{2} - \left(\frac{T}{C^2}\right) \cdot b$$

令 $\dfrac{d(TC)}{dC} = 0$,求最佳现金持有量 C^*:

$$C^* = \sqrt{\frac{2T \cdot b}{r}} \tag{6.15}$$

式(6.15)即为确定目标现金余额的存货模型。例如,某公司预期 1 个月内现金支付总额为 60 万元,且在 1 个月内均匀支付。公司所持有价证券的年平均收益率为 12％,每次证券的变现成本为 100 元,则其最佳现金持有量为

$$C^* = \sqrt{\frac{2 \times 600\,000 \times 100}{12\% \div 12}} = 109\,544.5(元)$$

按上述最佳现金持有量,公司每月将有价证券出售变为现金的次数为 5.48 次 $\left(\dfrac{600\,000}{109\,544.5}\right)$,大约每 5 天半就要出售一次证券。

由于存货模型首先假定公司的现金支出是均匀分布的,这与企业实际的现金支出情况不完全相符。若企业在某段时期现金支出加快,则在预定的支出期限内会出现现金短缺,如图 6-4 中虚线所示。为此,企业的现金应有一定的安全余额,以应付现金短缺的情况发生。现代公司证券出售的速度很快,利用电话在几小时内就能完成一笔交易。当现金支出过多、过快,现金流入不足时,企业可迅速通过证券变现获得现金,这样现金的安全余额可以减少到最低限度。

（三）有效的现金管理

根据现金流动循环和转换周期,企业若要缩短从支付购货款到收回销售款这一现金转换周期,减少短期筹资的数额,必须设法加速销售货款的回收和存货的转换,同时延长应付账款的付款期。因此,有效的现金管理就是:

(1) 加速现金回收。

(2) 适时控制现金支出,改善付款过程。

(3) 调整现金流量,提高收支的匹配程度。

下面介绍企业常用的现金管理方法。

1. 加速收款

1) 缩短赊账购货的期限

如企业给客户的信用条件为"1/10,n/45"。客户赊账购货时在 10 天内付款,可得

1%的现金折扣优惠,但最迟需在第45天付款。为早日收回应收账款,可缩短赊账期限,如从45天付款改为30天。这种做法虽可提前收回货款,但因信用政策紧缩可能会失去一些客户。此外,也可以提高现金折扣,如"2/10,n/45",客户在10天内付款可得2%的现金折扣。这样客户若延迟到45天付款而放弃折扣优惠,所获资金的成本将比"1/10,n/45"时要高,这时客户会提前在10天内付款。但企业为缩短应收账款收账期,因销售折扣提高而减少了一部分销售收入。

2)缩短收账延迟时间

企业回收应收账款,从客户开出支票到企业收到货款,并可以从银行支款使用有一系列的过程,其中包括邮寄延迟、处理延迟和清算延迟,见图6-5。

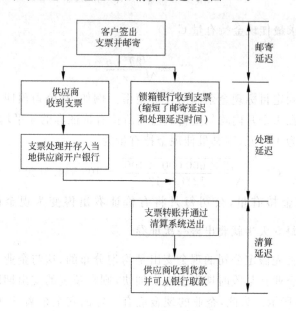

图 6-5 收账清算延迟过程

企业为尽早收到货款必须设法缩短延迟时间,通常使用的办法有以下几种。

(1)锁箱制。企业在销售量大、客户集中的地区设置专门的邮政信箱,并通知客户在清偿货款时,直接将支票寄到此种信箱内。同时,企业授权当地银行按时收取信箱内支票,存入该企业当地银行账户下。锁箱制可缩短支票邮寄和处理时间,加快了收款速度。但企业设置专门信箱和委托银行取支票需花费一些费用,因此,一般在销售额大、顾客数量多的地区才使用。

(2)集中银行账户(地区收账)。规模较大的企业经常设立多个区域收款中心。不同区域的客户将付款支票寄至附近的某一收款中心。收款中心把收到的货款按时存入企业在各区域的银行账户内,并把每笔存款向集中服务银行报告。集中服务银行一般为总公司所在地的银行。各区域银行根据企业的指示,当该账户的存款超过最低存款额时,即自行转账至集中银行存款账户。这样可将现金收入尽快送入集中账户,供企业集中使用和调配。

(3)尽快处理巨额款项。企业对巨额款项应特别对待,尽快收回存入银行。处理的方法有特别催收、提早邮寄账单或账单特殊递送等方式。

2. 控制付款

1）拖延付款

企业用赊购方式购买原材料，应尽量享受供应商给予的信用条件，将付款期延至信用期的最后一天。此外，在不影响企业商业信用的前提下，可推迟应付款的支付，以缩短现金转换周期。

2）利用付账清算延迟

企业付账时，从开出支票到对方收到支票存入他的银行账户，直至对方银行向企业开户银行索取款项需要一段时间，其间经过了邮寄延迟、处理延迟和清算延迟。企业可充分利用这些延迟，在银行存款账户上款项未支出前动用这笔现金。

3）利用汇票付款

汇票是一种支付工具，但必须经发票人承兑后，银行方能付款。企业采用汇票方式支付货款，可利用汇票承兑及处理等手续延缓付款时间。

3. 零余额账户

企业一般有多个活期存款账户，每一账户上有一最低存款余额。零余额账户是一种特殊的存款余额为零仍可开支票支付的账户。企业建立此类账户时必须再开立一个集中账户。银行每天结账时将每个零余额账户上多余的资金自动转入集中户头，而有赤字的账户则从集中账户上自动提取资金。因而除集中账户外的其他账户上，存款余额每日保持为零。这样可减少银行存款账户上过多的现金余额，避免现金滞留过多。

4. 透支

透支是指企业开出支票的金额大于活期存款余额。对于信誉好的客户，银行允许有一定限额的透支，这相当于银行向企业提供贷款，银行向透支款收取利息。企业通过透支可筹集到急需的现金。

（四）剩余现金的投资

企业在现金预算中出现现金盈余，说明在满足交易性需要和存款补偿余额要求后，现金尚有剩余。这些剩余现金可用于预防性需要和满足企业对现金的季节性需求。企业一时用不着的现金可作短期投资，以赚取投资收益，通常以短期证券作为剩余现金的投资对象。企业在选择短期证券投资时，应考虑的因素及可选择的投资方式简述如下。

1. 证券选择考虑因素

1）安全性

企业持有短期证券是为了避免持有大量闲置的现金，同时也是为了预防性的需要。一旦发生意料之外的现金支付，证券可立即变现，满足需要。因此，企业持有的短期证券的风险要小。如果证券发行人不履约付款或经营失败倒闭，企业所持证券的价格下降，投资收益降低，造成现金余额的减少，影响到企业的现金支付。此类证券投资的风险太大，应不予考虑。企业选择证券时，考虑的应是在可接受的风险下可提供较高报酬率的证券。

2）可销售性

短期证券投资的主要功能是代替现金，即证券在到期日之前可随时变卖以获取现金。

因此,证券转化为现金的速度及相应的转换价格是企业选择证券时要考虑的因素。证券的可销售性高是指证券可随时在二级市场上出售,而且价格的变动较小。相反,若证券在短时期内不易出售而且出售价格的变动较大,则其可销售性较低。

3) 到期日

企业投资短期证券多以债券为主。因为债券有一定的期限,到期可还本,也可以在债券市场出售套回现金。由于期限长的债券利率风险大,到期前价格的波动大,所以,企业一般选择 3 个月到 9 个月的短期债券,甚至可以选择数天内到期的债券,以便于随时套回现金配合企业的需要。

第三节 流动负债管理

企业对资金的需求通常并不是稳定的,而是有一定的周期性或者说具有波动性。当企业预测未来的资金需求下降时,或由于经营活动的周期性或季节性而出现资金需求时,短期融资是解决这些资金需求的一个较佳途径。短期融资是支持企业流动资产的资金来源,它使企业产生 1 年或 1 年以内的债务,在资产负债表中显示为流动负债。本节主要介绍短期信用融资、短期银行贷款、商业票据、短期抵押融资等内容。

一、企业短期信用融资

企业短期信用融资是指企业在正常生产经营过程中形成的应付账款、应计负债和商业汇票。随着企业经营规模的扩大和销售收入的增加,这三项资金来源因大量购买原材料和支付各种费用而增加。一般来说,企业对这些资金不必负担利息费用,应利用好这些短期债务。优点:最大的优越性在于容易取得。如果没有现金折扣或使用不带总票据,商业信用筹资不负担成本。缺点:在放弃现金折扣时付出的成本较高。

(一) 应付账款

应付账款是企业的原料供应商向企业提供的一种短期信用,是以赊购原料的形式产生的负债,建立在供应商相信购货人有能力付清款项的基础上。购货人在赊账的条件下,向供货人购买原料时,根据信用条件承诺在拥有原料后短期内付款。在这种情况下,双方无须签订正式单据来表明购货人的支付义务,信用条件双方事先商定。应付账款是企业的短期负债,它在资产负债表中被归类为流动负债,并且是流动负债中最大的一类。

应付账款又称商业信用,它源自一般商业贸易,是自发性的短期融资。例如,ABC 公司由其供应商每天供应 1 000 元货物,双方商定 30 天内付款。在这种情况下,该公司为最大限度地使用资金,当然选择在第 30 天付款最有利。这样,该公司在 30 天以后将保持30 000 元(30×1 000)的应付账款。如果这时 ABC 公司由于销售额的增长,要求供应商的供货量增加一倍,供应商同意增加供货一倍且付款期仍为 30 天,则该公司的应付账款将增加为 60 000 元。如果信用期限延长为 40 天,则应付账款增加为 80 000 元。但是如果信用期限缩短为 20 天,则应付账款减少为 40 000 元。如果供应商提出在 10 天以内付款给予 1‰ 的折扣,这时公司就要考虑是在 10 天以内付款合算,还是在第 30 天付款合算。由此可以看出,应付账款的数额大小与信用条件有关。

1. 信用条件

企业若采用赊账方式销售,应制定专门的信用条款和政策。信用条款中包括优惠折扣百分数、优惠时间期限和信用期。信用条款通常表示为"2/10,n/30"的形式。它说明优惠折扣是 2%,优惠期是 10 天,信用期是 30 天。即发票开出后的 10 天内优惠折扣 2%,超过 10 天后没有折扣,30 天内必须付款。

2. 信用成本

上例中的 ABC 公司在"2/10,n/30"信用条件下每天购进原料 2 000 元,由于折扣优惠存在,每天产生的应付款是 1 960 元。如果决定于第 10 天付货款并享受 2%的折扣优惠,则应付账款 19 600 元。

如果 ABC 公司不是在第 10 天付款,而是在第 30 天付款,该公司的应付账款为 58 800 元。第 30 天付款比第 10 天付款多出 39 200 元(58 800－19 600)的商业信用。但是,由于 ABC 公司放弃优惠折扣,每月将多支付 1 200 元。这些多支付的款项就是商业信用的成本。也就是说,ABC 公司使用商业信用每年需支付 14 400 元的成本。由此我们知道,商业信用存在成本,商业信用的成本就是信用条件中的优惠折扣百分比。

由于优惠折扣的存在,放弃优惠折扣就意味着增加了成本。这个成本的近似计算公式为:

$$\text{放弃优惠折扣的成本} = \frac{\text{优惠折扣百分比}}{100\% - \text{优惠折扣百分比}} \times \frac{360}{\text{信用期} - \text{优惠期}} \quad (6.16)$$

按式(6.16)计算的"2/10,n/30"信用条件下,放弃优惠折扣的成本是

$$\text{放弃优惠折扣的成本} = \frac{2\%}{100\% - 2\%} \times \frac{360}{30 - 10} = 36.7\%$$

从计算的结果看,放弃优惠折扣的成本很大。如果企业推迟付款,或信用期延长,比如信用期延长到 60 天,放弃优惠折扣的成本近似为 14.7%,即推迟付款或延长信用期,放弃优惠折扣的成本将降低。

3. 减少信用成本的途径

企业在折扣优惠期内的信用称为无成本商业信用,超过优惠期获得的信用称为有成本商业信用。如 ABC 公司的无成本商业信用是 19 600 元,有成本商业信用是 39 200 元。企业应尽量使用无成本商业信用。如果使用有成本商业信用,事前必须清楚其成本是否低于其他资金来源的成本,并选择低成本的短期资金来源。

有时,企业会偏离信用条款的规定,这样将改变信用成本。当供应商之间竞争激烈时,购货人常常利用供应商急于推销产品的心理,延长优惠折扣期。如在"2/10,n/30"条件下,购货人在 10 天优惠期后,于收到发票后的第 15 天付款,但仍然按折扣价格付款,这样做延长了优惠期,使无成本商业信用的数额增加。与此类似,购货人将付款期推迟到第 60 天,等于延长了信用期。这两种做法都减少了信用成本。但是,以上做法可能引起供应商的不满,在资源紧张的时候,供应商会拒绝供货。

(二)应计负债

企业中还有另一种短期资金的来源,即应计负债。包括应付税金、利息和工资,这些应付款项的支付有一定的期限。如企业缴纳税金时都有一定的宽限期,如在 3 月 31 日应

交的一季度税金,可以宽限到 4 月 15 日,此时会计记录的是应付税金。这种宽限期的存在,也为企业提供了一个短期资金来源。

企业在营业收益核算中,利息费按月计提,但利息却不是按月支付。如长期债券利息是按每年或每半年支付一次,1 年内的短期银行贷款基本是到期本息一次性付清。利息费的提取与实际支付的时间差,也为企业提供了短期资金来源。

在资产负债表中,应计负债显示在右边,是企业的流动负债,也是企业内部产生的短期资金。

(三)汇票

汇票是企业签发的,表明将来一定时期向供应商支付货款的证书。从商业汇票开出到汇票到期时间最长不能超过 6 个月,这段时间内,汇票为企业提供了短期资金来源。汇票通常经银行承兑成为银行承兑票据,由银行承担付款义务。汇票广泛应用于企业的国际贸易中,特别是那些彼此不相识的进出口企业。如中国的一个企业向日本一企业出口一批货物,日本企业向中国企业签发了一张 90 天的汇票。在这 90 天里,日本企业可以利用这笔短期资金。如果中国企业需要这笔资金,可以将这张汇票卖给银行(即贴现),立即取得这笔资金的使用权。

二、短期银行贷款

短期银行贷款作为一种短期资金来源,其重要性仅次于商业信用。银行贷款与商业信用不同,后者为企业提供的是内部自生性资金,而前者为企业提供的是外部资金,是非自生性资金。短期银行贷款的作用实际上不仅限于企业所需资金的金额上,随着企业资金需求的增加,企业会要求银行提供更多的资金。这种资金的供求关系使银行与企业之间存在特殊联系。

(一)银行贷款的特点

1. 期限

尽管银行提供长期贷款,但更多的是提供短期贷款。短期贷款期限为 1 年以内,通常是 90 天或 180 天。贷款到期后,借款人必须偿还或者要求延期偿还,银行将视借款人的财务状况决定是否同意延期。

2. 补偿余额

银行通常要求常年客户必须保持一定水平的活期存款余额,这个余额一般为短期贷款额的 10%~20%。毫无疑问,余额的存在提高了企业的实际贷款利率。有补偿余额要求的短期贷款的实际成本与短期贷款名义利率之间的差别值得注意。

3. 信用限额

信用限额是银行与借款人之间达成的一种协议,它规定银行愿意借给客户的最高贷款额,这实际上是银行给了企业一个信用额度。例如,某公司与一家银行确立了合作关系,银行根据该公司的财务状况,认为其最高贷款额为 10 000 万元,公司的财务经理第一次从银行借得 3 000 万元,以后可以根据公司对资金的需要增加贷款,银行将自动给付资金,直到最高贷款额。银行考虑最高贷款额的因素是企业的财务状况和信用风险。对于银行的这种灵活性,也是企业选择银行时需要考虑的因素。

4. 周转信用协定

一些大型公司经常采用周转信用协定的方式与银行确定正式的信用额度。在周转信用协定中,确定借款人某一期间内的贷款总额,在此期间内,按使用银行贷款的实际资金额支付相应的利息费。如果企业的实际贷款额在此期间内没有达到规定的贷款额,将向银行支付未使用贷款额一定百分比(通常在 0.5% 以下)的补偿费用。这个协定实际上是企业向银行支付贷款使用承诺费。周转信用协定与信用限额有很大的区别,前者是银行与企业确立的一种法律关系,银行享有贷款使用承诺费,保证企业对规定贷款额度以内资金的需求,而后者没有法律约束,当企业财务状况发生变化时,银行可以决定取消信用限额。

(二)银行贷款利息

贷款利率的高低因借款企业的不同而有所差别。企业规模大、资金实力雄厚,被认为具有最低风险,则它能够以最优惠利率获得贷款。最优惠利率是银行的最低贷款利率,其他贷款利率则在此基础上增加。银行贷款利率有多种计算方式,它们对贷款的实际利率会产生不同的影响。下面将分别介绍。

1. 单利

单利也是定期利率,它是比较其他利率的基础。单利计息的贷款、借款人的到期利息等于贷款额乘以利率和贷款时间,到期一次偿还本金和利息。贷款利率通常以年利率计算,1 年或 1 年以上的单利贷款的名义利率等于实际利率。

例如,单利贷款 10 000 元,贷款期 1 年,利率 12%,到期的利息是 1 200 元(10 000×12%),这笔贷款的名义利率是 12%,实际利率是 12%[1 200(利息)÷10 000(本金)]。如果贷款 10 000 元,贷款期 90 天,年利率 12%,到期的利息为 300 元[10 000×(12%÷360)×90]。如果贷款四次延期,1 年支付的利息总额是 1 200 元(300×4),利息额与 1 年期利率 12% 的贷款利息相同。但利息不是在年底支付,而是每 90 天支付一次,由于复合效应,90 天期,利率 12% 的贷款的实际利率是

$$实际利率 = \left(1 + \frac{K}{n}\right)^n - 1 = \left(1 + \frac{0.12}{4}\right)^4 - 1 = 12.55\% \qquad (6.17)$$

式中,K 表示名义利率;n 表示每年贷款次数或利息支付次数。

在贷款的名义利率不变的情况下,一年里支付利息的次数增多,实际利率将会高于名义利率,贷款的实际成本增大。

2. 贴息贷款的实际利率

在一些银行提供贷款时,要求借款人在期初支付利息。由于借款人得到贷款之初银行即将利息扣除,他所得到的实际资金数额少于贷款面值。这种贷款叫贴息贷款,是由于银行预先扣除利息而产生的。在这种贷款中,因为借款人实际能够使用的资金数额少于银行的贷款面值,贷款的实际成本将发生变化。

例如,期限 1 年,贷款名义利率 12%,贷款额 10 000 元,由于采用贴息的方式,银行预

先扣除利息 1 200 元(10 000×12%),借款人实际获得的贷款是 8 800 元(10 000−1 200),这笔贷款的实际利率是

$$贷款的实际利率 = \frac{I}{M-I} = \frac{1\,200}{10\,000-1\,200} = 13.64\%$$ (6.18)

式中,I 表示贷款利息;M 表示贷款面值;$M-I$ 表示借款人实际得到的资金数额。

如果贴息贷款的期限小于 1 年,则贷款的实际年利率为

$$贷款的实际利率 = \left(1 + \frac{I}{M-I}\right)^n - 1.0$$ (6.19)

式中,n 表示 1 年内贷款次数或利息支付次数。

上例中的贷款期限如果是 90 天,在贴息贷款中银行预先扣除的利息是 300 元,这笔贷款的实际年利率是

$$贷款的实际利率 = \left(1 + \frac{I}{M-I}\right)^n - 1.0$$
$$= \left(1 + \frac{300}{10\,000-300}\right)^4 - 1.0 = 12.96\%$$

3. 分期等额偿还贷款的实际利率

分期等额偿还贷款是指银行要求借款人在贷款期内分期偿还贷款,在贷款时把贷款利息加到贷款额中,计算每期应偿还的资金数额。由于借款人在整个贷款期间,随着时间的推移,可使用的贷款按等额递减,而利息却是按贷款初期的全额计算的,贷款的实际利率将发生很大变化。实际利率的计算方法是

$$实际利率 = \frac{2(360/T) \times I}{M(n+1)}$$ (6.20)

式中,T 表示每期还款的天数;I 表示贷款利息;M 表示贷款面值;n 表示贷款期内的还款次数。

如果某公司向银行贷款 10 000 元,期限 1 年,利率 12%,全年利息是 1 200 元,每 90 天等额偿还 2 800 元[(10 000+1 200)÷(360÷90)],这笔贷款的实际利率是

$$实际利率 = \frac{2(360/T) \times I}{M(n+1)} = \frac{2(360/90) \times 1\,200}{10\,000(4+1)} = 19.2\%$$

4. 有补偿余额条件贷款实际利率

这种贷款规定借款人必须在其账户内保留一定百分比的余额,使借款人实际可使用贷款减少了,提高了实际贷款利率。如某公司向银行借款的条件是其账户中必须保持 20% 的补偿余额,假设贷款之前该公司的存款余额为零,若公司需要 10 000 元资金,它实际需要贷款的资金为 12 500 元[10 000÷(1.0−20%)]。实际利率是

$$实际利率 = \frac{I}{M(1.0-B)} = \frac{12\,500 \times 12\%}{12\,500(1.0-20\%)} = 15\%$$ (6.21)

式中,M 表示贷款额;B 表示补偿余额。

从以上对几种实际利率的讨论可以了解到,随着银行对贷款利息支付方式不同和对借款人的其他要求,企业贷款的实际利率总是高于贷款的名义利率。企业在与银行进行的贷款谈判中,要对不同的利息支付方式和要求而引起的实际贷款利率的提高特别注意,

因为资金成本的比较是企业筹资工作的一项重要内容。

三、商业票据

商业票据是实力雄厚的大型企业开出的无担保期票,这些期票的销售对象是商业公司、保险公司、商业银行等。商业票据的二级市场不发达,投资者通常要持有至到期日。发行商业票据的企业都有极强的信用,商业票据的期限一般为 90～180 天。商业票据满足企业短期流动资金的需求,在企业负债中占的比例较小。

（一）商业票据的发行

商业票据的发行可通过经纪人发行和不通过经纪人而直接销售。

1. 经纪人销售

商业票据首先由发行人将票据卖给经纪人,然后由经纪人以更高一些的价格再卖给投资者,经纪人通过转卖商业票据的差价获得手续费收入。

2. 直接销售

不通过经纪人销售,而由发行人直接向投资者发售,这种发售的费用低于经纪人销售。在直接销售中,发行人要承担商业票据不能全部售出的风险,而在经纪人销售中,不能全部售出的风险是由经纪人承担的。

3. 财务公司发行

财务公司发行的票据一般是为某个特定的公司筹资,它发行商业票据的规模较大,而售价相对较低,投资者购买会获得较高的收益率。财务公司发行的商业票据一般不会通过经纪人销售,而是直接销售。

（二）商业票据的要素

1. 商业票据的成本

商业票据的利率水平略低于市场优惠利率,企业通过发行商业票据可以筹集到低成本的资金。商业票据利率的高低取决于企业的信用强度,信用强度高,利率相对较低;反之,则利率较高。

2. 商业票据的期限

由于商业票据是企业依靠信用发行的短期融资证券,期限在 1 年以内,一般为90～180 天。

3. 商业票据的使用

商业票据不需要资产抵押,但对其使用非常严格,一般公司的商业票据在其流动负债中只占较少的部分。

四、短期抵押融资

前面介绍的短期融资都不需要资产抵押,但无抵押品的短期融资是有限的,它的增加会使企业的财务风险加大,进而影响短期资金来源的稳定。如果企业获得无抵押短期资金有困难,则短期抵押融资为企业开辟了另外的融资途径。

（一）短期抵押融资的要素

1. 抵押品的期限

对短期贷款来说，流动资产是最适当的抵押品，就如同固定资产适合于长期债务抵押一样。对债权人来说，要求抵押品的期限与贷款的期限一致，在借款人不能偿还贷款时，可以用抵押品来偿债。在期限匹配上，如果用应收账款做抵押品，应收账款的回收期即为贷款期。同样，如果用企业的存货做抵押品，将视存货的变现时间确定贷款期。因此，企业流动资产的变现速度是短期抵押贷款中的关键。在这种短期贷款中，用于抵押的流动资产主要是应收账款和存货。从流动性来讲，这两种流动资产的流动性较佳，但企业经营中的任何变化，都会影响其变现的速度。

2. 贷款的金额

贷款人（一般是商业银行）接受借款人的抵押品后，将根据抵押品的价值决定贷款的金额。一般来说，银行肯于向借款人提供的资金额是抵押品账面价值的一个百分比。具体的贷款额取决于借款人抵押品的质量，或者说取决于用于抵押的流动资产的种类及其变现速度。也与贷款人的风险偏好有关，偏于保守的银行对抵押品的要求更高一些。

3. 贷款的利率

提供短期抵押贷款的多是商业银行或商业信托投资公司，它们认为提供短期抵押贷款是一种风险投资，抵押贷款客户的信用比非抵押贷款的客户要差，并且抵押贷款的管理因抵押品的流动性而比较困难，因此利率高于非抵押贷款。一些商业银行还因要承担检查流动资产账户等的费用，而向借款人另外收取一定的手续费。在贷款前，借款人要承担银行评价和审核用于抵押的流动资产的费用。因此，短期抵押贷款的成本高于非抵押贷款。

（二）短期抵押贷款的种类

用于抵押的流动资产通常是应付账款和存货证券，也因此有应收账款抵押贷款和存货抵押贷款两种。

1. 应收账款抵押贷款

应收账款是流动性很强的资产，银行将其作为贷款的抵押品时，因不同企业应收账款的特点而分为选择性抵押贷款和非选择性抵押贷款。

有些企业数额大的应收账款比较集中，银行在审核用于抵押的应收账款时，可以选择那些风险比较低的应收账款作为贷款的抵押品。由于抵押品是经银行选择的，贷款金额占抵押品账面价值的比例较高，可达 90%。这种由银行选择抵押品的贷款称为选择性抵押贷款。

有些企业的应收账款笔数多，每笔金额少且分散，逐笔审查的费用高。发放贷款的银行辨别各个应收账款账户的信用情况非常困难，为避免逐笔审查应收账款的成本，只能注意应收账款的总额，但贷款的金额占应收账款账面价值的比例低，一般只有 50% 左右。这种抵押贷款称为非选择性抵押贷款。

在应收账款抵押贷款中，贷款人对应收账款拥有所有权，而且还拥有对借款人的追索权。这意味着如果借款人的某个购货人没有付款，损失由借款人承担，也就是说，用于抵押的应收账款的坏账损失由借款人承担。借款人收回的应收账款立即交给贷款人，贷款余额就是贷款额减已收回的应收账款。

2. 存货抵押贷款

流动资产中的存货也可成为企业贷款的抵押品,从银行获得短期贷款。用做抵押品的存货必须容易辨认,有明确的名称、可描述的特性和外形,有稳定的存在形态和耐用性,还要有一般商品的市场性(即可迅速在市场上卖出而收回现金)。由于抵押品的特点,贷款合同中对抵押品应有详细的说明。合同中还规定借款人必须负担包括抵押品的安全和保险费在内的一切安全保管费。贷款利率的高低与抵押品的市场性有关,容易在市场上卖出而收回现金的抵押品,利率会低一些。贷款额一般是抵押品账面值的百分比。

3. 证券贷款

证券贷款是指企业利用手中持有的各种证券,如国库券、股票、公司债券作抵押所取得的贷款。证券具有易售性,且应当为大众所公认,才能将其作为抵押贷款,其次,银行还要考虑证券发行者的信用等级。证券贷款的发放数额因证券种类的不同而不同,对国库券等国家债券,由于是政府发行的,一般不会发生信用风险问题,而且容易卖出去,银行在接受这类证券作为担保品时,通常可按市价的 90%～95%贷款;对于资力雄厚和价格稳定的大公司股票和债券,一般按 80%～95%贷款。

案例

时代计算机公司信用政策决策案例

时代计算机公司于 1980 年成立,它主要生产小型及微型处理计算机,其市场目标主要定位于小规模公司和个人。该公司生产的产品质量优良、价格合理,在市场上颇受欢迎,销路很好,因此该公司也迅速发展壮大起来,由起初只有几十万元资金的公司发展为拥有上亿元资金的公司。但是到了 20 世纪 90 年代末期,该公司有些问题开始呈现出来:该公司过去为扩大销售、占领市场,一直采用比较宽松的信用政策,客户拖欠的款项数额越来越大,且时间越来越长,严重影响了资金的周转循环,公司不得不依靠长期负债及短期负债筹集资金。最近,主要贷款人开始不同意进一步扩大债务,所以公司经理非常忧虑。假如现在该公司请你做财务顾问,协助公司改善财务问题。

财务人员将有关资料整理如下:

(1)公司的销售条件为"2/10,n/90",约半数的顾客享受折扣,但有许多未享受折扣的顾客延期付款,平均收账期约为 60 天。2001 年的坏账损失为 500 万元,信贷部门的成本(分析及收账费用)为 50 万元。

(2)如果改变信用条件为"2/10,n/30",那么很可能引起下列变化:①销售额由原来的 1 亿元降为 9 000 万元;②坏账损失减少为 90 万元;③信贷部门成本减少至 40 万元;④享受折扣的顾客由 50%增加到 70%(假定未享受折扣的顾客也能在信用期内付款);⑤由于销售规模下降,公司存货资金占用将减少 1 000 万元;⑥公司销售的变动成本率为 60%;⑦资金成本率为 10%。

(资料来源:http:www.jgxysx.net/jxpgnew/admin/2005 52816561240.doc/)

作为财务顾问,请分析以下几个问题,为 2002 年公司应采用的信用政策提出意见:

（1）为改善公司目前的财务状况,公司应采取什么措施?

（2）改变信用政策后,预期相关资金变动额为多少?

（3）改变信用政策后,预期利润变动额为多少?

（4）该公司 2002 年是否应该改变其信用政策?

第 6 章-营运资金管理-自测题

第七章

收 益 分 配 管 理

学习目的与要求

本章主要讲授利润分配的程序、股利支付的方式、股利理论的演变等内容。通过本章的学习,需要掌握:

(1) 理解利润分配的顺序。

(2) 熟悉股利支付的程序和方式。

(3) 了解股利理论的演变过程。

(4) 掌握各种股利政策及其基本原理和影响因素。

教学重点与难点

利润分配的顺序、股利支付的方式、股利政策的比较、股票回购的原理和影响因素。

引例

用友软件公司应不应该调整股利分配方案?

用友软件(600588)股份有限公司是一家从事软件开发的高科技企业。2001 年 5 月 18 日公开发行股票并在上交所上市。公司股本总额 1 亿元,每股面值 1 元,其中流通股 2 500 万股。2001 年每股收益 0.704 元。公司股东大会于 2002 年 4 月 30 日通过 2001 年分红方案,即每 10 股派 6 元现金股利。股利发放日为 5 月 28 日。

流通股股东反映,分配方案对大股东有利,对小股东不利。希望派现与送股并存。公司决策层的理由:鼓励投资者进行长期投资,政府管理部门提倡现金分红。

(资料来源:用友软件股份有限公司 2001 年度报告)

(思考:为什么小股东不喜欢派现? 为什么政府提倡现金分红?)

第一节　收益分配概述

企业年度决算后实现的利润总额,要在国家、企业所有者和企业之间进行分配。利润分配关系着国家、企业、职工及所有者各方面的利益,是一项政策性较强的工作,必须严格按照国家的法规和制度执行。

利润分配的结果,形成了国家的所得税收入、投资者的投资报酬和企业的留用利润等不同的项目,其中企业的留用利润是指盈余公积金、公益金和未分配利润。由于税法具有强制性和严肃性,缴纳税款是企业必须履行的义务,从这个意义上讲,财务管理中的利润分配,主要指企业的净利润分配,利润分配的实质就是确定给投资者分红与企业留用利润的比例。

一、利润分配的基本原则

(一)依法分配原则

为规范企业的利润分配行为,国家制定和颁布了若干法规,这些法规规定了企业利润分配的基本要求、一般程序和重大比例。企业的利润分配必须依法进行,这是正确处理企业各项财务关系的关键。

(二)分配与积累并重原则

企业的利润分配,要正确处理长期利益和近期利益的关系,坚持分配与积累并重。企业除按规定提取法定盈余公积金以外,可适当留存一部分利润作为积累,这部分未分配利润仍归企业所有者所有。这部分积累的净利润不仅可以为企业扩大生产筹措资金,增强企业发展能力和抵抗风险的能力,而且还可以供未来年度进行分配,起到以丰补歉、平抑利润分配数额波动、稳定投资报酬率的作用。

(三)兼顾职工利益原则

企业的净利润归投资者所有,是企业的基本制度。但企业职工不一定是企业的投资者,净利润就不一定归他们所有,而企业的利润是由全体职工的劳动创造的,他们除了获得工资和奖金等劳动报酬以外,还应该以适当的方式参与净利润的分配,如在净利润中提取公益金,用于企业职工的集体福利设施支出。公益金是所有者权益的一部分,职工对这些福利设施具有使用权并负有保管之责,但没有所有权。

(四)投资与收益对等原则

企业利润分配应当体现"谁投资谁收益"、收益大小与投资比例相适应,即投资与收益对等原则,这是正确处理企业与投资者利益关系的立足点。投资者因投资行为,以出资额依法享有利润分配权,就要求企业在向投资者分配利润时,要遵守公开、公平、公正的"三公"原则,不搞幕后交易,不帮助大股东侵蚀小股东利益,一视同仁地对待所有投资者,任何人不得以在企业中的其他特殊地位谋取私利,这样才能从根本上保护投资者的利益。

二、利润分配的一般程序

利润分配程序是指公司制企业根据适用法律、法规或规定,对企业一定期间实现的净利润进行分派必须经过的先后步骤。

(一)非股份制企业的利润分配程序

根据我国《公司法》等有关规定,非股份制企业当年实现的利润总额应按国家有关税法的规定作相应的调整,然后依法缴纳所得税。缴纳所得税后的净利润按下列顺序进行分配。

1. 弥补以前年度的亏损

按我国财务和税务制度的规定,企业的年度亏损,可以由下一年度的税前利润弥补,下一年度税前利润尚不足于弥补的,可以由以后年度的利润继续弥补,但用税前利润弥补以前年度亏损的连续期限不超过 5 年。5 年内弥补不足的,用本年税后利润弥补。本年净利润＋年初未分配利润为企业可供分配的利润,只有可供分配的利润大于零时,企业才能进行后续分配。

2. 提取法定盈余公积金

可供分配的利润大于零是计提法定盈余公积金的必要条件。法定盈余公积金以净利润扣除以前年度亏损为基数,按 10% 提取。即企业年初未分配利润为借方余额时,法定盈余公积金计提基数为:本年净利润减去年初未分配利润(借方)余额。若企业年初未分配利润为贷方余额时,法定盈余公积金计提基数为本年净利润,未分配利润贷方余额在计算可供投资者分配的净利润时计入。当企业法定盈余公积金达到注册资本的 50% 时,可不再提取。法定盈余公积金主要用于弥补企业亏损和按规定转增资本金,但转增资本金后的法定盈余公积金一般不低于注册资本的 25%。

3. 提取法定公益金

法定公益金是以法定盈余公积金相同基数的 5%～10% 计提的职工公共利益资金,主要用于企业职工的福利设施支出。

4. 向投资者分配利润

企业本年净利润扣除弥补以前年度亏损、提取法定盈余公积金和公益金后的余额,加上年初未分配利润贷方余额,即为企业本年可供投资者分配的利润,按照分配与积累并重原则,确定应向投资者分配的利润数额。

【**例 7-1**】　某公司 1995 年年初未分配利润账户的贷方余额为 37 万元,1995 年发生亏损 100 万元,1996—2000 年的每年税前利润为 10 万元,2001 年税前利润为 15 万元,2002 年税前利润为 40 万元。所得税税率为 40%,盈余公积金(含公益金)计提比例为 15%。问:

(1) 2001 年是否交纳所得税? 是否计提盈余公积金(含公益金)?

(2) 2002 年可供给投资者分配的利润为多少?

解　(1) 2001 年年初未分配利润 $= 37-100+10\times5 = -13$(万元)(为以后年度税后 利润应弥补的亏损)

2001 年应交纳所得税 $= 15\times40\% = 6$(万元)

本年税后利润 $=15-6 =9$(万元)

企业可供分配的利润 $= 9-13 = -4$(万元),不能计提盈余公积金(含公益金)

(2) 2002 年税后利润 $=40(1-40\%)= 24$(万元)

可供给分配的利润 $= 24-4 = 20$(万元)

计提盈余公积金(公益金) $=20\times15\% = 3$(万元)

可供给投资者分配的利润 $= 20-3 = 17$(万元)

分配给投资者的利润,是投资者从企业获得的投资回报。向投资者分配利润应遵循纳税在先、企业积累在先、无盈余不分利的原则,其分配顺序在利润分配的最后阶段,这体现了投资者对企业的权利、义务以及投资者所承担的风险。

（二）股份制企业的利润分配程序

（1）弥补以前年度亏损。

（2）提取法定盈余公积金。

（3）提取法定公益金。

（4）支付优先股股息。一般地,优先股按事先约定的股息率取得股息,不受企业盈利与否或多少的影响。

（5）提取任意盈余公积金。任意盈余公积金是根据企业发展的需要自行提取的公积金,其提取基数与计提盈余公积金的基数相同,计提比例由股东会根据需要决定。

（6）支付普通股股利。

从上述利润分配程序看,股利来源于企业的税后利润,但净利润不能全部用于发放股利,股份制企业必须按照有关法规和公司章程规定的顺序、比例,在提取了法定盈余公积金、公益金后,才能向优先股股东支付股息；在提取了任意盈余公积金之后,才能向普通股股东发放股利。如股份公司当年无利润或出现亏损,原则上不得分配股利。但为维护公司股票的信誉,经股东大会特别决议,可按股票面值较低比率用盈余公积金支付股利,支付股利后留存的法定盈余公积金不得低于注册资本的 25%。

第二节　股利分配政策

股利分配政策是指企业管理层对与股利有关的事项采取的方针策略。股利分配在公司制企业经营理财决策中,始终占有重要地位。这是因为股利的发放,既关系到公司股东的经济利益,又关系到公司的未来发展。通常较高的股利,一方面可使股东获取可观的投资收益；另一方面还会引起公司股票市价上涨,从而使股东除股利收入外还获得了资本利得。但是,过高的股利必将使公司留存收益大量减少,或者影响公司的未来发展,或者大量举债,增加公司资本成本负担,最终影响公司未来收益,进而降低股东权益。而较低的股利,虽然使公司有较多的发展资金,但与公司股东的愿望相背离,股票市价可能下降,公司形象将受到损害。因而对公司管理者而言,如何均衡股利发放与企业的未来发展,并使公司股票价格稳中有升,便成为企业经营管理层孜孜以求的目标。常用的股利政策主要有以下几种类型。

一、股利分配政策类型

股利分配政策的核心问题是确定支付股利与留用利润的比例。即股利支付率问题。目前企业财务管理中,常用的股利政策主要有以下几种类型。

（一）剩余股利政策

剩余股利政策主张,企业未来有良好的投资机会时,根据企业设定的最佳资本结构,确定未来投资所需的权益资金,先最大限度地使用留用利润来满足投资方案所需的权益资本,然后将剩余部分作为股利发放给股东。

【例 7-2】 某企业遵循剩余股利政策,其目标资本结构为资产负债率 60%。问:

(1)如果该年的税后利润为 60 万元,在没有增发新股的情况下,企业可以从事的最大投资支出是多少?

(2)如果企业下一年拟投资 100 万元,企业将支付股利多少?

解 (1)企业最大的投资支出 $= 60/(1-60\%) = 150$(万元)

(2)企业支付股利 $= 60-100\times(1-60\%) = 20$(万元)

剩余股利政策成立的基础是,大多数投资者认为,如果企业再投资的收益率高于投资者在同样风险下其他投资的收益率,他们宁愿把利润保留下来用于企业再投资,而不是用于支付股利。如企业有投资收益率达 12% 的再投资机会,而股东取得股息后再投资的收益率只有 10% 时,则股东们愿意选择利润保留于企业。股东取得股息再投资后 10% 的收益率,就是企业利润留存的成本。如果投资者能够找到其他投资机会,使得投资收益大于企业利用保留利润再投资的收益,则投资者更喜欢发放现金股利。这意味着投资者对于盈利的留存或发放股利毫无偏好,关键是企业投资项目的净现值必须大于零。

剩余股利政策的优点是,可以最大限度地满足企业对再投资的权益资金需要,保持理想的资本结构,并能使综合资本成本最低;它的缺点是忽略了不同股东对资本利得与股利的偏好,损害那些偏好现金股利的股东利益,从而有可能影响股东对企业的信心。此外,企业采用剩余股利政策是以投资的未来收益为前提的,由于企业管理层与股东之间存在信息不对称,股东不一定了解企业投资未来收益水平,也会影响股东对企业的信心。

(二)固定股利政策

固定股利政策表现为每股股利支付额固定的形式。其基本特征是,不论经济情况如何,也不论企业经营好坏,不降低股利的发放额,将企业每年的每股股利支付额,稳定在某一特定水平上保持不变。只有当企业管理者认为企业的盈利确已增加,而且未来的盈利足以支付更多的股利时,企业才会提高每股股利支付额。

固定股利政策的实行比较广泛。如果企业的盈利下降,而股利并未减少,那么投资者会认为企业未来的经济情况会有好转。因此,一般的投资者都比较喜欢投资于固定股利政策的企业。而固定股利政策则有助于消除投资者心中的不确定感,对于那些期望每期有固定数额收入的投资者,则更喜欢比较稳定的股利政策。因此,许多企业都在努力促使其股利具有稳定性。固定股利政策的缺点主要在于,股利的支付与盈利相脱节,当盈利较低时仍要支付固定股利,这可能会出现资金短缺、财务状况恶化的情况,影响企业的长远发展。这种股利政策适用于盈利稳定或处于成长期的企业。

(三)固定股利支付率政策

固定股利支付率政策,是将每年盈利的某一固定比例作为股利分配给股东。实行这一政策的企业认为,只有维持固定股利支付率,才能使股利与公司盈利紧密结合,体现多盈多分、少盈少分、不盈不分的原则,这样才算真正做到公平地对待每一股东。这一政策的问题在于,如果企业的盈利各年间波动不定,则其股利也随之波动。由于股利随盈利而波动,会影响股东对企业未来经营的信心,不利于企业股票的市场价格的稳定与上涨。因此，大多数企业并不采用这一股利政策。

（四）正常股利加额外股利政策

正常股利加额外股利政策是介于固定股利政策与固定股利支付率政策之间的一种股利政策。其特征是：企业一般每年都支付较低的固定股利，当盈利增长较多时，再根据实际情况加付额外股利。即当企业盈余较低或现金投资较多时，可维护较低的固定股利，而当企业盈利有较大幅度增加时，则加付额外股利。这种政策既能保证股利的稳定性，使依靠股利度日的股东有比较稳定的收入，从而吸引住这部分股东，又能做到股利和盈利有较好的配合，使企业具有较大的灵活性。这种股利政策适用于盈利与现金流量波动不够稳定的企业，因而被大多数企业所采用。

二、影响股利分配的因素

理论上，股利是否影响企业价值存在相当大的分歧。现实经济生活中，企业仍然是要进行股利分配的。当然，企业分配股利并不是无所限制，总是要受到一些因素的影响。一般认为，企业股利政策的影响因素主要有法律因素、企业因素、股东意愿及其他因素等几个方面。

（一）法律因素

为了保护债权人、投资者和国家的利益，有关法规对企业的股利分配有如下限制。

1. 资本保全限制

资本保全限制规定，企业不能用资本发放股利。如我国法律规定：各种资本公积准备不能转增股本，已实现的资本公积只能转增股本，不能分派现金股利；盈余公积主要用于弥补亏损和转增股本，一般情况下不得用于向投资者分配利润或现金股利。

2. 资本积累限制

企业积累限制规定，企业必须按税后利润的一定比例和基数，提取法定公积金和法定公益金。企业当年出现亏损时，一般不得给投资者分配利润。

3. 偿债能力限制

偿债能力限制是指企业按时足额偿付各种到期债务的能力。如果企业已经无力偿付到期债务或因支付股利将使其失去偿还能力，则企业不能支付现金股利。

（二）企业因素

企业资金的灵活周转，是企业生产经营得以正常进行的必要条件。因此，企业长期发展和短期经营活动对现金的需求，便成为对股利的最重要的限制因素。其相关因素主要有以下几个方面。

1. 资产的流动性

企业现金股利的分配，应以一定资产流动性为前提。如果企业的资产流动性越好，说明其变现能力越强，股利支付能力也就越强。高速成长的盈利性企业，其资产可能缺乏流动性，因为它们的大部分资金投资在固定资产和永久性流动资产上了。这类企业当期利润虽然多但资产变现能力差，企业的股利支付能力就会削弱。

2. 投资机会

有着良好投资机会的企业需要有强大的资金支持,因而往往少发现金股利,将大部分盈余留存下来进行再投资;缺乏良好投资机会的企业,保留大量盈余的结果必然是大量资金闲置,于是倾向于支付较高的现金股利。所以,处于成长中的企业,因一般具有较多的良好投资机会而多采取低股利政策;许多处于经营收缩期的企业,则因缺少良好的投资机会而多采取高股利政策。

3. 筹资能力

如果企业规模大、经营好、利润丰厚,其筹资能力一般很强,那么在决定股利支付数额时,有较大的选择余地。但对那些规模小、新创办、风险大的企业,其筹资能力有限。这类企业应尽量减少现金股利支付,而将利润更多地留存在企业,作为内部筹资。

4. 盈利的稳定性

企业的现金股利来源于税后利润。盈利相对稳定的企业,有可能支付较高股利,而盈利不稳定的企业,一般采用低股利政策。这是因为,对于盈利不稳定的企业,低股利政策可以减少因盈利下降而造成的股利无法支付、企业形象受损、股价急剧下降的风险,还可以将更多的盈利用于再投资,以提高企业的权益资本比重,减少财务风险。

5. 资本成本

留用利润是企业内部筹资的一种重要方式,与发行新股或举借债务相比,其不但筹资成本较低,而且具有很强的隐蔽性。企业如果一方面大量发放股利;另一方面又以支付高额资本成本为代价筹集其他资本,那么这种舍近求远的做法无论如何是不恰当的,甚至有损于股东利益。因而从资本成本考虑,如果企业扩大规模,需要增加权益资本时,不妨采取低股利政策。

(三)股东意愿

股东在避税考虑、规避风险、稳定收入和股权稀释等方面的意愿,也会对企业的股利政策产生影响。毫无疑问,企业的股利政策不可能使每个股东财富最大化。企业制定股利政策的目的在于,对绝大多数股东的财富产生有利影响。

1. 避税考虑

企业的股利政策不得不受到股东的所得税负的影响。在我国,由于现金股利收入的税率是20%,而股票交易尚未征收资本利得税,因此,低股利支付政策,可以给股东带来更多的资本利得收入,达到避税的目的。

2. 规避风险

"双鸟在林,不如一鸟在手。"在部分投资者看来,股利的风险小于资本利得的风险,当期股利的支付解除了投资者心中的不确定性。因此,他们往往会要求企业支付较多的股利,从而减少股东投资风险。

3. 稳定收入

如果一个企业拥有很大比例的富有股东,这些股东多半不会依赖企业发放的现金股利维持生活,他们对定期支付现金股利的要求不会显得十分迫切。相反,如果一个企业绝大部分股东,属于低收入阶层以及养老基金等机构投资者,他们需要企业发放的现金股利来维持生活或用于发放养老金等,因此,这部分股东特别关注现金股利,尤其是稳定的现金股利发放。

4. 股权稀释

企业必须认识到高股利支付率会导致现有股东股权和盈利的稀释,如果企业支付大量现金股利,然后再发行新的普通股以融通所需资金,现有股东的控制权就有可能被稀释。另外,随着新普通股的发行、流通在外的普通股股数增加,最终将导致普通股的每股盈利和每股市价下降,对现有股东产生不利影响。

(四)其他因素

影响股利政策的其他因素主要包括不属于法规规范的债务合同约束、政府对机构投资者的投资限制以及因通货膨胀带来的企业对重置实物资产的特殊考虑等。

1. 债务合同约束

企业的债务合同特别是长期债务合同,往往有限制企业现金股利支付的条款,这使得企业只能采取低股利政策。

2. 政府对机构投资者的投资限制

机构投资者包括养老基金、储蓄银行、信托基金、保险企业和其他一些机构。机构投资者对投资股票种类的选择,往往与股利特别是稳定股利的支付有关。如果某种股票连续几年不支付股利或所支付的股利金额起伏较大,则该股票一般不能成为机构投资者的投资对象。因此,如果某一企业想更多地吸引机构投资者,则应采取较高且稳定的股利政策。

3. 通货膨胀的影响

在通货膨胀的情况下,企业固定资产折旧的购买水平会下降,会导致没有足够的资金来源重置固定资产。这时,较多的留存利润就会当做弥补固定资产折旧购买力水平下降的资金来源。因此,在通货膨胀时期,企业股利政策往往偏紧。

三、股利种类

企业通常以多种形式发放股利,股利支付形式一般有现金股利、股票股利、财产股利和负债股利,其中最为常见的是现金股利和股票股利。现实生活中,我国上市公司的股利分配广泛采取一部分股票股利和一部分现金股利的做法,其效果是股票股利和现金股利的综合。

(一)现金股利

现金股利是指企业以现金的方式向股东支付股利,也称为红利。现金股利是企业最常见、也是最易被投资者接受的股利支付方式。企业支付现金股利,除了要有累计的未分配利润外,还要有足够的现金。因此,企业在支付现金前,必须做好财务上的安排,以便有充足的现金支付股利。因为,企业一旦向股东宣告发放股利,就对股东承担了支付的责任,必须如期履约,否则,不仅会使企业丧失信誉,而且会给企业带来不必要的麻烦。

(二)股票股利

股票股利是指应分给股东的股利以额外增发股票形式来发放。以股票作为股利,一般都是按在册股东持有股份的一定比例来发放,对于不满一股的股利仍采用现金发放。股票股利最大的优点就是节约现金支出,因而常被现金短缺的企业所采用。发放股票股利时,在企业账面上,只需在减少未分配利润项目金额的同时,增加股本和资本公积等项目金额,并通过中央清算登记系统增加股东持股数量。显然,发放股票股利是一种增资行为,需经股东大会同意,并按法定程序办理增资手续。但发放股票股利与其他的增资行为不同的是,它不增加股东财富,企业的财产值和股东的股权结构也不会改变,改变的只是股东权益内部各项目的金额。

【例 7-3】　某企业在发放股票股利前,股东权益情况如表 7-1 所示。

表 7-1　发放股票股利前的股东权益情况　　　　　　　　　　单位:元

项　　目	金　　额	项　　目	金　　额
普通股股本(面值 1 元,已发行 200 000 股)	200 000	未分配利润	2 000 000
盈余公积(含公益金)	400 000	股东权益合计	3 000 000
资本公积	400 000		

假定该企业宣布发放 10% 的股票股利,即发放 20 000 股普通股股票,现有股东每持 100 股可得 10 股新发股票。如该股票当时市价 20 元,发放股票股利以市价计算,则,

$$未分配利润划出的资金 = 20 \times 200\ 000 \times 10\% = 400\ 000(元)$$
$$普通股股本增加 = 1 \times 200\ 000 \times 10\% = 20\ 000(元)$$
$$资本公积增加 = 400\ 000 - 20\ 000 = 380\ 000(元)$$

发放股票股利后,企业股东权益情况如表 7-2 所示。

表 7-2　发放股票股利后的股东权益情况　　　　　　　　　　单位:元

项　　目	金　　额	项　　目	金　　额
普通股股本(面值 1 元,已发行 220 000 股)	220 000	未分配利润	1 600 000
盈余公积(含公益金)	400 000	股东权益合计	3 000 000
资本公积	780 000		

可见,发放股票股利,不会对企业股东权益总额产生影响,但会发生资金在各股东权益项目之间的再分配。

值得说明的是,例 7-3 中以市价计算股票股利价格的做法,是很多西方国家所通行的;我国股票股利价格是以股票面值计算的。

发放股票股利后,如果盈利总额不变,会由于普通股股数增加而引起每股盈余和每股市价的下降,但股东所持股票的市场价值总额仍保持不变。

【例 7-4】　假定上述企业本年盈利 440 000 元,某股东持有 20 000 股普通股,发放股票股利对该股东的影响如表 7-3 所示。

表 7-3　发放股票股利后对股东的影响　　　　　　　　　　单位:元

项　　目	发　放　前	发　放　后
每股盈余	440 000/200 000 = 2.2	2.2/(1+10%) = 2
每股市价	20	20/(1+10%) = 18.18
持股比例	20 000/200 000 = 10%	10%
所持股总价值	20 × 20 000 = 400 000	8.18 × 22 000 = 400 000

发放股票股利后每股盈余和每股市价的计算公式为

$$发放股票股利后的每股盈余＝EPS_0/(1+D)$$

$$发放股票股利后的每股市价＝M/(1+D)$$

式中，EPS_0 表示发放股票股利后的每股盈余；M 表示发放股票股利后的每股市价；D 表示股票股利发放率。

【例 7-5】 某公司年终利润分配前的有关资料如表 7-4 所示。

表 7-4 某公司年终利润分配前的有关资料　　　　　　　　　单位：万元

项　　目	金　　额	项　　目	金　　额
年初未分配利润	1 000	盈余公积金(含公益金)	400
本年税后利润	2 000	所有者权益合计	4 000
普通股股本(500 万股,每股 1 元)	500	每股市价	40
资本公积金	100		

该公司决定：本年按规定比例 15％提取盈余公积金(含公益金)，发放股票股利为 10％，并且按发放股票股利的股数派发现金股利，每股 0.1 元。

要求：假设股票的每股市价与每股净资产成正比例，计算利润分配后的盈余公积金(含公益金)、股本、股票股利、资本公积金、现金股利、未分配利润数额和预计的普通股每股市价。

解　由于本年可供分配的利润(1 000＋2 000)＞0，可按本年税后利润计提盈余公积金(含公益金)。

盈余公积金(含公益金)余额＝400＋2 000×15％＝400＋300＝700(万元)

股本余额＝500(1＋10％)＝550(万元)

股票股利＝40×500×10％＝2 000(万元)

资本公积金余额＝100＋(40－1)×500×10％＝2 050(万元)

现金股利＝500(1＋10％)×0.1＝55(万元)

未分配利润余额＝1 000＋(2 000－300－2 000－55)＝645(万元)

利润分配后所有者权益合计＝645＋2 050＋700＋550＝3 945(万元)或＝4 000－55＝3 945(万元)

利润分配前每股净资产＝4 000/500＝8(元)

利润分配后每股净资产＝3 945/550＝7.17(元)

利润分配后预计每股市价＝40×7.17/8＝35.85(元)

尽管股票股利不直接增加股东的财富，也不增加企业的价值，但对股东和企业都有好处。

对股东的意义在于：

(1) 如果企业在发放股票股利后同时发放现金股利，股东会因为持股数的增加而得到更多的现金。

(2) 有时企业发行股票股利后，股价并不成同比例下降，这样便增加了股东的财富。因为股票股利通常为成长中的企业所采用，投资者可能会认为，企业的盈余将会有大幅度的增长,并能抵消增发股票所带来的消极影响,从而使股价稳定不变或略有上升。

(3)在股东需要现金时,可以将分得的股票股利出售,从中获得纳税上的好处。

对企业的意义在于:

(1)能达到节约现金的目的。企业采用股票股利或股票股利与现金股利相互配合的政策,既能使股东满意,又能使企业留存一定的现金,便于进行再投资,有利于企业长期发展。

(2)在盈余和现金股利不变的情况下,发放股票股利可以降低每股价值,从而吸引更多的投资者。

四、股利支付程序

企业通常在年度末,计算出当期盈利之后,才决定向股东发放股利。但是,在资本市场中,股票可以自由交换,公司的股东也经常变换。那么,哪些人应该领取股利?对此,公司必须事先确定与股利支付相关的时间界限。这个时间界限包括以下几点。

1. 股利宣告日

股利一般是按每年度或每半年进行分配。一般来说,分配股利首先要由公司董事会向公众发布分红预案,在发布分红预案的同时或之后,公司董事会将公告召开公司股东大会的日期。股利宣告日是指董事会将股东大会决议通过的分红方案(或发放股利情况)予以公告的日期。在公告中将宣布每股股利、股权登记日、除息日和股利支付日等事项。

2. 股权登记日

股权登记日是指有权领取股利的股东资格登记截止日期。只有在股权登记日前在公司股东名册上有名的股东,才有权分享当期股利,在股权登记日以后列入名单的股东无权领取股利。

3. 除息日

除息日是指领取股利的权利与股票相互分离的日期。在除息日前,股利权从属于股票,持有股票者即享有领取股利的权利;从除息日开始,股利权与股票相分离,新购入股票的人不能享有股利。除息日的确定是证券市场交割方式决定的。因为股票买卖的交接、过户需要一定的时间。在美国,当股票交割方式采用例行日交割时,股票在成交后的第5个营业日才办理交割,即在股票登记日的4个营业日以前购入股票的新股东,才有资格领取股利。在我国,由于采用次日交割方式,则除息日与登记日差1个工作日。

4. 股利发放日

股利发放日即向股东发放股利的日期。

以上海证券交易所为例,某股份公司董事会在股东大会召开后公布最后分红方案的公告中称:"在2003年3月10日M公司在某地召开的股东大会上,通过了董事会关于每股普通股分派股息0.4元的2002年度股息分配方案。股权登记日是2003年4月17日,除息日是2003年4月18日,股利支付日为2003年4月24日,特此公告。"此例中,股利宣告日是3月10日,股权登记日是4月17日,除息日是4月18日,股利发放日是4月24日。

第三节 股票分割和股票回购

一、股票分割

1. 股票分割的定义

股票分割是指公司将面额较高的股票转换成面额较低的股票的行为。在实务中,如果上市公司认为自己公司的股票市场价格过高,不利于其良好的流动,有必要将其降低,就可能进行股票分割。例如,将原来1股股票转换成2股股票,即在外流通股股数增加一倍,每股收益和每股净资产减半,以推动估价下调。从会计的角度看,股票分割对公司的资本结构、资产的账面价值、股东权益各账户(股本、资本公积、盈余公积、未分配利润等)均不会产生影响,股东权益的总额保持不变,只是使公司发行在外的股票总数增加,使得每股股票代表的账面价值降低,每股收益下降。因此,股票分割与发放股票股利的作用相似,都是在不增加股东权益的情况下增加股票的数量。所不同的是,股票股利虽不会引起股东权益总额的变化,但股东权益构成项目之间的比例会发生变化,而股票分割之后,股东权益总额及其构成项目的金额均不会发生任何变化,变化的只是股票面值。

2. 股票分割的作用

对于公司而言,股票分割可以起到以下作用。

(1)股票分割可以促进股票的流通和交易。股票分割会使公司每股市价降低,买卖该股票所必需的资金量减少,易于增加该股票在投资者之间的换手,并且可以使更多资金有限的潜在股东变成持股股东。

(2)股票分割可以向投资者传递公司发展前景良好的信息,有助于提高投资者对公司的信心。股票分割意味着公司想以较低的发行价格吸引投资者购买公司的新股票,也意味着公司的投资机会较多、发展前景良好。因此,公司的股票价格有上升趋势,提高投资者对公司的信心。

(3)股票分割可以为公司发行新股作准备。公司股票价格太高,会使许多潜在的投资者力不从心,不敢轻易对公司的股票进行投资。在新股发行之前,利用股票分割降低股票价格,有利于吸引更多的投资,促进新股的发行。

(4)股票分割有助于公司并购政策的实施。当一家公司兼并或合并另一家公司时,先将自己的股票加以分割,有助于增加对被并购公司的吸引力。

(5)股票分割带来的股票流通性的提高和股东数量的增加,会在一定程度上加大对公司股票进行恶意收购的难度。

对于股东而言,股票分割与股票股利相同,使其持有的股份数增加,但其持股比例维持不变。当每股现金股利的下降幅度小于股票分割的幅度时,股东有可能获取更多的现金股利。

二、股票回购

1. 股票回购的定义

股票回购是指上市公司出资将其发行的流通在外的股票以一定价格购买回来予以注

销或作为库藏股的一种资本运作方式。股票是上市公司的所有权证书,代表了投资者在公司中的投资及其衍生权益,因此,股票回购可以理解为减少公司资本的行为。但是,上市公司真正直接为了"减资"而进行股票回购的情况是比较少的。通常公司回购股票是为了调整资本结构、发挥财务杠杆的作用,从而改善资金运用效率,达到利润分配或反收购等目的。股票回购是证券市场发展到一定阶段的产物,是上市公司财务管理中一个重要的领域,其最终目的在于使股价上升,使股东财务最大化。

《中华人民共和国公司法》规定,公司不得收购本公司股份。但是,有下列情形之一的除外:①减少公司注册资本;②与持有本公司股份的其他公司合并;③将股份奖励给本公司职工;④股东因对股东大会作出的公司合并、分立决议持异议,要求公司收购其股份的。

公司因上述第①项至第③项的原因收购本公司股份的,应当经股东大会决议。公司依照上述规定收购本公司股份后,属于第①项情形的,应当自收购之日起 10 日内注销;属于第②项和第④项情形的,应当在 6 个月内转让或者注销。属于第③项情形收购本公司股份的,不得超过本公司已发行股份总额的 5%,用于收购的资金应当从公司的税后利润中支出,所收购的股份应当在 1 年内转让给职工。

2. 股票回购的方式

一旦公司决定回购股票,管理者必须选择一种恰当的方式来实施股票回购计划。股票回购的方式主要有以下三种。

(1)公开市场回购。是指公司在股票的公开交易市场上以等同于任何潜在投资者的地位,按照公司股票当前市场价格回购股票。这种方式很容易推高股价,从而增加回购成本。此外,交易税和交易佣金也较高。

(2)要约回购。是指公司在特定期间向市场发出的以高出股票当前市场价格的某一价格,回购既定数量股票的回购。这种方式赋予所有股东向公司出售其所持股票的均等机会。与公开市场回购相比,要约回购通常被认为是更积极的信号,原因在于要约价格存在高出股票当前价格的溢价。但是,溢价会导致回购要约的执行成本较高。

(3)协议回购。是指公司以协议价格直接向一个或多个主要股东购回股票。协议价格通常低于当前的股票价格。但是,有时公司也会以超常溢价向其认为有潜在威胁的非控股股东回购股票。由于这种股票回购不是面向全部股东,所以如果回购价格太高将损害其他股东的利益。

3. 股票回购的动机

公司实施股票回购的目的是多方面的。在证券市场上,股票回购的动机主要有以下七点。

(1)代替现金股利。对公司来讲,派发现金股利会对公司形成未来的派现压力,而股票回购属于非正常股利政策,不会给公司带来未来的派现压力。对股东来讲,需要现金的股东可以选择出售股票,不需要现金的股东可以选择继续持有股票。因此,当公司有富余资金,但又不希望通过派现方式进行分配的时候,股票回购可以作为现金股利的一种替代方式。

(2)提高每股收益。由于财务上的每股收益指标是以流通在外的股份数作为计算基础的,有些公司出于自身形象和投资人渴望高回报等原因,采取股票回购的方式来减少实际支付股利的股份数,从而提高每股收益。

（3）改善公司的资本结构。股票回购可以通过改变公司的资本结构和每股收益来影响市场价值。当公司认为其权益资金在资本结构中所占的比例过大、负债与权益的比率失衡时，就有可能对外举债，并用举债所得资金去购回其自身的股票，以提高公司财务杠杆水平，优化资本结构。

（4）传递公司的信息以稳定或提高公司的股价。股票回购是公司向股东传递信号的一种方式。由于信息不对称及其差异，公司的股票价格可能被市场低估，而过低的股价将会对公司产生负面影响。因此，当公司认为其股价被低估时，可以进行股票回购，以向市场和投资者传递有关公司真实价值的信息，增强投资者对公司股票的信心，稳定或提高公司的股价。

（5）巩固既定控制权或转移公司控制权。许多股份公司的大股东为了保证其控制权不变，往往采取直接或间接的方式回购股票，从而巩固既有的控制权。另外，有些公司的法定代表人并不是公司大股东的代表，为了保证不改变在公司中的地位，也为了能在公司中实现自己的意志，往往也采取股票回购的方式分散或削弱原股东的控制权，以实现控制权的转移。

（6）防止敌意收购。股票回购有助于公司管理者避开竞争对手企图收购的威胁，因为它可以减少公司流通在外的股份，提高股价，从而使得收购方更难达到控制公司的法定股份比例的目的。

（7）满足企业兼并与收购的需要。在进行企业兼并与收购时，产权交换的实现方式包括现金购买和换股两种。如果公司有库藏股，则可以用公司的库藏股来交换被并购公司的股权，这样可以减少公司的现金支出。

4. 股票回购的影响

（1）股票回购对上市公司的影响：股票回购需要大量现金支付回购的成本，容易造成资金紧张，使资产流动性降低，影响公司的后续发展；公司进行股票回购，无异于股东退股或公司资本的减少，在一定程度上削弱了对债权人利益的保障；股票回购可能使公司的发起人股东更注重创业利润的兑现，而忽视公司长远的发展，损害公司的根本利益；股票回购容易导致公司操纵股价。公司回购自己的股票，容易导致其利用内幕消息进行炒作，或操纵财务信息，加剧公司行为的非规范化，使投资者蒙受损失。

（2）股票回购对股东的影响：对于投资者来说，与现金股利相比，股票回购不仅可以节约个人税收，而且具有更大的灵活性。因为股东对公司派发的现金股利没有是否接受的可选择性，而对股票回购则具有可选择性，需要现金的股东可以选择卖出股票，而不需要现金的股东则可以继续持有股票。如果公司急于回购相当数量的股票，而对股票回购的出价太高，以至于偏离均衡价格，那么结果会不利于选择继续持有股票的股东。因为回购行动过后，股票价格会出现回归性下跌。

案例

IBM 为何调整股利政策？

1989 年以前，IBM 公司的股利每年以 7% 的速度增长。从 1989—1991 年，IBM 公司的每股股利稳定在 4.89 美元/年·股，即平均每季度 1.21 美元/股。1992 年 1 月 26 日上午 9 时 2 分，《财务新闻直线》公布了 IBM 公司新的股利政策，季度每股股利从 1.21 美元调整为 0.54 美元，下降超过 50%。维持多年的稳定的股利政策终于发生了变化。

IBM 公司董事会指出：这个决定是在认真慎重考虑 IBM 的盈利和未来公司的长期发展的基础上做出的，同时也考虑到了给广大股东一个合适的回报率。这是一个为了维护股东和公司未来最好的长期利益，维持公司稳健的财务状况，综合考虑多种影响因素之后做出的决定。

1993 年，IBM 的问题累积成堆，股利不得不从 2.16 美元再次削减到 1.00 美元。在此之前，许多投资者和分析人士已经预计到 IBM 将削减其股利，因为它没有充分估计到微型计算机的巨大市场，没有尽快从大型计算机市场转向微型计算机市场。IBM 的大量资源被套在销路不好的产品上。同时，在 80 年代，IBM 将一些有利可图的项目，如软件开发、芯片等拱手让给微软和英特尔，使得他们后来获得丰厚的、创纪录的利润。结局是：IBM 公司在 1992 年创造了美国企业历史上最大的年度亏损，股票价格下跌 60%，股利削减 53%。

面对 IBM 的问题，老的管理层不得不辞职。到了 1994 年，新的管理层推行的改革开始奏效，公司从 1993 年的亏损转为盈利，1994 年的 EPS 达到 4.92 美元，1995 年 EPS 则高达 11 美元。因为 IBM 公司恢复了盈利，股利政策又重新提到议事日程上来……

最后，IBM 董事会批准了一个庞大的股票回购计划——回购 50 亿美元，使得股东的股利达到 1.4 美元/股。1993 年是 IBM 股价最为低迷的时候，最低价格是 40.75 美元；最高价格是 1987 年，176 美元/股。股利政策调整后，IBM 的股价上升到 128 美元。价值线（Value Line）预测：1999 年 IBM 公司的 EPS 将达到 15.5 美元，股利将达到 3 美元/股，股票价格将达到 200 美元/股。

（资料来源：http://www.guatian.com/futures/c8fa104782562b49/）

问题：

（1）为什么 IBM 早期的董事会没有实行削减股利或取消股利的政策？

（2）IBM 是否应该调整其股利政策？为什么？

（3）如果 IBM 应调整其股利政策，应发放多少的现金股利？

（4）IBM 是否应该采取提高现金股利的政策或推行股票股利的政策？

（5）如果 IBM 公司股利政策再次调整，是否将影响其股票价格呢？

第 7 章-收益分配管理-自测题

财务分析

学习目的与要求

本章主要讲授财务分析的方法、财务指标分析的运用,以及财务状况的综合分析。通过本章的学习,需要掌握:

(1) 趋势分析法、比率分析法和因素分析法等。

(2) 财务分析的四类指标。

(3) 财务状况的综合分析方法。

教学重点与难点

偿债能力指标、营运能力指标、获利能力指标及发展能力指标的具体运用。

引例

谎言的欺骗:蓝田股份造假事件

蓝田股份曾经创造了中国股市长盛不衰的绩优神话,这只传奇性的股票,在股市创造了很多不可能,而在这些不可能的背后隐藏的是一个又一个的谎言与欺骗。凭借农业部背景这个行政杠杆,蓝田最终撬开资本市场的大门。农业部将 3 000 万股上市额度给了蓝田,1996 年 6 月 18 日,蓝田股票在上交所挂牌交易,号称"中国农业第一股"。

公司 2000 年销售收入 18.4 亿元,而应收账款仅 857.2 万元。2001 年中期这一状况也未改变:销售收入 8.2 亿元,应收账款 3 159 万元。在现代信用经济条件下,无法想象,一家现代企业数额如此巨大的销售,都是在"一手交钱,一手交货"的自然经济状态下完成的? 其水产品销售,不可能是直接与每一个消费者进行交易,必然需要代理商进行代理,因此水产品销售全部"以现金交易结算"的说法是难以成立的;而销售收入达 5 亿元之巨的野藕汁、野莲汁等饮料,不可能也是以现金交易结算。

而真正揭开蓝田业绩之谜的是 ST 生态 2001 年年报,三年来的财务指标来了一个"大变脸":主营业务收入,1999 年调整前是 18 亿 5 千多万元,调整后是 2 千 4 百多万元,2000 年调整前是 18 亿 4 千多万元,调整后不到 4 千万元,2001 年是 5 千 5 百多万元。调整后的主营業务收入不到调整前的零头。净利润,1999 年调整前是 5 亿 1 千多万元,调整后是负的 2 千 2 百多万元,2000 年,调整前是 4 亿 3 千多万元,调整后是负的 1 千多万元,2001 年 是负的 8 千多万元。每股收益,1999 年调整前是 1.15 元,调整后是负的 0.004 9 元,2000 年调整前是 0.97 元,调整后是负的 0.023 9 元,2001 年是 0.18 元。净利润和每股收益调 整后来了一个"乾坤大挪移",数据全都由正变负了,蓝田股份完全由"绩优股"变成了"垃 圾股"。

曾轰动全国的蓝田股份造假事件,至今仍有余温。60 岁的沈阳蓝田股份有限公司原 法定代表人、董事长、总经理瞿兆玉,因涉嫌犯单位行贿罪被提起公诉。据报道,2008 年 10 月,北京市第二中级人民法院一审以单位行贿罪,判处瞿兆玉有期徒刑 3 年,缓刑 4 年 执行。造假者最终制造的是牢狱之灾,蓝田的谎言被彻底戳破。但为这些谎言所付出的 代价却是惨重的,这里损失的不仅仅是金钱,还有相关部门的信誉和国人的信心。

（资料来源：http://finance. qq. com/a/20101128/001113. html）

（**思考**：蓝田股份是怎么做到欺骗大众成为一只"神股"的?）

第一节　财务分析概述

一、财务分析的定义与特征

（一）财务分析的定义

美国南加州大学教授 Water B. Meigs 认为,财务分析的本质在于搜集与决策有关的 各种财务信息,并加以分析与解释的一种技术。

美国纽约市立大学 Leopold A. Bernstein 认为,财务分析是一种判断的过程,旨在评 估企业现在或过去的财务状况及经营成果,其主要目的在于对企业未来的状况及经营业 绩进行最佳预测。

中国台湾地区的台湾政治大学教授洪国赐认为,财务分析以审慎选择财务信息为起 点,作为探讨的根据;以分析信息为重心,以揭示其相关性;以研究信息的相关性为手 段,以评核其结果。

财务分析是以会计核算和报表资料及其他相关资料为依据,采用一系列专门的分析 技术和方法,对企业等经济组织过去和现在有关筹资活动、投资活动、经营活动的偿债能 力、盈利能力和营运能力状况进行分析与评价,为企业的投资者、债权人、经营者及其他关 心企业的组织或个人了解企业过去、评价企业现状、预测企业未来,作出正确决策提供准 确的信息或依据的经济应用学科。

（二）财务分析的特征

财务分析具备以下一些特征。

1. 财务分析是一门综合性、边缘性学科

财务分析是在企业经济分析、财务管理和会计的基础上发展形成的一门综合性、边缘 性学科。

2. 财务分析有完整的理论体系

财务分析从其内涵、目的、作用、内容，到财务分析的原则、形式、组织等，都日趋成熟。

3. 财务分析有健全的方法论体系

财务分析有专门的技术方法，如水平分析法、垂直分析法、趋势分析法、比率分析法等都是财务分析的专门和有效的分析方法。

4. 财务分析有系统、客观的资料依据

财务分析所依据的资料主要是财务报表，财务报表是根据企业日常会计核算资料归集、加工、汇总而成的一套完整的报告体系；以反映企业的财务状况、经营成果和现金流动情况。常用的财务报表主要有资产负债表、利润表、利润分配表和现金流量表。另外，财务分析的依据还包括审计报告、市场信息、公司治理信息等非会计信息。

5. 财务分析有明确的目的和作用

财务分析的目的受财务分析主体和财务分析服务对象的制约。从财务分析的服务对象看，财务分析不仅对企业内部生产经营管理有着重要的作用，而且对企业外部投资决策、贷款决策、赊销决策等有着重要作用。从财务分析的职能作用来看，它对于预测、决策、计划、控制、考核、评价都有重要作用。

二、财务分析的内容

财务分析的主体不同，其内容也不一样。

（一）财务分析的主体

财务分析的主体，包括权益投资人、债权人、经理人员、政府机构和其他与企业有利益关系的人士。他们出于不同目的使用财务报表，需要不同的信息，采用不同的分析程序。

1. 投资人

投资人是指公司的权益投资人，即普通股东。普通股东投资于公司的目的是扩大自己的财富。他们所关心的，包括偿债能力、收益能力以及风险等。

权益投资人进行财务分析，是为了回答以下几方面的问题：

（1）公司当前的和长期的收益水平高低，以及公司收益是否容易受重大变动的影响？

（2）目前的财务状况如何，公司资本结构决定的风险和报酬如何？

（3）与其他竞争者相比，公司处于何种地位？

2. 债权人

债权人是指借款给企业并得到企业还款承诺的人。债权人关心企业是否具有偿还债务的能力。债权人可以分为短期债权人和长期债权人。债权人的主要决策是决定是否给企业提供信用，以及是否需要提前收回债权。他们进行财务报表分析是为了回答以下几方面的问题：

（1）公司为什么需要额外筹集资金？

（2）公司还本付息所需资金的可能来源是什么？

（3）公司对于以前的短期借款和长期借款是否按期偿还？

（4）公司将来在哪些方面还需要借款？

3. 经理人员

经理人员是指被所有者聘用的、对公司资产和负债进行管理的个人组成的团体,有时称之为"管理当局"。经理人员关心公司的财务状况、盈利能力和持续发展的能力。经理人员可以获取外部使用人无法得到的内部信息。他们分析报表的主要目的是改善报表。

4. 政府机构有关人士

政府机构也是公司财务报表的使用者,包括税务部门、国有企业的管理部门、证券管理机构、会计监管机构和社会保障部门等。它们使用财务报表是为了履行自己的监督管理职责。

5. 其他人士

其他人士如职工、中介机构(审计人员、咨询人员)等。审计人员通过财务分析可以确定审计的重点。财务分析领域的逐渐扩展与咨询业的发展有关,一些国家"财务分析师"已经成为专门职业,他们为各类报表使用人提供专业咨询。

（二）财务分析的客体

财务分析的对象是企业的各项基本活动。财务分析就是从报表中获取符合报表使用人分析目的的信息,认识企业活动的特点,评价其业绩,发现其问题。

企业的基本活动分为筹资活动、投资活动和经营活动三类。

筹资活动是指筹集企业投资和经营所需要的资金,包括发行股票和债券、取得借款,以及利用内部积累资金等。

投资活动是指将所筹集到的资金分配于资产项目,包括购置各种长期资产和流动资产。投资是企业基本活动中最重要的部分。

经营活动是在必要的筹资和投资前提下,运用资产赚取收益的活动。它至少包括研究与开发、采购、生产、销售和人力资源管理五项活动。经营活动是企业收益的主要来源。

企业的三项基本活动是相互联系的,在业绩评价时不应把它们割裂开来。

财务分析的起点是阅读财务报表,终点是作出某种判断(包括评价和找出问题),中间的财务报表分析过程,由比较、分类、类比、归纳、演绎、分析和综合等认识事物的步骤和方法组成。其中,分析与综合是两种最基本的逻辑思维方法。因此,财务分析的过程也可以说是分析与综合的统一。

三、财务分析的目的

财务分析的目的是进行财务分析的最终目标,财务分析的最终目标是为财务报表使用者作出相关决策提供可靠的依据。财务分析的目的受财务分析主体的制约,不同的财务分析主体进行财务分析的目的是不同的。

财务分析的一般目的可以概括为:评价过去的经营业绩、衡量现在的财务状况、预测未来的发展趋势。根据分析的具体目的,财务分析可以分为流动性分析、盈利性分析、财务风险分析、专题分析(如破产分析、审计人员的分析性检查程序)。

第二节 财务分析的方法

财务分析的方法有很多种,主要包括趋势分析法、比率分析法、因素分析法。

一、趋势分析法

趋势分析法又称水平分析法,是将两期或连续数期财务报告中相同指标进行对比,确定其增减变动的方向、数额和幅度,以说明企业财务状况和经营成果的变动趋势的一种方法。

趋势分析法的具体运用主要有以下三种方式。

1. 重要财务指标的比较

它是将不同时期财务报告中的相同指标或比率进行比较,直接观察其增减变动情况及变动幅度,考察其发展趋势,预测其发展前景。

对不同时期财务指标的比较,可以有两种方法:

(1)定基动态比率。它是以某一时期的数额为固定的基期数额而计算出来的动态比率。其计算公式为

$$定基动态比率 = 分析期数额 \div 固定基期数额$$

(2)环比动态比率。它是以每一分析期的前期数额为基期数额而计算出来的动态比率。其计算公式为

$$环比动态比率 = 分析期数额 \div 前期数额$$

2. 会计报表的比较

会计报表的比较是将连续数期的会计报表的金额并列起来,比较其相同指标的增减变动金额和幅度,据以判断企业财务状况和经营成果发展变化的一种方法。

3. 会计报表项目构成的比较

这是在会计报表比较的基础上发展而来的。它是以会计报表中的某个总体指标作为100%,再计算出其各组成项目占该总体指标的百分比,从而来比较各个项目百分比的增减变动,以此来判断有关财务活动的变化趋势。

但在采用趋势分析法时,必须注意以下问题:①用于进行对比的各个时期的指标,在计算口径上必须一致;②剔除偶发性项目的影响,使作为分析的数据能反映正常的经营状况;③应用例外原则,应对某项有显著变动的指标作重点分析,研究其产生的原因,以便采取对策,趋利避害。

二、比率分析法

比率分析法是指利用财务报表中两项相关数值的比率揭示企业财务状况和经营成果的一种分析方法。根据分析的目的和要求的不同,比率分析主要有以下三种。

1. 构成比率

构成比率又称结构比率,是某个经济指标的各个组成部分与总体的比率,反映部分与总体的关系。其计算公式为

$$构成比率 = 某个组成部分数额 / 总体数额$$

利用构成比率,可以考察总体中某个部分的形成和安排是否合理,以便协调各项财务活动。

2. 效率比率

效率比率是某项经济活动中所费与所得的比率,反映投入与产出的关系。利用效率比率指标,可以进行得失比较,考察经营成果,评价经济效益。

3. 相关比率

相关比率是根据经济活动客观存在的相互依存、相互联系的关系,以某个项目和与其有关但又不同的项目加以对比所得的比率,反映有关经济活动的相互关系,如流动比率。

比率分析法的优点是计算简便,计算结果容易判断,而且可以使某些指标在不同规模的企业之间进行比较,甚至也能在一定程度上超越行业间的差别进行比较。但采用这一方法时,对比率指标的使用应注意以下几点:

(1)对比项目的相关性。计算比率的子项和母项必须具有相关性,把不相关的项目进行对比是没有意义的。

(2)对比口径的一致性。计算比率的子项和母项必须在计算时间、范围等方面保持口径一致。

(3)衡量标准的科学性。运用比率分析法,需要选用一定的标准与之对比,以便对企业的财务状况作出评价。通常而言,科学合理的对比标准有预定目标、历史标准、行业标准、公认标准。

三、因素分析法

因素分析法也称因素替换法、连环替代法,它是用来确定几个相互联系的因素对分析对象——综合财务指标或经济指标的影响程度的一种分析方法。采用这种方法的出发点在于,当有若干因素对分析对象发生影响作用时,假定其他各个因素都不发生变化,顺序确定每一个因素单独变化所产生的影响。

第三节　财务比率分析

财务比率分析是以某一基准进行比较的分析方法。单纯的财务比率是没有意义的。比率分析有外部比较和内部比较。外部比较是企业之间的比较,它以同行业企业或同类型企业的平均值为基础,进行比较。内部比较是将企业近几年的财务比率进行比较、分析和考察本企业的财务状况和变化趋势。财务比率是通过财务报表中财务数据的关联性计算的,它显示了财务报表科目之间的关系。财务报表中有大量的数据,可以组成许多有意义的财务比率。这些比率涉及企业经营管理的各个方面。这些财务比率大体上可以分为四类:偿债能力比率、营运能力比率、获利能力比率和发展能力比率。

为了便于说明财务比率的计算和分析方法,本节将使用 ABC 股份有限公司(以下简称"ABC 公司")的财务报表数据作为举例。该公司的资产负债表、利润表、现金流量表和股东权益变动表如表 8-1 至表 8-4 所示①。为计算简便,这些数据是假设的。

表 8-1　资产负债表

编制单位：ABC 公司　　　　　　　　2006 年 12 月 31 日　　　　　　　单位：万元

资　产	年末余额	年初余额	负债及股东权益	年末余额	年初余额
流动资产：			流动负债：		
货币资金	50	25	短期借款	60	45
交易性金融资产	6	12	交易性金融负债		
应收票据	8	11	应付票据	5	4
应收账款	398	199	应付账款	100	109
预付账款	22	4	预收账款	10	4
应收股利	0	0	应付职工薪酬	2	
应收利息	0	0	应交税费	5	4
其他应收款	12	22	应付利息	12	16
存货	119	326	应付股利	28	10
待摊费用	32	7	其他应付款	14	13
1 年内到期的非流动资产	45	4	预提费用	9	5
其他流动资产	8	0	预计负债	2	4
流动资产合计	700	610	1 年内到期的非流动负债	50	0
			其他流动负债	3	5
			流动负债合计	300	220
			非流动负债：		
非流动资产：			长期借款	450	245
可供出售金融资产	0	45	应付债券	240	260
持有至到期投资			长期应付款	50	60
长期股权投资	30	0	专项应付款	0	0
长期应收款			递延所得税负债	0	0
固定资产	1 238	955	其他非流动负债	0	15
在建工程	18	35	非流动负债合计	750	580
固定资产清理		12	负债合计	1 040	800
无形资产	6	8	股东权益：		
开发支出			股本	100	100
商誉			资本公积	10	10
长期待摊费用	5	15	盈余公积	100	40
递延所得税资产	0	0	未分配利润	750	730
其他非流动资产	3	0	减：库存股	0	0
非流动资产合计	1 300	1 070	股东权益合计	960	880
资产总计	2 000	1 680	负债及股东权益总计	2 000	1 680

①　ABC 股份有限公司的财务报表数据来自于网址：http：//zhidao. baidu. com/question/156159978. html? fr＝qrl＆cid＝184＆index＝2＆fr2＝query。

表 8-2 利 润 表

编制单位：ABC 公司   2006 年度   单位：万元

项　　目	本 年 金 额	上 年 金 额
一、营业收入	3 000	2 850
减：营业成本	2 644	2 503
营业税金及附加	28	28
销售费用	22	20
管理费用	46	40
财务费用	110	96
资产减值损失	0	0
加：公允价值变动收益	0	0
投资收益	6	0
二、营业利润	156	163
加：营业外收入	45	72
减：营业外支出	1	0
三、利润总额	200	235
减：所得税费用	64	75
四、净利润	136	160

表 8-3 现金流量表

编制单位：ABC 公司   2006 年度   单位：万元

项　　目	金　　额
一、经营活动产生的现金流量：	
销售商品、提供劳务收到的现金	2 810
收到的税费返还	
收到其他与经营活动有关的现金	10
经营活动现金流入小计	2 820
购买商品、接受劳务支付的现金	2 363
支付给职工以及为职工支付的现金	29
支付的各项税费	91
支付其他与经营活动有关的现金支出	14
经营活动现金流出小计	2 497
经营活动产生的现金流量净额	323
二、投资活动产生的现金流量：	
收回投资收到的现金	4
取得投资收益收到的现金	6
处置固定资产、无形资产和其他长期资产收回的现金净额	12
处置子公司及其他营业单位收到的现金净额	
收到其他与投资活动有关的现金	
投资活动现金流入小计	22
购置固定资产、无形资产和其他长期资产支付的现金	369
投资支付的现金	30
支付其他与投资活动有关的现金	

财务管理◎第5版

续表

项　　目	金　　额
投资活动现金流出小计	399
投资活动产生的现金流量净额	−377
三、筹资活动产生的现金流量：	
吸收投资收到的现金	
取得借款收到的现金	270
收到其他与筹资活动收到的现金	
筹资活动现金流入小计	270
偿还债务支付的现金	20
分配股利、利润或偿付利息支付的现金	152
支付其他与筹资活动有关的现金	25
筹资活动现金流出小计	197
筹资活动产生的现金流量净额	73
四、汇率变动对现金及现金等价物的影响	
五、现金及现金等价物净增加额	19
加：期初现金及现金等价物余额	37
六、期末现金及现金等价物余额	56
补充资料	
1. 将净利润调节为经营活动现金流量：	
净利润	136
加：资产减值准备	
固定资产折旧、油气资产折耗、生产性生物资产折旧	100
无形资产摊销	2
长期待摊费用摊销	−11
处置固定资产、无形资产和其他长期资产的损失（收益以"−"号填列）	
固定资产报废损失（收益以"−"号填列）	
公允价值变动损失（收益以"−"号填列）	
财务费用（收益以"−"号填列）	110
投资损失（收益以"−"号填列）	−6
递延所得税资产减少（增加以"−"号填列）	
递延所得税负债增加（减少以"−"号填列）	
存货的减少（增加以"−"号填列）	207
经营性应收项目的减少（增加以"−"号填列）	−212
经营性应付项目的增加（减少以"−"号填列）	−3
其他	
经营活动产生的现金流量净额	323
2. 不涉及现金收支的投资和筹资活动：	
债务转为资本	
1年内到期的可转换公司债券	
融资租入固定资产	
3. 现金及现金等价物净增加情况：	
现金的期末余额	56
减：现金的期初余额	37
加：现金等价物的期末余额	
减：现金等价物的期初余额	
现金及现金等价物净增加额	19

表 8-4　股东权益变动表

编制单位：ABC 公司　　　　　　　　　　2006 年度　　　　　　　　　　单位：万元

项　　目	本 年 金 额						上年金额
	股本	资本公积	减：库存股	盈余公积	未分配利润	股东权益合计	（略）
一、上年年末余额	100	10		40	730	880	
加：会计政策变更							
前期差错更正							
二、本年年初余额	100	10		40	730	880	
三、本年增减变动金额							
（一）净利润					136	136	
（二）直接计入股东权益的利得和损失							
1. 可供出售金融资产公允价值变动净额							
2. 权益法下被投资单位其他股东权益变动的影响							
3. 与计入股东权益项目相关的所得税影响							
4. 其他							
上述（一）和（二）小计					136	136	
（三）所有者投入和减少资本							
1. 所有者投入资本							
2. 股份支付计入股东权益的金额							
3. 其他							
（四）利润分配							
1. 提取盈余公积				60	−60	0	
2. 对股东的分配					−56	−56	
3. 其他							
（五）股东权益的内部结转							
1. 资本公积转增股本							
2. 盈余公积转增股本							
3. 盈余公积弥补亏损							
4. 其他							
四、本年年末余额	100	10	0	100	750	900	

一、偿债能力比率

企业的偿债能力，静态地讲，就是用企业资产清偿企业长短期负债的能力；动态地讲，就是用企业资产和经营过程中创造的收益偿还长短期负债的能力。企业有无支付现金的能力和偿还债务的能力是企业能否生存和健康发展的关键。按照债务到期时间是否在 1 年以上，偿债能力分析可以分为短期偿债能力分析和长期偿债能力分析两部分。

（一）短期偿债能力比率

短期偿债能力是指企业流动资产对流动负债及时足额偿还的保证程度，是衡量企业当前财务能力,特别是流动资产变现能力的重要标志。衡量企业短期偿债能力的比率主要有流动比率、速动比率和现金比率。

1. 流动比率

流动比率是指流动资产与流动负债的比值。

$$流动比率 = \frac{流动资产}{流动负债} \times 100\%$$

它揭示了流动资产与流动负债的对应程度,考察短期债务偿还的安全性,它是衡量企业短期偿债能力的一个比较可靠的指标。一般而言,流动比率越高,企业的短期偿债能力就越强。根据 ABC 公司的财务报表数据,可得

$$本年流动比率 = 700 \div 300 \times 100\% = 2.33$$
$$上年流动比率 = 610 \div 220 \times 100\% = 2.77$$

流动比率假设全部流动资产都可以用于偿还短期债务,表明每 1 元流动负债有多少流动资产作为偿债的保障。ABC 公司的流动比率降低了 0.44(2.77－2.33),即为每 1 元流动负债提供的流动资产保障减少了 0.44 元。

运用流动比率时应注意以下问题:

(1) 流动比率越高,不等于说企业已有足够的现金或存款用来偿债,还必须在流动比率分析的基础上,对现金流量加以考察。

(2) 从短期债权人看,希望流动比率越高越好。但从企业角度看,并不这样。企业应尽可能地将流动比率维持在不使货币资金闲置的水平。

(3) 不应用划一的标准来评价各企业的流动比率合理与否。

(4) 在分析流动比率时应剔除一些虚假因素的影响。

2. 速动比率

速动比率是指速动资产与流动负债的比值。

$$速动比率 = \frac{速动资产}{流动负债} \times 100\%$$

式中,速动资产是指流动资产减去变现能力较差且不稳定的存货、待摊费用、待处理流动资产损失等后的余额。流动资产中的存货、待摊费用、1 年内到期的非流动资产及其他流动资产等,称为非速动资产。根据 ABC 公司的财务报表数据,可得

$$本年速动比率 = (50＋6＋8＋398＋22＋12) \div 300 \times 100\% = 1.65$$
$$上年速动比率 = (25＋12＋11＋199＋4＋22) \div 220 \times 100\% = 1.24$$

速动比率假设速动资产是可以用于偿债的资产,表明每 1 元流动负债有多少速动资产作为偿还保障。ABC 公司的速动比率比上年提高了 0.41,说明为每 1 元流动负债提供的速动资产保障增加了 0.41 元。

速动比率比流动比率更能够准确、可靠地评价企业资产的流动性及其偿还短期负债的能力。西方企业传统经验认为,速动比率为 1 时是安全边际。

运用速动比率时应注意以下问题:

(1) 不能单纯地认为速动比率较低企业的流动负债到期绝对不能偿还。如同流动比率一样,不同行业的速动比率有很大差别。例如,采用大量现金销售的商店,几乎没有应

收账款,速动比率大大低于 1 是很正常的。相反,一些应收账款较多的企业,速动比率可能要大于 1。

(2) 影响速动比率可信性的重要因素是应收账款的变现能力。账面上的应收账款不一定都能变成现金,实际坏账可能比计提的准备要多;季节性的变化,可能使报表上的应收账款数额不能反映平均水平。这些情况,外部分析人不易了解,而内部人员却有可能作出估计。构成流动资产的各个项目的流动性有很大差别。

(3) 非速动资产的变现时间和数量具有较大的不确定性:①存货的变现速度比应收款项要慢得多;部分存货可能已损失报废还没作处理,或者已抵押给某债权人,不能用于偿债;存货估价有多种方法,可能与变现金额相差悬殊。②待摊费用不能出售变现。③1 年内到期的非流动资产和其他流动资产的数额有偶然性,不代表正常的变现能力。因此,将可偿债资产定义为速动资产,计算出来的短期债务存量比率更令人可信。

3. 现金比率

现金比率是指现金(各种货币资金)和短期有价证券与流动负债的比值。

$$现金比率 = \frac{现金 + 短期有价证券}{流动负债} \times 100\%$$

现金比率是评价企业短期偿债能力强弱最可信的指标,其主要作用在于评价企业最坏情况下的短期偿债能力。根据 ABC 公司的财务报表数据,可知

$$本年现金比率 = (50 + 6) \div 300 \times 100\% = 0.19$$
$$上年现金比率 = (25 + 12) \div 220 \times 100\% = 0.17$$

现金比率假设现金资产是可偿债资产,表明每 1 元流动负债有多少现金资产作为偿还保障。ABC 公司的现金比率比上年增加了 0.02,说明企业为每 1 元流动负债提供的现金资产保障增加了 0.02 元。

一般而言,现金比率的高低主要取决于以下几个要素:日常经营的现金支付需要;应收账款、应收票据的收现周期;短期有价证券变现的顺利程度;企业筹集短期资金能力等。

4. 现金流量比率

现金流量比率反映的是本期经营活动所产生的现金净流量足以抵付流动负债的倍数。其公式为

$$现金流量比率 = \frac{经营活动现金净流量}{流动负债} \times 100\%$$

公式中的"经营活动现金净流量",通常使用现金流量表中的"经营活动产生的现金流量净额"。它代表企业产生现金的能力,已经扣除了经营活动自身所需的现金流出,是可以用来偿债的现金流量。公式中的"流动负债",通常使用资产负债表中"流动负债"的年初与年末的平均数。为了简便,也可以使用期末数。

现金流量比率表明每 1 元流动负债的经营现金流量保障程度。表明该比率越高,偿债越有保障。根据 ABC 公司的财务报表数据,可得

$$现金流量比率(平均负债) = 323 \div [(300 + 220)/2] \times 100\% = 1.24$$
$$现金流量比率(期末负债) = 323 \div 300 \times 100\% = 1.08$$

需要注意的是,经营活动现金净流量是过去一个会计年度的经营结果,而流动负债是未来一个会计年度需要偿还的债务,二者的会计期间不同,因此,在使用时要考虑未来一个会计年度影响经营活动现金流量变动的因素。

5. 到期债务本息偿付比率

到期债务本息偿付比率反映了经营活动产生的现金净流量是本期到期债务本息的倍数。其计算公式为

$$到期债务本息偿付比率 = \frac{经营活动现金净流量}{本期到期债务本金 + 现金利息支出} \times 100\%$$

式中,偿还债务的本金包括短期借款与本年度内到期的长期借款。在计算时,现金利息支出可以采用财务费用中的利息支出。该比率衡量本年度内到期的债务本金及相关的现金利息支出可由经营活动所产生的现金来偿付的程度。此公式中的数据均可来自于现金流量表及财务费用明细账户资料。根据 ABC 公司的财务报表数据,可得

$$到期债务本息偿付比率 = 323 \div (20 + 80) = 3.23$$

到期债务本息偿付比率越大,说明偿付到期债务的能力就越强。如果该比率超过1,意味着在保证现金支付需要后,还能保持一定的现金余额来满足预防性需求和投机性需求。如果比率小于1,说明企业经营活动产生的现金不足以偿付到期的本息,企业必须对外筹资或出售资产才能偿还债务。

除了除短期偿债能力比率会影响到公司的短期偿债能力之外,还有一些表外因素也会影响企业的短期偿债能力,甚至影响相当大。

常见的增强短期偿债能力的表外因素主要有:①可动用的银行贷款指标。银行已同意、企业未办理贷款手续的银行贷款限额,可以随时增加企业的现金,提高支付能力。这一数据不反映在财务报表中,但会在董事会决议中披露。②准备很快变现的非流动资产。企业可能有一些长期资产可以随时出售变现,而不出现在"1年内到期的非流动资产"项目中。例如,储备的土地、未开采的采矿权、目前出租的房产等,在企业发生周转困难时,将其出售并不影响企业的持续经营。③偿债能力的声誉。如果企业的信用很好,在短期偿债方面出现暂时困难比较容易筹集到短缺的现金。

常见的降低短期偿债能力的表外因素主要有:①与担保有关的或有负债。如果它的数额较大并且可能发生,就应在评价偿债能力时给予关注。②经营租赁合同中承诺的付款,很可能是需要偿付的义务。③建造合同、长期资产购置合同中的分阶段付款,也是一种承诺,应视同需要偿还的债务。

(二) 长期偿债能力比率

长期偿债能力是指企业在长期借款使用期内的付息能力和长期借款到期后归还借款本金的能力。衡量企业长期偿债能力的比率主要有已获利息倍数、资产负债率、产权比率、有形净值债务率。

1. 已获利息倍数

已获利息倍数是企业息税前利润与债务利息的比值,反映了企业获利能力对债务偿付的保证程度。其计算公式如下:

$$已获利息倍数 = 息税前利润 \div 利息费用$$

$$= (净利润＋利息费用＋所得税费用) \div 利息费用$$

式中,利息费用可以用财务费用的数额来表示,也可以根据报表附注的资料来更为准确地确定。如果已获利息倍数小于1,表明自身产生的经营收益不能支持现有的债务规模。已获利息倍数等于1也是很危险的,因为息税前利润受经营风险的影响,是不稳定的,而利息的支付却是固定数额。已获利息倍数越大,公司拥有的偿还利息的缓冲资金就越多。根据 ABC 公司的财务报表数据,可得

$$本年已获利息倍数 ＝(136＋110＋64) \div 110 ＝ 2.82$$
$$上年已获利息倍数 ＝(160＋96＋75) \div 96 ＝ 3.45$$

该比率值表明 ABC 公司的获利能力对到期债务偿还的保证程度较大,其长期偿债能力较强,但相对于上年而言有所降低。但如果企业一直保持按时付息的信誉,则长期负债可以延续,举借新债也比较容易。

2. 资产负债率

资产负债率是负债总额与资产总额的比值。其计算公式如下:

$$资产负债率 ＝(负债 \div 资产) \times 100\%$$

该比率反映了总资产中有多大比例是通过负债取得的。它可以衡量企业在清算时保护债权人利益的程度。从本质上来讲,该比率揭示了资产与负债的依存关系,即负债偿还的物资保证程度。从长期偿债能力角度来看,该指标越低,债务偿还的稳定性、安全性就越大。根据 ABC 公司的财务报表数据,可得

$$本年资产负债率 ＝(1\,040 \div 2\,000) \times 100\% ＝ 52\%$$
$$上年资产负债率 ＝(800 \div 1\,680) \times 100\% ＝ 48\%$$

3. 产权比率

产权比率是指负债总额与主权资本的比值,是企业财务结构稳健与否的重要标志。其计算公式如下:

$$产权比率 ＝(负债总额 \div 股东权益) \times 100\%$$

根据 ABC 公司的财务报表数据,可得

$$本年产权比率 ＝(1\,040 \div 960) \times 100\% ＝ 108.33\%$$
$$上年产权比率 ＝(800 \div 880) \times 100\% ＝ 90.91\%$$

该比率揭示了企业负债与资本的对应关系,即在企业清算时债权人权益的保障程度。该指标越低,债权人风险损失的可能性就越小。但如果过低,企业就不能发挥负债的财务杠杆效应。企业评价产权比率是否适当,应从提高获利能力与增强偿债能力两个方面进行,即在保障债务偿还安全的前提下,尽可能地提高产权比率。

4. 有形净值债务率

有形净值债务率是指负债总额对有形净值总额的比值。其计算公式为

$$有形净值债务率 ＝[负债总额 \div (股东权益－无形资产净值)] \times 100\%$$

式中,无形资产包括商誉、商标、专利权以及非专利技术等。由于这些无形资产都不一定能用来还债,为谨慎起见,一律视其为不能偿还债务的资产而将其从股东权益中扣除,这样有利于更切实际地衡量公司的偿债能力。

根据 ABC 公司的财务报表数据,可得

本年有形净值债务率 $= [1\,040 \div (960 - 6)] \times 100\% = 109.01\%$

上年有形净值债务率 $= [800 \div (880 - 8)] \times 100\% = 91.74\%$

对有形净值债务率的分析,可以从以下几个方面进行:①有形净值债务率揭示了负债总额与有形资产净值之间的关系,能够计量债权人在企业处于破产清算时获得多少有形财产保障。从长期偿债能力来讲,指标越低越好。②有形净值债务率指标最大的特点是在可用于偿还债务的净资产中扣除了无形资产,这主要是由于无形资产的计量缺乏可靠的基础,不可能作为偿还债务的资源。③有形净值债务率指标的分析与产权比率分析相同,负债总额与有形资产净值应维持 1∶1 的比例。④在使用产权比率时,必须结合有形净值债务率指标,作进一步的分析。

除了上述各种长期偿债能力比率会影响到公司的长期偿债能力之外,还有一些表外因素也会影响企业的长期偿债能力。主要有:①长期租赁的情况。当企业急需某种设备或厂房而又缺乏足够的资金时,可以通过租赁的方式解决。财产租赁的形式包括融资租赁和经营租赁。融资租赁形成的负债大多会反映于资产负债表,而经营租赁则不能反映于资产负债表。当企业的经营租赁量比较大、期限比较长或具有经常性时,就形成了一种长期性筹资,这种长期性筹资到期时必须支付租金,会对企业的偿债能力产生影响。因此,如果企业经常发生经营租赁业务,应考虑租赁费用对偿债能力的影响。②债务担保的情况。担保项目的时间长短不一,有的涉及企业的长期负债,有的涉及企业的流动负债。在分析企业长期偿债能力时,应根据有关资料判断担保责任带来的潜在长期负债问题。③未决诉讼的情况。未决诉讼一旦判决败诉,便会影响企业的偿债能力,因此在评价企业长期偿债能力时要考虑其潜在影响。

二、营运能力比率

营运能力是指通过企业生产经营资金周转速度的有关指标反映出来的企业资金利用的效率。它表明企业管理人员经营管理、运用资金的能力、企业生产经营资金周转的速度越快,表明企业资金利用的效果越好、效率越高,企业管理人员的经营能力就越强。企业的营运能力分析包括流动资产周转情况分析、非流动资产周转情况分析和总资产周转情况分析。

(一) 流动资产周转情况分析

反映流动资产周转情况的指标主要有应收财款周转率、存货周转率和流动资产周转率。

1. 应收账款周转率

应收账款周转率是反映应收账款周转速度的指标,它是一定时期内赊销收入净额与应收账款平均余额的比率。应收账款周转率有两种表示方法:一是应收账款在一定时期内(通常为 1 年)的周转次数;二是应收账款的周转天数,即所谓应收账款账龄。应收账款周转次数的计算公式如下:

$$应收账款周转次数 = \frac{赊销收入净额}{应收账款平均余额}$$

其中,

$$赊销收入净额 = 销售收入 - 现销收入 - 销售退回 - 销售折让$$
$$应收账款平均余额 = (初期应收账款 + 期末应收账款)/2$$

在一定时期内应收账款周转的次数越多,表明应收账款回收速度越快,企业管理工作的效率越高。这不仅有利于企业及时收回贷款,减少或避免发生坏账损失的可能性,而且有利于提高企业资产的流动性,提高企业短期债务的偿还能力。

应收账款周转天数的计算公式如下:

$$应收账款周转天数 = \frac{计算期天数}{应收账款周转次数} = \frac{应收账款平均余额 \times 计算期天数}{赊销收入净额}$$

应收账款周转天数,表示企业自产品销售出去开始,至应收账款收回为止所需经历的天数。周转天数越少,说明应收账款变现的速度就越快。企业资金被外单位占用的时间越短,管理工作的效率就越高。

通过以上方式计算的应收账款周转速度,不仅反映企业的营运能力,而且由于应收账款是企业流动资产的重要组成部分,其变现速度和变现程度是企业流动比率的重要补充,也反映了企业的短期偿债能力,通过应收账款账龄指标,与原定的始销期限进行对比,还可借以评价购买单位的信用程度,以及企业原定的信用条件是否恰当。

根据 ABC 公司的财务报表数据,可得

$$本年应收账款周转天数 = 360 \div (3\,000/398) = 47.8(天)$$
$$上年应收账款周转天数 = 360 \div (2\,850/199) = 25.1(天)$$

以上计算结果表明,该公司 2006 年应收账款周转率比 2005 年有所恶化,周转天数由 25.1 天延长为 47.8 天。这不仅说明企业的营运能力有所下降,而且对流动资产的变现能力和周转速度也会起到阻碍作用。

在计算和使用应收账款周转率时应注意以下问题:

(1)销售收入的赊销比例问题。从理论上说应收账款是由赊销引起的,其对应的流量是赊销额,而非全部销售收入。因此,计算时应用赊销额取代销售收入。但是,外部分析人无法取得赊销的数据,只好直接使用销售收入计算。实际上相当于假设现金销售是收现时间等于零的应收账款。只要现金销售与赊销的比例是稳定的,就不妨碍与上期数据的可比性,只是一贯高估了周转次数。问题是当与其他企业比较时,不知道可比企业的赊销比例,也就无法知道应收账款是否可比。

(2)应收账款年末余额的可靠性问题。应收账款是特定时点的存量,容易受季节性、偶然性和人为因素的影响。在应收账款周转率用于业绩评价时,最好使用多个时点的平均数,以减少这些因素的影响。

(3)应收账款的减值准备问题。统一财务报表上列示的应收账款是已经提取减值准备后的净额,而销售收入并没有相应减少。其结果是,提取的减值准备越多,应收账款周转天数越少。这种周转天数的减少不是好的业绩,反而说明应收账款管理欠佳。如果减值准备的数额较大,就应进行调整,使用未提取坏账准备的应收账款计算周转天数。报表附注中应披露应收账款减值的信息,可作为调整的依据。

(4)应收票据是否计入应收账款周转率。大部分应收票据是销售形成的,只不过是应收账款的另一种形式,应将其纳入应收账款周转天数的计算,称为"应收账款及应收票据周转天数"。

（5）应收账款周转天数是否越少越好。应收账款是由赊销引起的，如果赊销有可能比现金销售更有利，周转天数就不会越少越好。收现时间的长短与企业的信用政策有关。例如，甲企业的应收账款周转天数是 18 天，信用期是 20 天；乙企业的应收账款周转天是 15 天，信用期是 10 天。前者的收款业绩优于后者，尽管其周转天数较多。改变信用政策，通常会引起企业应收账款周转天数的变化。信用政策的评价涉及多种因素，不能仅仅考虑周转天数的缩短。

（6）应收账款分析应与销售额分析、现金分析联系起来。应收账款的起点是销售、终点是现金。正常情况是销售增加引起应收账款增加，现金存量和经营现金流量也会随之增加。如果一个企业应收账款日益增加，而销售和现金日益减少，则可能是销售出了比较严重的问题，促使企业放宽信用政策，甚至随意发货，而现金收不回来。

2. 存货周转率

存货周转率是一定时期内企业销货成本与存货平均余额间的比率。它是反映企业销售能力和流动资产流动性的一个指标，也是衡量企业生产经营各个环节中存货运营效率的一个综合性指标。其计算公式如下：

$$存货周转率 = \frac{销货成本}{存货平均余额} \times 100\%$$

其中，

$$存货平均余额 = （期初存货 + 期末存货）/2$$

一般情况下，存货周转率越高越好。在存货平均水平一定的条件下，存货周转率越高越好。在存货平均水平一定的条件下，存货周转率越高，表明企业的销货成本数额增加，产品销售的数量增长，企业的销售能力加强；反之，则表明销售能力不强。企业要扩大产品销售数量、增强销售能力，就必须在原材料购进、生产过程中的投入、产品的销售、现金的收回等方面做到协调和衔接。因此，存货周转率不仅可以反映企业的销售能力，而且能用以衡量企业生产经营中的各有关方面运用和管理存货的工作水平。

存货周转率还可以衡量存货的储存是否适当，是否能保证生产不间断地进行和产品有秩序地销售。存货既不能储存过少，造成生产中断或销售紧张；又不能储存过多，形成呆滞、积压。存货周转率也反映存货结构合理与质量合格的状况。因为只有结构合理，才能保证生产和销售任务正常、顺利地进行。只有质量合格，才能有效地流动，从而达到存货周转率提高的目的。存货是流动资产中最重要的组成部分，往往占到流动资产总额的一半以上。因此，在货的质量和流动性对企业的流动比率具有举足轻重的影响，并进而影响企业的短期偿债能力。这是由于存货周转率具有这些重要作用，才使其成为综合评价企业营运能力的一项重要的财务比率。

存货周转率也可以用周转天数表示，其计算公式如下：

$$存货周转天数 = \frac{计算期天数}{存货周转次数} = \frac{存货平均余额 \times 计算期天数}{销货成本}$$

根据 ABC 公司的财务报表数据，可得

$$本年存货周转天数 = 360 \div （3\,000/119） = 14.1（天）$$

上年存货周转天数 $= 360 \div (2\,850/326) = 41.3$(天)

以上计算结果表明,该公司 2006 年存货周转速度比 2005 年有所增强,周转天数由 41.3 天减少为 14.1 天,这反映出该公司 2006 年存货管理效率比 2005 年高。

在计算和使用存货周转率时,应注意以下问题:

(1)存货周转天数不是越少越好。存货过多会浪费资金,存货过少不能满足流转需要,在特定的生产经营条件下存在一个最佳的存货水平,所以存货不是越少越好。

(2)应注意应付款项、存货和应收账款(或销售)之间的关系。一般来说,销售增加会拉动应收账款、存货、应付账款增加,不会引起周转率的明显变化。但是,当企业接受一个大的订单时,先要增加采购,然后依次推动存货和应收账款增加,最后才引起收入上升。因此,在该订单没有实现销售以前,先表现为存货等周转天数增加。这种周转天数增加,没有什么不好。与此相反,当预见到销售会萎缩时,先行减少采购,依次引起存货周转天数等下降。这种周转天数下降不是什么好事,并非资产管理的改善。因此,任何财务分析都以认识经营活动的本来面目为目的,不可根据数据的高低作简单结论。

(3)应关注构成存货的产成品、自制半成品、原材料、在产品和低值易耗品之间的比例关系。各类存货的明细资料以及存货重大变动的解释,在报表附注中应有披露。正常情况下,它们之间存在某种比例关系。如果产成品大量增加,其他项目减少,很可能是销售不畅,放慢了生产节奏。此时,总的存货金额可能并没有显著变动,甚至尚未引起存货周转率的显著变化。因此,在分析时既要重点关注变化大的项目,也不能完全忽视变化不大的项目,其内部可能隐藏着重大问题。

3. 流动资产周转率

流动资产周转率是反映企业流动资产周转速度的指标。它是流动资产的平均占用额与流动资产在一定时期所完成的周转额之间的比率。流动资产周转率有两种表示方法:一是用一定时期内流动资产的周转次数表示,其计算公式为

$$流动资产周转次数 = \frac{流动资产周转额}{流动资产平均余额}$$

二是用流动资产周转一次所需天数的表示,其计算公式为

$$流动资产周转天数 = \frac{计算期天数}{流动资产周转次数} = \frac{流动资产平均余额 \times 计算期天数}{流动资产周转额}$$

在一定时期内,流动资产周转次数越多,表明以相同的流动资产完成的周转额越多,流动资产利用的效果越好。流动资产周转率用周转天数表示时,周转一次所需要的天数越少,表明流动资产在经历生产和销售各阶段时占用的时间越短,周转越快。生产经营任何一个环节上的工作得到改善,都会反映到周转天数的缩短上来。按天数表示的流动资产周转率能更直接地反映生产经营状况的改善。便于比较不同时期的流动资产周转率应用较为普遍。

根据 ABC 公司的财务报表数据,可得

本年流动资产周转天数 $= 360 \div (3\,000/700) = 84.6$(天)

上年流动资产周转天数 $= 360 \div (2\,850/610) = 77.3$(天)

流动资产周转次数,表明流动资产 1 年中周转的次数,或者说是每 1 元流动资产所支

持的销售收入。流动资产周转天数表明流动资产周转一次所需要的时间,也就是期末流动资产转换成现金平均所需要的时间。流动资产与收入比,表明每1元收入所需要的流动资产投资。通常流动资产中应收账款和存货占绝大部分,因此它们的周转状况对流动资产周转具有决定性影响。

（二）非流动资产周转率

非流动资产周转率是销售收入与非流动资产的比值。也有三种计量方式,其计算公式为

$$非流动资产周转次数 = 销售收入 ÷ 非流动资产$$
$$非流动资产周转天数 = 360 ÷ （销售收入 ÷ 非流动资产）$$
$$= 360 ÷ 非流动资产周转次数$$
$$非流动资产与收入比 = 非流动资产 ÷ 销售收入$$

根据 ABC 公司的财务报表数据,可得

$$本年非流动资产周转天数 = 360 ÷ （3\,000/1\,300） = 157.6（天）$$
$$上年非流动资产周转天数 = 360 ÷ （2\,850/1\,070） = 136.4（天）$$

非流动资产周转率反映非流动资产的管理效率。分析时主要是针对投资预算和项目管理,分析投资与其竞争战略是否一致,收购和剥离政策是否合理等。

（三）总资产周转率

总资产周转率是销售收入与总资产之间的比率。它有三种表示方式：总资产周转次数、总资产周转天数、总资产与收入比。

1. 总资产周转率及其计算

总资产周转次数表示总资产在1年中周转的次数。其计算公式为

$$总资产周转次数 = 销售收入 / 总资产$$

例如,ABC 公司本年资产周转次数＝3\,000/2\,000＝1.5（次）。

在销售利润率不变的条件下,周转次数越多,形成的利润就越多,所以它可以反映盈利能力。它也可以理解为每1元资产投资所产生的销售额。产生的销售额越多,说明资产的使用和管理效率越高。习惯上,总资产周转次数又称为总资产周转率。

以时间长度表示的总资产周转率称为总资产周转天数。其计算公式为

$$总资产周转天数 = 360 ÷ （销售收入 / 总资产） = 360 ÷ 总资产周转次数$$

总资产周转天数表示总资产周转一次所需要的时间。时间越短,总资产的使用效率越高,盈利性越好。

总资产周转次数的倒数称为"总资产与收入比"为

$$总资产与收入比 = 总资产 ÷ 销售收入 = 1/ 总资产周转次数$$

总资产与收入比表示每1元收入需要的总资产投资。收入相同时,需要的投资越少,说明总资产的盈利性越好,或者说总资产的使用效率越高。

2. 总资产周转率的驱动因素

总资产是由各项资产组成的,在销售收入既定的条件下,总资产周转率的驱动因素是各项资产。通过驱动因素的分析,可以了解总资产周转率变动是由哪些资产项目引起的,以及影响较大的因素有哪些,为进一步分析指明了方向。

资产周转率的驱动因素分析,通常可以使用"资产周转天数"或"资产与收入比"指标,不使用"资产周转次数"。因为各项资产周转次数之和不等于总资产周转次数,不便于分析各项目变动对总资产周转率的影响。

三、盈利能力比率

企业盈利能力是指企业的增值能力,它通常体现为企业收益数额的大小与水平的高低。它主要反映企业经营业务创造利润的能力,其一方面直接表现为企业实现利润的多少和利润的稳定程度;另一方面也通过企业投入资金的收益能力或企业资金周转和消耗的盈利能力等经济效益指标反映出来。反映企业盈利能力的常用比率主要有营业利润率、成本费用利润率、盈余现金保障倍数、总资产报酬率、净资产收益率、资本收益率、每股收益、每股股利、市盈率等。

1. 营业利润率

营业利润率是指企业的营业利润与营业收入的比率。它是衡量企业经营效率的指标,反映了在不考虑非营业成本的情况下,企业管理者通过经营获取利润的能力。其计算公式为

$$营业利润率 = 营业利润 / 营业收入 \times 100\%$$

它表明每 1 元销售收入与其成本费用之间可以"挤"出来的净利润。营业利润率越高,说明企业百元商品销售额提供的营业利润越多,企业的盈利能力越强;反之,此比率越低,说明企业盈利能力越弱。影响营业利润率高低的主要因素有商品销售数量、单位产品平均售价、单位产品制造成本、控制管理费用的能力、控制营销费用的能力。

根据 ABC 公司的财务报表数据,可得

$$本年营业利润率 = (156 \div 3\,000) \times 100\% = 5.20\%$$
$$上年营业利润率 = (163 \div 2\,850) \times 100\% = 5.72\%$$
$$变动 = 5.20\% - 5.72\% = -0.52\%$$

在实务中,由于企业的利润包括营业利润、利润总额和净利润三种形式,营业收入包括主营业务收入和其他业务收入,收入来源有商品销售收入、提供劳务收入和资产使用权让渡收入等,因此,也经常使用营业毛利率、营业净利率等指标来分析企业经营业务的获利水平。其计算公式分别如下:

$$营业毛利率 = (营业收入 - 营业成本) / 营业收入 \times 100\%$$
$$营业净利率 = 净利润 / 营业收入 \times 100\%$$

2. 成本费用利润率

成本费用利润率是指企业利润总额与成本费用总额的比率。它是反映企业生产经营过程中发生的耗费与获得的收益之间关系的指标。其计算公式为

$$成本费用利润率 = 利润总额 / 成本费用总额 \times 100\%$$

式中,成本费用总额包括营业成本、营业税金及附加、营业费用、管理费用、财务费用。如果能够获得其他业务支出数据的,还应当包括其他业务支出数据。该比率越高,表明企业耗费所取得的收益越高。这是一个能直接反映增收节支、增产节约效益的指标。企业生产销售的增加和费用开支的节约,都能使这一比率提高。利润总额中除了包括营业利润

以外,还包括投资收益、补贴收入、营业外收支等非营业性收入在内。

根据 ABC 公司的财务报表数据,可得

本年成本费用利润率 $= [200 \div (2\,644 + 28 + 22 + 46 + 110)] \times 100\% = 7.02\%$

上年成本费用利润率 $= [235 \div (2\,503 + 28 + 20 + 40 + 96)] \times 100\% = 8.75\%$

以上结果表明,该公司成本费用利润率 2006 年比 2005 年下降了 1.73%×(8.75%−7.02%),企业应当深入检查导致成本费用上升的因素,改进有关工作,以便扭转效益指标下降的状况。

3. 盈余现金保障倍数

盈余现金保障倍数又称为盈利现金比率,是指企业一定时期经营现金净流量同净利润的比值,反映了企业当期净利润中现金收益的保障程度,真实地反映了企业的盈余质量。盈余现金保障倍数从现金流入和流出的动态角度,对企业收益的质量进行评价,对企业的实际收益能力再一次修正。其计算公式为

$$盈余现金保障倍数 = 经营现金净流量 / 净利润$$

其计算的数据可以从现金流量表和利润表中取得。

根据 ABC 公司的财务报表数据,可得

本年盈余现金保障倍数 $= (136 \div 3\,000) \times 100\% = 4.53\%$

上年盈余现金保障倍数 $= (160 \div 2\,850) \times 100\% = 5.61\%$

变动 $= 4.53\% - 5.61\% = -1.08\%$

以上结果表明,该公司盈余现金保障倍数 2006 年比 2005 年降低了 1.08%,说明该公司 2006 年收益的质量有所下降。

在运用盈余现金保障倍数分析时应该注意以下问题:

(1) 盈余现金保障倍数是从现金流入和流出的动态角度,对企业的收益的质量进行评价,对企业的实际收益能力进行再次修正。

(2) 盈余现金保障倍数在收付实现制基础上,充分反映了企业当期净收益中有多少是有现金保障的,挤掉了收益中的水分,体现了企业当期收益的质量状况,同时减少了权责发生制会计对收益的操纵。

(3) 一般而言,当企业当期净利润大于 0 时,该指标应当大于 1。该指标越大,表明企业经营活动产生的净利润对现金的贡献越大。但是,由于指标分母变动较大,该指标的数值变动也比较大,所以,应根据企业实际效益状况对该指标进行有针对性的分析。

4. 总资产报酬率

总资产报酬率是息税前企业利润总额与企业资产平均总额的比率,即过去所说的资金利润率。它是反映企业资产综合利用效果的指标,也是衡量企业利用债权人和所有者权益总额所取得盈利的重要指标。其计算公式为

$$总资产报酬率 = 息税前利润总额 / 资产平均总额 \times 100\%$$

其中,

$$息税前利润总额 = 利润总额 + 利息支出$$

公式中"总资产"的计量有三种选择:

（1）使用年末总资产。其缺点是年内变化大时不具有代表性。

（2）使用年末平均数与年初平均数，季节性企业的期末数较低，代表性也不理想。

（3）使用 12 个月末的平均数，外部分析人的数据来源有问题，也比较麻烦。凡是财务比率的分子和分母，一个是期间流量数据，另一个是期末存量数据，在确定存量数据时都会遇到类似问题。本书举例时使用期末数据只是为了简便，它不如平均数合理。资产平均总额为年初资产总额与年末资产总额的平均数。

一般情况下，总资产报酬率越高，表明企业的资产利用效益越好，整个企业盈利能力越强。根据 ABC 公司的财务报表数据，假设表中财务费用全部为利息支出，而且该公司 2004 年年末的资产总额为 1 500 万元，则有

本年总资产报酬率 = $(200 + 110) \div (2\,000 + 1\,680)/2 \times 100\% = 16.85\%$

上年总资产报酬率 = $(235 + 96) \div (1\,680 + 1\,500)/2 \times 100\% = 20.82\%$

变动 = $16.85\% - 20.82\% = -3.97\%$

以上结果表明，该公司总资产报酬率 2006 年比 2005 年下降了 3.97%，说明该公司 2006 年资产的利用效益下降了。

资产利润率是企业盈利能力的关键。虽然股东的报酬由资产利润率和财务杠杆共同决定，但提高财务杠杆会同时增加企业风险，往往并不增加企业价值。此外，财务杠杆的提高有诸多限制，企业经常处于财务杠杆不可能再提高的临界状态。因此，驱动权益净利率的基本动力是资产利润率。

5. 净资产收益率

净资产收益率是净利润与股东权益的比率，它反映每 1 元股东资本赚取的净收益，可以衡量企业的总体盈利能力。它是评价企业自有资本及其积累获取报酬水平的最具有综合性和代表性的指标，反映企业资本运营的综合效益。其计算公式为

净资产收益率 = （净利润 ÷ 股东权益）× 100%

其中，股东权益是股东对企业净资产所拥有的权益，净资产是企业全部资产减去全部负债后的余额。股东权益包括实收资本、资本公积、盈余公积和未分配利润。平均股东权益为年初股东权益额与年末股东权益额的平均数。

一般认为，该项比率越高，表明股东投资的收益水平越高，获利能力越强，公司运营的效益越好，对公司投资人和债权人权益的保证程度就越高；反之，则收益水平不高，获利能力不强。

根据 ABC 公司财务报表的数据，可得

本年净资产收益率 = $(136 \div 900) \times 100\% = 15.111\,1\%$

上年净资产收益率 = $(160 \div 880) \times 100\% = 18.181\,8\%$

净资产收益率的分母是股东的投入，分子是股东的所得。对于股权投资人来说，具有非常好的综合性，概括了企业的全部经营业绩和财务业绩。ABC 公司本年股东的回报率减少了，总体上看不如上一年。

6. 资本收益率

资本收益率是企业的利润总额与资本金总额的比率，是反映投资者投入企业资本金的获利能力的指标。其计算公式为

$$资本收益率 = (净利润 \div 平均资本) \times 100\%$$

其中,平均资本 = [(实收资本或股本年初数＋资本公积年初数)＋(实收资本或股本年末数＋资本公积年末数)] ÷ 2;资本公积只计算其中资本溢价(或股本溢价)的部分,并非资本公积中的所有金额都计入所有者投入的资本。这一比率越高,说明企业资本金的利用效果越好;反之,则说明资本金的利用效果不佳。

根据 ABC 公司财务报表的数据,假设报表中的资本公积都是由资本溢价产生的,而且 2005 年年初的股本和资本公积分别为 100 万元和 10 万元,由表中数据可知,由于 2004 年年末、2005 年年末、2006 年年末的股本和资本公积都相等,因此有

$$本年资本收益率 = 136 \div (100 + 10) \times 100\% = 123.64\%$$
$$上年资本收益率 = 160 \div (100 + 10) \times 100\% = 145.45\%$$
$$变动 = 123.64\% - 145.45\% = -21.81\%$$

以上计算结果表明,该公司 2006 年资本收益率比 2005 年有所下降,主要是 2006 年利润总额略有增长引起的。

企业资本金是所有者投入的主权资金,资本收益率的高低直接关系到投资者的权益,是投资者最关心的问题。当企业以资本金为基础,吸收一部分负债资金进行生产经营时,资本收益率就会因财务杠杆原理的利用而得到提高,提高的利润部分虽然不是资本金直接带来的,但也可视为资本金有效利用的结果。它还表明企业经营者精明能干,善于利用他人资金,为本企业增加盈利;反之,如果负债资金利息太高,使资本收益率降低,则应视为财务杠杆原理利用不善的表现。

7. 每股收益

每股收益也称为每股利润或每股盈余,是反映企业普通股股东持有每一股份所能享有企业利润或承担企业亏损的业绩评价指标。每股收益的计算包括基本每股收益和稀释每股收益。

1) 基本每股收益

基本每股收益的计算公式为

基本每股收益 = 归属于普通股东的当期净利润/当期发行在外普通股的加权平均数

其中,当期发行在外普通股的加权平均数 = 期初发行在外普通股股数＋当期新发行普通股股数×已发行时间/报告期时间－当期回购普通股股数×已回购时间/报告期时间(已发行时间、报告期时间和已回购时间一般按天数计算,在不影响计算结果的前提下,也可以按月份简化计算)。

基本每股收益是测定股票投资价值的重要指标之一,是分析每股价值的一个基础性指标,是综合反映公司获利能力的重要指标,是公司某一时期净利润与股份数的比率。该比率反映了每股创造的税后利润,比率越高,表明所创造的利润就越多。若公司只有普通股时,每股收益就是税后利润,股份数是指发行在外的普通股股数。如果公司还有优先股,应先从税后利润中扣除分派给优先股股东的利息。

2) 稀释每股收益

稀释每股收益是在考虑潜在普通股稀释性影响的基础上,对基本每股收益的分子、分母进行调整后再计算的每股收益。实践中上市公司常常存在一些潜在的可能转化成上市

公司股权的工具,如可转债、认股期权或股票期权等,这些工具有可能在将来的某一时点转化成普通股,从而减少上市公司的每股收益。

稀释每股收益的计算需要在基本每股收益的基础上,假设企业所有发行在外的稀释性潜在普通股在当期均已转换为普通股,从而分别调整归属于普通股股东的当期净利润(分子)以及发行在外的普通股的加权平均数(分母)计算而得的每股收益。其中,分子的调整事项有:当期已确认为费用的稀释性潜在普通股的利息;稀释性潜在普通股转换时将产生的收益或费用。这些调整应当考虑相关的所得税影响,对于包含负债和权益成分的金融工具,仅需调整属于金融负债部分的相关利息、利得或损失。分母的调整事项有:计算稀释每股收益时,当期发行在外的普通股的加权平均数应当为计算基本每股收益时普通股的加权平均数与假定稀释性潜在普通股转换为已发行普通股而增加的普通股股数的加权平均数之和。

假定稀释性潜在普通股转换为已发行普通股而增加的普通股股数,应当根据潜在普通股的条件确定。当存在不止一种转换基础时,应当假定会采取从潜在普通股持有者角度看最有利的转换率或执行价格。假定稀释性潜在普通股转换为已发行普通股而增加的普通股股数,应当按照其发行在外时间进行加权平均。以前期间发行的稀释性潜在普通股,应当假设在当期期初转换为普通股;当期发行的稀释性潜在普通股,应当假设在发行日转换为普通股;当期被注销或终止的稀释性潜在普通股,应当按照当期发行在外的时间加权平均计入稀释每股收益;当期被转换或行权的稀释性潜在普通股,应当从当期期初至转换日(或行权日)计入稀释每股收益中,从转换日(或行权日)起所转换的普通股则计入基本每股收益中。

例题:某上市公司于20×7年1月1日按面值发行25 000万元的3年期可转换公司债券,票面固定利率为2%,利息自发行之日起每年支付一次,即每年12月31日为付息日。该批可转换公司债券自发行结束后18个月以后可转换为公司股票。债券利息不符合资本化条件,直接计入当期损益。所得税税率为25%。假设不考虑可转换公司债券在负债和权益成分的分拆,且债券票面利率等于实际利率。按照公司利润分享计划约定,该公司高级管理人员按照当年税前利润的1%领取奖金报酬。该公司20×7年度税前利润为18 000万元,税后净利润为13 500万元。为计算稀释每股收益,分子归属于普通股股东的当期净利润。应调整的项目主要包括以下两个方面:一是假定可转换公司债券期初转换为普通股而减少的利息费用;二是由此增加利润所导致的支付高管人员奖金的增加。

税后净利润　13 500元

加:减少的利息费用　500元(25 000×2%)

减:相关所得税影响　125元(500×25%)

减:增加的高管人员奖金　5元(500×1%)

加:相关所得税影响　1.25(5×25%)

稀释每股收益计算中归属于普通股股东的当期净利润为13 871.25元。

8. 每股股利

每股股利是公司股利总额与公司流通股数的比值,反映的是上市公司每一普通股获取股利的大小。它是衡量每份股票代表多少现金股利的指标,每股股利越大,则公司股本获利能力就越强。

1) 计算公式

其计算公式为

$$每股股利 = 当期发放的现金股利总额 / 总股本$$

在公司分配方案的公告中每股股利通常表述为"每 10 股发放现金股利××元",所以投资者需要将分配方案中的现金股利再除以 10 才可以得到每股股利。此外,如果公司一年中有两次股利发放,则需要将两次股利相加后除以总股本得出年度每股股利。计算每股股利一是可以衡量公司股利发放的多寡和增减;二是可以作为股利收益率指标的分子,计算股利收益率是否诱人。每股股利与每股收益一样,由于分母是总股本,所以也会有因为股本规模扩大导致的摊薄效应。对于投资者而言,不论公司股本是否扩大,都希望每股股利保持稳定。尤其对于收益型股票,每股股利的变动是投资者选股的重要考量。

2) 每股股利和每股收益之间的关系分析

每股股利反映的是上市公司每一普通股获取股利的大小。每股股利越大,则公司股本获利能力就越强;每股股利越小,则公司股本获利能力就越弱。但需注意,上市公司每股股利发放的多少,除了受上市公司获利能力大小影响以外,还取决于公司的股利发放政策。如果公司为了增强公司发展的后劲而增加公司的公积金,则当前的每股股利必然会减少;反之,则当前的每股股利会增加。

每股收益是公司每一普通股所能获得的税后净利润,但上市公司实现的净利润往往不会全部用于分派股利。每股股利通常低于每股收益,其中一部分作为留存利润用于公司自我积累和发展。但有些年份,每股股利也有可能高于每股收益。如在有些年份,公司经营状况不佳,税后利润不足以支付股利,或经营亏损无利润可分。按照规定,为保持投资者对公司及其股票的信心,公司仍可按不超过股票面值的一定比例,用历年积存的盈余公积金支付股利,或在弥补亏损以后支付。这时每股收益为负值,但每股股利却为正值。

反映每股股利和每股收益之间关系的一个重要指标是股利发放率,即每股股利分配额与当期的每股收益之比。借助于该指标,投资者可以了解一家上市公司的股利发放政策。

9. 市盈率

市盈率是上市公司普通股每股市价相当于每股收益的倍数,反映投资者对上市公司每元净利润愿意支付的价格,可以用来估计股票的投资报酬和风险。其计算公式为

$$市盈率 = 普通股每股市场价格 / 普通股每年每股盈利$$

计算时,股价通常取最新收盘价,而 EPS 方面,若按已公布的上年度 EPS 计算,称为历史市盈率(historical P/E);若是按市场对今年及明年 EPS 的预估值计算,则称为未来市盈率或预估市盈率(prospective/forward/forecast P/E)。计算预估市盈率所用的 EPS 预估值,一般采用市场平均预估(consensus estimates),即追踪公司业绩的机构收集多位分析师的预测所得到的预估平均值或中值。

市盈率对个股、类股及大盘都是很重要的一参考指标。任何股票若市盈率大大超出同类股票或是大盘,都需要有充分的理由支持,而这往往离不开该公司未来市盈率将快速

增长这一重点。一家公司享有非常高的市盈率,说明投资人普遍相信该公司未来每股盈余将快速成长,以至于数年后市盈率可降至合理水平。一旦盈利增长不如理想的,支撑高市盈率的力量无以为继,股价往往会大幅回落。合理的市盈率没有一定的准则,但以个股来说,同业的市盈率有参考比照的价值;以类股或大盘来说,历史平均市盈率有参照的价值。市盈率在使用时需要注意不同行业的合理市盈率有所不同,对于受经济周期影响较大的行业,考虑到盈利能力的波动性,其市盈率较低,如钢铁行业在较发达的市场是10~12倍市盈率,而受周期较少的行业(饮料等)的市盈率较高,通常是15~20倍。

市盈率是很具参考价值的股市指标,容易理解且数据容易获得,但也有不少缺点。比如,作为分母的每股盈余,是按当下通行的会计准则算出的,但公司往往可视其需要斟酌调整。因此,理论上两家现金流量一样的公司,所公布的每股盈余可能有显著差异。另外,投资者亦往往不认为严格按照会计准则计算得出的盈利数字忠实地反映了公司在持续经营基础上的获利能力。因此,分析师往往自行对公司正式公式的净利加以调整,如以未计利息、税项、折旧及摊销之利润(EBITDA)取代净利来计算每股盈余。

另外,作为市盈率的分子,公司的市值亦无法反映公司的负债(杠杆)程度。比如,两家市值同为 10 亿美元、净利同为 1 亿美元的公司,市盈率均为 10。但如果 A 公司有 10 亿美元的债务,而 B 公司没有债务,那么市盈率就不能反映这一差异。因此,有分析师以"企业价值(EV)"——市值加上债务减去现金——取代市值来计算市盈率。理论上,企业价值/EBITDA 比率可免除纯粹市盈率的一些缺点。

四、发展能力比率

发展能力是指企业在生存的基础上,扩大规模、壮大实力的潜在能力。分析发展能力主要考察以下八项指标:营业收入增长率、资本保值增值率、资本积累率、总资产增长率、营业利润增长率、技术投入比率、营业收入三年平均增长率和资本三年平均增长率。

1. 营业收入增长率

营业收入增长率是企业本年营业收入增长额与上年营业收入总额的比率,反映企业营业收入的增减变动情况。其计算公式为

营业收入增长率 = 本年营业收入增长额 / 上年营业收入总额 × 100%

其中,

本年营业收入增长额 = 本年营业收入总额 − 上年营业收入总额

营业收入增长率大于零,表明企业本年营业收入有所增长。该指标值越大,表明企业营业收入的增长速度越快,企业市场前景越好。

2. 资本保值增值率

资本保值增值率是企业扣除客观因素后的本年年末所有者权益总额与年初所有者权益总额的比率,反映企业当年资本在企业自身努力下实际增减变动的情况。其计算公式为

资本保值增值率=扣除客观因素后的本年年末所有者权益总额/年初所有者权益总额×100%

一般认为,资本保值增值率越高,表明企业的资本保全状况越好,所有者权益增长越快,债权人的债务越有保障。该指标通常应当大于 100%。

3. 资本积累率

资本积累率是企业本年所有者权益增长额与年初所有者权益的比率,反映企业当年资本的积累能力。其计算公式为

资本积累率 = 本年所有者权益增长额 / 年初所有者权益 × 100%

资本积累率越高,表明企业的资本积累越多,应对风险、持续发展的能力越强。

4. 总资产增长率

总资产增长率是企业本年总资产增长额与年初资产总额的比率,反映企业本期资产规模的增长情况。其计算公式为

总资产增长率 = 本年总资产增长额 / 年初资产总额 × 100%

其中,

本年总资产增长额 = 年末资产总额 − 年初资产总额

总资产增长率越高,表明企业一定时期内资产经营规模扩张的速度越快。但在分析时,需要关注资产规模扩张的质和量的关系,以及企业的后续发展能力,避免盲目扩张。

5. 营业利润增长率

营业利润增长率是企业本年营业利润增长额与上年营业利润总额的比率,反映企业营业利润的增减变动情况。其计算公式为

营业利润增长率 = 本年营业利润增长额 / 上年营业利润总额 × 100%

其中,

本年营业利润增长额 = 本年营业利润总额 − 上年营业利润总额

6. 技术投入比率

技术投入比率是企业本年科技支出合计(包括用于研究开发、技术改造、科技创新等方面的支出)与本年营业收入的比率,反映企业在科技进步方面的投入,在一定程度上可以体现企业的发展潜力。其计算公式为

技术投入比率 = 本年科技支出合计 / 本年营业收入 × 100%

7. 营业收入三年平均增长率

营业收入三年平均增长率表明企业营业收入连续三年的增长情况,反映企业的持续发展态势和市场扩张能力。其计算公式为

$$营业收入三年平均增长率 = \left(\sqrt[3]{\frac{本年营业收入}{三年前营业收入}} - 1 \right) \times 100\%$$

一般认为,营业收入三年平均增长率越高,表明企业营业持续增长势头越好,市场扩张能力越强。

8. 资本三年平均增长率

资本三年平均增长率表示企业资本连续三年的积累情况,在一定程度上反映了企业的持续发展水平和发展趋势。其计算公式为

$$资本三年平均增长率 = \left(\sqrt[3]{\frac{年末所有者权益总额}{三年前年末所有者权益总额}} - 1 \right) \times 100\%$$

一般认为,资本三年平均增长率越高,表明企业所有者权益得到保障的程度越大,应对风险和持续发展的能力越强。

第四节　财务综合分析体系

所谓财务综合分析,就是将企业营运能力、偿债能力和盈利能力等方面的分析纳入一个有机的分析系统之中,全面地对企业财务状况、经营状况进行解剖和分析,从而对企业经济效益作出较为准确的评价与判断。

一、财务综合分析的特点

一个健全、有效的财务综合指标体系必须具有以下特点:

(1)评价指标要全面。设置的评价指标要尽可能涵盖偿债能力、营运能力和盈利能力等各方面的考核要求。

(2)主辅指标功能要匹配。在分析中应做到:要明确企业分析指标的主辅地位;要能从不同侧面、不同层次反映企业财务状况,揭示企业的经营业绩。

(3)满足各方面经济需求。设置的指标评价体系既要能满足企业内部管理者决策的需要,也要能满足外部投资者和政府管理机构决策及实施宏观调控的要求。

二、财务综合分析的方法

财务综合分析的方法主要有两种:杜邦财务分析体系法和沃尔比重评分法。

1. 杜邦财务分析体系法

这种分析方法首先由美国杜邦公司的经理创立并首先在杜邦公司成功运用,称之为杜邦系统(the DuPont system)。它是利用财务指标间的内在联系,对企业综合经营理财能力及经济效益进行系统的分析评价的方法。其基本思想是将企业净资产收益率逐级分解为多项财务比率乘积,这样有助于深入分析和比较企业的经营业绩。

杜邦体系各主要指标之间的关系如下:

净资产收益率 = 主营业务净利率 × 总资产周转率 × 权益乘数

其中,

主营业务净利率 = 净利润 ÷ 主营业务收入净额

总资产周转率 = 主营业务收入净额 ÷ 平均资产总额

权益乘数 = 资产总额 ÷ 所有者权益总额 = 1 ÷ (1 - 资产负债率)

2. 沃尔比重评分法

亚历山大·沃尔在 20 世纪初出版的《信用晴雨表研究》和《财务报表比率分析》中提出了信用能力指数的概念,他选择了七个财务比率即流动比率、产权比率、固定资产比率、存货周转率、应收账款周转率、固定资产周转率和自有资金周转率,分别给定各指标的比重,然后确定标准比率(以行业平均数为基础),将实际比率与标准比率相比,得出相对比率,将此相对比率与各指标比重相乘,得出总评分。

沃尔比重评分法的基本步骤包括:

(1)选择评价指标并分配指标权重;

(2)确定各项评价指标的标准值;

(3)对各项评价指标计分并计算综合分数;

（4）形成评价结果。

沃尔比重评分法有两个缺陷：一是选择这七个比率及给定的比重缺乏说服力；二是如果某一个指标严重异常时，会对总评分产生不合逻辑的重大影响。

三、杜邦财务分析体系法的举例

（一）财务综合分析体系的核心比率

权益净利率是分析体系的核心比率，它有很好的可比性，可以用于不同企业之间的比较。由于资本具有逐利性，总是流向投资报酬率高的行业和企业，使得各企业的权益净利率趋于接近。如果一个企业的权益净利率经常高于其他企业，就会引来竞争者，迫使该企业的权益净利率回到平均水平。如果一个企业的权益净利率经常低于其他企业，就得不到资金，会被市场驱逐，使得幸存企业的股东权益净利率提升到平均水平。

权益净利率不仅有很好的可比性，而且有很强的综合性。为了提高股东权益净利率，管理者有三个可以使用的杠杆：

$$权益净利率 = \frac{净利润}{销售收入} \times \frac{销售收入}{总资产} \times \frac{总资产}{股东权益}$$

$$= 销售净利率 \times 总资产周转率 \times 权益乘数$$

其中，"销售净利率"是利润表的概括，"销售收入"在利润表的第一行，"净利润"在利润表的最后一行，两者相除可以概括全部经营成果；"权益乘数"是资产负债表的概括，表明资产、负债和股东权益的比例关系，可以反映最基本的财务状况；"总资产周转率"把利润表和资产负债联系起来，使权益净利率可以综合整个企业的经营活动和财务活动的业绩。

（二）财务综合分析体系的基本框架

该体系是一个多层次的财务比率分解体系。各项财务比率，在每个层次上与本企业历史的或同业的财务比率比较，比较之后向下一级分解。逐级向下分解，逐步覆盖企业经营活动的每一个环节，可以实现系统、全面地评价企业经营成果和财务状况的目的。

第一层次的分解，是把权益净利率分解为销售利润率、总资产周转率和权益乘数。这三个比率在各企业之间可能存在显著差异。通过对差异的比较，可以观察本企业与其他企业的经营战略和财务政策有什么不同。

分解出来的销售利润率和总资产周转率，可以反映企业的经营战略。一些企业销售净利率较高，而资产周转率较低；另一些企业则与之相反，资产周转率较高而销售净利率较低。两者经常呈反方向变化。这种现象不是偶然的。为了提高销售利润率，就要增加产品的附加值，往往需要增加投资，引起周转率的下降。与此相反，为了加快周转，就要降低价格，引起销售净利率下降。通常，销售净利率较高的制造业，其周转率都较低；周转率很高的零售商业，销售利润率都很低。采取"高盈利、低周转"还是"低盈利、高周转"的方针，是企业根据外部环境和自身资源作出的战略选择。正因为如此，仅从销售净利率的高低并不能看出企业业绩的好坏，应把它与资产周转率联系起来考察企业经营战略。真正重要的是，两者共同作用而得到的资产利润率。资产利润率可以反映管理者运用受托资产赚取盈利的业绩，是最重要的盈利能力。

分解出来的财务杠杆可以反映企业的财务政策。在资产利润率不变的情况下,提高财务杠杆可以提高权益净利率,但同时也会增加财务风险。如何配置财务杠杆是企业最重要的财务政策,本书还要专门讨论这个问题。一般来说,资产利润率较高的企业,财务杠杆较低;反之亦然。这种现象也不是偶然的。可以设想,为了提高权益净利率,企业倾向于尽可能地提高财务杠杆。但是,贷款提供者不一定会同意这种做法。贷款提供者不分享超过利息的收益,更倾向于为预期未来经营现金流量比较稳定的企业提供贷款。为了稳定现金流量,企业的一种选择是降低价格以减少竞争;另一种选择是增加营运资本以防止现金流中断,这都会导致资产利润率下降。也就是说,为了提高流动性,只能降低盈利性。因此,我们实际看到的是,经营风险低的企业可以得到较多的贷款,其财务杠杆较高;经营风险高的企业,只能得到较少的贷款,其财务杠杆较低。资产利润率与财务杠杆呈负相关,共同决定了企业的权益净利率。企业必须使其经营战略和财务政策相匹配。图 8-1 列出了财务综合分析体系的基本框架。

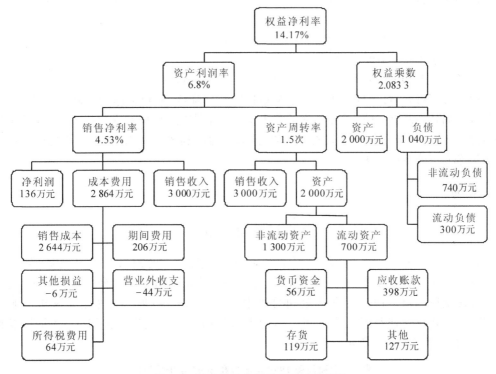

图 8-1　财务综合分析体系的基本框架

（三）财务比率的比较和分解

该分析体系要求,在每一个层次上进行财务比率的比较和分解。通过与上年比较可以识别变动的趋势,通过同业的比较可以识别存在的差距。分解的目的是识别引起变动（或产生差距）的原因,并计量其重要性,为后续分析指明方向。

下面以 ABC 公司权益净利率的比较和分解为例,说明其一般方法。

权益净利率的比较对象,可以是其他企业的同期数据,也可以是本企业的历史数据,这里仅以本企业的本年与上年的比较为例。

权益净利率＝销售净利率×总资产周转率×权益乘数

本年权益净利率 14.167％＝4.533％×15×2.083 3

上年权益净利率 18.181 8％＝5.614％×16 964×1.909 1

权益净利率变动＝－4.014 8％

与上年相比,股东的报酬率降低了,公司整体业绩不如上年。影响权益净利率变动的不利因素是销售净利率和资产周转率下降;有利因素是财务杠杆提高。

利用连环替代法可以定量分析它们对权益净利率变动的影响程度。

(1)销售净利率变动的影响

按本年销售净利率计算的上年权益净利率＝4.533％×16 964×1.909 1＝14.682％

销售净利率变动的影响＝14.682％－18.181 8％＝－3.5％

(2)资产周转率变动的影响

按本年销售净利率、资产周转率计算的上年权益净利率＝4.533％×15×1.909 1＝12.982％

资产周转率变动的影响＝12.982％－14.682％＝－1.7％

(3)财务杠杆变动的影响

财务杠杆变动的影响＝14.167％－12.982％＝1.185％

通过分析可知,最重要的不利因素是销售净利率降低,使权益净利率减少 3.5％;其次是资产周转率降低,使权益净利率减少 1.7％。有利因素是权益乘数提高,使权益净利率增加 1.185％。不利因素超过有利因素,所以权益净利率减少 4.015％。由此应重点关注销售净利率降低的原因。

案例

武商集团财务分析

武汉武商集团股份有限公司(以下简称"武商集团")的前身是武汉商场,创建于 1959 年,是全国十大百货商店之一。1986 年改制为股份公司。1992 年 11 月 20 日公司股票在深交所上市。1999 年年末公司总股本为 507 248 590 股。公司是一家集商业零售、房地产、物业管理及餐饮服务于一体的大型集团公司。该集团公司 1999 年年报和 2000 年中报资料如表 1 所示。

表 1　武商集团 1999 年年报和 2000 年中报资料

分析内容		指　标	1999 年 12 月 31 日	2000 年 6 月 30 日	指　标	1999 年 12 月 31 日	2000 年 6 月 30 日
资金结构状况	资产结构	流动资产率	0.282 0	0.292 6	存货比率	0.330 0	0.337 0
		应收账款比率	0.468 1	0.438 6	长期投资率	0.033 4	0.031 3
		在建工程率	0.271 5	0.198 6			
	负债结构	资产负债率	0.534 4	0.555 4	产权比率	1.333 1	1.449 5
		流动负债率	0.460 7	0.464 9	负债经营率	0.073 7	0.090 6

分析内容	指　标	1999 年 12 月 31 日	2000 年 6 月 30 日	指　标	1999 年 12 月 31 日	2000 年 6 月 30 日
资金平衡状况	固定比率	1.499 3	1.197 8	营运资本	−5.0 亿元	−5.2 亿元
	营运资金 需求	4.6 亿元	5.1 亿元	现金支付 能力	−9.6 亿元	−10.3 亿元
偿债状况	流动比率	0.612 1	0.629 5	速动比率	0.406 4	0.414 1
	资产负债率	0.534 4	0.555 4	负债经营	0.073 7	0.090 6
	利息保障 倍数	3.838	5.353			
盈利状况	主营业务 利润率	1.89%	16.7%	成本费用 净利率	1.89%	3.52%
	内部投资 收益率	2.97%	2.56%	对外投资 收益率	−12.1%	−2.89%
	净资产 收益率	2.77%	3.02%			
营运状况	存货周转 天数	66 天	68 天	固定资产 周转率	1.007	0.687
	总资产 周转率	0.606	0.344	平均 收账期	79 天	77 天
发展状况	（略）					

（资料来源：中国管理咨询网，http://www.chnmc.com/articleshow00.asp? articleid＝1058,2004-05-08）

[问题讨论]

（1）通过对武汉武商集团股份有限公司偿债能力分析，结论如何？

（2）通过对武汉武商集团股份有限公司营运能力分析，结论如何？

（3）通过对武汉武商集团股份有限公司盈利能力分析，结论如何？

（4）通过对武汉武商集团股份有限公司资金结构分析，结论如何？

（5）通过对武汉武商集团股份有限公司资金平衡分析，结论如何？

（6）通过对武汉武商集团股份有限公司企业发展能力分析，结论如何？

[分析提示]

（一）偿债能力分析

（1）现金支付能力分析：现金支付能力是指企业用现金、银行存款支付资金需求的能力，它是企业短期偿债能力、长期偿债能力的具体和直接的表现，也是判断企业应变力大小的根据。1999 年年底现金流动负债比率为 0.073 8,2000 年上半年为 0.106 1。尽管 2000 年上半年较上年有所提高，但显然现金比率仍较低，公司几乎不具备用现金支付到期债务的能力。

（2）短期偿债能力分析：从表中资料可以看出，武商集团资产流动性比率远远低于合理值，表明当债务到期时，公司很难通过资产变现来偿还本息，取而代之的只能是营业收入和外部融资。

（3）长期偿债能力分析：武商集团的偿债状况正陷入困境：一方面股东权益资本雄厚，长期偿债能力极有保障，1999 年年底，股本 5.1 亿股，长期负债不到 2 亿元；另一方面，一旦长期债务逐渐转化为流动负债，要求近期偿还时，企业却无力支付。这预示着企业资产的营运状况和盈利能力存在很大的隐患。

（二）营运能力分析

武商集团流动资产周转较快，固定资产周转较慢，流动资产中又以应收账款周转最慢，平均收账期近两个半月。作为商业企业，这种状况表明企业所处市场环境竞争较激烈，管理者对资产营运重视不够，资产闲置浪费严重，效益低下。一旦当年实现利润降低，企业财务状况就会急剧恶化，这也说明企业对利润变化敏感，产品获利能力差，经营杠杆效应强，因此加强企业资产管理、提升经营决策水平至关重要。

（三）盈利能力分析

企业盈利能力主要反映企业经营业务创造利润的能力，它一方面直接表现为企业实现利润的多少和利润的稳定程度；另一方面也通过企业投入资金的收益能力或企业资金周转和消耗的盈利能力等经济效益指标反映出来。2000 年上半年武商集团成本费用净利率较 1999 年底大幅增加，表明企业获利能力大大增强，对成本费用的控制能力也增强。尽管企业主营业务利润率迅猛增长，但内部资产收益率仍较低。可见企业内部资产的管理运作上存在较大问题。如前所述的存货和应收账款周转缓慢，资产闲置浪费严重等都直接影响企业内部业务的盈利能力。

（四）资金结构分析

武商集团流动资产率虽属正常范围，但应收账款率极高。从存货比率看，2000 年上半年略有上升。武商集团应在加强存货管理、应收账款管理上狠下功夫，努力提高流动资产的变现力，减少不良资产的发生。从长期投资率和在建工程率来看，二者均呈下降趋势，表明武商集团正在调整战略，压缩资产扩张规模，将重心转向企业内部存量资产的消化上。

（五）资金平衡分析

武商集团 1999 年年底和 2000 年上半年营运资本均为负值，分别为 −5.0 亿元和 −5.2 亿元。营运资本减少主要有两种可能：一是结构性资产投资增加；二是结构性负债筹资减少。结合武商集团资金结构分析可知，营运资本减少主要是由于第二种情况，即结构性负债筹资不足、流动负债比重过大所致。武商集团可适当增加结构性负债比重，相应降低流动负债率，以填补过大的营运资金缺口。此外，2000 年上半年这种状况是在其账面盈利的基础上发生的，再次暴露出企业资产质量低的症结。

武商集团 1999 年和 2000 年上半年都存在正的营运资金需求，且数额相当大，但因为营运资本缺口巨大，迫使武商集团只能通过日常销售商品收入或借款来满足营运资金需求，增加了企业财务风险。解决办法只有加强资产管理，提高资产变现力，增强资产收益能力，以营运资本满足营运资金需求。

（六）企业发展能力分析

从武商集团 1999 年年报和 2000 年中报可以看出，企业的自我发展能力已从 −0.35

亿元上升到 0.70 亿元,说明企业应变能力和市场竞争能力都大大增强。从武商集团现有资金结构看,企业现金支付能力长期为负值,且数额较大,现在正进行结构调整与经营重心转移,因此应进行长期筹资,以增加营运资本,充实企业的调整与发展能力。由于武商集团现有负债经营率很低,远远小于 1,而且企业利息保障倍数很高,超过 3,建议采用长期借款筹资方式,尽快扭转资金结构极不合理的失控发展态势,步入正常筹资发展轨道。

第 8 章-财务分析-自测题

企业价值评估

学习目的与要求

本章主要阐述企业价值评估的三种方法：现金流量折现法、经济利润法和相对价值法在企业价值评估中的具体应用。通过本章的学习，需要掌握：

（1）企业价值评估的概念和目的。

（2）三种价值评估的方法

教学重点与难点

现金流量折现法、经济利润法和相对价值法在企业价值评估中的具体应用；现金流量折现法、经济利润法和相对价值法在企业价值评估中的具体应用。

引例

中石油——"我站在48元之巅"

2007年10月，中国股市如日中天，上证指数一路高歌猛进，窜上6 100点的历史新高。"时势造英雄"，看准时机的蓝筹大盘股中石油山呼海啸一般登陆上海滩，首日暴涨到每股48元，堪称天价。然而谁也没有想到的是，此后中石油股价就踏上了漫漫熊途。此后的一年，资本市场哀鸿一片，2008年的10月，上证指数跌落至1 600点，中石油更是以自由落体的方式"套牢全中国散户"，跌破了16.7元的发行价。同一家公司，不同的证券市场环境，天壤之别的市盈率，演绎出从天堂到地狱的悲喜剧。此间，网络上流传出一则名为《沉痛悼念中国石油[13.15-1.20%]》的帖子，从一个侧面反映出股市跌宕起伏下股民的心声。

可比法是指通过与价值已知的可比公司的比较来评估，这是非常通俗易懂的方法，日常生活中经常使用。比如在农贸市场买菜，买方经常货比三家，再讨价还价。这个货比三家就是"可比法"。

股权交易也是这个道理。如果有一家企业近期刚刚被收购，且行业领域或业务模式与目标企业相近，那么该公司的企业估值就值得参考。这种直接比较的方法，有时也被称为直接资本化方法，通常先要计算某些比率,然后将这一比率乘以评估公司的利润(或资产规模),便得到评估公司的市场价值。这一方法是一个相当简单的方法,在实践中广为采用,比如证券市场中的板块效应。它可以避免评估当中许多棘手的问题。

(资料来源:崔凯,"从战略并购视角评估企业价值",http://www.allpku.com/, 2009-11-12)

(思考:良好的价值评估能给企业发展带来怎样的积极影响?)

第一节　企业价值评估概述

一、企业价值评估的内涵

企业价值评估简称价值评估,它是将一个企业作为一个有机整体,依据其拥有或占有的全部资产状况和整体获利能力,充分考虑影响企业获利能力的各种因素,结合企业所处的宏观经济环境及行业背景,对企业整体公允市场价值进行的综合性评估。

正确理解价值评估的含义,需要注意以下几点。

1. 价值评估使用的方法

价值评估是一种经济"评估"方法。"评估"一词不同于"计算",评估是一种定量分析,但它并不是完全客观和科学的。一方面它使用许多定量分析模型,具有一定的科学性和客观性;另一方面它又使用许多主观估计的数据,带有一定的主观估计性质。评估的质量与评估人员的经验、责任心、投入的时间和精力等因素有关。评估不是随便找几个数据带入模型的计算工作。模型只是一种工具,并非模型越复杂评估结果必然越好。

价值评估既然带有主观估计的成分,其结论必然会存在一定误差,不可能绝对正确。在进行评估时,由于认识能力和成本的限制,人们不可能获得完全的信息,总要对未来作出某些假设,从而导致结论的不确定。因此,即使评估进行得非常认真,合理的误差也是不可避免的。

价值评估是一种"分析"方法,要通过符合逻辑的分析来完成。好的分析来源于好的理解,好的理解建立在正确的概念框架基础之上。企业价值评估涉及大量的信息,有了合理的概念框架,可以指导评估人正确选择模型和有效地利用信息。因此,必须正确理解企业价值的有关概念。如果不能比较全面地理解价值评估原理,在一知半解的情况下随意套用模型很可能出错。

2. 价值评估提供的信息

企业价值评估提供的信息不仅仅是企业价值一个数字,还包括评估过程中产生的大量信息。例如,企业价值是由哪些因素驱动的,销售净利率对企业价值的影响有多大,提高投资资本报酬率对企业价值的影响有多大,等等。即使企业价值的最终评估值不很准确,这些中间信息也是很有意义的。因此,不要过分关注最终结果而忽视评估过程中产生的其他信息。

价值评估提供的是有关"公平市场价值"的信息。价值评估不否认市场的有效性,但是不承认市场的完善性。在完善的市场中,企业只能取得投资者要求的风险调整后收益,市场价值与内在价值相等,价值评估没有什么实际意义。在这种情况下,企业无法为股东创造价值。股东价值的增加,只能利用市场的不完善才能实现。价值评估认为市场只在一定程度上有效,即并非完全有效。价值评估正是利用市场的缺陷寻找被低估的资产。当评估价值与市场价格相差悬殊时必须十分慎重,评估人必须令人信服地说明评估值比市场价格更好的原因。

企业价值受企业状况和市场状况的影响,随时都会变化。价值评估依赖的企业信息和市场信息也在不断流动,新信息的出现随时可能改变评估的结论。因此,企业价值评估提供的结论有很强的时效性。

二、企业价值评估的意义

1. 价值评估可以用于投资分析

价值评估是基础分析的核心内容。投资人信奉不同的投资理念,有的人相信技术分析,有的人相信基础分析。相信基础分析的人认为企业价值与财务数据之间存在函数关系,这种关系在一定时间内是稳定的,证券价格与价值的偏离经过一段时间的调整会向价值回归。他们据此原理寻找并且购进被市场低估的证券或企业,以期获得高于市场平均报酬率的收益。

2. 价值评估可以用于战略分析

战略是指一整套的决策和行动方式,包括刻意安排的有计划的战略和非计划的突发应变战略。战略管理是指涉及企业目标和方向、带有长期性、关系企业全局的重大决策和管理。战略管理可以分为战略分析、战略选择和战略实施。战略分析是指使用定价模型清晰地说明经营设想和发现这些设想可能创造的价值,目的是评价企业目前和今后增加股东财富的关键因素是什么。价值评估在战略分析中起核心作用。例如,收购属于战略决策,收购企业要估计目标企业的合理价格,在决定收购价格时要对企业合并前后的价值变动进行评估,以判断收购能否增加股东财富,以及依靠什么来增加股东财富。

3. 价值评估可以用于以价值为基础的管理

如果把企业的目标设定为增加股东财富,而股东财富就是企业的价值,那么,企业决策正确性的根本标志是能否增加企业价值。不了解一项决策对企业价值的影响,就无法对决策进行评价。从这种意义上说,价值评估是改进企业一切重大决策的手段。为了搞清楚财务决策对企业价值的影响,需要清晰描述财务决策、企业战略和企业价值之间的关系。在此基础上实行以价值为基础的管理,依据价值最大化原则制订和执行经营计划,通过度量价值增加来监控经营业绩并确定相应报酬。

三、企业价值评估的对象

企业价值评估的首要问题是明确"要评估的是什么",也就是价值评估的对象是什么。

价值评估的一般对象是企业整体的经济价值。企业整体的经济价值是指企业作为一个整体的公平市场价值。

企业整体价值可以分为实体价值和股权价值、持续经营价值和清算价值、少数股权价值和控股权价值等类别。

（一）企业的整体价值

企业的整体价值观念主要体现在以下四个方面。

1. 整体不是各部分的简单相加

企业作为整体虽然是由部分组成的，但是它不是各部分的简单相加，而是有机的结合。这种有机的结合，使得企业总体具有各部分所没有的整体性功能，所以整体价值不同于各部分的价值。这就如同收音机是各种零件的有序结合，使得收音机具有整体功能，这种功能是任何一个零件都不具备的。所以，收音机的价值不同于零件的价值。企业的整体性功能，表现为它可以通过特定的生产经营活动为股东增加财富，这是任何单项资产所不具有的。企业是有组织的资源，各种资源的结合方式不同就可以产生不同效率的企业。

企业单项资产价值的总和不等于企业整体价值。会计报表反映的资产价值，都是单项资产的价值。资产负债表的"资产总计"是单项资产价值的合计，而不是企业作为整体的价值。

企业整体能够具有价值，在于它可以为投资人带来现金流量。这些现金流量是所有资产联合起来运用的结果，而不是资产分别出售获得的现金流量。

2. 整体价值来源于要素的结合方式

企业的整体价值来源于各部分之间的联系。只有整体内各部分之间建立有机联系时，才能使企业成为一个有机整体。各部分之间的有机联系，是企业形成整体的关键。一堆建筑材料不能称为房子，厂房、机器和人简单加在一起也不能称为企业，关键是按一定的要求将它们有机地结合起来。相同的建筑材料，可以组成差别巨大的建筑物。因此，企业资源的重组即改变各要素之间的结合方式，可以改变企业的功能和效率。

3. 部分只有在整体中才能体现出价值

企业是整体和部分的统一。部分依赖整体，整体支配部分。部分只有在整体中才能体现出自身的价值，一旦离开整体，这个部分就失去了作为整体中一部分的意义，如同人的手臂一旦离开人体就失去了手臂的作用一样。企业的一个部门在企业整体中发挥它的特定作用，一旦将其从整体中剥离出来，它就具有了另外的意义。企业的有些部分是可以剥离出来单独存在的，如一台设备；有些部分是不能单独存在的，如商誉。可以单独存在的部分，其单独价值不同于作为整体一部分的价值。因此，一个部门被剥离出来，其功能会有别于它原来作为企业一部分时的功能和价值，剥离后的企业也会不同于原来的企业。

4. 整体价值只有在运行中才能体现出来

企业的整体功能，只有在运行中才能得以体现。企业是一个运行着的有机体，一旦成立就有了独立的"生命"和特征，并维持它的整体功能。如果企业停止运营，整体功能随之丧失，不再具有整体价值，它就只剩下一堆机器、存货和厂房，此时企业的价值是这些财产的变现价值，即清算价值。

（二）企业的经济价值

经济价值是经济学家所持的价值观念。它是指一项资产的公平市场价值，通常用该资产产生的未来现金流量的现值来计量。

对于习惯于使用会计价值和历史成交价格的会计师，特别要注意区分会计价值与市场价值、现时市场价值与公平市场价值。

1. 会计价值与市场价值

会计价值是指资产、负债和所有者权益的账面价值。会计价值与市场价值是两回事。例如,青岛海尔电冰箱股份有限公司 2000 年资产负债表中显示,股东权益的账面价值为 28.9 亿元,总股份数为 5.65 亿股。该股票全年平均市价为 20.79 元/股,市场价值约为 117 亿元,与股权的会计价值相差悬殊。

会计报表以交易价格为基础。例如,某项资产以 1 000 万元的价格购入,该价格客观地计量了资产的价值,并且有原始凭证支持,会计师就将它计入账簿。过了几年,由于技术更新,该资产的市场价值已经大大低于 1 000 万元,或者由于通货膨胀其价值已远高于最初的购入价格,记录在账面上的历史成交价格与现实的市场价值已经毫不相关,会计师仍然不修改他的记录。会计师只有在资产需要折旧或摊销时,才修改资产价值的记录。

会计师选择历史成本而舍弃现行市场价值的理由有两点:①历史成本具有客观性,可以重复验证,而这正是现行市场价值所缺乏的。会计师以及审计师的职业地位,需要客观性的支持。②如果说历史成本与投资人的决策不相关,那么现行市场价值也同样与投资人的决策不相关。投资人购买股票的目的是获取未来收益,而不是企业资产的价值。企业的资产不是被出售,而是被使用并在产生未来收益的过程中消耗殆尽。与投资人的决策相关的信息,是资产在使用中可以带来的未来收益,而不是其现行市场价值。

由于财务报告采用历史成本报告资产价值,其符合逻辑的结果之一是否认资产收益和股权成本,只承认已实现收益和已发生费用。

会计规范的制定者,出于某种原因,要求会计师在一定程度上使用市场价值计价,但是效果并不好。美国财务会计准则委员会要求对市场交易活跃的资产和负债使用现行市场价值计价,引起很大争议。我国在企业会计具体准则中曾要求使用公允市价报告,也引起很大争议,并在 2001 年的《企业会计制度》中被修改,回到历史成本。

其实,会计报表数据的真正缺点,主要不是没有采纳现实价格,而在于没有关注未来。会计准则的制定者不仅很少考虑现有资产可能产生的未来收益,而且把许多影响未来收益的资产和负债项目从报表中排除。表外的资产包括良好管理、商誉、忠诚的顾客、先进的技术等;表外的负债包括未决诉讼、过时的生产线、低劣的管理等。

历史成本计价受到很多批评:①制定经营或投资决策必须以现实的和未来的信息为依据,历史成本会计提供的信息是面向过去的,与管理人员、投资人和债权人的决策缺乏相关性。②历史成本不能反映企业真实的财务状况,资产的报告价值是未分配的历史成本(或剩余部分),并不是可以支配的资产或可以抵偿债务的资产。③现实中的历史成本计价会计缺乏方法上的一致性,其货币性资产不按历史成本反映,非货币资产在使用历史成本计价时也有很多例外,所以历史成本会计是各种计价方法的混合,不能为经营和投资决策提供有用的信息。④历史成本计价缺乏时间上的一致性。资产负债表把不同会计期间的资产购置价格混合在一起,使之缺乏明确的经济意义。因此,价值评估通常不使用历史购进价格,只有在其他方法无法获得恰当的数据时才将其作为质量不高的替代品。

按照未来售价计价,也称未来现金流量计价。从交易属性上看,未来售价计价属于产出计价类型;从时间属性上看,未来售价属于未来价格。它也被经常称为资本化价值,即一项资产未来现金流量的现值。

未来价格计价有以下特点：未来现金流量现值面向的是未来，而不是历史或现在，符合决策面向未来的时间属性。经济学家认为，未来现金流量的现值是资产的一项最基本的属性，是资产的经济价值。只有未来售价计价符合企业价值评估的目的。因此，除非特别指明，企业价值评估的"价值"是指未来现金流量现值。

2. 区分现时市场价值与公平市场价值

企业价值评估的目的是确定一个企业的公平市场价值。所谓"公平市场价值"是指在公平的交易中，熟悉情况的双方，自愿进行资产交换或债务清偿的金额。资产被定义为未来的经济利益。所谓"经济利益"，其实就是现金流入。资产就是未来可以带来现金流入的东西。由于不同时间的现金不等价，需要通过折现处理，因此，资产的公平市场价值就是未来现金流入的现值。

要区分现时市场价值与公平市场价值。现时市场价值是指按现行市场价格计量的资产价值，它可能是公平的，也可能是不公平的。

首先，作为交易对象的企业，通常没有完善的市场，也就没有现成的市场价格。非上市企业或者它的一个部门，由于没有在市场上出售，其价格也就不得而知。对于上市企业来说，每天参加交易的只是少数股权，多数股权不参加日常交易，因此市价只是少数股东认可的价格，未必代表公平价值。

其次，以企业为对象的交易双方，存在比较严重的信息不对称。人们对于企业的预期会有很大差距，成交的价格不一定是公平的。

再次，股票价格是经常变动的，人们不知道哪一个是公平的。

最后，评估的目的之一是寻找被低估的企业，也就是价格低于价值的企业。如果用现时市价作为企业的估价，则企业价值与价格相等，我们得不到任何有意义的信息。

（三）企业整体经济价值的类别

我们已经明确了价值评估的对象是企业的总体价值，但这还不够，还需要进一步明确是"哪一种"整体价值。

1. 实体价值与股权价值

当一家企业收购另一家企业时，可以收购卖方的资产，而不承担其债务；或者购买它的股份，同时承担其债务。例如，A企业以10亿元的价格买下了B企业的全部股份，并承担了B企业原有的5亿元的债务，收购的经济成本是15亿元。通常，人们说A企业以10亿元收购了B企业，其实并不准确。对于A企业的股东来说，他们不仅需要支付10亿元现金（或者印制价值10亿元的股票换取B企业的股票），而且要以书面契约形式承担5亿元债务。实际上他们需要支付15亿元，10亿元现在支付，另外5亿元将来支付，因此他们用15亿元购买了B企业的全部资产。因此，企业的资产价值与股权价值是不同的。

企业全部资产的总体价值，称为"企业实体价值"。企业实体价值是股权价值与债务价值之和。

企业实体价值＝股权价值＋债务价值

股权价值在这里不是所有者权益的会计价值（账面价值），而是股权的公平市场价值。债务价值也不是它们的会计价值（账面价值），而是债务的公平市场价值。

大多数企业并购是以购买股份的形式进行的,因此评估的最终目标和双方谈判的焦点是卖方的股权价值。但是,买方的实际收购成本等于股权成本加上所承接的债务。

2. 持续经营价值与清算价值

企业能够给所有者提供价值的方式有两种:一种是由营业所产生的未来现金流量的现值,称为持续经营价值(简称续营价值);另一种是停止经营,出售资产产生的现金流,称为清算价值。这两者的评估方法和评估结果有明显区别。我们必须明确拟评估的企业是一个持续经营的企业还是一个准备清算的企业,评估的价值是其持续经营价值还是其清算价值。在大多数的情况下,评估的是企业的持续经营价值。

一个企业的公平市场价值,应当是续营价值与清算价值中较高的一个,如图 9-1 所示。

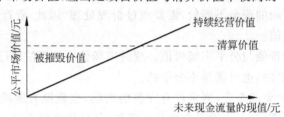

图 9-1 企业公平市场价值与清算价值、持续经营价值的关系

一个企业持续经营的基本条件,是其持续经营价值超过清算价值。依据理财的"自利原则",当未来现金流的现值大于清算价值时,投资人会选择持续经营。如果现金流量下降,或者资本成本提高,使得未来现金流量现值低于清算价值,则投资人会选择清算。

一个企业的持续经营价值已经低于其清算价值,本应当进行清算。但是,也有例外,就是控制企业的人拒绝清算,企业得以持续经营。这种持续经营,摧毁了股东本来可以通过清算得到的价值。

3. 少数股权价值与控股权价值

企业的所有权和控制权是两个极不同的概念。首先,少数股权对于企业事务发表的意见无足轻重,只有获取控制权的人才能决定企业的重大事务。我国的多数上市企业"一股独大",大股东决定了企业的生产经营,少数股权基本上没有决策权。其次,从世界范围看,多数上市企业的股权高度分散化,没有哪一个股东可以控制企业,此时有效控制权被授予董事会和高层管理人员,所有股东只是"搭车的乘客",不满意的乘客可以"下车",但是无法控制"方向盘"。

在股票市场上交易的只是少数股权,大多数股票并没有参加交易。掌握控股权的股东,不参加日常的交易。我们看到的股价,通常只是少数已经交易的股票价格,它们衡量的只是少数股权的价值。少数股权与控股股权的价值差异,明显地出现在收购交易当中。一旦控股权参加交易,股价会迅速飙升,甚至达到少数股权价值的数倍。在评估企业价值时,必须明确拟评估的对象是少数股权价值,还是控股权价值。

买入企业的少数股权和买入企业的控股权,是完全不同的两回事。买入企业的少数股权,是承认企业现有的管理和经营战略,买入者只是一个旁观者。买入企业的控股权,投资者获得改变企业生产经营方式的充分自由,或许还能增加企业的价值。

这两者如此不同,以至于可以认为:同一企业的股票在两个分割开来的市场上交易。

一个是少数股权市场,它交易的是由少数股权代表的未来现金流量;另一个是控股权市场,它交易的是由企业控股权代表的现金流量。获得控股权,不仅意味着取得了未来现金流量的索取权,而且同时获得了改组企业的特权。在两个不同市场中交易的实际上是不同的资产。

如图 9-2 所示,从少数股权投资者来看,V(当前)是企业股票的公平市场价值。它是现有管理和战略条件下企业能够给股票投资人带来的现金流量现值。对于谋求控股权的投资者来说,V(新的)是企业股票的公平市场价值。它是企业进行重组、改进管理和经营战略后可以为投资人带来的未来现金流量的现值。新的价值与当前价值的差额称为控股权溢价,它是由于转变控股权增加的价值。

$$控股权溢价 = V(新的) - V(当前)$$

总之,在进行企业价值评估时,首先要明确拟评估的对象是什么,搞清楚是企业实体价值还是股权价值,是续营价值还是清算价值,是少数股权价值还是控股权价值。它们是不同的评估对象,有不同的用途,需要使用不同的方法进行评估。

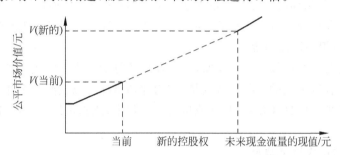

图 9-2　企业的公平市场价值与控股权溢价的关系

第二节　企业价值评估的方法

企业价值是通过企业在市场中保持较强的竞争力,实现持续发展来实现的。企业价值体现为企业未来的经济收益能力。企业价值评估就是通过科学的评估方法,对企业的公平市场价值进行分析和衡量。与企业价值理论体系相比,实践中价值评估的方法多种多样,利用不同的评估程序及评估方法对同一企业进行评估,往往会得出不同的结果。现行的企业价值评估方法,大致可以分为两类:一是定性评估,即通过评估指标的选取和组合来确定一个评估分值;二是定量评估,即将现金流量、贴现率等评估参数直接带入评估模型(如现金流量折现模型、相对价值比较法模型、经济增加值模型等),以求得企业价值的一个具体数值。

一、定性评估方法

对企业价值进行定性评估关键在于构建一个合理的评估体系。而传统的国内研究侧重于企业综合绩效的评价,基本思路是按照盈利能力、偿债能力、营运能力和发展能力这四个方面来构建评价指标体系,但是往往偏重于财务指标,而忽视了非财务指标。如素质优良的人力资源、发达的营销网络及良好的商誉等未被纳入企业价值评估体系之中,显然有违企业价值评估的本意。

那么,如何将财务指标与非财务指标结合起来,形成一个新的、完整的评估体系呢?首先,应把企业价值评估放在一个长期的、全局性的战略层面而非一个短期的、局部性的战略层面加以考虑。其次,应找出影响企业价值的价值驱动因素,对于这些影响因素中目前难以量化的因素要全力开发合理的量化技术,如近几年人力资源会计、品牌价值评估方法就有较大的进展。最后,应在企业高层管理者中贯彻以"企业价值最大化"为导向的经营思路,以"企业价值最大化"统领企业战略、战术层面的技术、财务、管理、经营工作。

企业价值是企业创造价值的能力,其源泉来自企业的核心竞争力。企业价值是一个内涵丰富且复杂的概念,需通过评估指标这一载体将其具体化和形象化。

（一）评估指标设计原则

1. 定性指标与定量指标相结合

具体来说,评估指标既要包括定量评估指标,即反映企业价值的一些硬指标,包括财务指标和可以量化的非财务指标;又要包括定性评估指标,即不可量化的非财务指标。

2. 重要性与相关性相结合

选取与一定时期企业战略重点紧密联系,在可预见的未来能给企业带来价值增值,或与企业价值相关程度最大的一些关键变量,作为评估指标。以这些指标作为载体,不仅可以使企业战略管理得以具体化,而且在战略实施过程中,能真正发挥企业价值评估的适时控制作用。

3. 概括性与层次性相结合

选取的指标要与企业价值的源泉——核心竞争力关系密切且能够较全面地反映企业的价值。同时,又要体现层次性,能够运用层次分析方法,对指标进行层层分解。

（二）评估指标体系

根据以上原则,我们将围绕企业的盈利能力及其所面临的风险对企业价值进行评估。

1. 企业盈利能力评估

企业盈利能力评估涉及三个方面:一是对企业当前盈利能力的评估,反映企业已有的经营成果,成为对企业未来盈利能力评估的历史基础。它通过企业的盈利水平、营运效率和发展能力来反映。其中,盈利水平反映企业主营业务及总资产的获利能力;营运效率体现企业资产的管理质量和利用效率;发展能力一方面体现企业现有盈利能力的坚实性;另一方面又对企业盈利能力的持续性和潜在能力进行侧面验证。二是对企业盈利能力可持续性的评估,反映企业价值增值的现实可能性。它由管理能力和创新能力共同决定。前者由企业学习、组织和战略规划能力所体现,涉及企业管理层的综合素质、企业是否具有核心价值观等多方面因素;后者包括技术、组织、制度和市场创新等方面的内容,成为企业持续发展的动力源。三是对企业盈利能力增长潜力的评估,反映企业价值在现有基础上未来增值的可能性。它由行业成长性和企业成长性所决定。前者是从企业外部环境角度进行说明,主要包括行业竞争激烈程度和行业发展前景两个方面;后者是从企业内部条件角度进行说明,涉及企业主营业务的成长性、素质优良的人力资源、发达的营销网络以及良好的商誉。

2. 企业风险评估

从企业本身来看,企业的风险分为两大类:一是财务风险,是指企业因借款而增加的风险,是筹资决策带来的风险;二是经营风险,是指由生产经营的不确定性带来的风险,主要来自市场销售、生产成本、生产技术以及其他方面(如外部环境的变化、企业高层管理人员管理能力欠缺、企业文化等)。

二、定量评估方法

对企业价值进行定量评估的方法有很多种,重点介绍以下四种。

(一)折现现金流量法(DCF法)

1. 折现现金流量法的原理

折现现金流量法是企业价值评估中使用最广泛、理论上最健全的方法,也是其他价值评估方法的基础。它的基本思想是增量现金流量和时间价值原则,即任何资产(包括企业或股权)的价值都是其未来收益按照一定贴现率折现的现值。运用这种方法评估企业价值时,需要解决的主要问题是企业现金流的数量及其时间分布,以及相应的贴现率如何确定的问题。由于DCF法是以预测的现金流量和贴现率为基础,考虑到获取这些信息的难易程度,最适合用这种方法来评估企业价值的情况是:企业目前的现金流量是正的,而将来一段时间内的现金流量和风险能可靠地估计,并且可以根据风险得出现金流的贴现率。

2. 折现现金流量法的模型

任何资产都可以使用现金流量折现模型来估价,其价值都是以下三个变量的函数:

$$价值 = \sum_{t=1}^{n} \frac{现金流量_t}{(1+资本成本_t)^t}$$

1)现金流量

"现金流量"是指各期的预期现金流量。不同资产的未来现金流量表现形式不同,债券的现金流量是利息和本金,投资项目的现金流量是由项目引起的增量现金流量。在价值评估中可供选择的企业现金流量有三种:鼓励现金流量、股权现金流量和实体现金流量。依据现金流量的不同种类,企业估价模型也分股利现金流量模型、股权现金流量模型和实体现金流量模型三种。

a. 股利现金流量模型

股利现金流量模型的基本形式是

$$股权价值 = \sum_{t=1}^{\infty} \frac{股利现金流量_t}{(1+股权资本成本)^t}$$

股利现金流量是企业分配给股权投资人的现金流量。

b. 股权现金流量模型

股权现金流量模型的基本形式是

$$股权价值 = \sum_{t=1}^{\infty} \frac{股权现金流量_t}{(1+股权资本成本)^t}$$

股权现金流量是一定期间企业可以提供给股权投资人的现金流量,它等于企业实体现金流量扣除对债权人支付后剩余的部分。有多少股权现金流量会作为股利分配给股东,取决于企业的筹资和股利分配政策。如果把股权现金流量全部作为股利分配,则上述两个模型相同。

c. 实体现金流量模型

实体现金流量模型的基本形式是

$$实体价值 = \sum_{t=1}^{\infty} \frac{实体现金流量_t}{(1+加权平均资本成本)^t}$$

$$股权价值 = 实体价值 - 债务价值$$

$$债务价值 = \sum_{t=1}^{n} \frac{偿还债务现金流量_t}{(1+等风险债务成本)^t}$$

实体现金流量是企业全部现金流入扣除成本费用和必要的投资后的剩余部分,它是企业一定期间可以提供给所有投资人(包括股权投资人和债权投资人)的税后现金流量。

在数据假设相同的情况下,三种模型的评估结果是相同的。由于股利分配政策有较大变动,股利现金流量很难预计,所以股利现金流量模型在实务中很少被使用。如果假设企业不保留多余的现金,而将股权现金全部作为股利发放,则股权现金流量等于股利现金流量,股权现金流量模型可以取代股利现金流量模型,避免对股利政策进行估计的麻烦。因此,大多数的企业估价使用股权现金流量模型或实体现金流量模型。

2) 资本成本

"资本成本"是计算现值使用的折现率。折现率是现金流量风险的函数,风险越大则折现率越大,因此折现率与现金流量要相互匹配。股权现金流量只能用股权资本成本来折现,实体现金流量只能用企业实体的加权平均资本成本来折现。

3) 现金流量的持续年数

"n"是指产生现金流量的时间,通常用"年"数来表示。从理论上说,现金流量的持续年数应当等于资源的寿命。企业的寿命是不确定的,通常采用持续经营假设,即假设企业将无限期地持续下去。预测无限期的现金流量数据是很困难的,时间越长,远期的预测越不可靠。为了避免预测无限期的现金流量,大部分估价将预测的时间分为两个阶段。第一阶段是有限的、明确的预测期,称为"详细预测期",或简称为"预测期",在此期间需要对每年的现金流量进行详细预测,并根据现金流量模型计算其预测期价值;第二阶段是预测期以后的无限时期,称为"后续期",或"永续期",在此期间假设企业进入稳定状态,有一个稳定的增长率,可以用简便方法直接估计后续期价值。后续期价值也称为"永续价值"或"残值"。这样,企业价值被分为两部分:

企业价值=预测期价值+后续期价值

3. 折现现金流量法的应用

股权现金流量模型分为三种类型:永续增长模型、两阶段增长模型和三阶段增长模型。

1) 永续增长模型

永续增长模型假设企业未来长期稳定、可持续地增长。在永续增长的情况下,企业价值是下期现金流量的函数。

永续增长模型的一般表达式如下：

$$股权价值 = \frac{下期股权现金流量}{股权资本成本 - 永续增长率}$$

永续增长模型的特例是永续增长率等于零，即零增长模型。

$$股权价值 = \frac{下期股权现金流量}{股权资本成本}$$

永续增长模型的使用条件是：企业必须处于永续状态。所谓永续状态是指企业有永续的增长率和投资资本回报率。使用永续增长模型，企业价值对增长率的估计值很敏感，当增长率接近折现率时，股票价值趋于无限大。因此，对于增长率和股权成本的预测质量要求很高。

2）两阶段增长模型

两阶段增长模型的一般表达式如下：

$$股权价值 = 预测期股权现金流量现值 + 后续期价值的现值$$

假设预测期为 n，则

$$股权价值 = \sum_{t=1}^{n} \frac{股权现金流量_t}{(1 + 股权资本成本)^t}$$

$$+ \frac{股权现金流量_{n+1} / (股权资本成本 - 永续增长率)}{(1 + 股权资本成本)^n}$$

两阶段增长模型的使用条件是：适用于增长呈现两个阶段的企业。第一个阶段为超常增长阶段，增长率明显快于永续增长阶段；第二个阶段具有永续增长的特征，增长率比较低，是正常的增长率。

3）三阶段增长模型

三阶段增长模型包括一个高速增长阶段、一个增长率递减的转换阶段和一个永续增长的稳定阶段。

$$股权价值 = 增长期现金流量现值 + 转换期现金流量现值 + 后续期现金流量现值$$

$$= \sum_{t=1}^{n} \frac{增长期现金流量_t}{(1 + 资本成本)^t} + \sum_{t=n+1}^{n+m} \frac{转换期现金流量_t}{(1 + 资本成本)^t} + \frac{\dfrac{后续期现金流量_{n+m+1}}{资本成本 - 永续增长率}}{(1 + 资本成本)^{n+m}}$$

模型的使用条件是：被评估企业的增长率应当与模型假设的三个阶段特征相符。

在实务中大多使用实体现金流量模型。主要原因是股权成本受资本结构的影响较大，估计起来比较复杂。债务增加时，风险上升，股权成本会上升，而上升的幅度不容易测定。加权平均资本成本受资本结构的影响较小，比较容易估计。债务成本较低，增加债务比重会使加权平均资本成本下降。与此同时，债务增加使风险增加、股权成本上升，使得加权平均资本成本上升。在无税和交易成本的情况下，债务成本的下降也会大部分被股权成本的上升所抵消。平均资本成本对资本结构变化不敏感，估计起来比较容易。

实体现金流量模型，如同股权现金流量模型一样，也可以分为三种类型：

（1）永续增长模型：

$$实体价值 = \frac{下期实体现金流量}{加权平均资本成本 - 永续增长率}$$

（2）两阶段增长模型：

$$实体价值＝预测期实体现金流量现值＋后续期价值的现值$$

设预测期为 n，则

$$实体价值 = \sum_{t=1}^{n} \frac{实体现金流量_t}{(1+加权平均资本成本)^t} + \frac{\dfrac{实体现金流量_{n+1}}{加权平均资本成本 - 永续增长率}}{(1+加权平均资本成本)^n}$$

（3）三阶段增长模型：

设成长期为 n，转换期为 m，则

$$实体价值 = \sum_{t=1}^{n} \frac{成长期实体现金流量_t}{(1+加权平均资本成本)^t} + \sum_{t=n+1}^{n+m} \frac{转换期实体现金流量_t}{(1+加权平均资本成本)^t}$$

$$+ \frac{\dfrac{后续期实体现金流量_{n+m+1}}{资本成本 - 永续增长率}}{(1+加权平均资本成本)^{n+m}}$$

实体现金流量折现的上述三种模型，在形式上分别与股权现金流量折现的三种模型一样，只是输入的参数不同。实体现金流量代替股权现金流量，加权平均资本成本代替股权资本成本。

（二）相对价值比较法

1．相对价值比较法的原理

现金流量法在概念上很健全，但是在应用时会碰到较多的技术问题。有一种相对容易的估价方法，就是相对价值法，也称价格乘数法或可比交易价值法等。它是将目标企业与可比企业对比，用可比企业的价值衡量目标企业的价值。如果可比企业的价值被高估了，则目标企业的价值也会被高估。实际上，所得结论是相对于可比企业来说的，以可比企业价值为基准，是一种相对价值，而非目标企业的内在价值。这种评估方法实际上是以可比企业为参照基础，运用一些基本的财务比率来评估目标企业的价值，得到的结果是相对于可比企业的价值。常见的有市盈率估价法、市净率估价法等。

这种方法是利用类似企业的市场定价来估计目标企业价值的一种方法。它的假设前提是存在一个支配企业市场价值的主要变量（如净利等）。市场价值与该变量（如净利等）的比值，各企业是类似的、可以比较的。其基本做法是：首先，寻找一个影响企业价值的关键变量（如净利）；其次，确定一组可以比较的类似企业，计算可比企业的市价/关键变量的平均值（如平均市盈率）；然后，根据目标企业的关键变量（如净利）乘以得到的平均值（平均市盈率），计算目标企业的评估价值。

2．相对价值比较法的模型

相对价值模型分为两大类：一类是以股权市价为基础的模型，包括股权市价/净利、股权市价/净资产、股权市价/销售额等比率模型；另一类是以企业实体价值为基础的模型，包括实体价值/息前税后营业利润、实体价值/实体现金流量、实体价值/投资资本、实体价值/销售额等比率模型。我们这里只讨论三种最常用的股权市价比率模型。

1）市价/净利比率模型

市价/净利比率通常称为市盈率。

$$市盈率＝每股市价/每股净利$$

运用市盈率估价的模型如下：

目标企业每股价值＝可比企业平均市盈率×目标企业的每股净利

该模型假设股票市价是每股净利的一定倍数。每股净利越大，则股票价值越大。同类企业有类似的市盈率，所以目标企业的股权价值可以用每股净利乘以可比企业的平均市盈率计算。

根据股利折现模型，处于稳定状态企业的股权价值为

$$股权价值 = P_0 = \frac{股利_1}{股权成本 - 增长率}$$

两边同时除以每股净利$_0$：

$$\frac{P_0}{每股净利_0} = \frac{\dfrac{股利_1}{每股净利_0}}{股权成本 - 增长率}$$

$$= \frac{\dfrac{每股净利_0 \times (1 + 增长率) \times 股利支付率}{每股净利_0}}{股权成本 - 增长率}$$

$$= \frac{股利支付率 \times (1 + 增长率)}{股权成本 - 增长率}$$

$$= 本期市盈率$$

上述根据当前市价和同期净利计算的市盈率，称为本期市盈率，简称市盈。

这个公式表明，市盈率的驱动因素是企业的增长潜力、股利支付率和风险（股权资本成本）。这三个因素类似的企业，才会具有类似的市盈率。可比企业实际上应当是这三个比率类似的企业，同业企业不一定都具有这种类似性。

如果把公式两边同除的当前"每股净利$_0$"换为预期下期"每股净利$_1$"，其结果称为"内在市盈率"或"预期市盈率"：

$$\frac{P_0}{每股净利_1} = \frac{\dfrac{股利_1}{每股净利_1}}{股权成本 - 增长率}$$

$$内在市盈率 = \frac{股利支付率}{股权成本 - 增长率}$$

在影响市盈率的三个因素中，关键是增长潜力。所谓"增长潜力"，不仅指具有相同的增长率，还包括增长模式的类似性。例如，同为永续增长，还是同为由高增长转为永续低增长。

上述内在市盈率模型是根据永续增长模型推导的。如果企业符合两阶段增长模型的条件，也可以通过类似的方法推导出两阶段情况下的内在市盈率模型。它比永续增长的内在市盈率模型形式复杂，但是仍然由这三个因素驱动。

市盈率模型的优点：一是计算市盈率的数据容易取得，并且计算简单；二是市盈率把价格和收益联系起来，直观地反映投入和产出的关系；三是市盈率涵盖了风险补偿率、增长率、股利支付率的影响，具有很高的综合性。

市盈率模型的局限性：一是如果收益是负值，市盈率就失去了意义。二是市盈率除了受企业本身基本面的影响以外，还受到整个经济景气程度的影响。在整个经济繁荣时市盈率上升，整个经济衰退时市盈率下降。如果目标企业的β值为1，则评估价值正确反

映了对未来的预期。如果企业的 β 值显著大于1,经济繁荣时评估价值被夸大,经济衰退时评估价值被缩小。如果 β 值明显小于1,经济繁荣时评估价值偏低,经济衰退时评估价值偏高。如果是一个周期性的企业,则企业价值可能被歪曲。

因此,市盈率模型最适合连续盈利,并且 β 值接近于1的企业。

2)市价/净资产比率模型

市价与净资产的比率,通常称为市净率。

$$市净率 = 市价 \div 净资产$$

这种方法假设股权价值是净资产的函数,类似企业有相同的市净率,净资产越大则股权价值越大。因此,股权价值是净资产的一定倍数,目标企业的价值可以用每股净资产乘以平均市净率计算。

$$股权价值 = 可比企业平均市净率 \times 目标企业净资产$$

如果把股利折现模型的两边同时除以同期股权账面价值,就可以得到市净率:

$$\frac{P_0}{股权账面价值_0} = \frac{\dfrac{股利_0}{股权账面价值_0} \times (1+增长率)}{股权成本 - 增长率}$$

$$= \frac{\dfrac{股利_0}{每股收益_0} \times \dfrac{每股收益_0}{股权账面价值_0} \times (1+增长率)}{股权成本 - 增长率}$$

$$= \frac{股东权益收益率 \times 股利支付率 \times (1+增长率)}{股权成本 - 增长率}$$

$$= 本期市净率$$

该公式表明,驱动市净率的因素有权益报酬率、股利支付率、增长率和风险。其中,权益报酬率是关键因素。这四个比率类似的企业,会有类似的市净率。不同企业市净率的差别,也是由于这四个比率不同引起的。

如果把公式中的"股权账面价值$_0$"换成预期下期的"股权账面价值$_1$",则可以得出内在市净率,或称预期市净率。

$$\frac{P_0}{股权账面价值_1} = \frac{\dfrac{股利_0}{股权账面价值_1} \times (1+增长率)}{股权成本 - 增长率}$$

$$= \frac{\dfrac{股利_0}{每股收益_1} \times \dfrac{每股收益_1}{股权账面价值_1} \times (1+增长率)}{股权成本 - 增长率}$$

$$= \frac{股利支付率 \times 股东权益收益率_1}{股权成本 - 增长率}$$

$$= 内在市净率$$

使用内在市净率作为价格乘数计算企业价值,所得结果与现金流量模型的结果应当一致。

市净率估价模型的优点:一是净利为负值的企业不能用市盈率进行估价,而市净率极少为负值,可用于大多数企业。二是净资产账面价值的数据容易取得,并且容易理解。三是净资产账面价值比净利稳定,也不像利润那样经常被人为操纵。四是如果会计标准合理并且各企业会计政策一致,市净率的变化可以反映企业价值的变化。

市净率的局限性:一是账面价值受会计政策选择的影响,如果各企业执行不同的会计标准或会计政策,市净率会失去可比性。二是固定资产很少的服务性企业和高科技企业,净资产与企业价值的关系不大,其市净率比较没有什么实际意义。三是少数企业的净资产是负值,市净率没有意义,无法用于比较。

因此,这种方法主要适用于需要拥有大量资产、净资产为正值的企业。

3)市价/收入比率模型

这种方法是假设影响企业价值的关键变量是销售收入,企业价值是销售收入的函数,销售收入越大,则企业价值越大。既然企业价值是销售收入的一定倍数,那么目标企业的价值可以用销售收入乘以平均收入乘数估计。

由于市价/收入比率的使用历史不长,不像市盈率和市净率应用得广泛和悠久,还没有一个公认的比率名称,这里暂且称之为"收入乘数"。

收入乘数＝股权市价÷销售收入＝每股市价÷每股销售收入

目标企业股权价值＝可比企业平均收入乘数×目标企业的销售收入

如果将股利折现模型的两边同时除以每股销售收入,则可以得出收入乘数:

$$\frac{P_0}{每股收入_0} = \frac{\dfrac{股利_0 \times (1 + 增长率)}{每股收入_0}}{股权成本 - 增长率}$$

$$= \frac{\dfrac{股利_0}{每股净利_0} \times \dfrac{每股净利_0}{每股收入_0} \times (1 + 增长率)}{股权成本 - 增长率}$$

$$= \frac{销售净利率_0 \times 股利支付率 \times (1 + 增长率)}{股权成本 - 增长率}$$

$$= 本期收入乘数$$

根据上述公式可以看出,收入乘数的驱动因素是销售净利率、股利支付率、增长率和股权成本。其中,销售净利率是关键因素。这四个比率相同的企业,会有类似的收入乘数。

如果把公式中的"每股收入_0"换成预期下期的"每股收入_1",则可以得出内在收入乘数的计算公式:

$$\frac{P_0}{每股收入_1} = \frac{\dfrac{股利_1}{每股收入_1}}{股权成本 - 增长率}$$

$$= \frac{\dfrac{股利_1}{每股净利_1} \times \dfrac{每股净利_1}{每股收入_1}}{股权成本 - 增长率}$$

$$= \frac{销售净利率_1 \times 股利支付率}{股权成本 - 增长率}$$

$$= 内在收入乘数$$

根据内在收入乘数计算的企业价值,应当与现金流量模型计算的结果一致。

收入乘数估价模型的优点:一是它不会出现负值,对于亏损企业和资不抵债的企业,也可以计算出一个有意义的价值乘数。二是它比较稳定、可靠,不容易被操纵。三是收入乘数对价格政策和企业战略变化敏感,可以反映这种变化的后果。

收入乘数估价模型的局限性:不能反映成本的变化,而成本是影响企业现金流量和价值的重要因素之一。

因此,这种方法主要适用于销售成本率较低的服务类企业,或者销售成本率趋同的传统行业的企业。

3. 相对价值比较法的应用

相对价值法应用的主要困难是选择可比企业。通常的做法是选择一组同业的上市企业,计算出它们的平均市价比率,作为估计目标企业价值的乘数。根据前面的分析可知,市盈率取决于增长潜力、股利支付率和风险(股权资本成本)。选择可比企业时,需要先估计目标企业的这三个比率,然后按此条件选择可比企业。在三个因素中,最重要的驱动因素是增长率,应给予格外重视。处在生命周期同一阶段的同业企业,大体上有类似的增长率,可以作为判断增长率类似的主要依据。

选择可比企业的时候,经常找不到符合条件的可比企业。尤其是要求的可比条件较严格,或者同行业的上市企业很少的时候经常找不到足够的可比企业。

解决问题的办法之一是采用修正的市价比率。

1) 修正市盈率

在影响市盈率的诸驱动因素中,关键变量是增长率。增长率的差异是市盈率差异的主要驱动因素。因此,可以用增长率修正实际市盈率,把增长率不同的同业企业纳入可比范围。

$$修正市盈率 = 实际市盈率 \div (预期增长率 \times 100)$$

修正的市盈率,排除了增长率对市盈率的影响,剩下的部分是由股利支付率和股权成本决定的市盈率即"排除增长率影响的市盈率"。

2) 股价平均法

这种方法是根据各可比企业的修正市盈率估计某企业的价值:

$$目标企业每股价值 = 可比企业修正市盈率 \times 目标企业预期增长率 \times 100$$
$$\times 目标企业每股净利$$

然后,将得出股票估价进行算术平均。

如果候选的可比企业在非关键变量方面也存在较大差异,就需要进行多个差异因素的修正。修正的方法是使用多元回归技术,包括线性回归或其他回归技术。首先,使用整个行业全部上市公司甚至跨行业上市公司的数据,把市价比率作为因变量,把驱动因素作为自变量,求解回归方程。然后,利用该方程计算所需要的乘数。通常,多因素修正的数据处理量较大,需要借助计算机才能完成。

此外,在得出评估价值后还需要全面检查评估的合理性。例如,公开交易企业的股票流动性高于非上市企业。因此,非上市企业的评估价值要减掉一部分。一种简便的办法是按上市成本的比例减少其评估价值。当然,如果是为新发行的原始股定价,该股票将很快具有流动性,则无须折扣。再如,对于非上市企业的评估往往涉及控股权的评估,而可比企业大多选择上市企业,上市企业的价格与少数股权价值相联系,不含控股权价值。因此,非上市目标企业的评估值需要加上一笔额外的费用,以反映控股权的价值。

（三）经济增加值法（EVA 法）

1. 经济增加值法的原理

经济增加值是指企业的资本投入所得到的营业利润扣除所有的资本成本后的增加值，即 EVA＝税后营业利润－资本成本。它是评价企业内外部业绩的指标。由于 EVA 大于 0，意味着股东可支配的财富增加，企业价值也增加；反之就减少。可见，经济增加值与企业的价值是正相关的，所以它也是一种价值评判的指标，并被广泛运用于企业价值评估领域。在利用 EVA 法评估一个企业的价值时，企业的价值＝投资资本＋未来 EVA 的现值。EVA 法与 DCF 法本质上是一致的，但是 EVA 法具有可以计量单一年份价值增加的优点，而 DCF 法是做不到的。因为任何一年的自由现金流量都会受到净投资的影响，加大投资会减少企业当年的现金流量，推迟投资会增加企业当年的现金流量。因此，某个年度的现金流量并不能作为计量业绩的依据，管理层可以通过投资的增减来调节企业的现金流量，从而人为地影响企业的价值，EVA 法克服了这一缺点。

经济利润是指经济学家所持的利润概念。虽然经济学家的利润也是收入减去成本后的差额，但是经济收入不同于会计收入，也不同于会计成本，因此经济利润也不同于会计利润。具体概念定义如下。

1）经济收入

经济收入是指在期末和期初同样富有的前提下，一定期间的最大花费。这里的收入是按财产法计量的，如果没有任何花费，则期末财产的市值超过期初财产市值的部分是本期收入：

$$本期收入＝期末财产－期初财产$$

2）经济成本

经济成本不仅包括会计上实际支付的成本，而且还包括机会成本。例如，股东投入企业的资本也是有成本的，是本期成本的一部分，在计算利润时应当扣除。这样做的理由是，股东投入的资本是生产经营不可缺少的条件之一，并且这笔钱也不是没有代价的。股东要求回报的正当性不亚于债权人的利息要求和雇员的工资要求。

3）经济利润

计算经济利润的一种最简单的办法，是用息前税后营业利润减去企业的全部资本费用。复杂的方法是逐项调整会计收入使之变为经济收入，同时逐项调整会计成本使之变为经济成本，然后计算经济利润。即

$$经济利润＝税后经营利润－全部资本费用$$

计算经济利润的另一种办法是用投资资本回报率与资本成本之差，乘以投资资本。

$$经济利润＝期初投资资本×（期初投资资本回报率－加权平均资本成本）$$

这种方法得出的结果与前一种方法相同，其推导过程如下：

$$
\begin{aligned}
经济利润 &＝税后净利润－股权费用\\
&＝税后经营利润－税后利息－股权费用\\
&＝税后经营利润－全部资本费用\\
&＝期初投资资本×期初投资资本回报率－期初投资资本\\
&\quad×加权平均资本成本
\end{aligned}
$$

＝ 期初投资资本 ×（期初投资资本回报率 － 加权平均资本成本）

按照最简单的经济利润计算办法,经济利润与会计利润的区别是它扣除了全部资本的费用,而会计利润仅仅扣除了债务利息。

2. 经济增加值法的模型

根据现金流量折现原理可知,如果某一年的投资资本回报率等于加权平均资本成本,则企业现金流量的净现值为零。此时,息前税后营业利润等于投资各方的期望报酬,经济利润也必然为零,企业的价值与期初相同,既没有增加也没有减少。如果某一年的投资资本回报率超过加权平均资本成本,则企业现金流量有正的净现值。此时,息前税后营业利润大于投资各方期望的报酬,也就是经济利润大于零,企业的价值将增加。如果某一年的投资资本回报率小于加权平均资本成本,则企业现金流量有负的净现值。此时,息前税后营业利润不能满足投资各方的期望报酬,也就是经济利润小于零,企业的价值将减少。

因此,企业价值等于期初投资资本加上经济利润的现值:

企业实体价值＝期初投资资本＋经济利润现值

公式中的期初投资资本是指企业在经营中投入的现金:

全部投资资本＝所有者权益＋净债务

经济利润模型与现金流量模型在本质上是一致的,但是经济利润模型具有可以计量单一年份价值增加的优点,而现金流量模型却做不到这一点。因为,任何一年的现金流量都受到净投资的影响,加大投资会减少当年的现金流量,推迟投资可以增加当年的现金流量。投资不是业绩不良的表现,相反,找不到投资机会才是不好的征兆。因此,某个年度的现金流量不能成为计量业绩的依据。管理层可以为了改善某一年的现金流量而推迟投资,从而使企业的长期价值创造受到损失。

经济利润之所以受到重视,关键是它把投资决策必需的现金流量法与业绩考核必需的权责发生制统一起来。它的出现,结束了投资决策用现金流量的净现值评价,而业绩考核用权责发生制的利润评价,决策与业绩考核的标准分离,甚至是冲突、混乱的局面。

三、企业价值评估中应注意的几个问题

（一）各种评估方法各有所短

1. 定性评估方法的缺陷

定性评估方法的主要的问题在于企业价值评估指标的选取及评估体系的建立。评估指标的选取应依据什么原则,各指标所赋予的权重如何确定,缺乏专门的分析与研究。

2. 定量评估方法的缺陷

（1）DCF 法的主要问题在于各种参数估值的不确定性以及不能正确地评价企业所具有的经营灵活性的价值。

（2）EVA 法考虑了股东投资的机会成本,将股东财富与企业价值紧密地结合在一起,体现了一种新型的企业价值观,并在一定程度上弥补了 DCF 法的不足。但其在一定程度上仍依赖于收入的实现和费用的确定,很难识别报表中的虚假成分。

（3）市盈率估价法的适用有限制的外部环境条件。我国的证券市场发育尚不完善,市场价格对企业价值的反映作用较弱,没有适于采用市盈率法的外部环境条件。

（4）期权定价法由于标的资产价值和方差不能从市场中获得，也就是说，模型参数不易获取或模型参数选择不够确切，从而影响到评估获利机会价值的可行性和准确性。但是，它为我们开拓了一种全新思路，也为我们提供了一个很有价值的独特视角。

（二）各种评估方法应结合使用

1. 定性评估方法与定量评估方法相结合

定量评估的准确性依赖于评估参数预测的准确度，若没有较为扎实的定性分析作为预测的指导，评估参数的质量必然大打折扣，进而影响企业价值评估的准确性。因此，应将企业价值评估放在一个长期的、全局性的战略层面加以考察，将定性评估和定量评估相结合，以使最终的评估结果更加接近企业价值的真实水平。但是，定性评估和定量评估怎样具体相结合，如何通过定性评估的结果对定量评估的参数预测进行指导、修正，本书未作深入分析，有待今后进一步的研究。

2. 各种定量评估方法也应相结合

对企业价值的评估需要运用多种不同层次的思路和方法，仅让一种方法主宰定价是不够的。如高科技企业的不断开发、创新，使企业拥有的尚未利用的专利或产品选择权占有相当价值。仅采用折现现金流量法会低估企业的真实价值，可通过公开市场或期权定价模型对这些资产估价，然后将其加入到由折现现金流量模型计算出来的价值之中。利用期权模式进行调整能够获得更多的信息，管理决策今后可以改变，增加了管理的弹性，同时也更真实地反映了企业的价值。

第 9 章-企业价值评估-自测题

企业并购

第十章

学习目的与要求

本章主要讲授企业并购的概念及类型、如何选择并购的目标企业及并购支付的方式。通过本章的学习,需要掌握:

(1)企业并购的概念、类型、目的。

(2)企业并购的程序、目标企业的选择方法。

(3)并购支付的方式及影响因素。

教学重点与难点

并购的类型划分、目标企业的选择方法及并购支付方式的考虑因素。

引例

雀巢赢得涂福记

2011年7月11日,雀巢和徐福记同时宣布,雀巢和徐福记的创始家族签署了合作协议,以17亿美元收购徐福记60%的股份,但该交易仍有待我国监管部门批准。

雀巢溢价24.7%收购——根据双方达成的协议,雀巢将收购徐福记60%的股份,徐氏家族持有剩余的40%。目前,这一收购计划尚未得到中国监管部门的批准。徐福记现任首席执行官兼董事长徐承将继续负责合资公司的运营。雀巢当天表示,通过计划安排方案收购徐福记独立股东所持有的该公司43.5%的股权,收购价为每股4.35新元,相当于过去180天按成交量加权平均股价溢价24.7%。如果这一方案被独立股东批准,雀巢公司随后将再从徐氏家族目前持有的56.5%的股权中购得16.5%的股份。目前,雀巢已获得两个最大的独立股东——Arisaig Partners Holdings(持股9.0%)和The Baring Asia Private Equity Fund IV, L. P. 的下属机构(持股16.5%)——不可撤销地投票赞成此协议方案的保证。雀巢获得徐福记60%股份的总价格约为21亿新元(约合17亿美元)。7月4日,徐福记宣布在新加坡交易所的股票暂停交易,原因是雀巢与徐福记正在洽谈收购事宜。此次收购之前,雀巢已先后收购了云南山泉和银鹭食品60%的股权。

徐福记最大的优势在于散装营销,被雀巢收购前已经对散装糖果商构成威胁;而雀巢擅长定量包产品,徐福记被收购后应该会向定量包产品发展。他认为,徐福记和雀巢两者结合将颠覆定量包糖果类企业格局 。雀巢收购徐福记后,强强联合优势互补,未来两三年,在销售额上雀巢将能坐二望一,其利润将会有一个质的飞跃。

对中国糖果市场的控制力将明显增强,不仅进一步提升与卡夫、联合利华等对抗的筹码,也进一步压缩了雅客、金丝猴、大白兔等国内中小糖果企业的生存空间,竞争激烈程度加剧,将给行业带来新一轮洗牌,一些二三线品牌将逐渐出局。

(资料来源:http://finance.qq.com/a/20110712/001230.htm)

(思考:企业并购给企业带来哪些影响?)

第一节　企业并购概述

一、企业并购的概念及分类

(一)企业并购的概念

企业并购是指在现代企业制度下,一家企业通过取得其他企业的部分或全部产权,从而实现对该企业控制的一种投资行为。其中,取得控股权的公司称为并购公司或控股公司,被控制的公司称为目标公司或子公司。并购在国外通常写做"M&A"(merger and acquisition 的缩写),merger 的中文意思是"合并",而 acquisition 则意指"收购"。合并是指两个或两个以上的公司通过一定方式,组合成一个新的企业的行为。合并按法人资格的变更情况,可分为吸收合并和创设合并。吸收合并又称兼并,是指两个或者两个以上的企业合并,其中一个企业继续存在,另外的企业被解散,不复存在,其财产、债权、债务也转给继续存在的企业(存续企业),这是一种常见的合并方式。创设合并是指两个或两个以上的企业合并,原有企业都不再继续存在,另外创立一家新的企业。收购是指一个公司通过持有一个或若干个其他公司适当比率的股权而对这些公司实施经营业务上的控股或影响的行为。控股方称为母公司或控股公司,被控股方称为子公司或联属公司。收购又分为资产收购和股票收购两类:资产收购是指一公司购买目标公司的资产(包括资产和营业部门),实现对目标公司的控制;股票收购是指一家公司直接或间接购买目标公司的部分或全部股票,以实现对目标公司的控制。并购是企业以不同的方式直接与其他企业组合起来,利用现代设备、技术力量和其他有利条件,扩大生产规模,实现优势互补,从而促进企业迅速成长的一种经营手段。并购是企业进行外部扩展的主要形式,对促进企业快速增长,具有重要意义。

(二)企业并购的分类

企业并购的方式较多,按不同的标准可以作不同的分类。

1. 按并购双方所处业务性质分类

按照并购双方所处业务性质来划分,企业并购方式有纵向并购、横向并购、混合并购三种。

纵向并购是指从事于同类产品的不同产销阶段生产经营的企业所进行的并购。如对原材料生产厂家的并购,对产品使用用户的并购等。纵向并购可以加强公司对销售和采购的控制,并带来生产经营过程的节约。

横向并购是指从事同一行业的企业所进行的结合。例如,两家航空公司的并购,或两家石油公司的结合等,如美国波音公司和麦道公司的合并,便属于横向并购。横向并购可以清除重复设施,提供系列产品,有效地实现节约。

混合并购是指与企业原材料供应、产品生产、产品销售均没有直接关系的企业之间的并购。如北京东安集团兼并北京手表元件二厂,将其厂房改造成双安商场便属于混合兼并。混合兼并通常是为了扩大经营范围或经营规模。

2. 按并购程序分类

按照并购程序来划分,企业并购方式有善意并购和非善意并购。

善意并购通常是指并购公司与被并购公司双方通过友好协商确定并购诸项事宜的并购。

非善意并购是指当友好协商遭到拒绝时,并购方不顾被并购方的意愿而采取非协商性购买的手段,强行并购对方公司。并购往往不是单纯依靠友好协商完成的。被并购方在得知并购公司的并购企业之后,出于不愿接受较为苛刻的并购条件等原因,通常会作出拒不接受并购的反应,并可能采取一切反并购(或抵制并购)的措施,例如,发行新股票以分散股权,或收购已发行的股票等。在这种情况下,并购方公司可能采取一些措施,以实现其并购的目的。常见的措施有两种:获取委托投票权和收购股票。获取委托投票权是指并购方设法收购或取得被并购方公司股东的投票委托书。如果并购方能够获得足够的委托投票权,使其能以多数地位胜过被并购公司的管理者,并购方就可以设法改组被并购公司的董事会,最终达到并购的目的。收购或并购公司的股票,是指并购公司在股票市场公开买进一部分被并购公司的股票作为摸底行动之后,宣布直接从被并购企业的股东手中用高于股票市价的(通常比市场高 10%～50%)接收价格收购其部分或全部股票。

二、企业并购的原因

进行企业并购有各种不同的原因,但总括起来主要有:财务动机和非财务动机两大类。

(一)财务动机

企业并购的财务动机主要表现为以下三个方面。

(1)实现多元投资组合,提高企业价值。一个周期变动较大的企业通过并购一个周期稳定的企业,实现投资组合的多元化,除了可以分散个别企业自身的风险外,还可以在一定条件下通过一定程度的风险抵消,降低投资组合的投资风险,从而增加其自身的稳定,并由此增进其收益或销售的稳定性。由于在一定的范围内,股东把收益不稳定与风险同等看待,因而通过并购实现企业多元化投资组合,降低企业收益的不稳定性,必将对公司的股票价格产生有利的影响。

(2)改善企业财务状况。企业并购可以扩大企业的经营规模,而企业规模的扩大有利于企业进入金融市场,且以更有利的地位筹措资金。另外,并购一个现金充裕或负债比率较低的企业,不仅可以改变并购企业的财务状况,而且可以提高企业的举债能力。

(3)取得税负利益。如果并购双方的企业中,其中一方有较大数额的亏损,则利润高的企业通过并购有较大亏损的企业,以被并购企业的亏损额来抵减其应缴纳的所得税,从而使并购后企业减少应纳税款。

(二)非财务动机

并购的非财务动机主要有提高企业的发展速度和实现协同效果等。

(1)提高企业的发展速度。企业发展可以通过内部扩展和外部扩张两个途径来实现,但在许多情况下,向外并购扩张更能提高企业的发展速度,而且具有代价低、风险小、速度快等特点。这是因为,并购现有企业,可以充分利用被并购企业现有的设备、技术、人才和产品市场等,使其直接为并购企业服务。一般情况下,企业通常将并购作为其提高发展速度的重要途径之一。

(2)实现协同效果。通过并购实现协同效果,主要表现为:①并购可以扩大企业的经营规模,实现规模经济效益,这在同业并购中表现得更为明显;②并购可以消除竞争力量,扩大企业的控制范围,提高企业的经营优势和竞争优势;③并购可以实现双方优势互补,分散企业经营风险,提高企业经济效益。因此,并购可以实现企业整体价值大于并购前个别企业价值之和的协同效果,即所谓"1+1>2"的效应。

三、企业并购的财务管理原则

企业并购的财务管理原则就是在并购活动中应当遵循的行为准则,主要包括以下几方面内容。

(一)并购的主要目的明确原则

企业并购的目的多种多样,概括起来,主要有:①扩大生产规模;②提高产品在国内外市场的竞争力,扩大市场份额;③减少重复投资,提高投资效益;④提高企业生产经营水平;⑤增大企业知名度,增加商誉价值;⑥实现利润最大化;⑦实现企业价值最大化等。企业并购的主要目的应该是实现企业价值最大化,其他目的相对而言是次要的,处于从属的地位。

(二)并购的产业政策导向原则

企业并购是企业开展多元化经营的有效途径。因此,企业尤其是企业集团在谋求发展、寻找新增长点和避免产品单一与经营范围较小的市场风险时,往往进行跨行业并购,进行横向扩张或混合式重组。因为产业政策导向是调整社会总供求关系失衡状况的一种体现,体现出某一行业在一定时期内的发展前景,涉及税收政策扶植、信贷政策倾斜、社会需求增加等。这些都有助于并购后资产保值能力的提高,有助于促进并购的成功。因此,充分把握国家产业政策的中长期导向,是实施并购的又一重要原则。

(三)并购要素的整合有效原则

所谓整合力,就是并购方所拥有的重组与调整包括被并购企业在内的所有生产经营要素的能力。

整合有效原则,就是指并购方为实现长远发展战略,运用所拥有的整合能力有效地整合所并购的企业及其资产等。

从规模经济理论分析,企业必须达到一定规模才有效益,但规模经济并非规模越大越经济,规模经济在效益上,同样有递增、稳定与递减三种状态。盲目地扩大企业规模,非理性并购其他企业往往无助于提高企业自下而上的发展能力,反而不利于企业发展战略的实现。

（四）实施方案的科学论证原则

一项大的并购活动也是一项复杂的系统工程,不仅需要周密的行动战略,而且需要科学、可行、最优的行动战术。并购程序及其所涉及的调查方案、并购目标确定方案、估价方法、并购方式等,都要加以科学地论证。

第二节　目标公司的选择

企业并购,属于一种大规模的战略性投资,决策准确,可带来比较好的收益;决策失误,则会给企业带来巨大的损失。本节就被并购公司即目标公司的选择作一说明。目标公司的选择一般包括以下三个阶段。

一、发现目标公司

成功并购的前提是能够发现和抓住适合本企业发展的并购目标。在实践中,并购公司需从两方面着手:利用本公司自身的力量或借助公司外部的力量。

（1）利用公司自身的力量即用公司内部人员通过私人接触或自身的管理经验发现目标公司。

（2）借助公司外部力量即利用专业金融中介机构为并购公司选择目标公司出谋划策。

二、审查目标公司

对于初步选定的并购目标公司,还需作进一步的分析评估和实质性审查,审查的重点一般集中在以下几个方面。

1. 对目标公司出售动机的审查

目标公司如果主动出售,往往有其原因。审查其出售动机,将有助于评估目标公司价值和确定正确的谈判策略。

2. 对目标公司法律文件方面的审查

这不仅包括审查欲收购公司的产业是否符合国家对这些产业的相关规定,还包括审查目标公司的章程、合同契约等法律性文件。

3. 对目标公司业务方面的审查

业务上的审查主要是检查目标公司是否能与本企业的业务融合。在审查过程中,并购目的不同,审查的重点可能不同。

4. 对目标公司财务方面的审查

财务审查是并购活动中一项极为重要的工作。并购方应防止目标公司提供虚假或错误的财务报表,尽量使用经注册会计师审计过的财务报表。在进行财务审查时,主要从以下三个方面进行:①分析企业的偿债能力,审查企业财务风险的大小;②分析企业的盈利能力,审查企业获利能力的高低;③分析企业的营运能力,审查企业资金周转状况。

5．对并购风险的审查

对并购风险的审查主要包括以下几个方面:

(1)市场风险。并购的目标公司如果是上市公司,消息一旦外传,立即会引起目标公司估价飞涨,增添并购的难度;并购对象如果是非上市公司,消息传出,也容易引起其他企业的兴趣,挑起竞标,使价格上抬。这种因股票市场或产权交易市场引起的价格变动的风险,称为市场风险。

(2)投资风险。并购作为一种直接的外延型投资方式,同样也是投入一笔资金,以期在未来得到若干收益。企业并购后取得收益的多少,受许多因素的影响,每种影响因素的变动都可能使投入资金遭受损失、预期收入减少,这就是投资风险。

(3)经营风险。这主要是指由于并购完成后,并购方不熟悉目标公司的产业经营手法,不能组织一个强有力的管理层去接管,从而导致经营失败。从风险角度讲,经营风险应该通过并购方的努力,减少到最低,甚至完全避免。

三、评价目标公司

一旦确定了并购的目标公司,就需要对目标公司进行评价。评价目标公司的实质就是对目标公司进行综合分析,以确定目标公司的价值,即并购方愿意支付的并购价格。对目标公司的估价方法有很多,在此,仅讨论现金流量折现法和换股比例的确定方法。

(一)现金流量折现法

现金流量折现法就是先估计并购后可能增加的现金流量和用于计算这些现金流量现值的折现率,然后计算这些增加的现金流量的现值,这也是并购目标公司需支付的最高价格。

(二)换股比例的确定方法

如果并购是通过股票进行,则对目标公司定价的任务就是确定一个换股比例。换股比例是指为换取一股目标公司的股份而需付出的并购方公司的股份数量。

第三节　并购支付方式的选择

一、并购支付方式

并购支付方式有现金支付和证券支付两种。

(一)现金支付

现金支付是指由并购方公司支付一定数量的现金,以取得目标公司的部分或全部所有权。其主要特点是:目标公司的股东得到了一定数额的现金,但失去了对公司的所有权。现金支付分为现金购买资产式和现金购买股票式。现金购买资产式是指并购方使用现金购买目标公司全部或绝大部分资产以实现并购;现金购买股票式是指并购方公司用现金购买目标公司全部或一部分股票,以实现控制目标公司资产的目的。现金支付是迅速而清楚的支付方式,其优点是:①估价简单、易懂。用估价模型计算的目标公司价格,就是它的现实支付价格,不必再作进一步调整。②目标公司的股东可以立即收到现金,不必承担因证券价格波动所带来的风险。

(二)证券支付

证券支付是指并购方将本身发行的证券作价款付给目标公司的股东。其特点是:不需支付大量现金,因而不会影响并购公司的现金状况。如果并购方采取换股付款,则必须考虑自身股票目前市价未来潜力。并购方若是质优上市公司,其股票反比现金更受卖方欢迎,并且对卖方而言还有税收上的好处。

二、影响支付方式的因素

影响支付方式的因素很多,现简要说明如下。

(1)拥有现金状况。如果在并购时,并购方公司有充足的甚至过剩的闲置资金,则可以考虑在收购时采用现金支付。

(2)资本结构状况。如果并购方公司需要向企业外部贷款,以筹得足够的现金来完成它的现金并购计划,那么,公司首先应考虑的是这笔额外的债务对公司资本结构的影响。因为它会使资产负债表上的负债额增大,从而改变公司的负债比例。并且还应考虑到,如果并购成功,两个公司的合并后财务状况的变化。

(3)筹资成本。公司在考虑支付方式时,也应考虑各种筹资方式成本的高低,选择经济可行的筹资方式。

(4)收益稀释。如果并购方公司不能筹集足够的现金来并购目标公司,则可以通过发行新股来换取对方的资产或股票,但发行新股意味着公司股本增加。参加利润分配的股本数增加。如果不仔细考虑并作出妥善安排,原来股东的收益就会被摊薄,而并购方的目标之一应该是设法提高新老股东的每股税后净利。

(5)控制权的稀释。采用发行新股的方式以筹得足够的并购资金,还应考虑到将会稀释老股东拥有该企业权益的比例。如果发行的新股数量足够大,甚至可能使老股东失去控制权。

案例

安徽柳工:一个成功的企业并购案例

从产品立项到下线仅用 10 个月,便推出第一台 70 吨汽车起重机;一个月后,再度推出 160 吨履带式起重机——这些看似普通的产品的推出,对于处在行业前列的起重机企业来说也许不算什么惊喜,但对于一家净资产只有 4 000 多万元、根本不具备研发生产 50 吨以上起重机的民营企业来讲,两年前还是想都不敢想的事情。这家企业原名为蚌埠振冲安利工程机械有限公司(以下简称振冲安利),前身是曾经显赫一时的蚌埠起重机厂。现如今,它的名字叫安徽柳工起重机有限公司(以下简称安徽柳工)。预计今年销售收入将同比翻番,近期将整体搬迁到能满足未来三年生产需要的年产 5 000 台以上产品的新厂房——在并购仅一年多的时间内,除却在产品方面取得的成绩,安徽柳工在企业发展方面交出的答卷也可谓沉甸甸。安徽柳工的发展为我们呈现了一个成功的企业并购案例。

"并购,是柳工的战略重点。"安徽柳工董事长王晓华这样阐述企业的发展战略。早在几年前,安徽柳工就已经吹响了进军起重机行业的号角。然而,振冲安利的底子实在太薄了,任何到过振冲安利的业内人士,都无法想象安徽柳工人怎么会把它与自己未来的主导产业联系到一起。该企业的前身蚌埠起重机厂成立于1951年,是原国家机械部生产汽车起重机的主要厂家之一,后改制为全资民营公司。主要生产8～35吨7个系列20余种型号的全液压汽车起重机,月最大产能100余台,2008年销售收入2.5亿元。并购前其净资产只有4 000多万元,且设备、厂房等固定资产已较陈旧,不具备研发和生产50吨以上的较大吨位起重机的产品能力。并购之前,该企业的技术研发、生产制造和企业各方面管理与安徽柳工差距巨大。比如,设计人员用的仍然是画图板进行产品设计;车间生产没有完整的工艺加工图;管理人员除财务外基本不用计算机,更谈不上联网;其起重机产品配套用的仍然是国家标准已不允许销售的国二系列汽车底盘……

资本运作是安徽柳工实施"十一五"发展战略的五大战略举措之一。近年来,正是这一战略举措为安徽柳工带来了可喜的成果。安徽柳工的压路机和叉车产品就是通过并购方式发展起来的,这些产品都已经在行业内初露锋芒。正因为之前这些出色的并购案例,安徽柳工对并购振冲安利才充满信心。

安徽柳工不仅在并购当年就迅速完成了原有起重机产品从设计、生产工艺、制造流程等影响产品质量的全方位的改进,还顺利实现了其排放标准从国二到国三的转换,使起重机产品更符合环保发展的需求,打开了安徽柳工起重机进入销售市场的大门;而且针对原来产品质量差、利润低、结构不合理的弱点加大技改投入,优化产品结构,提升产品品质,舍弃了一些小吨位、利润率低的产品,集中优势力量开发市场占有率大的中吨位以上产品,并实现了当年开发,当年生产、销售,当年盈利;同时,安徽柳工产品品牌切换圆满结束,产品面貌焕然一新,得到用户的广泛认可;2009年安徽柳工起重机市场占有率也由行业第五位提升到第三位。

(资料来源:广西柳工机械股份有限公司网站,http://www.gx.xmhuanet.com)

思考:试分析安徽柳工实施成功并购的原因。

第10章-企业并购-自测题

参 考 文 献

[1] 〔美〕欧根·布里汉. 王大鸿,等,译. 企业金融管理学. 北京：中国金融出版社,1989.

[2] 〔美〕尤金·伯格汉姆,路易斯·加潘斯基. 美国俄克拉何马市大学,天津商学院 MBA 班,译. 美国中级财务管理. 北京：中国展望出版社,1990.

[3] 陈小悦,乌山红. 公司理财学基础. 北京：清华大学出版社,1994.

[4] 陈浪南. 西方企业财务管理. 北京：中国对外经济贸易出版社,1991.

[5] 何宪章. 国际财务管理. 第 2 版. 中国台北：新陆书局,1993.

[6] 史怡中,许丹林. 企业财务管理. 中国香港：商务印书馆,1989.

[7] 袁晓红,杨维忠. 企业筹资学. 南京：东南大学出版社,1993.

[8] 张志元,张志远. 金融租赁学. 北京：中国对外经济贸易出版社,1990.

[9] 仇庆德,柴传早,高成路. 现代企业筹资理论与实务. 青岛：青岛海洋大学出版社,1993.

[10] Davis A H R,Pinches G E. Canadian Financial Management. 2nd Edition. New York：Harper Collins,1991.

[11] Ross S A,Westerfield R W. Corporate Finance. St. Louis：Times Mirror/Mosby College,1988.

[12] Brealey,Myers,Sick,Giammarino. Principles of Corporate Finance. 2nd Canadian Edition. New York：McGraw-Hill Ryerson Limited,1992.

[13] Philippatos G C,Sihler W W. Financial Management. 2nd Edition. Boston：Allyn and Bacon,1991.

[14] Bodie Zvi,Merton R C. First Edition. New Jersey：Prentice Hall,Inc. 2000.

[15] 赵德武. 财务管理. 北京：高等教育出版社,2000.

[16] 荆新,王化成,刘俊彦. 财务管理学. 北京：中国人民大学出版社,2002.

[17] 郭复初. 财务通论. 上海：立信会计出版社,1997.

[18] 杨雄胜. 高级财务管理. 大连：东北财经大学出版社,2009.

[19] 欧阳令南. 公司财务. 上海：上海交通大学出版社,2004.

[20] 欧阳令南. 财务管理——理论与分析. 上海：复旦大学出版社,2005.

教师服务

  感谢您选用清华大学出版社的教材！为了更好地服务教学，我们为授课教师提供本书的教学辅助资源，以及本学科重点教材信息。请您扫码获取。

≫ 教辅获取

本书教辅资源，授课教师扫码获取

≫ 样书赠送

财务管理类重点教材，教师扫码获取样书

 清华大学出版社

E-mail: tupfuwu@163.com
电话：010-83470332 / 83470142
地址：北京市海淀区双清路学研大厦 B 座 509

网址：http://www.tup.com.cn/
传真：8610-83470107
邮编：100084